Claudia Lenssen / Maike Mia Höhne
Kino, Festival, Archiv – Die Kunst, für gute Filme zu kämpfen
Erika und Ulrich Gregor in Gesprächen und Zeitzeugnissen

Diese Publikation wurde von der
Stiftung Kulturwerk der VG Bild-Kunst gefördert.

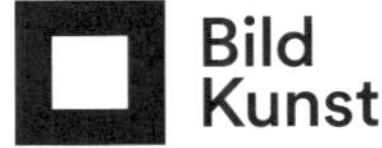

Claudia Lenssen / Maike Mia Höhne

KINO, FESTIVAL, ARCHIV
DIE KUNST, FÜR GUTE FILME ZU KÄMPFEN

ERIKA UND ULRICH GREGOR
IN GESPRÄCHEN UND ZEITZEUGNISSEN

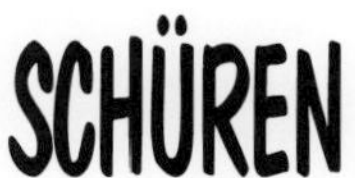

Die Deutsche Bibliothek – CIP-Einheitsaufnahme
Die Deutsche Bibliothek verzeichnet diese Publikation in der deutschen Nationalbibliografie; detaillierte bibliografische Daten sind im Internet unter http://dnd.ddb.de abrufbar.

Schüren Verlag GmbH
Universitätsstr. 55 | D-35037 Marburg
www.schueren-verlag.de

Umschlaggestaltung: Wolfgang Diemer, Frechen
Gestaltung: Erik Schüßler
Umschlagfoto vorne und hinten: Quelle: privat
Druck: Drukarnia Tolek, Mikołów
Printed in Poland
ISBN 978-3-7410-0404-9

INHALT

VORWORT

Dieses Buch würdigt ein Paar, eine Institution, eine große Lebensleistung: Erika und Ulrich Gregor haben Filmgeschichte geschrieben, Filmgeschichte aus der Kino- und Festivalperspektive, aus der Sicht der Vielen, die Filme als Augenöffner und Schauplätze komplexer Kinowelten verstehen, nicht zuletzt auch als Orte der politischen und kulturellen Auseinandersetzung.

Was wir heute von einem klug kuratierten Filmprogramm erwarten, geht auch auf die innovative Kunst der Programmarbeit von Erika und Ulrich Gregor zurück. Ab 1963 machten sie im Kreis der Freunde der deutschen Kinemathek ihre Filmabende in der Akademie der Künste (West-Berlin) zum Event und intellektuellen Treffpunkt in der ummauerten Stadt. Ab 1970 entwickelten sie das Berliner Arsenal-Kino auf dem festen Grund täglicher Filmvorführungen zu einem weltweit anerkannten Modell für faszinierend komponierte Programme. Ab 1971 schließlich prägten sie und ihr Team das Internationale Forum des Jungen Films, das Ulrich Gregor bis 2001 leitete, als einflussreiches Alternativprogramm zur Berlinale.

Unsere Monografie lädt dazu ein, den persönlichen Erinnerungen des charismatischen Paars zu folgen. Sie setzt ihre anschauliche, vergnügliche und pointierte Erzählung in Beziehung zu Zeitzeugenberichten, Dokumenten und Zitaten aus Filmkritiken sowie filmpolitischen und filmwissenschaftlichen Kommentaren. So ist eine vielstimmige Collage entstanden, die den Werdegang der beiden in die Zeit- und Kulturgeschichte der Bundesrepublik einbettet.

Mit bewundernswerter Wachheit und Präzision tauchen Erika und Ulrich Gregor in ihre Erlebnisse und Begegnungen ein; sie würdigen Filme, befreundete Filmemacher und Filmemacherinnen, nicht zuletzt das weitgespannte Netzwerk der Filminstitutionen und Persönlichkeiten, die sie auf ihrem Weg begleitet haben.

Eine vollständige Darstellung ihres reichen Lebens hätte den Rahmen gesprengt, daher konzentriert sich das Buch bewusst auf exemplarische Lebensstationen – im Mittelpunkt die biographischen Wurzeln ihrer unnachahmlichen Filmleidenschaft und die schrittweise, von Widerständen gekennzeichnete Etablierung der Programmkunst, die sie seit ihrem Engagement für die Freunde der deutschen Kinemathek, das Arsenal und das Internationale Forum des Jungen Films verkörpern.

Die Geschichte des Arsenals und des Forums seit ihrem Umzug in das modernistische Filmhaus am Potsdamer Platz (2000), die Übernahme der Leitung des Forums durch Christoph Terhechte (2001), die Neuorientierung als Arsenal-Institut für Film- und Videokunst e.V., die Auswirkung des medialen Wandels auf die Programmgestaltung der Arsenal-Leiterinnen Milena Gregor, Birgit Kohler und Stefanie Schulte Strathaus (2004), Anna Mallmann und Stefanie Schulte Strathaus (2022) wären interessante Themen für die weitere filmhistorische Forschung. Dieses Buch legt ausgehend von der Schnittstelle zwischen biographischer Geschichte, Zeit- und Kulturgeschichte erste Spuren zu einer noch ungeschriebenen Institutionenkunde.

Von Beginn an ging es um die kühne Kombination von filmgeschichtlichen Fundstücken mit ambitionierten Autorenfilmen, Experimental- und Dokumentarfilmen. Ästhetik und Politik nicht gegeneinander auszuspielen, war eine Maxime der Kino- und Festivalarbeit von Erika und Ulrich Gregor. Ihr intensives Interesse an historischen und zeitgenössischen Filmen aus Osteuropa, Asien und vielen anderen Weltregionen half ihnen, Freundschaften und Netzwerke aufzubauen und auf vielerlei diplomatischen Wegen – auch über die Grenzen des Kalten Krieges hinweg – Filme zu entdecken und im Internationalen Forum des Jungen Films zu zeigen.

Dieses Buch blendet zurück in die Filmleidenschaft einer Generation, die sich über den «Bildungsschock» mit passionierter Kino-Arbeit aus der ideologischen Enge der eigenen Kindheit befreite und für andere Kulturen, andere Künste und Sprachen öffnete, kurz: das Kino als Ort gewaltloser Rebellion gegen Herrschaftsverhältnisse verstand.

Passionierte Kino-Arbeit, wie die beiden sie verkörpern, schafft Teilhabe und wirkt über das pure Filmerlebnis hinaus. Die Idee, mit den Schätzen ihrer Programme über die Berliner Grenzen hinaus weiterzuarbeiten und sie anderen Multiplikatoren zur Verfügung zu stellen, führte schon früh zur Gründung eines Filmarchivs, dessen Ursprünge dieses Buch erzählt. Im Lauf der Jahrzehnte kamen mehr als 10.000 Filmkopien zusammen, viele davon Unikate, die heute als Teil des Filmerbes ihrer Herkunftsländer im transnationalen Austausch neu bewertet und wieder sichtbar gemacht werden können. Diesem einzigartigen Archiv und seiner Bedeutung für den Diskurs über die Zukunft des Kinos widmet Maike Mia Höhne einen Essay.

Wir danken Erika und Ulrich Gregor für ihre Zustimmung und Gesprächsbereitschaft sowie allen Wegbegleiter:innen dieses Buchs für ihre nützlichen Hinweise und Druckgenehmigungen. Der unterschiedlichen Herkunft der zitierten Texte entsprechend, wurden Schreibweisen nur moderat angepasst.

Claudia Lenssen und Maike Mia Höhne

KURZBIOGRAFIEN ERIKA UND ULRICH GREGOR

«WIR SITZEN IMMER NAH BEIEINANDER.»[1]

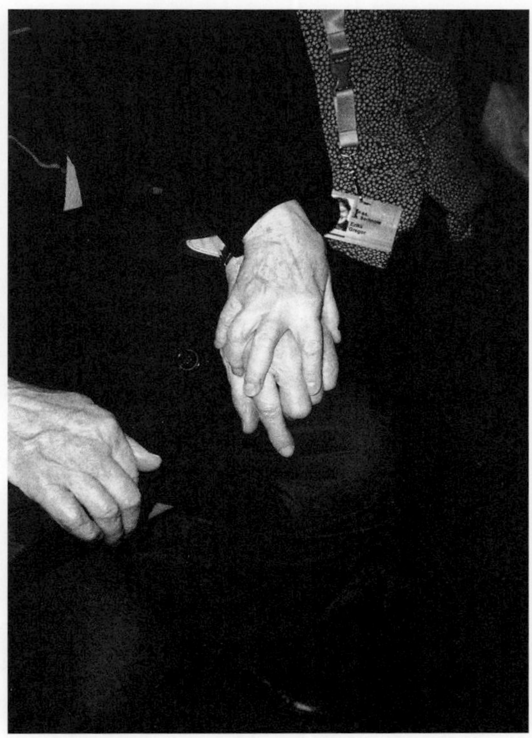

Erika und Ulrich Gregor im Kino

Erika Gregor, geboren am 26. Mai 1934 als Erika Steinhoff in Sulingen/Niedersachsen geboren, studierte Anglistik, Germanistik, Geschichte und Philosophie in Göttingen, London, München und Berlin. Ab 1958 Mitarbeit im Filmstudio, dem studentischen Filmclub der Freien Universität/ Berlin. Dort lernte sie Ulrich Gregor kennen. Heirat im Mai 1960 und erste von zahllosen Reisen zum Filmfestival in Cannes, zu anderen Festivals, Filmzentren und internationalen Treffpunkten der Filmkunst.

Ab 1963 ständige Mitarbeit bei den Freunden der Deutschen Kinemathek e. V., einer Gruppe von Filmenthusiasten in Berlin – Erika Gregor anfangs als einzige Frau unter ihnen. Von 1970 bis 2000 in der Programmplanung des Arsenal-Kinos in Berlin-Schöneberg engagiert, daneben auch in der Redaktion der vielfältigen, sorgsam edierten hauseigenen Publikationen, ebenso im Auswahlkomitee und in der Organisation des Internationalen Forums des Jungen Films, einer 1971 gegründeten Sektion der Internationalen Filmfestspiele Berlin. Getragen von den Freunden der Deutschen Kinemathek, prägten Erika Gregor und ihr Mann durch ihr leidenschaftliches Interesse für den Autor:innenfilm und das politische Kino bis 2001 das Gesicht des Internationalen Forums des Jungen Films.

Ulrich Gregor, geboren am 18. September 1932 in Hamburg, studierte in Hamburg, Paris und Berlin Romanistik, Publizistik, Philosophie und Filmgeschichte. Ab 1956 Filmkritiker und Publizist u. a. für die Zeitschriften *Filmkritik* und *Neue deutsche Hefte* sowie mehrere

1 Plutonia Plarre: *taz.de* (https://is.gd/lqTEH2, 20.05.2022)

Tages- und Wochenzeitungen, in den 1960er-Jahren auch für Radio und Fernsehen. Ab 1956 Programmarbeit für das Filmstudio der Freien Universität, 1963 Mitbegründer der Freunde der Deutschen Kinemathek e.V., die Filme aus den Sammlungen der neu gegründeten Deutschen Kinemathek und zeitgenössische internationale Filmkunst, politische Dokumentarfilme und Avantgardefilme vorführten und ein heute legendäres Filmarchiv sowie einen Filmverleih aufbauten. Bis 1970 intensive Programmarbeit für die Veranstaltungen der Freunde der Deutschen Kinemathek in der Berliner Akademie der Künste. Von 1965 bis 1972 Dozent für Filmgeschichte an der Deutschen Film- und Fernsehakademie Berlin (DFFB) und bis 1978 Gastprofessor an den Film- und Kunsthochschulen in Ulm, München und Berlin. Mit Enno Patalas Autor des Standardwerks *Geschichte des Films*, 1978 alleiniger Autor der Fortsetzung *Geschichte des Films ab 1960.* 1970 Mitbegründer des Arsenal-Kinos. Ab 1971 Sprecher der neuen alternativen Sektion Internationales Forum des Jungen Films, von 1981 bis 2000 mit Moritz de Hadeln Sprecher und Leiter der Internationalen Filmfestspiele Berlin.

Erika und Ulrich Gregor haben zwei Töchter und bewohnen seit über fünfzig Jahren ein Haus in Berlin, das zum Hort ihres reichen persönlichen Archivschatzes geworden ist. Erika Gregor liebt die Filme von Yasujirō Ozu und Aki Kaurismäki, Ulrich Gregor liebt Dsiga Wertows DER MANN MIT DER KAMERA. Beide schätzen und verehren die Filme von Andrej Tarkowski und streiten über Robert und Curt Siodmaks, Edgar Ulmers und Billy Wilders MENSCHEN AM SONNTAG.

Sie erhielten zahlreiche Auszeichnungen, darunter gemeinsam 1990 das Bundesverdienstkreuz, 1993 den Ehrenpreis der Europäischen Filmakademie, 2010 die Berlinale Kamera für ihr Lebenswerk, 2014 den Ehrenpreis der deutschen Filmkritik und 2017 den Preis der DEFA-Stiftung für hervorragenden Leistungen im Deutschen Film und den Georgischen «Order of Honour».

Bis ins hohe Alter präsentieren sie wiederentdeckte Filme, führen kenntnisreich in Hintergrundgeschichten ein und berichten über ihre Kino-Erfahrungen, Filmfreundschaften und interessanten Begegnungen.

GRUSSWORTE

DIETER KOSSLICK
DOPPELT SPITZE STATT DOPPELSPITZE

Es gibt viele Rezepte für Festivaldirektor:innen, wie ein erfolgreiches Festival organisiert sein sollte. Und noch mehr gute Ratschläge.

Eines der selbstverständlichsten Rezepte heißt «gute Filme zeigen». Ergänzt natürlich um die branchenübliche Semantik, die da Organisationstalent, eine professionelle Kenntnis der Szene, guten Geschmack, Entdeckerlust usw. usw. verlangt. Für mich waren immer auch andere Primäreigenschaften wichtig: Gastfreundlichkeit, überhaupt Freundlichkeit und Freundschaftspflege. Und darin waren die Gregors ein Vorbild.

Wer im kalten, oft dunklen Februar zur Berlinale kommt, muss sich erstmal aufwärmen. Nicht nur im Kino und bei hitzigen Debatten, sondern am Festival selbst, an der Stimmung dort und mit der Lust an audiovisueller Gemeinschaft.

Und dabei sind die gregorianischen Fähigkeiten gefragt, die wir seit der Gründung des Internationalen Forums kennen: Die unnachahmliche Art von Erika und Ulrich Gregor, sich um den internationalen Filmnachwuchs zu kümmern, Freundschaften zu schließen und sie über Jahre zu pflegen. Darin ist die Gregor-Doppelspitze doppelt Spitze. Rund um den Globus, in Asien wie im einstigen Ost- heute Zentraleuropa waren sie mit der Akribie und Empathie leidenschaftlicher Cineasten unterwegs.

Mit ihrer Lust am Kino und fremden Kinematografien bereisten sie die Kontinente und kamen mit fetter Beute zurück zur Berlinale. Wir durften dann staunen.

Das Geheimnis ihrer jahrelangen Verbundenheit mit Regisseur:innen, Festivalmacher:innen, Archivar:innen und Filmwissenschaftler:innen ist die Qualität ihrer Freundschaften. Eine ganz eigene Mischung aus Zugewandtheit, Herzlichkeit und Verantwortung, auch für scheinbar unwichtige Details. Es dauerte zum Beispiel Jahre, bis der finnische Regisseur Aki Kaurismäki endlich wieder einen Film beim Wettbewerb einreichte, und das geschah auf Empfehlung des Forums. Die andere Seite der Hoffnung (Toivon tuolla puolen; 2017), dieser Kaurismäki-Filmtitel steht irgendwie auch für die Erwartungen, die die Berlinale mit dem Forum verbindet. Ein weiteres Beispiel ist die Uraufführung von Claude Lanzmanns' Shoah (1986) im Forum-Programm, die auf das Festival insgesamt international ausstrahlte.

Regelmäßig wurden junge Regisseure wie Bence Fliegauf aus Ungarn mit Just the wind (Csak a szél; 2011) oder Radu Jude aus Rumänien mit The happiest girl in the world (Cea mai fericită fată din lume; 2009) und Aferim! (2015) entweder im Forum-Programm vorgestellt oder dem Wettbewerb empfohlen. Und sie reüssierten dann mit einem Silbernen Bären bzw. für Radu Judes Bad Luck Banging or Loony Porn (Babardeală cu bucluc sau porno balamuc; 2021) sogar mit einem Goldenen.

Die Gregors hatten für ihre Mitarbeiter:innen vor der Berlinale ein spezielles Briefing: Sie sollten mit den Gästen fürsorglich umgehen und sich darum kümmern, «ob sie auch genügend zu essen haben». Familiensinn ...

Sie selbst waren mit der ihnen eigenen Methode immer im Einsatz zur Rettung bedrohter Filmkulturen: Einmal durfte ich in Russland dabei sein, wie tiefe Freundschaft, ja familiäre Herzlichkeit sie mit dem wichtigsten russischen Filmhistoriker, Kurator und Leiter des Eisenstein-Archivs und Moskauer Filmmuseums Naum Kleiman verband. Alle konnten diese Herzlichkeit erleben, als wir Naum 2015 im Delphi-Kino mit einer Berlinale Kamera für sein Lebenswerk ausgezeichnet haben.

Bei aller Verneigung vor dem hohen Anspruch an die Filmkunst und der freundschaftlichen Art von Erika und Ulrich würde ich gerne nach Art von Karl Valentin hinzufügen: Niemand war näher an der Filmkunst und den Filmkünstlern dran: Sie saßen im Kino immer in der ersten Reihe.

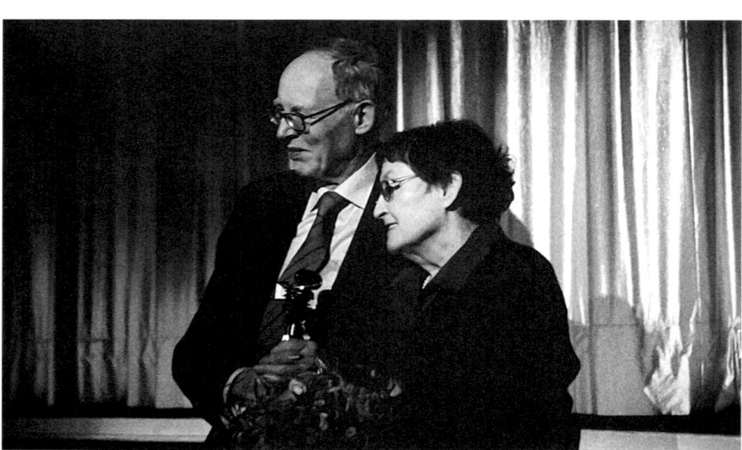

2010, Verleihung der Berlinale Kamera für das Lebenswerk an Erika und Ulrich Gregor

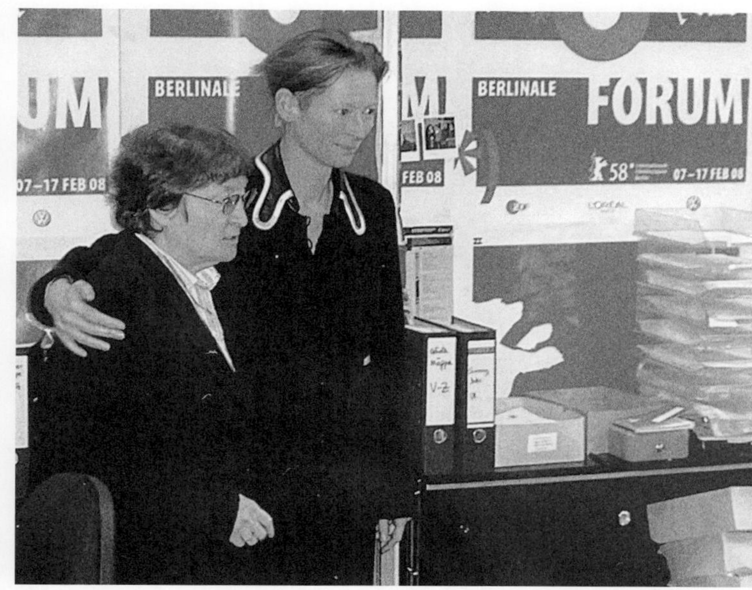

2008, 58. Berlinale, Erika Gregor und Tilda Swinton im Gästebüro des Forums

TILDA SWINTON
THEIR FAITH IN THE POWER OF CINEMA

I first met Ulrich and Erika – and a very young Milena – in 1986 when I came to the Berlinale that year with Derek Jarman. Our film Caravaggio was presented in the competition section, however our natural environment quickly became that of the Forum: the atmosphere of its festival office on the Budapesterstraße, coming in stamping snow off our boots up the stairs, with its neverending supplies of fascinating people, hubbub, coffee, and those little squares of black bread and smoked fish which was pretty much all I remember eating for a fortnight, is one I will never stop longing for and seeking out round every corner. It marked upon me an indelible imprint of having come home. And it serves me still.

When, thirty five years later, in Cannes, where I was presenting Memoria with Apichatpong Weerasthetakul, I found Ulrich and Erika, bright-eyed and bright-hearted as ever, in the audience, it was a moment of the most joyful reunion and return.

Discovering the Gregors' Arsenal in 1986 was an encounter with a possibility that has kept my heart warm ever since: a cultural cinema valued above rubies. The landscape of this possibility is an education in itself: it stretches across our planet and beyond, and knits all our times

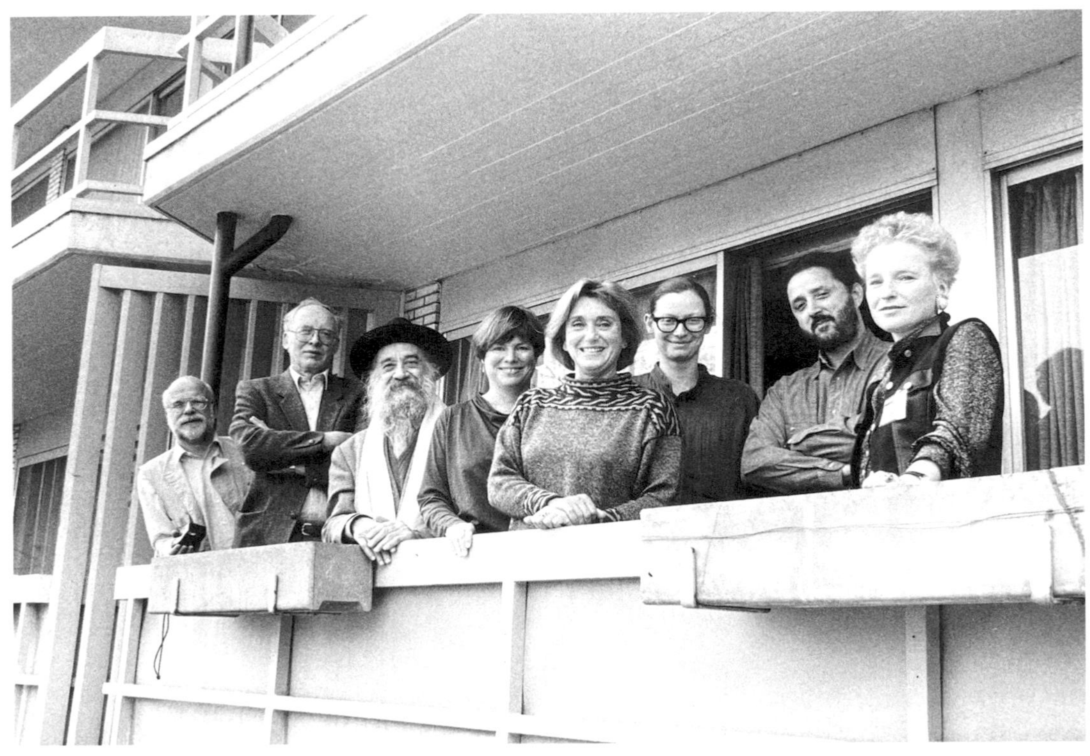

1994, Internationale Kurzfilmtage Oberhausen, Internationale Jury: László Beke, Ulrich Gregor, Fernando Birri, Peggy Gale, Valie Export, Tilda Swinton, Omar Amiralay, Mitarbeiterin des Festivals (v.l.n.r.)

together. The Gregors are our teachers. I am undyingly proud to take my place in their school.

The sense of belonging in the Arsenal they built, for filmmakers, but, more importantly, for film lovers, was a matter of meeting kin: being a part of that audience meant finding comradeship, in a practical and very profound way. This net of fellowship has never let me down. And as I have relied upon it, it has only ever expanded and yielded more and more treasure.

For a young person, then, all those years ago, taking her first steps as an adult, only recently graduated from the community of university, and on the lookout for meaning, for purpose and alliance, this discovery of a wide ocean of connection and the reality of active collective internationalist solidarity became, definitively, the bedrock of my subsequent life in the cinema. For this, I have to thank, from the bottom of my heart, Ulrich and Erika and every last one of the inspired and inspiring fellow travellers I met under their umbrella. Their legacy, and their faith in the power of cinema to support and encourage the best and most inclusive, most liberated gestures of humanity, will never fail us or the generations to come who pick up its light and take it forward.

NAUM KLEIMAN
EINE POLIS DER FILMWELT

Erika Gregor, Ulrich Gregor und ich sind mehr als fünfzig Jahre miteinander befreundet und es scheint, dass wir alles übereinander wissen. Es fiele mir leicht, hier meine Bewunderung und Liebe zu den Gregors zum Ausdruck zu bringen. Aber eine Lobrede bietet auch die Möglichkeit, sich darauf zu besinnen, wofür wir in diese Welt gekommen sind. Ich erinnere mich an eine Retrospektive mit Filmen des Internationalen Forums bei uns in Moskau in den 1990er-Jahren, als unser Freund, der Filmhistoriker Leonid Koslow sagte: «Erika und Ulrich Gregor, das ist viel mehr als drei Namen für zwei Menschen. Diese drei sind ein Begriff.»

In einer berühmten Rede lobte der Renaissance-Humanist Leonardo Bruni einmal Florenz als eine Stadt in der Tradition der altgriechischen Polis. Für Bruni wiederholt Florenz im Sinne des Renaissance-Gedankens das antike Athen: Es habe die Appenin-Landschaft veredelt und menschlicher gemacht. Ich bin mir sicher, die Gregors verkörpern bewusst oder unbewusst dieselbe Idee der griechischen Philosophen und italienischen Humanisten. Was ist das Internationale Forum des Jungen Films anderes als die Polis der Filmwelt und das Arsenal-Kino seine Akropolis? Was macht diese Polis anderes, als die Filmwelt zu humanisieren?

Wir wissen, dass das Forum als Gegenfestival geboren wurde, als Protest gegen Kommerzialisierung und seichte politische Vorstellungen. Es war ein kluger Schritt des Berliner Senats, dem Forum finanzielle Unterstützung zu gewähren und es zum Teil der Berlinale zu machen. Der Vogel hatte nun einen zweiten Flügel und konnte fliegen.

Das Forum war nicht nur eine Alternative zum Mainstream, es zeigte auch die Knospen dessen, was in Zukunft blühen würde. Es ist schwer, alle Namen zu nennen, die erstmals dank der Gregors und ihrer Mitarbeiter zu Ruhm und Anerkennung gelangten, von Glauber Rocha, Otar Iosseliani, Theo Angelopoulos und Aki Kaurismäki bis Jim Jarmusch, Béla Tarr und Sabu.

Was das Forum seit fünfzig Jahren leistet, könnte man als eine besondere Hebammenkunst bezeichnen, wie sie der Philosoph Sokrates in Anspielung auf den Beruf seiner Mutter als Metapher für seine Kunst des Dialogs verstand. Die Wahrheit liegt in der angeborenen Vernunft jedes Menschen, sie muss nur *ans Licht* gebracht, *entbunden* werden. Die Ironie besteht darin, dass Sokrates vorgibt, unwissend zu sein, aber Fragen stellt, in denen die Antworten verborgen liegen. Kern des Sokratischen Gesprächs ist es, die Beteiligten durch Fragen in den Dialog einzubeziehen, sodass sie selbst zu Erkenntnissen gelangen.

Im Internationalen Forum während der Berlinale und das Jahr über im Arsenal-Kino führt nicht nur das Publikum Gespräche mit den Filmen, auch die Filme, die unterschiedlichen Kulturen und Völker sprechen miteinander. Die Antworten liegen nicht bereit, aber die Möglichkeit, eine Antwort zu finden, ist immer gegeben. Für mich sind Erika und Ulrich Gregor ideale Hebammen, die mit ihren Einführungen und Diskussionsangeboten helfen, Antworten zu finden.

Ihre Arbeit hat Mauern, Grenzen und trennende Wände zerstört, noch bevor die Berliner Mauer fiel. Sie haben tief verwurzelte Vorurteile bekämpft, haben unterschiedliche Meinungen, Lebensentwürfe und ästhetische Vorstellungen zusammengebracht, um zu zeigen, dass Toleranz und Koexistenz, Zusammenarbeit, Zusammenleben und gegenseitige Bereicherung möglich sind.

1971 – «WAS WOLLEN SIE? HIER FINDET EINE SITZUNG STATT.»

DAS INTERNATIONALE FORUM DES JUNGEN FILMS ENTSTEHT

ERIKA GREGOR Die offizielle Seite, mit der wir bei der Gründung des Internationalen Forums zu tun hatten, war uns im Grunde egal. Wir waren es bei den Freunden der Deutschen Kinemathek gewohnt, unter uns und nur auf unser Programm hinzuarbeiten. So kam es anfangs, als die Festspiele GmbH das neue Parallelprogramm zur Berlinale verkündet hatte, zu merkwürdigen Begegnungen, z. B. mit dem Kuratorium der Berliner Festspiele GmbH. Das war schon damals das oberste Gremium, in dem die Vertreter des Bonner Innenministeriums und des Berliner Senats saßen, dazu ein paar wichtige Leute der Berliner Filmwirtschaft – sieben Männer.

Das Kuratorium bat irgendwann in der knappen Vorbereitungszeit vor dem ersten Forum Ulrich zu einer Sitzung, um die Verteilung des Budgets mit ihm zu besprechen. Also alles wirklich wichtig. Aber Ulrich sah sich die Einladung an und sagte: «Geh' du da hin, ich habe keine Zeit.» Ich bin also in das Senatsgebäude, und als ich im Vorzimmer wartete, kam ein junger Mann vorbei und fragte: «Was wollen Sie? Hier findet eine Sitzung statt.» Ich darauf: «Ich weiß, ich bin Frau Gregor. Herr Gregor schickt mich.» Ich lauschte, was ich gern tue, an der Tür, als er drinnen verkündete: «Herr Gregor schickt seine Frau.»

Es war unterirdisch. Die Herren in dunklen Anzügen, alle mit weißen Hemden und Schlipsen, saßen hinter einem großen hufeisenförmigen Tisch. Ich musste in der Mitte auf einem einzelnen Stuhl Platz nehmen. «Der arme Ulrich, wenn er hier sitzen müsste!» dachte ich bei mir. Ich war schon geladen und sagte kühl: «Wir haben nur wenig Zeit, um das Festival vorzubereiten. Aber ich kann berichten.» Ich nahm Zettel und Schreiber heraus – alte Blätter, auf die man noch schreiben konnte – und notierte, wie sie sich die Kostenverteilung zwischen Berlinale und Forum vorstellten, also wie und wofür wir das Forum-Budget von knapp 300.000 DM ausgeben sollten. Da schlug jemand einen Kostenpunkt von 26.000 Mark für Flaggenschmuck vor. «Was für Flaggen?» «Na ja, die Fahnen der beteiligten Länder.» Ich antwortete:

«Bei uns wird es keinen Flaggenschmuck geben, weil keine Länder am Forum teilnehmen werden.» Das sorgte für Aufruhr: «Ihr Programm heißt doch Internationales Forum und Sie wollen nur deutsche Filme zeigen?» Ich darauf: «Im Gegenteil. Wir haben Filme von Regisseuren aus achtzehn Ländern, aber ich glaube nicht, dass die Regisseure die Fahnen ihres Landes sehen möchten. Mir geht es übrigens genauso.»
ULRICH GREGOR Das war undiplomatisch, aber richtig!
EG Ja, ich wollte keine deutsche Fahne sehen. Heute hat sich durch die Fahnen beim Fußball viel geändert, aber meine Generation wollte damit nichts zu tun haben. Jemand aus der Runde erzählte mir später, dass mein Auftritt wie ein Donnerschlag gewirkt hätte. Man diskutierte hinter verschlossener Tür, ob man nicht alles abbrechen sollte. Wenn Herr Gregor seine Frau mit solchen Ansichten zur Besprechung schickt, kann es nur furchtbar werden. Aber dann befand die Runde, dass das Internationale Forum des Jungen Films wie ein Schiff im Fluss sei. Man konnte es nicht mehr aufhalten.

MIT ALLEN ZERFALLEN

KINDHEIT IM NATIONALSOZIALISMUS

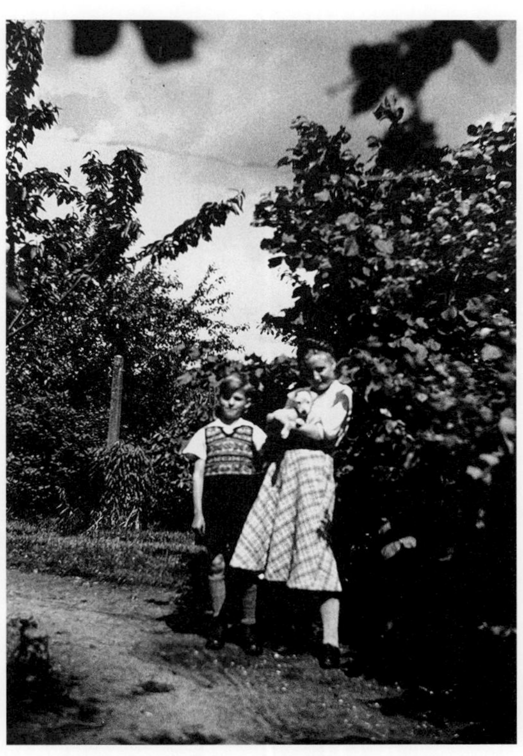

Erika Gregor und ihr Bruder Ernst nach 1945

EG Ich stamme aus Sulingen, einem kleinen Ort 50 km südlich von Bremen. In meiner Familie fühlte ich mich als Außenseiterin, weil ich, lange bevor der Feminismus entdeckt wurde, das Gefühl hatte, dass ich als zweite Wahl gelte und eigentlich nicht zähle. Wenn ich heute alte Bilder anschaue, bin ich überrascht, dass ich eigentlich ganz hübsch war. Aber in meiner Familie galt ich als nicht hübsch und zu lebhaft, was man in Norddeutschland eigentlich nicht mag. Bei uns hatte man als Mädchen nicht so zu sein.

Ich wusste, dass ich nur zwei Möglichkeiten hatte, um mich durchzusetzen. Erstens: allein zu bleiben, wirklich *allein*, und darauf zu achten, dass man mich respektiert. Zweitens, mein Vater war ein kleiner Beamter und sehr streng. Er glaubte an die Nazis. Meine Mutter hatte die Zügel in der Hand, was Haushalt und Geld anging, aber für alles Übrige war ihr Mann ihr ein und alles. Die Ehe meiner Eltern war sehr gut. Ich erinnere mich an mein Gefühl als Kind, ihnen nicht viel zu bedeuten. Ich war überzeugt, dass sie mich nicht brauchten. Es war etwas zwischen ihnen, von dem man ausgeschlossen war.

Ich habe einen Bruder, zu dem es eine Geschichte gibt, die mir erst spät bewusst wurde. Ich war fast fünf, als meine Mutter plötzlich nicht mehr da war und ich zu meinen Großeltern im Nachbarhaus kam. Man muss wissen, dass bei uns über nichts geredet wurde, und schon gar nicht über Geschlechtliches.

Ich stehe also bei meiner Großmutter in der Küche. Das Bild sehe ich noch vor mir: Ich weiß noch, dass ich eine Hand auf der Lehne der hölzernen Bank hatte, als meine Großmutter hereinkam und sagte: «Jetzt können deine Eltern dich gar nicht mehr brauchen, du hast ein kleines Brüderchen bekommen.»

Irgendwann viel später, als wir schon verheiratet waren, kam mein Bruder zu uns zu Besuch. Da fragte mich Ulrich: «Warum bist du nicht netter zu ihm? Er gibt sich solche Mühe und ist sehr nett zu dir.» Darauf haben wir die ganze Nacht miteinander geredet und plötzlich kam mir diese Szene wieder vor Augen. «Deine Eltern brauchen dich nicht mehr, du hast ein Brüderchen bekommen, aber kannst bei uns bleiben.» Mein kleiner Bruder war der Stammhalter und ich war abgemeldet. Das hatte ich offensichtlich verdrängt, aber zwanzig Jahre später grub Ulrich aus, was da mit mir passiert war. Ich brauchte keine Analyse, ich hatte ja Ulrich.

KINDHEIT MIT DER FUNKORGEL

EG Ulrich kommt aus einer anderen Kaste. Sein Vater war Gerhard Gregor[1], *der* Gregor an der Funkorgel, den man überall in Norddeutschland kannte. Er war im Radio, sein Spiel wurde vom NDR übertragen und deshalb hörte man seine Sendungen auch in Sulingen. Als ich mit Ulrich zuhause ankam, war sein berühmter Vater das einzige, was *für* ihn sprach – bei meiner Mutter.

UG Ich bin in Hamburg-Winterhude aufgewachsen. Es stimmt, mein Vater war schon Anfang der 1930er-Jahre beim Rundfunk und spielte dort jahrzehntelang die Funkorgel. Meine Eltern trennten sich, als ich vier oder fünf Jahre alt war. Damals habe ich nicht richtig mitbekommen, was das bedeutete, nur dass wir – meine Mutter und ich – woanders hinzogen.

Eine Zeit lang wohnte ich aber noch bei meinem Vater und seiner neuen Frau und ging dort auch zur Schule. Aber dann lebte ich mit meiner Mutter in der Sierichstraße in einer Wohnung mit einem langen Korridor, daran erinnere ich mich noch. Ich ging weiter zur Schule, bis die Bombenangriffe kamen. Während der schlimmen Bombardierungen 1943 waren wir in den Ferien bei meinen Großeltern in Pommern. Daraufhin sind wir nicht wieder nach Hamburg zurück, weil alle fürchteten, dass der Bombenkrieg weitergeht. Wir blieben, bis die Rote Armee 1945 nach Pommern kam und wir im letzten Moment zurück nach Hamburg und in unsere alte Wohnung flüchten konnten.

Zuerst wussten wir nicht, ob das Haus überhaupt noch stand. Als wir es einigermaßen in Ordnung vorfanden und die Tür aufschlossen, kamen uns fremde Leute entgegen. Zwei Familien waren einquartiert worden. Alle waren wir natürlich höchst überrascht von der Situation.

1 Gerhard Gregor, geboren 1906 in Ruß im Memelland, heute Rusne/Litauen, gestorben 1981 in Hamburg, war Pianist und Organist. In der Stummfilmära spielte er neben Kirchenmusik auch die Kinoorgel und spezialisierte sich auf die für den Rundfunk optimierte Welte-Orgel.

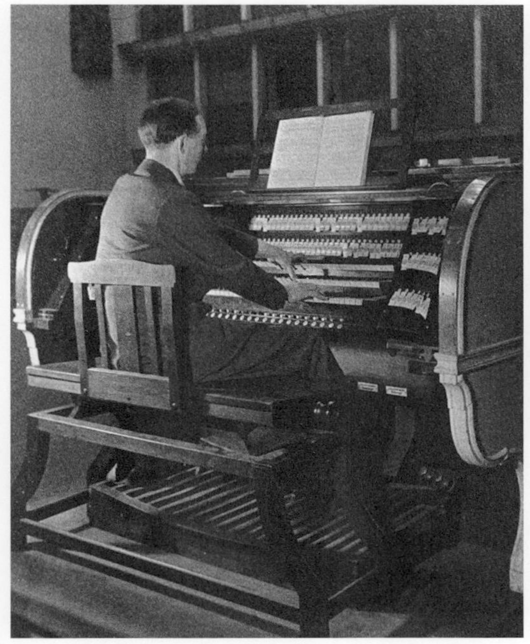

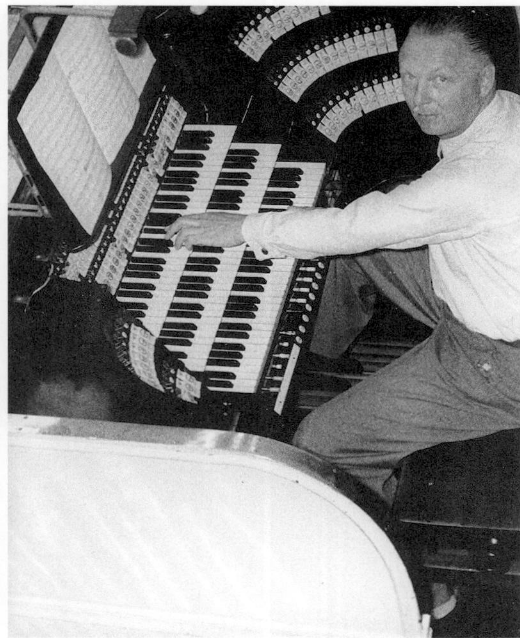

Gerhard Gregor, Ulrichs Vater, an der Funkorgel

Aber da meine Mutter die eigentliche Wohnungsbesitzerin war, sind wir wieder eingezogen.

Jeder hatte ein Zimmer, ich nur ein halbes, es war alles sehr knapp. So haben wir in der Sierichstraße das Kriegsende mit dem Einmarsch der englischen Truppen erlebt. Hamburg wurde ja gottseidank kampflos übergeben. Ich kann mich aber doch daran erinnern, dass Vorbereitungen für den Kampf getroffen wurden und dass unsere Straße mit Barrikaden versperrt war, um die britische Armee am Durchfahren zu hindern. Aber die Stadt wurde friedlich übergeben und dann standen die Lastwagen der Briten die ganze Sierichstraße entlang.

Haben Sie Ihren Vater regelmäßig gesehen?

UG Den Vater besuchte ich einmal in der Woche, so war das Reglement. Gegen Kriegsende verschwand er aber mit einem Mal. Wir wussten zuerst nicht, was los war. Er hatte einen Einberufungsbefehl bekommen, hatte aber vorgezogen, ihn zu ignorieren und sich zu seiner Familie nach Walsrode abzusetzen, wohin sie schon länger evakuiert war.

Später, als in seiner Familie noch zwei Kinder geboren waren, kehrte er nach Hamburg zurück und lebte wieder in der Werderstraße. Zeitweilig wurde er aus dem Rundfunk verbannt, weil er NSDAP-Mitglied gewesen war. Es gab aber offensichtlich niemanden, der die Funkorgel spielen konnte, deshalb haben sie ihn später wieder engagiert.

Bevor er zum Rundfunk zurückkam, musste mein Vater Tingeltangel-Musik auf dem Akkordeon und auf anderen Instrumenten spielen, z. B. bei Hochzeiten und Festen der Alliierten. Wenn er die Funkorgel spielte, habe ich oft daneben gestanden. Chris Howland[2], der später ein berühmter Schlagersänger wurde, war damals Conférencier beim British Forces Network (BFN) in Hamburg. Ich erinnere mich gut an ihn, weil er seine Ansagen auf Englisch machte, wenn die Funkorgelmusik meines Vaters für BBC London übertragen wurde.

EG Die Engländer mochten diese Musik. Als ich in England studierte, gab es im BBC-Programm jeden Tag eine halbe Stunde populäre Orgelmusik. Ich glaube übrigens, dass die Ehe von Ulrichs Eltern von Anfang an kein Glück war. Seine Mutter konnte als Pastorentochter ihre Gefühle nicht zeigen. Sie waren sicher einfach nicht füreinander bestimmt.

MUKSCH

EG Ich war kein fröhliches Kind. Ich musste ab und an verhauen werden, weil ich so muksch war, wie es bei uns heißt, weil ich irgendwie nicht passte. Es gab eine charakteristische Szene. Von meiner Mutter, einer leidenschaftlichen Fotografin, bekam ich einmal zu Pfingsten einen Puppenwagen, mit dem sie schon als Kind vor 1914 gespielt hatte, dazu ein wunderschönes Kleid, vorn gesmokt. Meine Mutter wollte unbedingt, dass ich fotografiert werde und dabei lächle. Aber ich blödes Kind habe nicht gelächelt, warum weiß ich nicht. Jedenfalls musste ich verhauen werden. Trotzdem blieb ich dabei, ich habe auf dem Foto nicht gelächelt. Ich war ungehorsam. Ich war, glaube ich, kein leichtes Kind und erwartete immer nur das Schlechteste. Heute kann ich gut mit schlechten Nachrichten umgehen, weil sie mich nicht unerwartet treffen.

Meine Mutter sagte oft, dass ich nicht hübsch sei und keinen Mann kriegen würde. Aber ich wollte auch keinen. Dazu gab es einen anderen prägenden Moment: Mein Vater wurde im Februar 1945 zum Volkssturm eingezogen. Vorher war er nicht Soldat geworden, weil er schlechte Augen hatte. Meine Mutter, mein Bruder und ich begleiteten ihn zum Bahnhof. Wir gingen durch die Unterführung zum Bahnsteig 3. Der Zug kam, mein Vater stieg ein und öffnete drinnen das Fenster. Meine Mutter weinte, mein kleiner Bruder, der nichts verstand, weinte auch, weil seine Mutter weinte. Ich habe nicht geweint.

2 Chris Howland (geboren 1928 in London, gestorben 2013 in Rösrath bei Köln) war ein britischer Schlagersänger, Rundfunk- und Fernsehmoderator mit einer erfolgreichen Karriere in Deutschland.

Da beugte sich mein Vater heraus und sagte zu mir: «Wenn ich nicht wiederkomme, bist du verantwortlich für deine kleine Mutter und deinen Bruder.» Spricht es, macht das Fenster zu und der Zug fährt ab, und er kommt nicht wieder.

Das war eine furchtbare Hypothek. Bis zum Tod meiner schwierigen Mutter habe ich mich verantwortlich gefühlt. Lange Zeit habe ich fast jeden Tag bei ihr angerufen.

PFARRER UND FILMINTERESSIERTE TANTEN

UG Ich hatte aufgrund der Trennung meiner Eltern einen viel engeren Kontakt zur Familie meiner Mutter. Sie stammte aus dem Baltikum, aus einer Familie, die einen, könnte man sagen, eher intellektuellen Lebensstil kultivierte. Sie interessierten sich alle sehr für Literatur und das strahlte auf mich aus. Eine meiner Tanten war extrem filminteressiert und mein Vater spielte ja auch für Stummfilme. Insofern gab es frühe Verbindungen zu meinem späteren Lebensweg.

EG Deine Eltern lernten sich auf der Kirchenmusikschule kennen. Ich glaube, dass sie sich irgendwann aus Versehen einen Kuss gaben und dachten, sie seien jetzt verlobt. Sie müssen noch viel wahnsinniger gewesen sein als wir zu unserer Zeit. Ohne sich näher zu kennen, haben sie geheiratet und erst hinterher festgestellt, dass sie nicht zusammen passen. Ulrichs Vater interessierte sich nur für Musik. Da gab es kein Interesse an Politik und auch nicht viel Interesse für andere Menschen.

UG In seinem Umkreis waren alle sehr, sehr konservativ.

EG Es ging sehr religiös zu … – Ulrichs Großvater war Generalsuperintendent –

UG … mit Tischgebet und so weiter. Er war Pastor und Patriarch in Elbing in Westpreußen östlich von Danzig. Als Kind war ich oft dort.

EG In den 1920er-Jahren war er in Memel, da musste er durch den sogenannten Polnischen Korridor nach Berlin fahren, denn die Kirche von Memel gehörte zur evangelischen Kirche von Berlin. So hat er es uns erzählt. In Elbing lebte er nach seiner Pensionierung bei einer seiner Töchter, die dort verheiratet war, wieder mit einem Pfarrer. Wo du hinguckstest, waren überall Pastoren und Pfarrer.

EG Dein anderer Großvater, der 1935 gestorben ist, war über die ersten Jahre der Nazi-Herrschaft entsetzt.

UG Ich weiß bis heute nicht, ob jemand von meiner Familie zur Bekennenden Kirche gegen Hitler gehörte. Damals war ich ein Kind und man sprach nicht darüber.

Möglich ist, dass der Großvater in der Bekennenden Kirche aktiv war. Ich habe ihn als Kind kennengelernt, sodass ich keine eigene Erinnerung habe. Er muss ein interessanter Mensch gewesen sein. Zu zaristischen Zeiten wurde er wegen Volkspropaganda verhaftet und nach Sibirien verbannt. Als er nach der Oktober-Revolution zurückkam, war er als Opfer der zaristischen Willkür bei den Kommunisten hochangesehen. Das ist eine der typischen Geschichten aus dem Baltikum, wo wir eine riesige Verwandtschaft hatten. Ich selbst bin später nie mehr hingekommen, weil die Nazis alle Deutsch-Balten 1939 umsiedelten. Heim ins Reich, hieß es damals.

ICH HABE MEINE KINDHEIT ÜBERLEBT

EG Im Jahr 1944 wurde ich 10, und es stand an, dass ich Jungmädel werden musste. Meine Mutter hielt das für Unsinn, dass kleine Mädchen die Lange Straße (damals Straße der SA) auf- und abmarschieren, und sagte: «Da musst du nicht hin.» Ich wollte auch nicht, ich wollte viel lieber zu Hause bleiben, lesen und ihr helfen. Aber nach einigen Wochen kamen zwei Führerinnen an unsere Haustür und sagten in scharfem Ton, dass ich zum Dienst kommen und auch eine Entschuldigung beibringen müsste. Da sagte meine Mutter: «Dann musst du da wohl hin». Und so ging ich am Dienstag um 3 Uhr zum Schulhof der Volksschule, wo der Dienst stattfand. Ich hatte keine Uniform. Uniform, das hieß schwarzer Rock, weiße Bluse, ein Tuch mit Knoten um den Hals und dazu eine gelbe Jacke in einem hässlichen Gelb, die «Kletterweste» genannt wurde. Meine Mutter sagte, dass so, wie es aussieht, wir nach dem Krieg diese Uniform nicht mehr tragen können, und daher sei es vernünftiger, einen warmen Wintermantel für die Kleidermarken zu kaufen. Damals war schon alles auf Marken: Nahrungsmittel und Kleidung. Ich kam also dahin und wir standen in Reih und Glied, und es hieß: «Steinhoff drei Schritte vortreten», und da stand ich. Meine Entschuldigung wurde entgegengenommen und es wurde vorgelesen: «Meine Tochter Erika konnte nicht zum Dienst kommen, weil sie im Garten Unkraut jäten musste.» Die Führerinnen schlugen eine gellende Lache an und drei Schritte hinter mir lachten dreißig bis vierzig Mädchen auch sehr laut. In solchen Augenblicken gibt es zwei Möglichkeiten: Man gibt sich wahnsinnige Mühe, doch dazuzugehören und alles richtig zu machen und ist wahnsinnig nett zu allen. Oder man sagt, ihr könnt mich alle mal. Meinem Temperament entspricht die zweite Möglichkeit, und von Stund an war ich für alles, was mit Dienst und mit der Nazizeit zu tun hatte, verloren. Ich versuchte, wo ich nur konnte, mich zu drücken, falsch zu gehen, falsch zu marschieren, und ich hatte keine Freundin mehr und sprach auch kaum mit den anderen Mädchen, weil ich so böse war. Das änderte sich erst nach Ende des Krieges, als ich Rena kennenlernte, deren Eltern in Hannover ausgebombt waren. Sie kam in unsere kleine Stadt und ich mochte sie von Anfang an, sie war lieb und sanft und sah sehr brav aus mit ordentlich geflochtenen Zöpfen. Sie wurde meine erste Freundin, ohne sie und ihre Eltern hätte ich die nächsten drei Jahre nicht überlebt.

Dazu gibt es eine zweite Geschichte:

Im Jahre 1946 hatten wir Handarbeitsunterricht. Da kam Frau Klose und sagte: «Heute lernt ihr Socken stricken, Strümpfe stricken.» Und: «Wer kann es schon?» Ich konnte es, denn schon mit acht hatte meine Großmutter es mir beigebracht. Ich konnte auch sticken und häkeln. Aber natürlich habe ich mich nicht gemeldet. Wir kriegten das also beigebracht. Dann gingen wir nach Hause zu Rena, die ein eigenes Zimmer hatte, wir konnten dort wunderbar zusammen Schularbeiten machen. Sie aber konnte nicht stricken, und obwohl ich mir große Mühe gab und es ihr geduldig zeigte, schaffte sie es nicht, Käppchen und Hacken zu stricken, immer wieder fiel eine Masche herunter …. Schließlich sagte sie verzweifelt: «Strick du meinen Strumpf». Und so machte ich es. Dann wurden die Strümpfe abgegeben, jeweils mit dem Namen dran. Und als wir sie zurückbekamen, wurde ihr Strumpf hochgehalten und es wurde ein Lob gesungen: «So ist der ideale Strumpf, so muss er aussehen und so schön ist er geworden!» Rena saß neben mir und flüsterte: «Ich kann das nicht ertragen, ich stehe jetzt auf und sage, das ist dein Strumpf!» Ich flüsterte zurück: «Bloß nicht, dann bekommen wir beide eine Fünf wegen Mogelns und einen Eintrag ins Klassenbuch». Mir war es völlig egal.

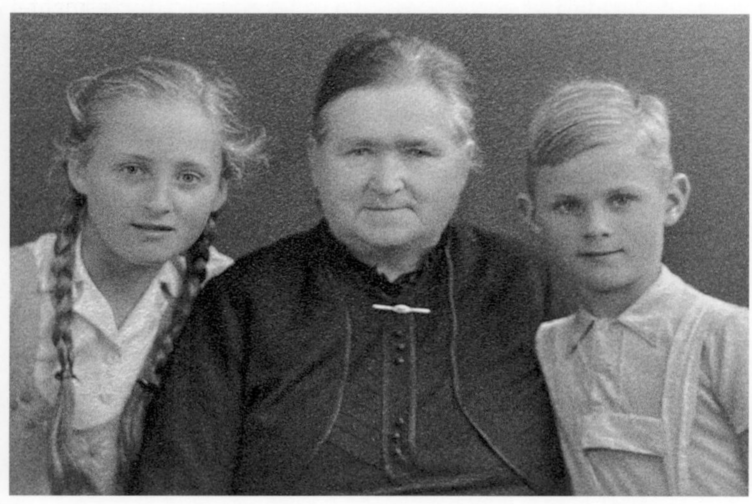

Erika Gregor mit Großmutter und Bruder Ernst

Ich hatte eine Zwei bis Drei, und es war mir völlig klar, dass ich eben nicht so aussah, als ob ich akkurate Strümpfe stricken könnte. Rena dagegen in ihrem Liebreiz, ihrer Freundlichkeit und Ruhe traute man es zu. Soll ich jetzt noch sagen, dass ich wild war und auch Jungen verprügelte, wenn sie meiner Rena zu nahe kamen? Das stimmt, das habe ich gemacht. Rena erzählte immer, dass ich die Jungs wie eine Löwin verhauen habe.

Nach dem Krieg erzählte meine Mutter, dass mein Vater fassungslos gewesen sei, was nur aus mir werden würde, wenn ich nicht nachgeben kann und meinen Dickkopf behalte. Er kam zu dem Schluss, dass eine abhängige Stellung nichts für mich sei, wo ich doch zudem so gut in der Schule war. Noch nie war ein Mädchen aus seiner Familie auf die höhere Schule gegangen, jetzt aber hieß es: «Wenn sie weiterhin so ein Dickkopf ist, soll sie doch Abitur machen!»

SOLL SIE DOCH ABITUR MACHEN

EG Aus dem Krieg kam mein Vater nicht zurück. Wir hatten sehr wenig Geld, zuerst gar keins, weil meine Mutter sich weigerte, ihn für tot erklären zu lassen und immer noch hoffte, dass er wiederkommen würde. Eigentlich wussten wir, dass es hoffnungslos war, aber man glaubte es halt nicht. Damals lebten wir von dem, was wir im Garten ernteten und verkaufen konnten. Wenn meine Mutter meine Großmutter, die eine gute Pension bekam, um Unterstützung bat, half sie mit fünf Mark.

Meine Mutter versuchte, über die Runden zu kommen. Irgendwann ließ sie meinen Vater doch für tot erklären. Weil er relativ jung verstarb, war die Pension sehr klein. Also arbeitete ich in den Ferien immer bei einem Bauern im Sulinger Bruch bei der Kartoffelernte. Ich war vierzehn und sehr flink. Da meinte der Bauer, ich sei das, was man anstellig nennt, ich könnte bei ihm als Magd anfangen: «Wir haben keine Kinder, meine Frau hat sie auch gern und wenn sie so weit ist, finden wir einen guten Bauern als Ehemann.» Das hat meine Mutter aber abgelehnt und mich weiter zur Schule geschickt.

Später mit sechzehn wollten meine Onkel, dass ich irgendwo im Büro anfange, bei der Stadt oder beim Finanzamt. Und da Sulingen eine Kleinstadt ist und mein Vater als Sportler mit vielen Ehrenämtern überall bekannt gewesen war, sagten auch die Leute beim Magistrat, dass ich da arbeiten könnte. Meine Mutter hielt aber eisern daran fest, dass ich Abitur machen sollte, obwohl ich als Fahrschülerin einen weiten Weg hatte und in der Schule inzwischen sehr schlecht war. Mit allen zerfallen, mit meiner Mutter, mit der Welt, meiner Großmutter,

mit allen. Es war schlimmer als nur das Aufstehen morgens um fünf und ab in den Arbeiterzug um sechs. Es war eine furchtbare Zeit.
UG Solche Dinge habe ich nicht erlebt. Das ist schrecklich, wenn ich das höre.
EG Ja, ich habe meine Kindheit überlebt, das ist erstaunlich. Einmal schrieb ich dem Patenonkel meiner Mutter, dass ich mit der Schule aufhören und zu ihm nach Berlin kommen wollte, um ihm den Haushalt zu führen und abends zur Abendschule zu gehen, um das Abitur zu machen.

ERSTE BEGEGNUNGEN MIT FILM

Mussten Sie in der Schule Propagandafilme sehen?
UG Ich erinnere mich dunkel an ein paar Filme, die ich im Kindesalter bei der HJ gesehen habe, sonntagmorgens um halb elf.
EG Hitlers Jungvolk, das war für Jungen ab zehn Jahren.
UG Im Krieg, etwa ab 1943 hatte ich das Alter erreicht. Veit Harlans Propagandafilm KOLBERG[3] sah ich kurz vor dem Kriegsende. Da waren wir in Pommern bei meiner Großmutter und gingen einfach noch einmal ins Kino, meine Mutter oder meine Tanten und ich. Als Hamburg 1943 zum großen Teil zerstört wurde, waren gerade Ferien. Als man von den Luftangriffen auf Hamburg hörte und las, waren wir gerade in Pommern. Daraufhin beschloss meine Mutter, dass wir vorläufig nicht zurückfahren. Schlawe (in Pommern), wo meine Großmutter lebte, war eine Kleinstadt, wo es noch freie Wohnungen gab.
EG Du bist doch in Pommern zur Schule gegangen, dann müsstest du dort auch in der HJ gewesen sein. In den kleinen Städten passte man sehr darauf auf.
UG Ich war im Jungvolk, vollkommen absurd. Ich fand es fürchterlich, aber meine Mutter meinte, wenn ich mich nicht anschließe und beteilige, habe ich später die größten Schwierigkeiten. Also sollte ich mitschwimmen. Ich war elf oder zwölf Jahre alt, noch ein Kind. Im Kino war ich damals nur ein paar Mal. Ich habe Erinnerungen an einen Western mit Indianern, die weiße Siedler überfallen. Unter furchtbarem Geheul schwangen sie ihre Tomahawks. Es muss ein Film von John Ford gewesen sein.[4]

3 KOLBERG (Regie: Veit Harlan, D 1945); Historienfilm über den Widerstand der Bewohner der ostpreußischen Stadt Kolberg gegen Napoleon, umgedeutet in pathetische Durchhalte-Propaganda im Sinne der Nazis.

4 Es könnte sich um DRUMS ALONG THE MOHAWK (TROMMELN AM MOHAWK; Regie: John Ford, USA 1939) handeln. Der Film erzählt die Geschichte eines frisch verheirateten Kolonisten-Paars, das Opfer der Angriffe von Mohawk-Indianern wird, nachdem diese während des amerikanischen Unabhängigkeitskrieges von Milizen und britischen Truppen atta-

EG Vielleicht galt der Film, den du gesehen hast, als antiamerikanisch oder antibritisch. John Steinbecks Roman *Früchte des Zorns* erschien zum Beispiel 1943 in Deutschland, weil das Buch als unamerikanisch galt.[5] Mein Großvater kaufte es damals. Ich habe die Ausgabe heute noch.
UG Die eigentliche Begegnung mit Film fand erst nach dem Ende der Nazi-Zeit statt, als Hamburg zur britischen Besatzungszone gehörte. Da kamen plötzlich britische und amerikanische, französische und italienische Filme ins Kino und man fing an, sich dafür zu interessieren. Wir bekamen Hinweise, auch aus der Familie, vor allen Dingen von einer Tante, die uns sagte, welche Filme wir sehen müssten. Das waren jedes Mal Erleuchtungen, und ich fing an, mich ernsthaft für das Kino zu interessieren und auch darüber zu lesen. Wir hatten vor dem Abitur einen Lehrer für Englisch und Französisch, der sehr filminteressiert war und uns öfter im Unterricht lange Geschichten über Filme erzählte. Auch er hat uns bestimmte Filme empfohlen.

Sahen Sie die Filme im Original?

UG Nach einem Jahr Französisch wollte ich französische Filme sehen, zum Beispiel KINDER DES OLYMP[6]. Aber das war eine Enttäuschung! Man denkt, jetzt beherrscht man die Sprache einigermaßen, versteht aber nur wenig.

Dietrich Kuhlbrodt* besuchte dieselbe Schulklasse wie Ulrich Gregor, beide waren eng befreundet. Nach dem Abitur unternahmen sie gemeinsame Reisen, studierten zur gleichen Zeit in Paris und wurden später beide Autoren der Zeitschrift Filmkritik. (CL)

* Dietrich Kuhlbrodt (geb. 1932 in Hamburg), Filmkritiker, Schauspieler und Oberstaatsanwalt a. D. mit dem langjährigen Arbeitsschwerpunkt Aufarbeitung von Nazi-Verbrechen.

« DIETRICH KUHLBRODT Als Ulrich und ich zur Schule gingen – wir haben 1952 das Abitur gemacht – war die KPD in der Bundesrepublik noch nicht verboten. Das kam erst 1956 nach vielen Repressionen und Kriminalisierungsversuchen. In Hamburg gab es KPD-Büros mit Stellenangeboten in den Schaufenstern. Da sahen wir uns natürlich um, ohne uns parteilich zu verhalten. Als Schüler suchten wir damals krampfhaft nach Wegen, wie wir unsere Opposition gegen die anlaufende Wirtschaftswunderzeit und die Rückkehr alter Nazis ausdrücken konnten. Wo findest du Anschluss? Welche Gruppen gibt es denn? Wie sagt man, was man meint? Die VVN-BdA7 fanden wir nicht richtig für uns. Wir stellten um 22:00 Uhr Radio Moskau ein oder gingen auf eine KPD-Demo

ckiert worden waren. Die Siedler flüchten in das Fort German Flatts, wo sie dem Angriff standhalten. Der Film wurde allerdings erst 1949 in der BRD uraufgeführt.

5 John Steinbeck: *Früchte des Zorns*, erste deutsche Ausgabe, Darmstadt 1943, Übersetzung Karin von Schab.

6 LES ENFANTS DU PARADIS (KINDER DES OLYMP; Regie: Marcel Carné, F 1943–1945); poetischer Liebesfilm aus dem historischen Theatermilieu, vier sehr unterschiedliche Liebhaber werben um die schöne Garance (Arletty).

7 Vereinigung der Verfolgten des Nazi-Regimes – Bund der Antifaschistinnen und Antifaschisten, ein 1947 gegründeter Verband ehemaliger Widerstandskämpfer und NS-Verfolgter, der sich aktiv gegen die Remilitarisierung der BRD und die Rückkehr ehemaliger Nazis in Behörden, Institutionen und die Justiz einsetzte.

und dachten, so könnte man irgendwie politisch weiterkommen. So'n Quatsch. Wie man so ist, wenn man noch zur Schule geht.

Gab es Ärger mit den Eltern?

DK Nein, aber mit der Schule. Wir waren so begeistert, dass wir die Fackeln, die damals die Kommunisten trugen, in unsere Oberschule Am Stadtpark mitnahmen. Oder hieß die Schule schon wieder Heinrich-Hertz-Schule?[8] In der Pause gingen Ulrich und ich durch den Schulkorridor und sangen «Bau auf, bau auf, freie deutsche Jugend, bau auf!» Ich hab' noch die alte 78er-Platte mit dem Lied. Auf dem Schulhof fuhr ein Feuerwehrzug auf, dazu ein Zug Polizei, alle in Uniform. Die Schule hatte den Notruf gewählt und gesagt, die Schüler wären gerade im Begriff, die Schule abzufackeln. Und weißt du, was war? Wir hatten überhaupt keine Angst, wir waren stolz, die blöden Erwachsenen endlich in Wallung gebracht zu haben. He, dass wir als Schüler mit so einem Quatsch die Erwachsenen veranlasst haben, die Polizei und die Feuerwehr zu rufen, das war wunderbar. Ich hatte Eltern, die in solchen Fällen nicht einschritten. Und von Ulrichs Mutter gab's auch kein großes Contra. Wir fühlten uns selbstständig und unserer Sache sicher.

Das größte Abenteuer war, nach Ost-Berlin zu fahren, zum Beispiel in das Haus der Deutsch-Sowjetischen Freundschaft. Da gingen wir allerdings auf Reserve, weil das schon stalinistisches Barock war, das Programm und die ganze Einrichtung. Immerhin konnten wir dort Sänger aus dem Spanienkrieg hören. Wer war das noch? Ernst Busch am Piano auf einer weißen Bühne mit roten Plüschvorhängen. Er nahm auf dem Hocker Platz, voll im Licht, und sang Arbeiterlieder. So hatten wir uns das nicht vorgestellt, wenn wir ihn auf Platte hörten. Im Berliner Ensemble ging es anders ab. Die berühmte Drehbühne, und Helene Weigel zieht den Marketender-Wagen. Solche Sachen hatten wir in Ost-Berlin ohne Ende, auch bei Freunden in Pankow. Eigentlich war das alles viel interessanter als Berlin selbst.[9] »

WELTLÄUFIGKEIT

EG Die Familie von Ulrichs Mutter sprach Deutsch mit diesem besonderen baltischen Akzent, dazu perfekt Russisch und Französisch. Um 1960 lernte ich Ulrichs umgesiedelte Tanten kennen, alte Damen

8 Die 1907 gegründete Heinrich-Hertz-Oberschule wurde 1937 als Folge der nationalsozialistischen Gleichschaltung mit einer reformpädagogischen Schule zusammengelegt und in Oberschule am Stadtpark für Jungen umbenannt. Nach dem Krieg erhielt sie ihren alten Namen zurück.

9 Dietrich Kuhlbrodt, unveröffentlichtes Gespräch mit Claudia Lenssen, 22.06.2016

zwischen 80 und 90, die in Göttingen lebten. Tante Christel sagte zum Beispiel: «Du studierst also Germanistik, deutsche Literatur, ganz ordentlich. Nichts gegen Goethe und Schiller, aber Puschkin! …» Und dann saßest du da und sie rezitierte aus dem Kopf eine halbe Stunde lang Puschkin auf Russisch. Du verstandest kein Wort, musstest einfach nur still sitzen und zuhören. Sie waren nicht von unserer Welt und besaßen etwas ganz Besonderes.

Ich lernte auch Tante Frieda kennen, die als junges Mädchen unter eine Straßenbahn geraten war und ein Holzbein trug. Als sie einmal in Berlin zu Besuch war, musste sie drei Treppen in dein damaliges Zimmer hoch. Sie sagte: «Doch, doch, ich schaffe das.» Mit ihrem Holzbein stieg sie die drei Treppen hoch und guckte, wie Ulrich lebte, und fragte, was wir vorhaben. Ulrich sagte: «Wir gehen ins Kino, da läuft ein französischer Film.» Da ging sie mit in den wunderbaren Film Die Mausefalle[10] von René Clair mit Pierre Brasseur, Georges Brassens und Henri Vidal und war begeistert. Hinterher fragte sie, ob wir nicht noch einen Schluck trinken sollten. Wir gingen in die Damaschkestraße in die erste Kneipe von Rolf Eden[11]. Er kam an unseren Tisch, plauderte mit Tante Frieda, und sie war ganz angetan von ihm. Da war eine Offenheit, die ich nicht kannte.

UG Die Schwester meiner Mutter, die so filminteressiert war, schickte mir am Ende meiner Schulzeit regelmäßig das *Filmforum*, die Zeitschrift des Verbands der deutschen Filmclubs, die sie abonniert hatte. Für mich tat sich da eine ganz neue Welt auf. Mit ihr und meinem Englisch- und Französischlehrer wuchs mein Interesse am Kino. Es war nicht mein einziges aber ein besonders starkes Interesse. Der Hauptgrund, nach dem Abitur nach Paris zu gehen, war dann natürlich die Cinémathèque Française. Da wollte ich Filme sehen, weil es in Deutschland nichts Vergleichbares gab.

10 Porte des Lilas (Die Mausefalle; Regie: René Clair, F/I 1957), Kriminalfilm aus dem Pariser Vorstadtmilieu.

11 Rolf Eden (1930–2022); Nachtclubbesitzer, Playboy, Geschäftsmann, Symbolfigur von West-Berlin.

HAB ACHT IN GÖTTINGEN

EG Mit dem Studium angefangen habe ich in Göttingen, weil Göttingen in Niedersachsen liegt, um die Ecke von zu Hause und sozusagen Heimat ist. Meine Mutter meinte, Göttingen reicht. Außerdem lebten meine Großmutter, ein Onkel und zwei Tanten da. Ich hatte mit ihnen nicht viel zu tun, denn Uni und Umkreis, es gab so viel zu entdecken.

Auch in dieser Familie fand man, dass ich nicht reinpasse. Das kam so: Schon als Schülerin hatte ich meine Großmutter in allen Ferien heimgesucht, zu Ostern und im Herbst. Ich kam ohne Einladung und schlief auf dem Sofa. Warum? Ich wollte ins Theater gehen. Im Deutschen Theater Göttingen war der große Regisseur Heinz Hilpert Intendant. Mein Vorwand war der Verwandtenbesuch, den du in unseren Kreisen nicht absagen kannst. Ich erschien also da und ging jeden Abend mit meinem gesparten Geld ins Theater. Von wildfremden Menschen bekam ich Hilfe, wenn ich kurzsichtig ankam, aber zu eitel war, eine Brille zu tragen. Für 1,50 Mark im dritten Rang zu sitzen, ging nicht. Studenten bekamen Ermäßigung. Die erste und zweite Reihe kosteten fünf Mark. Der Inspizient, der abends die Aufsicht hatte, sagte der Kassenfrau: «Geben Sie ihr eine Studentenkarte.» So saß ich als Schülerin jeden Abend für 2,50 Mark in der ersten Reihe und konnte die wunderbarsten Sachen sehen. Ab und an lächelte der Inspizient mir zu. In den nächsten Ferien war ich wieder da, holte meine Studentenkarten und ging jedes Stück ansehen. Wenn es mir gefiel, sogar

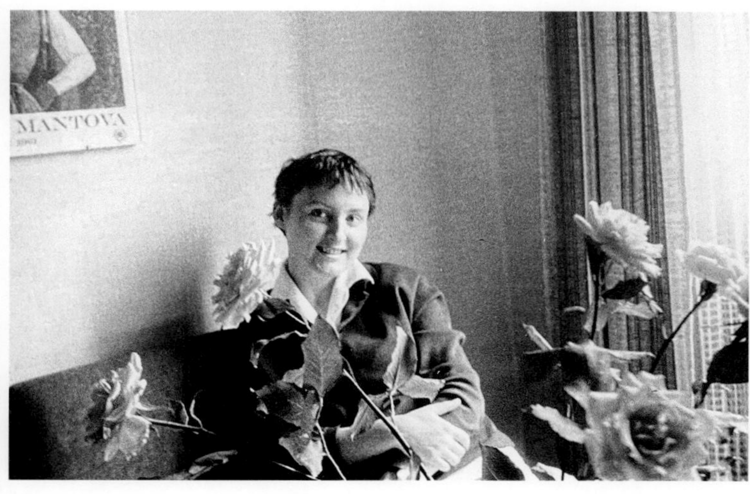

Erika Gregor in den 1950er-Jahren

ein zweites Mal. Ich konnte keinen gemütlichen Abend mit meiner Großmutter verbringen, weil ich ja zu Fuß eine halbe Stunde weit ins Theater und wieder zurück musste.

UG Es gab die Göttinger Filmtage, wo hauptsächlich alte deutsche Filme gezeigt wurden. Ich las davon und fuhr per Anhalter zu meinem ersten Filmfestival.

EG Da hättest du mich treffen können, aber nicht im Kino, sondern im Theater und bei einem Tennisspiel von Gottfried von Cramm. War das zur Tausendjahrfeier 1953? Jedenfalls stand etwas Besonderes auf dem Programm, meine erste Händel-Oper *Rodelinda* als Gastspiel.

Einmal an Gründonnerstag gab es im Theater ein erbauliches Stück von Christopher Fry, ich glaube, *Venus im Licht*. In der Pause kam mir plötzlich meine Cousine entgegen, ein Jahr älter, ein braves Mädchen, die geliebte Enkeltochter. Elschen, das Vorbild, war in Begleitung von zwei jungen Männern, das war eine Überraschung. Mit meiner Großmutter war es nämlich so: Mein kleiner Bruder war der Liebling, dann Onkel Willis Kinder, dann Elschen und ihre Schwester und zum Schluss kam ich.

Dann war das Stück zu Ende, ich war begeistert und klatschte wie rasend. Vielleicht setzte mich der Inspizient auch deswegen in die erste Reihe, weil ich so laut klatschen konnte. Mein Ehrgeiz war, dass das ganze Ensemble am Ende noch einmal durch den eisernen Vorhang kam. Wenn der Beifall abebbte, fing ich wieder an, bis Andere mitmachten. Vor lauter Begeisterung war ich immer die letzte im Theater. Im Foyer traf ich dann meine Cousine mit den beiden Männern. Sie fragten, warum ich so spät komme und luden mich ein, mit ihnen noch ein Glas Wein zu trinken. Ich ging sonst nie in ein Lokal, weil ich mein bisschen Geld fürs Theater brauchte. Wir saßen also in einer Weinstube, vor uns eine Flasche Wein und mir wurde ganz elend. Ich konnte mit Mühe ein Glas trinken, mehr nicht. Der eine der Schlipsmenschen gab sich Mühe zu plaudern und sagte doch tatsächlich: «Wissen Sie, dass Sie ein klassisches Profil haben?» Ich darauf: «Warum wollen Sie mich beleidigen?» In Diepholz, wo ich zur Schule ging, machte sich ein Lehrer immer über mich lustig, indem er sagte: «Fragen wir doch mal die Steinhoff mit dem griechischen Profil.» Nett war das nicht gemeint, und jetzt versuchte jemand, mir zu erklären, dass es eigentlich ein Kompliment war.

UG Ich kann nicht nachvollziehen, dass du das für eine Aggression halten konntest.

EG Ich war eben immer auf Hab-Acht. Aber dann stellte sich heraus, dass er Buchhändler war. Wir kamen auf Georg Büchner zu sprechen, der in der Schule noch nie aufgetaucht war, ein *Woyzeck* erst recht nicht, obwohl ich schon in der zehnten Klasse war. Kurz und gut, es wurde eine fabelhafte Unterhaltung.

Auf dem Heimweg gingen wir dann mehrmals auf und ab, weil sich Cousine Elschen und ihr Freund küssten und wir zwanzig Meter Abstand halten wollten. Ich redete mit dem Mann wunderbar weiter über Büchner und Heine, aber als Elschen und ich gegen drei zu Hause die Treppe hinauf schleichen wollten, stand meine Großmutter wie ein böser Engel in der Tür. Sie hatte einen Zopf und ein Nachthemd bis zum Boden und war ziemlich voluminös. Sie tobte, dass alles meine Schuld sei, das artige Elschen würde sich niemals so aufführen, ich hätte alles verdorben. Sie sah mich buchstäblich in der Gosse enden, und das nur, weil Elschen geküsst und ich über Bücher geredet hatte. Es war einfach zu blöd, aber auch unter meiner Ehre, auszuplaudern, wie es wirklich war. Elschen wollte auch etwas sagen, aber es war sinnlos.

So völlig absurd, wie diese Geschichte ausging, blieb mir nur ein hysterischer Lachkrampf. An Ostern hätte ich ein Fläschchen 4711 und ein besticktes Taschentuch kriegen sollen, aber weil ich mich so furchtbar benommen hatte, bekam ich es nicht. Man zeigte es mir nur. Später haben Elschen und ich oft über diese Szene und unsere jeweilige Stellung in der Familienhierarchie gesprochen, wir wurden gute Freundinnen.

ANATOMIE

EG Als ich dann in Göttingen anfing zu studieren, suchte ich mir Freundinnen, die ganz anders waren. Meine erste Freundin Doris war katholisch, erzogen auf einer Nonnenschule in Essen. Ihr Vater war Zahnarzt und sie wollte den selben Beruf. Zuerst wohnten wir zusammen in zwei Zimmern, im nächsten Semester zusammen in einem Zimmer mit großem Bett.

Doris war lustig und herzlich, sie liebte es, mich zu kämmen und mich zu schminken. Das hatte ich sehr gern. Sie ging mit zu meinen literarischen Abenden, ich mit ihr in den Seziersaal. Das war einfach: Du gingst hinein, zogst einen weißen Kittel an und niemand kontrollierte.

Ich weiß noch, dass zwei Leute an den Füßen präparierten, zwei den Bauchbereich, zwei den Kopf, weil es zu wenig Leichen gab. Irgendwelche Kommilitonen boten mir Bonbons an, aber ich fand, das ging zu weit. Wir hatten die Leiche eines alten Mannes, der schon offen war, seine Brustlappen waren auseinandergefaltet. Zwei nette junge Griechen – Söhne reicher Reeder, die Medizin studierten, weil sie den Titel brauchten, die Arbeit aber von den Assistenten schreiben ließen – klappten die Lappen wieder übereinander, und da konnte ich sehen, dass der arme Mann den Spruch *Liebe ist stärker als der Tod* auf seiner Brust eintätowiert hatte. Ich musste raus, es war zu viel des Guten.

PHYSIK ODER FILMCLUB

UG Als ich nach dem Abitur nach einer Orientierung suchte, erwartete meine Mutter, dass ich eine technisch-naturwissenschaftliche Laufbahn einschlage, aber es gab in Hamburg keine technische Hochschule. Da war zunächst ein Praktikum in der Radioröhrenfabrik Valvo näher an einer Ausbildung dran. Valvo war seinerzeit eine Produktmarke und gehörte zum Philips-Konglomerat. Danach liebäugelte ich mit dem Physikstudium, aber das Spezialistentum gefiel mir nicht.

EG Es waren zwei Semester Physik und noch ein Jahr auf einer Werft.

UG Auf der Werft habe ich nur gearbeitet, um als Werkstudent Geld zu verdienen. Nebenher gründete ich zusammen mit anderen den Filmclub an der Universität Hamburg. In der Mensa konnten wir 16-mm-Filme vorführen. Ich fing an, mich dafür zu interessieren, woher man bestimmte Filme bekommen konnte. Außerdem ging ich ins Kino und las Filmzeitschriften. Das Interesse war da. Ich fragte mich in der englischen Besatzungsbehörde durch. Da gab es eine Filmabteilung, wo man hauptsächlich Kulturfilme über englische Landschaften bekommen konnte, aber auch Kurzfilme von Charlie Chaplin. So muss man sich meine ersten Schritte in Richtung Filmclubarbeit vorstellen. Darüber kam ich mit anderen Filmclubs in Kontakt, auch mit dem damals wichtigen Dachverband der deutschen Filmclubs. Die Tagungen dieses Verbandes waren berühmt, weil Regisseure eingeladen wurden, aber ich war nie dort. Es war noch zu früh.

War ihre berufliche Orientierung damit klar? Weg von der Physik und den Radioröhren?

UG Ich wollte etwas im Film werden, mehr in Richtung Filmkritik und Journalismus, nicht unbedingt als Filmemacher. Es gab so viele Regisseure und Filme, die niemand sehen wollte oder konnte. Ich dachte mir, ich müsste diese Menge nicht unbedingt vergrößern. Es war mehr die wissenschaftliche Arbeit, die filmhistorische Forschung, die mich interessierte. Damals war *Die Geschichte der Filmkunst*[1] von Georges Sadoul mein Vorbild. Wir lernten ihn später kennen, er war ein freundlicher ...

EG ... ein wunderbarer Mensch.

1 Georges Sadoul: *Histoire de l'Art du Cinéma*, Paris 1947.

AUGENÖFFNER

War das Interesse an europäischer Kultur allgemeiner Konsens in Ihrer Generation?

UG Der ursprüngliche Impuls war, aus dem Gefängnis der Nazi-Zeit auszubrechen und die Scheuklappen, die man getragen hatte, endgültig loszuwerden. Wir begriffen zum ersten Mal, dass solch ein weites Spektrum existierte. Eine ungeheure Neugier beflügelte uns. In den ersten Nachkriegsjahren sahen wir Filme mit einer unglaublichen Erwartung. Wir spürten, dass sie sehr viel in Bewegung setzten. Da gab es amerikanische Filme, die wir nicht kannten, da gab es Chaplin und auch Marcel Carnés Film KINDER DES OLYMP. Diese Filme waren alle unsere Augenöffner.

EG Mir waren Literatur und Theater besonders wichtig, vor allem Shakespeare in neuen Inszenierungen. Wir kannten nur den einseitig romantischen Shakespeare in den Übersetzungen von August Wilhelm Schlegel und Ludwig Tieck. In England konnte ich mich endlich intensiv mit dem Original beschäftigen. Ich war wie verzaubert davon und bekam ein Gespür dafür, wie wichtig Übersetzungen sind. Ein anderes Beispiel ist Charles Dickens. Schon als Kind las ich ihn mit viel Leidenschaft. Er war mein Lieblingsschriftsteller, bevor ich überhaupt wusste, dass er übersetzt worden war.

UG England war damals dein persönliches Traumland.

EG Du müsstest von 1953 bis 1954 in Hamburg studiert haben und hast ab Herbst 1954 zwei Jahre in Paris gelebt. Zum Wintersemester 1957 bist du nach Berlin gekommen, ein Semester vor mir. Aber es gab schon Berührungspunkte, bevor wir uns trafen. Das waren deine Berichte aus Paris in der *Anderen Zeitung*, ein Blatt, das kaum jemand las – ich schon.

UG *Die Andere Zeitung* war ein linksorientiertes alternatives Blatt in Hamburg[2].

EG In München, wo ich 1956/57 studierte, las ich *Die Andere Zeitung* und fand sie hochinteressant. Als ich Ulrich in Berlin kennenlernte und er bescheiden erzählte, dass er für diese Zeitung schrieb, dachte ich *Donnerwetter!*

UG Kennengelernt haben wir uns in Berlin, an der Universität – eigentlich durch Zufall.

EG Ich war immer noch mehr am Theater als am Film interessiert. Aber manchmal ging ich zum studentischen Filmclub, der an der

2 *Die Andere Zeitung (AZ)*, eine links von der SPD angesiedelte Wochenzeitung, erschien 1955 bis 1969 in Hamburg. Ihre Chefredakteure Gerhard Gleißberg und Rudolf Gottschalk waren ehemalige Redakteure des *Vorwärts*. Vgl. *wikipedia.org* (https://is.gd/FYdSnl, 13.04.2022)

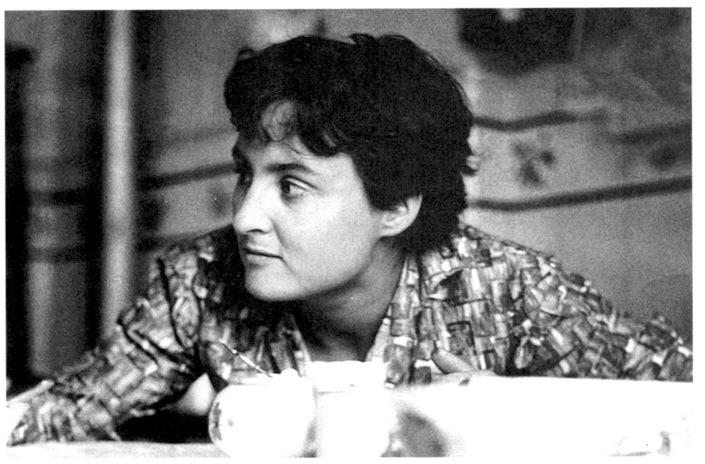

Erika Gregor um 1960

Freien Universität (FU) Filmstudio hieß. Da gab es nach jeder Vorführung ein Gespräch, sogar richtige Debatten.

UG Du bist in den Film MENSCHEN AM SONNTAG[3] geraten und hast hinterher in die Debatte eingegriffen, weil du den Film nicht mochtest. Solch eine lange hitzige Debatte hatten wir noch nie und deshalb baten wir dich: «Kommen Sie doch bitte das nächste Mal wieder.» Du hast aber darauf bestanden, dass du nicht wiederkommen würdest, wenn wir weiter solche Filme zeigen. Dein Standpunkt zu MENSCHEN AM SONNTAG hat mir damals eingeleuchtet, obwohl der Film als Ganzes natürlich ziemlich gut ist.

EG Zugegeben, er hat schöne Seiten, aber es ist der typische Film von jungen Männern, die Frauen als Spielzeug betrachten.

UG Das Filmstudio an der FU gab es schon, als ich 1957 nach Berlin zog. Da lernte ich Gero Gandert und Reinold E. Thiel kennen, die fünf Jahre später mit uns die Freunde der Deutschen Kinemathek gründeten.

EG Heinrich König, den alle nur King nannten, war mit dir im Vorstand des Filmstudios, bevor er später im Archiv des Springer-Verlags arbeitete. Als ich dazukam, war Klaus Steffens der zweite Vorstand, ein charmanter strahlender Luftikus. Er ging nach Hamburg, war dort lange Redakteur bei der Zeitschrift *konkret* und machte uns mit dem Chefredakteur Klaus Rainer Röhl bekannt. Heinrich König, Klaus Steffens und du, ihr habt mich gebeten, dass ich mit in den Vorstand komme. Ab dem Sommersemester 1958 war ich dabei. Ulrich wollte die Filme der Berlinale mit mir sehen, aber mit Akkreditierung. Ich schrieb einen Brief – wie immer mit der Hand – an den Pressechef Dr. Hans Borgelt[4], dass ich Programme für das Filmstudio der FU zusammenstelle und um eine Akkreditierung bitte. Mit diesem Schreiben ging ich zu Borgelt hinein, er überflog es und gab seine Zustimmung.

UG Apropos Akkreditierung: 1957, im ersten Erscheinungsjahr der *Filmkritik* wollte ich mich selbstverständlich über sie für die Berlinale

3 MENSCHEN AM SONNTAG (Regie: Robert Siodmak / Edgar Ulmer, Drehbuch: Curt Siodmak / Billy Wilder, D 1930), Stummfilm, semidokumentarische Momentaufnahme eines Sommerwochenendes in Berlin 1929. Vier locker miteinander bekannte junge Leute suchen bei einem Ausflug Abwechslung von ihrem Angestelltenalltag.

4 Hans Borgelt (1914–2000), war Journalist, Buch- und Drehbuchautor, der 1953 bis 1969 als Pressechef der Internationalen Filmfestspiele Berlin, später auch als Mitglied der Auswahljury arbeitete.

akkreditieren. Ich arbeitete neben meinem Studium schon als Kritiker und Journalist. Aber die Dame in der Presseabteilung kannte die Zeitschrift nicht. Obwohl ich die Auflage ein bisschen übertrieb und bei 5.000 Exemplaren ansiedelte, war sie ihrer Meinung nach zu klein. Statt mich zu akkreditieren, bot sie mir einen Wodka an.
EG Das tat sie oft.
UG Ich war empört über die Geringschätzung, aber mein Argument, dass auch Zeitschriften wie die *Filmblätter*[5] nur geringe Auflagen hätten, zog nicht bei ihr. Sie meinte, die *Filmblätter* seien ein Organ der Filmwirtschaft und mit der müsse die Berlinale in Kontakt bleiben. Der Pressechef Hans Borgelt mischte sich dann in die Debatte ein. Er war großzügiger und stellte mir die Akkreditierung persönlich aus.
EG Die Regeln wurden sehr unterschiedlich gehandhabt.

AUF NACH CANNES

EG Ulrich sprach öfter vom Heiraten. Ich wollte nicht, weil ich dachte, mit der Heirat geht alles zugrunde. Unsere Familien fanden unsere Verbindung nicht richtig, weshalb wir ein bisschen zerfallen waren mit ihnen. Ulrichs Familie fand mich zu links und zu politisch, meine Mutter meinte, dass ich keinen Studenten heiraten sollte, sondern jemanden, der schon fester im Berufsleben steht. Damit haben wir uns lange geplagt. Es war kein einfacher Weg. Aber als wir die Entscheidung getroffen hatten, ging es ganz schnell.
UG Ostern 1960 waren wir in Frankreich in das Landhaus von Melly Keller eingeladen, die ich vom Studium in Paris kannte. Sie war die Leiterin des französischen Verbands der Jugendfilmclubs Cinéclub des Jeunes. Sie war Deutsche und mit einem Elsässer verheiratet.
EG Mit ihren drei Töchtern war sie so französisch, wie man nur sein kann. Sie wurde eine sehr enge Freundin, die später auch manchmal bei uns gewohnt hat.
UG Sie hat uns zum Beispiel französische Filme vermittelt und viel für uns getan.
EG In ihrem Landhaus südlich von Paris ging es sehr vornehm zu. Es waren lauter interessante Leute da, denen sie uns als Monsieur und Madame Gregor vorstellte. Ich sagte leise: «Wir sind gar nicht verheiratet.» Da nahm sie mich beiseite und sagte: «Wenn ihr bei mir wohnt und zusammen seid, kann ich euch in unseren Kreisen nicht als Herr

5 Die *Filmblätter*, eine Informationskorrespondenz der deutschen Filmwirtschaft, erschienen von 1948 bis 1969, ab 1962 vereinigt mit dem größeren Fachorgan *Filmecho/Filmwoche*. Sie unterschieden sich deutlich von den seinerzeit einflussreichen konfessionellen Filmzeitschriften *Evangelischer Filmbeobachter* und *Katholischer Filmdienst*.

Gregor und seine Freundin vorstellen. Warum heiratet ihr nicht? Du wirst es in Paris mit jedem Concierge schwer haben und man wird dich blöd angucken. Eigentlich hatte ich gehofft, dass er eine meiner Töchter heiratet, aber nun hat er dich und ihr passt perfekt zusammen. Warum also nicht zusammenbleiben? Ulrich ist ein guter Mensch. Falls du dich allerdings später doch scheiden lassen würdest, dürfte es ohne viel Geld über die Bühne gehen.»

So war sie. Sie brachte alles auf den Punkt. Melly hatte bemerkt, dass ich schon damals aufs Geld achtete, damit es reicht. Einer musste ja ein bisschen aufpassen, weil wir kaum Geld verdienten. Jahrelang haben wir von Ulrichs Einkünften als Filmkritiker gelebt, das bedeutete, dass wir auf die nächsten sechzig Mark warten mussten.

UG Am Anfang unserer Ehe habe ich alles Mögliche gemacht, als Dozent, Journalist und Buchautor, nicht nur Filmkritiken, denn die brachten wirklich kein Geld ins Haus. Als wir heirateten, ließ dir dein Großonkel den Schlüssel zu der Mansarde, wo du wohntest.

EG Ja, er sagte: «Behalte den Schlüssel und lass dein Bett bezogen. Ehen gehen oft schief. Du kannst jederzeit wieder zurückkommen.» Ich wohnte bei ihm in der Riemeisterstraße 22 in Zehlendorf oben in der Mädchenkammer. Zum Bad musste ich in seine Wohnung im ersten Stock herunter. Heute bewundere ich meinen alten Großonkel, dass er mich als Studentin aufgenommen hat. Es sah aber nicht danach aus, dass ich zurückkomme. Auch Ulrichs Zimmerwirtin mochte mich und war der Meinung, dass ich die ideale Frau für ihn bin.

UG Am 3. Mai 1960 haben wir geheiratet, kurz vor den Filmfestspielen in Cannes.

EG Trauzeugen waren Ulrichs Zimmerwirtin und mein Großonkel. Wir aßen im Forsthaus Schmargendorf einen Toast Hawaii und tranken ein Glas Sekt. Dann fuhren mein Großonkel und ich mit dem 10er Bus nach Hause und Ulrich brachte seine Wirtin zu ihrer Arbeit zurück. Sie war übrigens Chefsekretärin im Sportpalast – leider kamen wir nie dazu, sie nach den Propagandaveranstaltungen in der Nazi-Zeit dort zu fragen.

Ich packte noch an unserem Hochzeitstag meine Sachen in den Koffer und war fertig zum Aufbruch, als Ulrich um ein Uhr mit unserem Freund Armin vor der Haustür stand. Armin Blischke war unser gemeinsamer Freund, Germanist und später Studiendirektor an einem Berliner Gymnasium. Er hat an einer Reihe von Publikationen der Freunde redaktionell mitgearbeitet, auch seine Frau Annette Blischke. Armin hatten wir nichts von unserer Hochzeit erzählt. Wichtiger war, dass wir zusammen zum Festival nach Cannes wollten.

Wir fuhren los, hatten aber am selben Nachmittag bei Wildeshausen in der Nähe von Kassel eine Panne und mussten abgeschleppt werden. Die Hochzeitsnacht verbrachten wir in einem Dreibettzim-

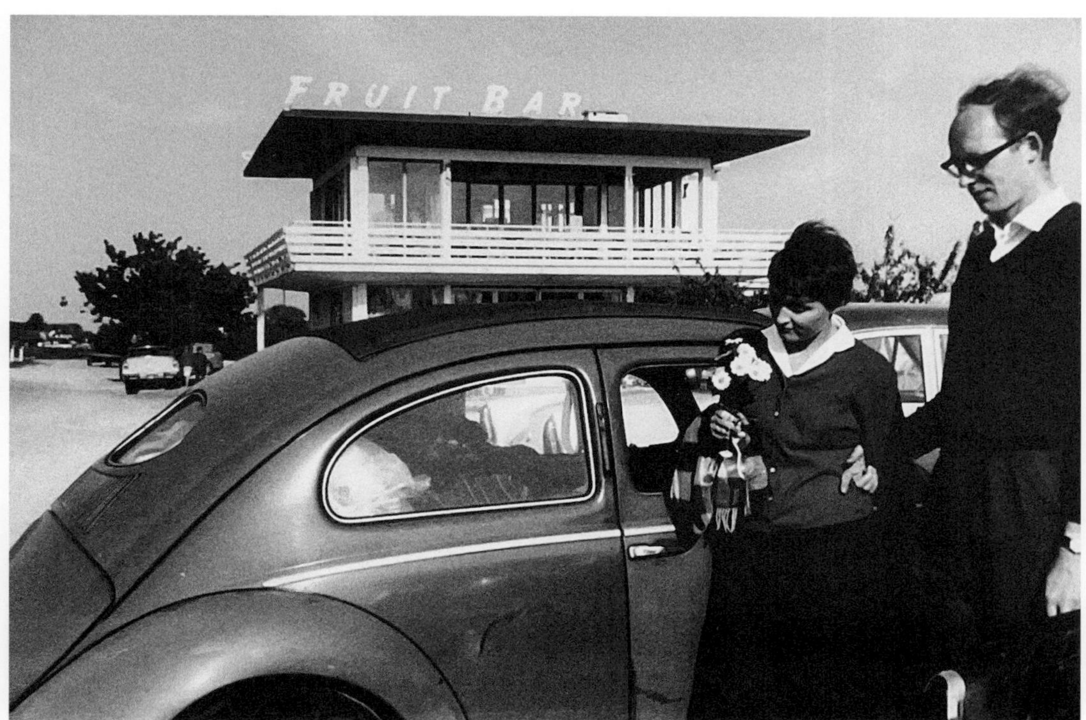

Hochzeitsreise 1960

mer, weil das unsere Reisekasse nicht so sehr belastete. Armin und Ulrich schliefen im Ehebett, ich im Kinderbett. Am nächsten Morgen wurde der Motor ausgetauscht und gegen Mittag waren wir schon wieder unterwegs. Auf nach Cannes!

EINSTIEG IN DIE FILMSZENE

SCHREIBEN ÜBER FILME

EG Bei unserer Hochzeitsreise nach Cannes 1960 war Ulrich dort für die *Filmkritik* akkreditiert. Das war mein erstes Mal in Cannes. Ich brauchte auch eine Akkreditierung, deshalb schrieben wir einen kurzen Brief an die *Junge Gemeinschaft*, ob sie einen Artikel von mir haben wollten, das half zur Akkreditierung. Ulrich schrieb auch für sie. Die *Junge Gemeinschaft* war eine Monatszeitschrift für die Sozialistische Jugend.[1] Sie zahlten sogar ein Honorar, was für unsere damaligen Verhältnisse unendlich viel war, irgendetwas zwischen vierzig und sechzig Mark. Die *Filmkritik* zahlte nur 25 Mark pro Rezension.
UG Wir lasen nicht nur alternative linke Zeitschriften sondern zum Beispiel auch *Arts,* für die François Truffaut schrieb. *Arts* war weniger politisch orientiert und galt als Zeitschrift für Schöngeister.
EG Die europäische Zusammengehörigkeit ging mir bei den Filmfestspielen in Cannes auf. Ich versuchte, mit Engländern in Kontakt zu kommen. Ulrich kannte seit seinen Pariser Jahren schon viele Franzosen. Er war mit dem Kritiker Marcel Martin befreundet und mit Pierre Billard, der die Zeitschrift *Film 56*, später *Film 57* etc. leitete, und bei den französischen Filmclubs aktiv war.

EUROPÄISCHER KLÜNGEL

UG Mit den Deutschen hatten wir keinen Kontakt.
EG Es gab schon Stände der einzelnen Nationen, wo man Fotos zu den Festivalfilmen bekommen konnte. Und weil Ulrich über einen deutschen Film im Programm schreiben sollte, ging ich zum deutschen Stand und bat um Bilder. Solche Aufgaben übernahm ich oft.

---

1 *Junge Gemeinschaft – Monatszeitschrift für die Sozialistische Jugend Deutschlands – Die Falken*, Verlag Schaffende Jugend, Frankfurt a. M., 1949–1967, *library.fes.de* (https://is.gd/Mly4Zx, 03.03.2022).

«Ab 1956 Tätigkeit als Journalist und Filmkritiker. Mitarbeit an den Zeitschriften *Filmforum*, *Film 56*, *Filmkritik* und *Neue deutsche Hefte*, Vorträge. Festivalreisen nach Cannes, Venedig, Moskau.

(*Lebenslauf Ulrich Gregor, Gregor-Mappe N5701*, Deutsche Film- und Fernsehakademie Berlin dffb)»

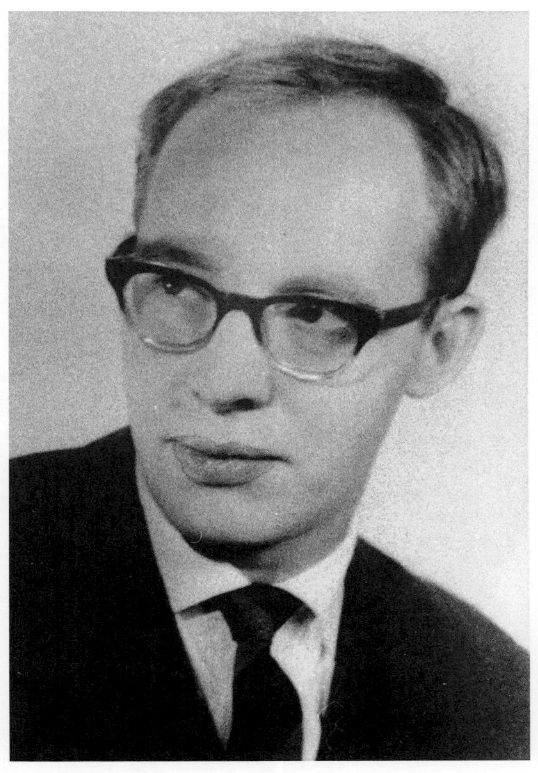

Ulrich Gregor

EG Am deutschen Stand sah man mich an, als ob ich giftig wäre, als ich meine Bitte vortrug, und auch Ulrich bekam später die gleiche Antwort: «Wir haben keine Fotos.» Kein Wunder, dass ich wütend war. In dem wunderbaren Presseraum im alten Palais setzte ich mich in einen der grünen Ledersessel und versuchte mit dem Blick aufs Meer, meinen Ärger loszuwerden. Ich schrieb ja nicht und vergrub mich in das dicke Buch, das ich dabei hatte: *Mein zwanzigstes Jahrhundert* von Ludwig Marcuse, das Ulrich für die *Neuen deutschen Hefte* rezensieren sollte – ein wunderbares Buch. Ein Mann fragte: «Gefällt Ihnen das Buch?» So kam ich ins Gespräch mit einem deutschen Emigranten, der auch noch Freund hieß, in Paris lebte und für eine jüdische Zeitschrift schrieb. Er war beglückt, Deutsche kennenzulernen, die Ludwig Marcuses Blick auf die deutsche Geschichte lasen – was mir in dem Moment gar nicht bewusst war.

Ich machte ihn mit Ulrich bekannt, der im Presseraum seinen Text schrieb. Dann kam der Filmjournalist Alexandre Alexandre hinzu, der auch aus Deutschland emigriert war. Klein und dick rollte er vorbei und Herr Freund stellte mich vor: «Kennen Sie meine junge deutsche Freundin?» Kurz und gut: Ich kam plötzlich in einen Klüngel von Emigranten, die sich alle gut in Cannes auskannten und an uns jungen Leuten interessiert waren. Ich erzählte Alexandre Alexandre das Pech mit den Fotos, die angeblich alle schon zur Mitte des Festivals weg waren. Er meinte nur: «Warten Sie hier», rollte von dannen und kam fünf Minuten später mit den besten Fotos zurück, die er für uns organisieren konnte.

UG Alexandre Alexandre arbeitete später in den 1960er-Jahren zeitweise für das Auswahlkomitee der Berlinale. Er lebte in Paris und schrieb für französische Blätter. Seiner Meinung nach lag die merkwürdige Haltung der deutschen Branchenvertreter in Cannes an unserer Nähe zur *Filmkritik*. Alles, was offiziell den deutschen Film vertrat, hasste die *Filmkritik*. Aber sie nahmen sie zur Kenntnis.

EG Ich denke, sie wurde ignoriert oder heimlich gelesen.

UG In einer Münchener Lokalzeitung regte sich sogar einmal jemand über die Zeitschrift auf, weil da «junge Leute glaubten, dass sie die Herren der Welt» wären. Wir wurden mit giftigster Aggression runtergemacht. Es war im Grunde ein origineller Artikel, aber vergiftet. Man nannte uns junge Kritiker die «Totengräber des deutschen Films.» Es war die Zeit, kurz bevor sich der junge deutsche Film mit dem Oberhausener Manifest zu Wort meldete, da entwickelten sich die Fronten.

In Frankreich habe ich in der Zeit bei den französischen Filmclub-Tagungen die tollsten Leute kennengelernt. Ich erinnere mich gut an einen Besuch von Luis Buñuel, der offen Rede und Antwort stand. Einmal wurde ich eingeladen, um den bundesrepublikanischen Film vorzustellen, und gleichzeitig mit mir wurde jemand aus der DDR eingeladen, um über den dortigen Film zu sprechen. Man muss dazu sagen, dass die französische Filmclub-Bewegung traditionell links war.

EG Der Filmtheoretiker André Bazin war eher bei den Clubveranstaltungen der Konservativen. Das war die katholische Filmclub-Variante. Er schrieb für die Zeitschrift *Esprit,* die zwar kein Organ der Kirche war, der Kirche aber näher stand als der kommunistischen Partei.

Dieses Filmclubtreffen, bei dem du den bundesrepublikanischen Film vorgestellt hast, war schon sehr besonders. Ulrich kam mit seiner Vespa in ein Schloss bei Paris angereist. Unsere Freundin Melly Keller war für die Registrierung zuständig. Sie hat mir später von dem Abend erzählt. Sie sagte, beim Abendessen, als noch nicht alle eingetroffen waren, saß jeder für sich allein. Du, der dünne Deutsche, der kaum sprach. Man kannte sich noch nicht. Und sie sagte, die Franzosen bewunderten den bescheidenen, verhungerten, edlen DDR-Bürger. Dann kam der Referent aus der DDR mit großem Auto und Chauffeur, ein dicker Berliner Funktionär namens Kernicke, der kein Wort Französisch sprach. Mellys Freunde glaubten, dass man den Wirtschaftswunder-Gewinner und Alt-Nazi in ihm sofort erkennen könnte. Als man sich am nächsten Morgen zu den Vorträgen versammelte, hatte Kernicke nicht bedacht, dass man vielleicht in Frankreich Französisch spricht, und deshalb hatte er keine Übersetzung besorgt. Ulrich, der seine Artikel in flüssigem Französisch schrieb, hat ihn gedolmetscht. Melly meinte, sie hätte nie zuvor so viele betroffene Gesichter gesehen, als klar wurde, dass ein edler verhungerter Mensch aus der Bundesrepublik kommen konnte und ein dicker mit Auto und Chauffeur durchaus aus der DDR.

BRÜCKENBAUER

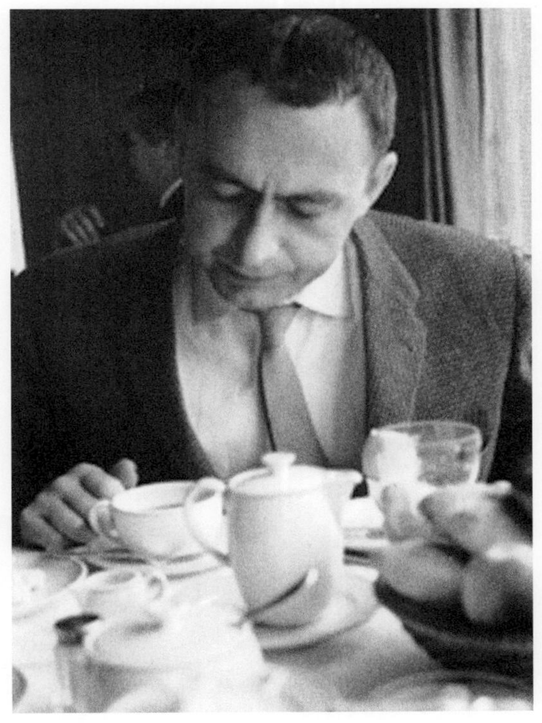

Rudof Hartung

UG Rudolf Hartung und die *Neuen deutschen Hefte*[2] waren damals sehr wichtig für uns. Es sind manchmal die kleinen Zeitschriften, die Zusammenhänge schaffen. Auch die *Neuen deutschen Hefte* hatten keine hohe Auflage, aber Rudolf Hartung versuchte, Leute aus dem Ausland zu gewinnen. Er war das Bindeglied und immer interessiert an Dingen, die nicht vor der eigenen Haustür liegen.

EG Die Zeitschrift *Neue deutsche Hefte* erschien im Sigbert Mohn Verlag in Gütersloh, der später im Bertelsmann-Konzern aufgegangen ist. Rudolf Hartung bezog bewusst Emigranten in seine Autorenriege ein. Nach Cannes fuhren Ulrich und ich im Sommer 1960 nach England. Unsere erste Reise. Ich wollte ihn überzeugen, dass es das schönste Land der Welt ist und wir unbedingt dorthin fahren müssten. Hartung empfahl uns drei Leute, die für ihn schrieben, zu treffen. Der eine war John Mander von der linken Wochenzeitung *New Statesman*, die ich immer von einem Londoner Freund zugeschickt bekam und sehr liebte. Der zweite war Erich Fried, der in der BBC arbeitete und als Lyriker noch vollkommen unbekannt war. Der dritte war in Hartungs Worten einer der größten Schriftsteller des Jahrhunderts, aber ich hatte in meinem Germanistikstudium noch nie von ihm gehört. Mit dem ganzen Hochmut, den man als junger Mensch hat, hielt ich nicht viel von einem Besuch. Aber gut, wir konnten den armen Herrn Hartung nicht enttäuschen und so schrieb er ein kleines Briefchen, um uns anzukündigen. Dieser dritte war Elias Canetti. Wir riefen ihn an, in der Hoffnung, dass er keine Zeit für uns haben würde. Aber er sagte: «Ich erwarte Sie nächsten Dienstag um 15 Uhr zum Kaffee.»

Bei Kaffee und Kuchen in seiner Wohnung stellte sich heraus, dass der reizende ältere Herr mit Schnurrbärtchen Ulrichs Kritiken in den *Neuen deutschen Heften* gelesen hatte. Wir unsererseits hatten keinen Schimmer von seinem Werk. Natürlich war er neugierig auf junge Deutsche. Wir saßen und redeten und redeten, bis er irgendwann etwas zu trinken holte. Nach zwei Stunden wollte ich gehen, aber Canetti wollte weiterreden. Und nach weiteren Stunden lud er uns zum Abendessen ein. Schließlich trennten wir uns nach Mitternacht,

2 Rudolf Hartung und Joachim Günther waren Redakteure der Zeitschrift.

so interessant war es mit ihm. Ich nahm mir vor, etwas von diesem Menschen zu lesen und verschlang dann *Die Blendung.*[3] Gottseidank war ich so unwissend zu ihm gegangen, sonst hätte ich vielleicht vor Ehrfurcht kein Wort herausgebracht.

FRENCH CONNECTION

UG In meiner Pariser Zeit gab mir jemand den Tipp, dass ich einen Presseausweis für Auslandskorrespondenten beantragen könnte. Ich zeigte meine Artikel für deutsche Zeitungen und Zeitschriften im Pressebüro der französischen Regierung, ließ mich registrieren und bekam einen schönen blau-weiß-roten Ausweis der République Française. So wurde ich offizieller Journalist, was mir viele Türen geöffnet hat. Außerdem konnte ich damit umsonst in jedes beliebige Kino gehen.
EG Jederzeit, nicht nur zu Filmpremieren, das muss man sich mal vorstellen.
UG Bei einem Treffen der akademischen Filmclubs in Deutschland erzählte ich davon, aber man glaubte mir nicht. Ich fand, dass man diesen offiziellen Service für Filmkritiker hierzulande auch einführen müsste, aber das ist anscheinend bis heute nicht möglich. Mit dem französischen Presseausweis wurde ich selbstverständlich auch in Cannes akkreditiert. Selbst in Berlin, wo es ja unter dem Alliiertenstatus einen französischen Sektor gab, kam ich mit dem Ausweis leichter aus jeder Schwierigkeit heraus. Wenn ich zum Beispiel mit meiner Vespa eine Verkehrsregel übertreten hatte, half mein Pariser Kennzeichen mit dem deutlich sichtbaren F für Frankreich und mein französischer Presseausweis. Man hielt mich für einen Franzosen.
UG In Paris studierte ich von 1954 bis 1956 Romanistik, aber ich saß immerzu im Kino und las französische Filmzeitschriften. An der Sorbonne existierte damals ein Institut de Filmologie, das mit der Filmhochschule Institut des Hautes Études Cinématographiques *(IDHEC)* nichts zu tun hatte. Aus der Ferne betrachtet, hörte sich der Name des Institut de Filmologie vornehm an, tatsächlich war es aber eine marginale Geschichte und niemand nahm es ernst. Es gab dort gelegentlich Zusammenkünfte und so etwas wie Vorlesungen oder Vorträge. Es funktionierte wie ein privater Club. Immerhin konnte ich dort interes-

3 *Die Blendung* war der Romanerstling des deutschsprachigen, in Bulgarien geborenen Schriftstellers Elias Canetti (1905–1994), der 1931/32 in Wien entstand. Canetti schildert den Absturz des weltfremden Sinologen und besessenen Büchermenschen Kien, durch dessen Heirat mit einer berechnenden Haushälterin und die räuberischen Machenschaften ihrer Kumpane eine groteske Dynamik zunehmenden Irrsinns ausgelöst wird, an deren Ende der mit sich und der Wirklichkeit zerfallene Kien in seiner Bibliothek den Feuertod stirbt.

sante Leute kennenlernen, zum Beispiel den Filmkritiker Marcel Martin[4], mit dem wir dann dann später gut befreundet waren.

EG Später haben wir bei unseren Auswahlentscheidungen für das Forum oft nach seinem Vorbild entschieden. Es ging ja immer um die Möglichkeit, einen Film zu kritisieren, aber mit Respekt, sodass die anderen das mittragen können.

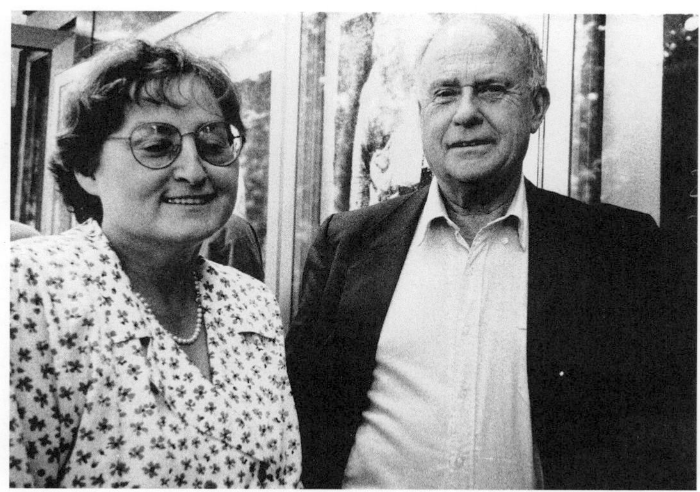

Erika Gregor und Filmemacher Jean Rouch Ende der 1980er-Jahre

UG Da gibt es Prinzipien, die ich schon beim Schreiben über Filme in Frankreich kennengelernt habe. Bei den *Cahiers du Cinema* schreibt nur der, der den Film wirklich mag und gut findet. In Deutschland gibt es oft eine Lust am Verreißen. Es ist für den Schreibenden manchmal amüsant und zufriedenstellend, dass man richtig reinhauen kann, aber soll man das machen? Denn hinter dem Film stehen Menschen, die sehr viel an Überzeugung und Arbeit investiert haben und das sollte man respektieren. Die Lust am Zerreißen ist etwas spezifisch Deutsches. Ich habe auch geschrieben und mir manchmal ein Vergnügen gemacht, einen Film zur Schnecke zu machen. Am Anfang waren wir alle ein bisschen dogmatisch. Wir sind wir und wir machen erst mal das Alte kaputt, um etwas Neues an die Stelle zu setzen.

EG Ich fand die französische Art besser. Einmal sahen wir mit Marcel Martin zusammen in Cannes einen Film, der wirklich schlecht war. Wir kamen aus dem Kino und waren uns einig: grauenvoll. Ich dachte, Marcel würde ihn verreißen. Aber er sagte: «Ich finde ihn furchtbar, aber ich werde nicht über ihn schreiben, denn ich will nicht schlecht über ihn schreiben.»

UG Das ist ein Standpunkt, den man akzeptieren kann. Aber es gibt bei Journalisten natürlich Situationen, da sollst du über ein Festival berichten, Filme beschreiben, über die viel diskutiert wird und da musst du eine Meinung haben. Da kann man nicht beiseite stehen.

Viele deutsche Cinephile reisten in den 1950er-Jahren nach Paris. Die Filmkritikerin Frieda Grafe[5] schrieb, dass sie dort erst das Kino

4 Marcel Martin (1926–2016), französischer Filmkritiker, Filmhistoriker und Dozent, von 1972 bis 1987 Generalsekretär und 1987 bis 1992 Präsident des internationalen Filmkritikerverbandes FIPRESCI.

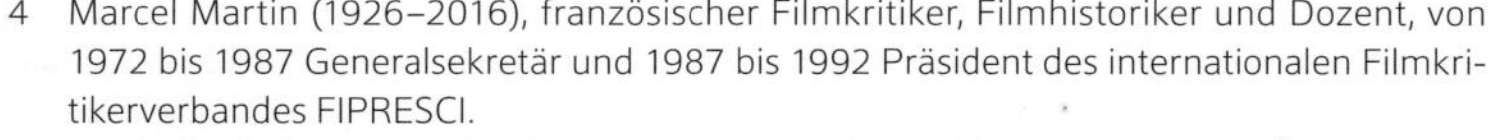

5 Frieda Grafe (1934–2002), Filmessayistin u. a. in der *Süddeutschen Zeitung*, Übersetzerin, Publizistin, studierte in München, Paris und Münster Germanistik und Romanistik, war seit 1960 mit dem *Filmkritik*-Redakteur Enno Patalas verheiratet und bis auf Ausnahmen die einzige Frau unter den Autoren der Zeitschrift und eine undogmatische Feministin;

der Weimarer Republik kennenlernen konnte, das die Nationalsozialisten verfemt hatten. Viel davon war im Archiv der Cinémathèque française erhalten. Haben Sie in Paris das deutsche Stummfilmkino wahrgenommen?

UG Nicht am Institut de Filmologie. Wir sahen die historischen Filme in der Cinémathèque française und die aktuellen Filme in den vielen Kinos der Stadt. Das Institut de Filmologie gehörte zwar zur Sorbonne, aber es gab dort keine Filmvorführungen. Einer der wenigen interessanten Menschen dort war der Philosoph und Anthropologe Edgar Morin[6].

EG Ein kluger aufgeschlossener Mann, den wir später als Freund und Ko-Regisseur von Jean Rouch näher kennengelernt haben. 1960 ging Rouch mit Edgar Morin in Paris auf die Straße und sammelte für ihren gemeinsamen Dokumentarfilm CHRONIQUE D'UN ÉTÉ Gespräche mit Menschen aus allen sozialen Schichten.

SCHREIBEN FÜR DIE *FILMKRITIK*

UG Um 1956 bekam ich über die Treffen der Filmclubs an den Universitäten Kontakt zu der Gruppe um Enno Patalas in Münster. Es ging um eine Zeitschrift oder mehrere, mit denen eine ganz neue Filmpublizistik und letztlich ein besseres deutsches Kino begründet werden sollte. Ich bekam den Auftrag, in Paris verschiedene Kontakte aufzunehmen und lernte dabei interessante Leute kennen, die meine Arbeit inspiriert haben, zum Beispiel Ado Kyrou, der das einflussreiche Buch *Le Surréalisme au Cinéma* geschrieben hat, und auch den Regisseur Alain Resnais, dessen Filmessay über Auschwitz NACHT UND NEBEL[7], damals europaweit diskutiert wurde. In einem Büro in der Rue Jacob sollte ich auch Chris Marker kontaktieren, was sich aber als unmöglich herausstellte, weil er niemanden an sich heran ließ. Erst später haben wir ihn kennengelernt …

EG … und durch Berlin geführt.

UG Für *Film 56*, die Vorläufer-Zeitschrift der *Filmkritik,* die Enno Pa-

ihre Essays z. B. über die Raum- und Zeittextur in Filmen von Alain Resnais wurden Motor eines Paradigmenwechsels im Schreiben über Filme.

6 Edgar Morin, eigentlich Edgar Nahoum, geb. 1921, war Mitglied der französischen Résistance und nach dem zweiten Weltkrieg in der Administration der französischen Besatzungszone in Deutschland tätig, wo er als Augenzeuge das Buch *Die Stunde Null – Ein Franzose sieht Deutschland* verfasste. Als Soziologe, Erkenntniskritiker und Philosoph war er Forschungsdirektor am Centre national de la recherche scientifique (CNRS) und der École des hautes études en sciences sociales (EHESS) in Paris. Der mit Jean Rouch gemeinsam realisierte Dokumentarfilm CHRONIQUE D'UN ÉTÉ (F 1961), eine Studie zur Befindlichkeit und den politischen Anschauungen der Pariser Bevölkerung, gilt als Klassiker des Cinéma vérité.

7 NUIT ET BROUILLARD (NACHT UND NEBEL; Regie: Alain Resnais, F 1956), Dokumentarfilm über die deutschen Konzentrations- und Vernichtungslager, insbesondere Auschwitz-Birkenau, entstanden auf Initiative ehemaliger Deportierter. Den eindringlichen Kommentar verfasste Jean Cayrol, die Musik komponierte Hans Eisler.

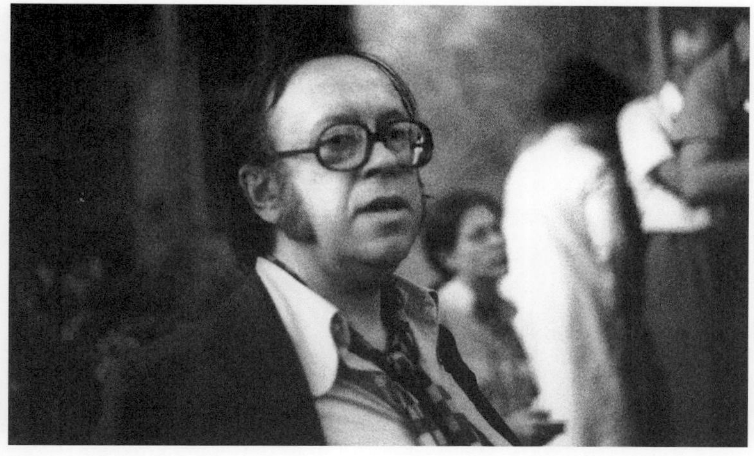

Enno Patalas
Ende 1970er-Jahre

talas in Münster herausbrachte, schrieb ich als Korrespondent einen langwierigen Text über die Sozialgeschichte des französischen Films. Theodor Kotulla schrieb über den italienischen Neorealismus, den wir uns für Deutschland gewünscht hätten. Das war uns wichtig, in diese Richtung musste es gehen.

« [...] In der Tat gehören die wache Empfindsamkeit für das Maß des geschmacklich Erlaubten, der Instinkt für das treffende Detail und die Freude an der Ausgewogenheit der ganzen Form zu den Eigenschaften guter französischer Filme. Dieser Zug hängt mit dem handwerklichen Charakter der französischen Kultur zusammen, mit dem Ideal des «bien fait», der schönen Ausführung, des erlesen gestalteten Einzelwerks, das den französischen Arbeitern, Handwerkern und Künstlern als verbindlich galt und – in eingeschränkter Form – auch noch gilt. Aber ist mit solcher Beschreibung nicht nur ein äußeres, formales Merkmal getroffen? Über die Haltung eines Werks zur Welt und über die Meinungen, die es enthält, gibt die Frage nach der Ausführung noch keinen Aufschluss. Mit der Beschaffenheit eines Kunstwerks steht es aber ähnlich wie mit der eines Fensters: Man kann seine Struktur anvisieren und nimmt dann das Fensterkreuz wahr; man kann aber ebenso gut feststellen, dass das Fenster den Blick auf etwas anderes freigibt: den Blick auf die umgebende Welt (der Vergleich stammt von Arnold Hauser). Nur in der Konjugierung der beiden Blickrichtungen lässt sich ein Werk überhaupt adäquat beschreiben.

(Ulrich Gregor: *Zwischen Tradition und Revolte, Sozialgeschichte des französischen Films*, F58/F3, Verlag Filmkritik; München 1958, S. 249) »

LIEBER NICHT AUF TUCHFÜHLUNG

EG Ende des Wintersemesters 1957/58 fuhr ich zum ersten Mal mit Ulrich zum Filmclub der Universität Bonn. Clara Burckner leitete dort souverän die Finanzen und die Organisation. Sie war für alles Praktische verantwortlich. Über ihre spätere Arbeit im Basis Filmverleih in Berlin, wo sie auch viele Filme produzierte, haben Ulrich und ich 1983 eines von unseren Kinemathek-Heften herausgegeben.[8] Beim Filmclub in Bonn hielten Männer die Vorträge, zum Beispiel Gerd Albrecht[9], der uns als Filmfunktionär noch lange erhalten blieb, und Helmut Kraut, der sich später Frank Burckner nannte. Mit seiner Frau Clara Burckner gründete er in Berlin im ersten Stock eines halbzerstörten Hauses das Forum-Theater, das interessante neue Stücke herausbrachte, u. a. *Publikumsbeschimpfung* von Peter Handke. Außerdem sorgten sie dafür, dass das Living Theatre nach Berlin kam.
UG Bei dem Treffen schüttelten wir häufig den Kopf über die extravaganten Gedankenspiele, die im Bonner Filmclub betrieben wurden.
EG Spinnert fanden wir das. Wir aus Berlin waren auf einem ganz anderen Dampfer, wir hielten es mit der Soziologie von Siegfried Kracauer. Die hochgestochene Tagung 1958 dauerte drei Nachmittage mit drei Vorträgen. Ich meinte zu Ulrich, vielleicht ist die Filmclub- oder Filmstudio-Arbeit doch nichts für mich. Oder aber, man kann es auch anders. Den stärksten Eindruck hinterließ Clara Burckner bei mir. Wie sie alles mit einer ruhigen, zurückhaltenden Freundlichkeit organisierte. Wir bekamen zum Beispiel das Fahrgeld erstattet und hatten einen Schlafplatz in einem Wohnheim, sogar ein Mittagessen gab es.
Das zweite Treffen, zu dem ich mit dir fuhr, war eines vom Dachverband der deutschen Filmclubs in Bad Ems im Sommer 1958. Dort war Fee Vaillant[10] verantwortlich, die mich sofort unter ihre Fittiche nahm, mich mithelfen ließ, was mir ein Gefühl der Zugehörigkeit gab. Ich lernte Theodor Kotulla, Heinz Ungureit und Enno Patalas, die drei von der frisch gegründeten *Filmkritik* kennen. Sie saßen mit Ulrich immer fest zusammen an einem Tisch, ich wurde als einzige Dame dazu gebeten. Das Groteske war, dass Enno Patalas als erstes versuchte, mit mir in Kontakt zu kommen, was ich unverschämt fand, weil ich doch mit Ulrich da war.

8 Freunde der Deutschen Kinemathek (Hg.), Erika und Ulrich Gregor (Redaktion): *Basis-Film*, Kinemathek Nr. 65, Berlin 1983.

9 Gerd Albrecht (1933–2008), Medienforscher, Buchautor, Filmbeauftragter der Evangelischen Kirche und 1981 bis 1996 Leiter des Instituts für Filmkunde (DIF) in Frankfurt a. M.

10 Fee Vaillant (1915–2007) engagierte sich ab 1949 für den Verband der Filmclubs in der BRD, dessen Geschäftsführerin sie 1961 wurde. Gut vernetzt in der westdeutschen Filmclubszene, organisierte sie Programme und Retrospektiven für die Mannheimer Filmwoche, die sie von 1973 bis 1991 leitete.

Im Kino setzte er sich neben mich und flüsterte mir zu, wie ich seinen Schlips fände. Man trug damals keine Schlipse mehr. Ich sagte: «Nett», was man in solch einer Situation eben sagt. Und weiter: «Er hat achtzehn Mark gekostet.» Ich konnte nicht verstehen, dass jemand achtzehn Mark für einen Schlips ausgibt. Als er mich beim geselligen Abend zum Tanzen aufforderte, fragte er, ob es nicht viel schöner sei, mit jemandem zu tanzen, der ungefähr so groß sei wie ich. Das zielte auf Ulrich, der ja zwei Köpfe größer ist. Da wollte ich nicht länger auf Tuchfühlung gehen und überließ ihn anderen.

Damals war ich jung und immer schnell empört. Ich war Feministin, bevor man das Wort kannte. Ich erzählte Ungureit und Kotulla, was Patalas gesagt hatte. Sie amüsierten sich, weil er es halt immer wieder probierte. Dann schlugen sie vor, dass wir uns duzen sollten. Heinz Ungureit hatte für sein Studium in einem Bergwerk gearbeitet, Theodor Kotulla hatte in der Fabrik gearbeitet und ich verdiente mein Geld in einer Lackdrahtfabrik.

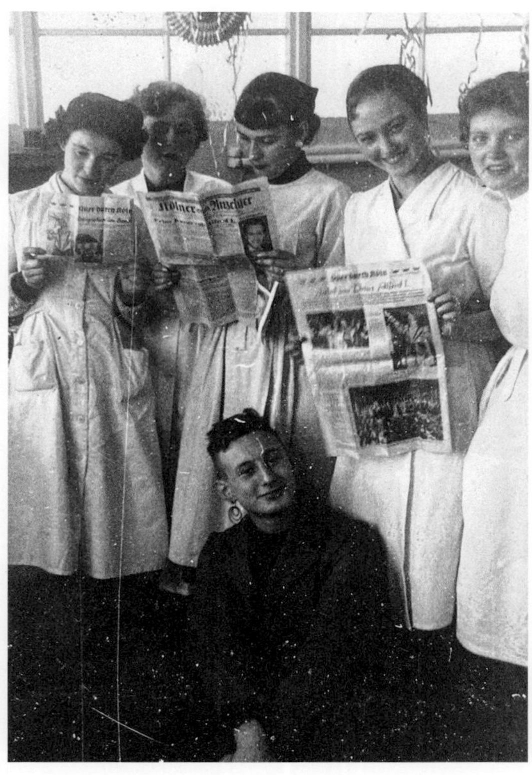

Mitarbeiterinnen aus der Fabrik Märkische Kabelwerke in Sulingen um 1955

UG Da produzierte man elektrische Drähte mit einer Kupferader und einer Lackschicht zur
Isolation.

EG Ich konnte mit der Mikrometerschraube mit dem Bunsenbrenner umgehen. Wir waren alle Werkstudenten.

UG Ich auch, zum Geldverdienen, in den Ferien in Hamburg.

EG Wir fühlten uns als die werktätigen Massen und verstanden uns gut. Aber Enno Patalas war der Mann, der die Redaktion zusammenhielt.

Die Gruppe 47 setzte in der Nachkriegszeit neue Schriftsteller durch und gewann Einfluss in Verlagen, Zeitschriften und Rundfunkanstalten. Hatten Sie für den Film eine ähnliche Strategie?

UG Wir dachten, dass wir das Bewusstsein der Menschen erhellen und ihnen den richtigen Zugang und das richtige Wertesystem vermitteln müssten. Ob man damit etwas Tiefgreifendes bewirken kann, solch eine Utopie hatte man sich noch nicht zurechtgelegt. Aber wir waren schon der Meinung, auf dem richtigen Weg zu sein. Wir fühlten uns als kämpferisches Bataillon, dass die deutsche Filmszene aufrühren will. Die anderen, die damals im Bereich der Filmkritik tonangebend waren, hielten wir für vollkommen verblendet und verbohrt. Dazu gehörte zum Beispiel Günter Groll, der Kritiker der *Süddeutschen Zeitung,* und vielleicht noch ein paar andere. Sie waren unsere Feindbilder. Wir waren die Neuen und dachten, wir hauen jetzt ordentlich auf den Tisch. Eine gewisse Lust am Angriff beflügelte uns. Wir waren überzeugt, dass wir die richtige Orientierung hatten, dass wir die anderen belehren oder attackieren oder vielleicht lächerlich machen müssten. Das war auch Spaß.

Haben sie überlegt, wie man neu und anders über Film schreiben kann, wie man das, was man vermitteln möchte, gut formuliert?

UG Die Kommunikation war schwierig, weil man nicht am gleichen Ort wohnte. Ich habe auch erwogen, nach München zu ziehen, aber ich fühlte mich dort nicht wohl, die Sprache erschien mir seltsam. Ich dachte, ich werde in München keine Wurzeln schlagen, ich gehe lieber nach Berlin. Andererseits war ein wesentlicher Teil der deutschen Filmszene in München beheimatet und Wilfried Berghahn[11] und Enno Patalas zogen dorthin.

Ulrich Gregor gab in einem Zoom-Workshop in Vorbereitung der Publikation *Die* Filmkritik *und die Medien* über seine Arbeit für die Zeitschrift Auskunft. Wir danken Rolf Aurich und Prof. Michael Wedel für die freundliche Überlassung des Mitschnitts. (CL)

Telefonieren war damals teuer und wir hatten alle nicht sehr viel Geld, sodass wir auf den Postweg angewiesen waren. Ich bekam unendlich viele kleine Postkarten: «Der neue Film läuft da und da, bitte eine Kritik, so und so lang, bis dann und dann, herzlichst Patalas.» Ich schickte meine Texte auch per Post nach München, wobei ich sie häufig auf den letzten Drücker schickte. Der Nachtbriefkasten war mein freundlicher Partner. Zeitlich war es gar nicht möglich, noch lange zu diskutieren, ob etwas am Text zu ändern wäre.

Wir trafen uns auf Festivals in Oberhausen oder Mannheim und bei den Treffen der FIAG (Filmarbeitsgemeinschaft an den deutschen Hochschulen) und bei Treffen des Filmclubverbandes, die in Bad Ems stattfanden. Einmal habe ich Enno Patalas auf den Rücksitz meiner Vespa genommen, wir sind damit zum Festival nach Venedig gefahren und haben interessante Tage zusammen verbracht, viele Filme gesehen und auch ein Gespräch mit Siegfried Kracauer geführt. War das 1957? Ich kann es nicht mehr genau sagen. So lange hatte ich die Vespa, nachher ging sie kaputt. (Ende des Zitats aus dem Workshop am 23.04.2021)

Methodische Fragen kamen erst später auf, und das mündete in eine grundlegende Debatte über die Orientierung der *Filmkritik*[12]. Am Anfang hatten wir unsere Säulenheiligen Kracauer und Adorno. Wir dachten, dass wir schreiben, wie es diesen Leuten und ihrer Betrach-

11 Wilfried Berghahn (1930–1964), Literaturwissenschaftler, Robert-Musil-Experte, Fernsehautor und Redakteur der *Filmkritik*.

12 Ulrich Gregor verweist auf die prägende Kontroverse um das Selbstverständnis der *Filmkritik*-Autoren, unter ihnen als einzige Frau Frieda Grafe. Es ging um die Kontrovese, die zwischen 1964 und 1967 durch die neuen Filmstile und – sprachen der französischen Nouvelle Vague herausgefordert wurde. Der Streit spaltete die lose Gruppe in die Fraktionen der Politischen und Ästhetischen Linken und führte zum Rückzug der insbesondere an ideologiekritischer Inhaltsanalyse interessierten Politischen Linken. Ulrich Gregor beendete seine Mitarbeit bei der Zeitschrift 1969 nach 250 Beiträgen.

tungsart von Kunst, speziell Film entspricht. Am Anfang haben wir uns nicht viele Gedanken gemacht, wie man schreiben soll, wir attackierten einfach. Wenn etwas sehr gut war, gab es auch Lobeshymnen. Ich weiß, dass wir gelegentlich über englische Komödien schrieben, weil die uns sehr gefielen. Sonst waren Filme von de Sica und Fellini unsere Vorbilder.

Auf dem Kurzfilmfestival in Oberhausen, wo du vielleicht noch nicht dabei warst, schwärmte Enno Patalas – und fast nur er – von Herbert Vesely und seinem avantgardistischen Film NICHT MEHR FLIEHEN (1955)[13]. Solch ein existenzialistischer Essay wurde damals hoch geschätzt. Die Anekdoten, was der Regisseur gerade drehte, wo und wie er lebte, nämlich in Baden-Baden, waren Tagesthema. Der SWR dort war damals berühmt für sein experimentierfreudiges Fernsehen.

Mich beeindruckte, dass Enno Patalas unter dem Pseudonym Benjamin Eichsfelder schon ein kleines filmhistorisches Werk verfasst hatte, eine *Filmgeschichte in Stichworten*[14]. Es war nicht mehr als ein etwas größeres Heft, aber ich fand das interessant, weil mir selbst so etwas vorschwebte. Ich glaube, ich hatte es sogar schon in die Hand bekommen, bevor ich Patalas kennenlernte. Er entschuldigte sich dafür, dass er es unter Pseudonym geschrieben hatte.

EG Eichsfelder war der Name der Straße in Münster, wo er wohnte. Pseudonyme hatten damals eine besondere Bedeutung. Ich erinnere mich an eine Geschichte, die Ulrich bei dem Filmclubtreffen in Bad Ems passierte, bei dem ich nicht dabei war. Klaus Lippert, ein Filmjournalist aus der DDR, erzählte sie mir später. Er war Redakteur der *Deutschen Filmkunst*[15], die ich immer noch für die beste deutsche Filmzeitschrift der 1950er-Jahre halte. Die DDR war in den 1950er-Jahren in manchem weltoffener als die Bundesrepublik. Lippert hörte in Bad Ems deinen Vortrag über die französische Filmkunst.

UG Ich fuhr mit der Vespa von Paris zu dem Filmclubtreffen nach Bad Ems, kam in der Nacht an und konnte kein Hotel finden, weil alle schon geschlossen waren.

EG Dabei warst du als Referent gebucht. Du hast auf einer Bank im Park übernachtet, bis das Hotel morgens wieder öffnete. Dann hast du deinen Vortrag gehalten, der für die bundesrepublikanischen Ohren etwas Neues war, denn damals galten bei uns nur Schönschreiber wie Gunter Groll als Meister der Filmkritik.

13 NICHT MEHR FLIEHEN (Regie: Herbert Vesely, BRD 1955). Experimentelle Parabel über die verlorene Existenz des Menschen im Atomzeitalter. Siehe https://de.wikipedia.org/wiki/Nicht_mehr_fliehen

14 Benjamin Eichsfelder aka Enno Patalas: *Filmgeschichte in Stichworten,* Münster 1951

15 *Deutsche Filmkunst – Zeitschrift für Theorie und Praxis des Filmschaffens,* Berlin 1953–1962

LUST AUF ANGRIFF

UG Gunter Groll von der *Süddeutschen Zeitung* war unser eingeschworener Feind. Die *Filmkritik*-Autoren machten sich pausenlos über seine impressionistischen Ergüsse lustig.

« **Anstelle eines Programms**
Wir wollen es mit Walter Benjamin halten: Das Publikum muss stets unrecht erhalten und sich doch durch den Kritiker vertreten fühlen. Die gängige Filmkritik, soweit sie nicht ohnehin ein Appendix des Anzeigenteils ist oder von Volontären geübt wird, stellt diesen Satz auf den Kopf: Sie sagt dem Publikum, was es ohnehin schon meint, aber nur nicht so elegant formulieren kann. Auf ihre besten Vertreter trifft Oscar Wildes Bemerkung zu: Sie haben nichts zu sagen, aber sie sagen es entzückend. Der wohlformulierten Bestätigung der herrschenden Meinungen und Ansichten verdanken Sie-wissen-schon-wer ihre relative Popularität.

(Enno Patalas: Editorial der *Filmkritik* 1/57, 1. Jahrgang, Januar 1957. Ko-Autor der ersten Nummer: Ulrich Gregor) »

EG Karl Korn von der *Frankfurter Allgemeinen Zeitung,* über den in der *Filmkritik* auch die Zähne gefletscht wurden, schrieb einen Verriss über Ulrichs Vortrag.
UG Ich hätte «die Eierschalen von Saint Germain des Près noch nicht abgelegt.»
EG Klaus Lippert aus der DDR hörte sich den Vortrag an und bat um das Manuskript, weil Ulrich zu hastig gesprochen hatte und der Vortrag mit vielen Fremdworten formuliert war. Lippert las das Manuskript und fragte am nächsten Morgen, ob er es in der *Deutschen Filmkunst* drucken könnte, was natürlich großartig war.
UG Damals war Arnold Hausers berühmte zweibändige *Sozialgeschichte der Kunst und Literatur*[16] stark in der Diskussion. Das war zusammen mit Adornos *Minima Moralia*[17] Pflichtlektüre für uns junge Filmkritiker.

16 Arnold Hauser: *Sozialgeschichte der Kunst und Literatur*, 2 Bd., München 1953; geprägt von Arnold Hausers Arbeit in der Filmbranche in den 1920er-Jahren entfaltete der Kunstsoziologe im britischen Exil die erste grundlegende theoretische Arbeit zum Doppelcharakter der modernen Kunst zwischen künstlerischer Autonomie und Produkt unter konkreten gesellschaftlichen Bedingungen.

17 Theodor W. Adorno: *Minima Moralia – Reflexionen aus dem beschädigten Leben*, Frankfurt a. M. 1951; Sammlung von philosophischen Aphorismen und Kurzessays über die

EG Du hast sofort zugestimmt, dass er den Vortrag drucken könnte, aber unter welchem Namen? «Unter meinem natürlich», war dein spontaner Gedanke. Lippert lächelte nur und sagte: «Sie leben in Paris, Sie wissen nicht, was in Deutschland los ist. Wenn ich Ihren Artikel in der *Deutschen Filmkunst* in Ost-Berlin veröffentliche, bekommen Sie in Westdeutschland kein Bein mehr auf die Erde. Niemand wird Sie in Westdeutschland drucken. Sie müssen ein Pseudonym haben.» Er sagte, du musst dir ein Pseudonym suchen, obwohl du nicht wolltest. «Wie heißt denn Ihre Mutter mit Mädchennamen?» «Stavenhagen» Da war er zufrieden: «Das passt wunderbar, es gibt einen Ort namens Stavenhagen in Mecklenburg. Fritz Stavenhagen ist ab jetzt Ihr Pseudonym in der *Deutschen Filmkunst*.» So war es. Du hast mehrmals für die Zeitschrift geschrieben. Wenn also irgendwo in der Geschichte der DDR-Filmpublizistik ein Stavenhagen auftaucht, dann ist es Ulrich.

HALTEN SIE DIE KLINGEN SCHARF

UG Das neorealistische italienische Kino der Nachkriegszeit war immer noch Orientierung für uns. Diese Stilrichtung und Aussagekraft hat es im deutschen Kino in West und Ost nach dem Krieg so gut wie nicht gegeben.
Orientierte sich Ihre gesellschaftskritische Haltung am linken Flügel der SPD?
EG An Parteien dachten wir nicht. Die SPD war uns viel zu weit rechts.
UG Wir interessierten uns für die Schriften von Theodor W. Adorno und Walter Benjamin. In der ersten Nummer der *Filmkritik* 1957 bezog sich Enno Patalas klar auf Walter Benjamin als einen wichtigen Vordenker.

Es gab auch Kontakte zu Siegfried Kracauer[18]. Enno Patalas begann nach unserem Treffen in Venedig einen Briefwechsel mit ihm und sandte ihm ein Exemplar von *F 56*. Wie später *F 58* war das eine Zeitschrift, die er vor der *Filmkritik* gegründet hatte.

Bedingungen des modernen Lebens im Kapitalismus, entstanden während Theodor W. Adornos Exil in den USA.

18 Siegfried Kracauer (1889–1966) war Architekt, bevor er als Romanautor, Journalist und Filmkritiker der Frankfurter Zeitung von Berlin aus die Oberflächenphänomene der Alltagskultur in der Weimarer Republik zu untersuchen begann. 1933 floh er vor der nationalsozialistischen Verfolgung nach Frankreich und 1941 nach New York, wo er am Museum of Modern Art arbeitete und seine filmtheoretischen und geschichtsphilosophischen Studien weiterführte. Sein Buch *From Caligari to Hitler*, 1947 in englischer Sprache erschienen, begründete Kracauers nachhaltigen Ruhm als Filmsoziologe. Die Filme der Weimarer Epoche sah Siegfried Kracauer als Spiegel bestimmter Dispositionen, die auf die sozialpsychologische Verstrickung der Deutschen in den Faschismus vorauswiesen. Erst 1958 erschien das Buch zum ersten Mal in Deutschland in einer massiv gekürzten Taschenbuchausgabe des Rowohlt Verlags. Der Zensureingriff in Kracauers «psychologische Geschichte der Deutschen» wurde von den politisch wachsamen Cineasten der frühen Bundesrepublik als Zensureingriff und indirekten Beleg für Kracauers Thesen gebrandmarkt.

498 Westend Avenue
New York 24, N. Y.
February 12, 1956

Lieber Herr Patalas!
Vielen Dank für Ihren Brief und die erste Nummer Ihrer Zeitschrift. (F 56, CL) Ich antworte schnell, weil ich nicht weiß, wann ich wieder dazu komme. [...] Ich habe mich über den Geist gefreut, der aus dem ersten Artikel – «Panorama 1955» – spricht. Dies ist ein frischer Auftakt; and it sets the right tune. Ich glaube, diese soziologische Einstellung zur Filmproduktion ist sehr nötig; nur wünschte ich mir, Sie würden in der Zukunft mehr systematisch versuchen, das sozial und politisch Falsche oder Richtige auch im ästhetischen Bereich zu erkennen. Vorderhand scheint es mir, es sei zu einseitig Gewicht auf den Inhalt – the manifest content – gelegt. Doch auch die Art der Fotografie, der Kamera-Einstellung und der cutting Methoden sagen viel aus, dass in der Gesamtbewertung eines Films berücksichtigt werden sollte. Kurz, ich rede einer Verschmelzung der soziologischen und aesthetischen Betrachtungsweise das Wort. [...] Nun wünsche ich Ihnen und Ihrem Kreis noch viel Glück fuer die Zeitschrift. Und halten Sie die Klingen scharf. Schreiben Sie bald.
Herzliche Gruesse
Ihr ...[19]

EG *From Caligari to Hitler* war das erste Filmbuch, das du mir gegeben hast, als wir uns kennenlernten. Du hast mir auch den Roman *Der Untertan* von Heinrich Mann gegeben und kamst mit Adorno an. Alle drei kannte ich selbst nach vier Jahren Germanistikstudium nicht. Gewisse Sachen kamen einfach nicht vor, obwohl ich eine eifrige Studentin war. Man muss sehen, dass wir von alten Nazis erzogen worden sind. Unsere Lehrer in der Schule waren Nazis, unsere Familien waren Nazis gewesen. Und jetzt im Studium merkten wir, dass die Professoren behaupteten, man sei Demokrat, aber wo du hingucktest, verteidigte man die Nazi-Zeit. Der Publizistikprofessor Emil Dovifat hatte im Propagandaministerium unter Goebbels gearbeitet und vor der SS Vorträge gehalten und auch der Theaterwissenschaftler Hans Knudsen war ein Nazi gewesen. Wo du hingucktest, waren alte Nazis auf wichtigen Posten. Und daneben gab es die DDR, einen antifaschistischen weltoffenen Staat, jedenfalls sahen wir das so in unserer Jugend. Wir

19 Nachlass Siegfried Kracauer, Durchschlag eines Briefs an Enno Patalas, 12.02.1956, Literaturarchiv Marbach, 72.1691/4.
Wir danken Ralph Eue für die freundliche Überlassung seines Exzerpts.

waren links und hassten die Bundesrepublik. Einmal wurden wir sogar gefragt, ob wir nicht den großen Sprung wagen und in die DDR übersiedeln wollten.

UG Wir haben es aber nie ernsthaft in Erwägung gezogen. Trotzdem stimmt es, die Linksorientierung war schon recht fundamental in der Anfangszeit. Die wenigen Filme, die sich in den 1950er-Jahren mehr oder weniger mit der Nazi-Vergangenheit auseinandersetzten, wurden von uns in der *Filmkritik* höhnisch verrissen. Da blieb nichts mehr übrig von ihnen. Damals hatte man diese fast dogmatische Überschärfe.

« Nicht nur die Uneinsichtigkeit der dreinredenden Filmhändler, sondern der Mangel an präzis analytischem Denken bei den Autoren macht unsere deutschen ‹Problemfilme› so ungenießbar. Hätte es dafür noch eines Beweises bedurft, er wäre durch diesen Film geliefert worden. Die Freie Filmproduktion, vor Jahresfrist von Käutner, Staudte und Braun mit dem erklärten Ziel gegründet, ihren Produkten Unabhängigkeit zu sichern, erweist sich mit ihrem Debütfilm als Fehlschlag: Man kann eben eine Unabhängigkeit nicht institutionell verankern, die man geistig längst nicht mehr hat.
(Reinold E. Thiel: Rezension des Films DER REST IST SCHWEIGEN, *Filmkritik* 8/59, 3. Jahrgang, August 1959, S. 209.20) »

Helmut Käutner und **Reinold E. Thiel** wurden 1963 Gründungsmitglieder der Freunde der deutschen Kinemathek, Reinold E. Thiel fungierte neben Gero Gandert und Ulrich Gregor bis 1965 als Vorstand. (CL)

DAS ERSTE BUCH

Hat die Lust an der Attacke dazu geführt, dass die Leitmedien der Bundesrepublik auf Sie zugekommen sind?

UG Als Enno Patalas und ich unsere *Geschichte des Films*[21] herausbrachten, erschien im *Spiegel* eine sehr von Sympathie getragene Rezension, Überschrift: *Zwei Seiten für die Ära Adenauer*. Das Kapitel war

20 DER REST IST SCHWEIGEN (Regie: Helmut Käutner, BRD 1959). Nach Motiven von William Shakespeares *Hamlet* schildert der Film die Geschichte eines aus der Emigration zurückkehrenden Mannes, der seine verwitwete Mutter und den Stiefvater verdächtigt, seinen Vater ermordet zu haben, um die Nazi-Vergangenheit der Industriellenfamilie zu vertuschen. Von den Schuldigen wird er jedoch für unzurechnungsfähig erklärt. Die Rezension bemängelt, dass der Film unter dem Deckmantel eines konstruierten Kriminalstücks wenig überzeugende Vergangenheitsbewältigung betreibe. Heute gelten Helmut Käutners Filme (auch seine während des Krieges entstandenen, die Spielräume jenseits der Nazi-Propaganda nutzenden Filme, die nach 1945 bekannt wurden) als seltene Beispiele einer eigenen unabhängigen Handschrift im deutschen Nachkriegskino.

21 Ulrich Gregor / Enno Patalas: *Geschichte des Films*, Gütersloh 1962.

wirklich kurz gefasst und mit Injurien versetzt, weil uns der deutsche Film der 1950er-Jahre zutiefst verhasst war. Wir hatten uns die Arbeit an dem Buch aufgeteilt und dieses Kapitel stammt von Enno Patalas.

« Der gewaltige Stoff ist in sechs Epochen gegliedert. Die beiden Autoren, die sich in ihrem Vorwort «dezidiert parteilich» nennen und als Gegner einer nur ästhetischen Filmbewertung auftreten, haben jedem Kapitel eine kurzgefasste Charakteristik der politischen und weltwirtschaftlichen Situation und der damit gegebenen Produktionsbedingungen der Filmindustrie vorangestellt. Diese lapidar formulierten Skizzen sind, obwohl von doktrinärer Einseitigkeit nicht immer frei, durchweg vorzüglich. [...]

Man hat dem Handbuch den Vorwurf gemacht, dass es das moderne Phänomen Film zu einseitig sehe. Die beiden Autoren, die ihre Zugehörigkeit zum Engagement der jungen Filmrevolutionäre nicht leugnen, heften in der Tat ihren Blick auf den Film als Kunstwerk. Die Masse der filmischen Konsumware wird allenfalls summarisch am Rande in die Betrachtungen einbezogen. Doch ist es unbillig, von einem Handbuch noch mehr Stoff und noch mehr Titel zu verlangen. Wir haben das Buch, das seit einem knappen halben Jahr vorliegt, im Gebrauch geprüft. Das Resultat ist durchweg positiv.

(Rezension des konservativen Kritikers Karl Korn in der *Frankfurter Allgemeinen Zeitung*, zitiert nach Hans Helmut Prinzler: *Filmbuch des Jahres 1962, hhprinzler.de:* https://is.gd/H89RyN) »

UG Kontakte gab es auch zu der intellektuell hoch angesiedelten Zeitschrift *Frankfurter Hefte*. Patalas und andere *Filmkritik*-Mitarbeiter schrieben dort. Weil ich Autor der *Neuen deutschen Heften* war, kam der Sigbert Mohn Verlag auf mich zu.
EG Die *Geschichte des Films* wäre ohne Ulrichs Kontakte zu den *Neuen deutschen Heften* nicht entstanden. Ulrich schrieb Buchbesprechungen für die *Neuen deutschen Hefte*, aber es wurde auch viel über Film gesprochen. Rudolf Hartung lud uns oft zum Tee ein und verknüpfte uns gerne. Wir waren zu der Zeit im Filmstudio an der FU aktiv, und da fragte Rudolf Hartung irgendwann, ob Ulrich nicht eine Geschichte des Films schreiben wollte. Du hast gesagt, dass du es dir allein nicht zutraust ...
UG Wirklich?
EG ... und hast Enno Patalas als Ko-Autor vorgeschlagen. Patalas sagte: «Warum nicht?» Dann wurden die Verträge in Gütersloh unter-

schrieben. Aber Enno Patalas und Ulrich hatten nicht viel gemeinsam, deshalb teilten sie die Filmperioden und Länder auf. Ulrich interessierte sich für Italien, Frankreich und die sozialistischen Länder. Patalas freute sich, dass er Deutschland und die USA bekam. So gab es keinen Streit.

UG Wir schrieben unabhängig voneinander und schickten uns die Manuskripte gegenseitig zu. Dann gab jeder seine Anmerkungen, Korrekturen oder Veränderungen dazu.

EG Ich glaube nicht, dass Enno Patalas fleißig Korrektur gelesen hat. In einigen Kapiteln, die er uns schickte, war ich nicht einverstanden mit Formulierungen. Trotz der Sorgenfalten auf Ulrichs Stirn habe ich sie geändert, nicht viel, einzelne Worte, die zum Beispiel eine Meinung verstärkten. Ulrich fürchtete einen Auftritt, wenn Patalas die Änderungen sehen würde, aber es kam nichts. Ich war sicher, dass er die Sachen nicht mehr anschaute. Die letzte Korrektur war von A bis Z aus unserer Hand und er hatte nichts einzuwenden. Ich war eine gute Korrekturleserin, ich las jedes einzelne Wort. Das ist nichts, worauf man stolz sein kann, das hat man einfach.

FILMGESCHICHTE GREIFBAR MACHEN

DIE FREUNDE DER DEUTSCHEN KINEMATHEK

Erika und Ulrich Gregors persönliche Lebensleistung, das Arsenal-Kino und das Internationale Forum des Jungen Films sind nicht denkbar ohne die Gründung des Vereins Freunde der Deutschen Kinemathek e. V. (CL)

EG Anfang der 1960er-Jahre fuhren wir mit unseren westdeutschen Pässen oft nach Ost-Berlin, wo wir im Staatlichen Filmarchiv der DDR Filme sehen durften. Ein großer Teil der Filmgeschichte wurde dort aufbewahrt. Damit fielen wir im Grunde endgültig aus dem Studium heraus, denn mit unseren speziellen Kenntnissen ins übliche Curriculum zurückzufinden, führte vom Weg ab. Ungefähr in dieser Zeit reisten wir auch mit deutschen Filmen für das Goethe-Institut durch Italien und Nordafrika. Und dann bekamen wir 1963 unsere Tochter.

UG In dieser Zeit kam Gero Gandert[1] auf uns zu, den wir als Filmjournalisten und Organisator der damals berühmten Nachtprogramme in der Filmbühne am Steinplatz kannten. Viele Leute, die an der Hochschule für Bildende Künste (heute Universität der Künste) studierten, gingen da ein und aus. Er gab Einführungen zu seinen Filmprogrammen und übernahm 1957 die Programmgestaltung. Überhaupt interessierte er sich sehr für Filmgeschichte und beklagte den Mangel an filmwissenschaftlicher Forschung. Mit ihm verfasste ich 1963 ein Protokoll von Fritz Langs Film M – Eine Stadt sucht einen Mörder[2]. Es war die Zeit, als die Beschäftigung mit dem deutschen Film vor 1933 für uns wichtig wurde. Wir sind mit französischen, italienischen und russischen Filmen erwachsen geworden und hatten wenig Bezug zu den Stummfilmen und frühen Tonfilmen der Regisseure, die in der Nazi-Zeit verboten waren.

EG Gero Gandert stammte ursprünglich aus Görlitz. Er war Anfang der 1950er-Jahre nach West-Berlin gekommen, als die Grenzen zur DDR

1 Gero Gandert (1929–2019), geboren in Görlitz, war 1963 der erste Mitarbeiter des Gründungsdirektors der Deutschen Kinemathek, Gerhard Lamprecht. Gandert war Gründungsmitglied der Freunde der Deutschen Kinemathek e. V. und bis 1975 gleichberechtigter Vorstand mit Ulrich Gregor. Sein Spezialgebiet als Filmhistoriker wurde die Suche und Sicherung der Nachlässe insbesondere von exilierten Filmkünstlern für die Deutsche Kinemathek.

2 M – eine Stadt sucht einen Mörder (Regie: Fritz Lang, Drehbuch: Thea von Harbou, D 1931) ist einer der ersten deutschen Tonfilme. Peter Lorre spielt in diesem Klassiker in seiner ersten Hauptrolle eindringlich einen getriebenen Serienmörder, der von der Polizei und den Berliner Kriminellen gejagt wird.

offen waren. 1958 hatte die SED ihren 5. Parteitag und zog mit der Verabschiedung der zehn Gebote der sozialistischen Moral die Zügel scharf an. In diesem Jahr wurde Gero Gandert wegen seiner Kritik an der Kultur- und Filmpolitik der DDR auf dem Rückweg vom Filmfestival Karlovy Vary verhaftet. Bis 1961 saß er völlig ungerechtfertigt im Gefängnis. Als er wieder draußen war, suchte er natürlich wieder Anschluss an die Filmkreise in West-Berlin.

Wie soll ich es sagen? Gero Gandert war sicher traumatisiert, aber ich hatte meine Schwierigkeiten, denn er kam mir immer wie ein Überbringer schlechter Botschaften vor.

Ulrich meinte, weil er drei Jahre gelitten hätte, wäre es nur fair, ihn zu duzen, obwohl er für mich nicht der Mann war, mit dem ich mich duzen wollte. Ich war schon als Mädchen immer sehr vorsichtig und auf Abstand bedacht. Als Ulrich mich am Anfang unserer Bekanntschaft irgendwann fragte, ob wir uns duzen wollten, sagte ich: «Nein, ich wünsche keine Intimitäten». Wenn man sich das heute überlegt! ... Als aber Ulrich zu meinem Problem mit Gero Gandert meinte: «Bitte, bedenke, was er durchlitten hat», biss ich die Zähne zusammen.

UG Die Idee, einen Verein namens Freunde der Deutschen Kinemathek zu gründen, kam ursprünglich von Gero Gandert, der mich ansprach und zu begeistern versuchte. Die Vorgeschichte dazu hing mit dem Regisseur Gerhard Lamprecht zusammen. Lamprecht hatte seit seiner Jugend eine große Sammlung von Filmkopien, technischen Apparaten und anderen historischen Filmdingen angelegt und war in den 1920er-Jahren mit Sozialdramen wie DIE VERRUFENEN[3] und DIE UNEHELICHEN[4] und dann mit dem Tonfilm EMIL UND DIE DETEKTIVE[5] bis in die USA bekannt geworden.

EG Als er 1962 ins Rentenalter kam, wollte er die Sammlung für 500.000 DM an das Land Berlin verkaufen, was der Senat ablehnte. Er schrieb daraufhin an Lotte Eisner in Paris, die Lamprecht aus ihrer Zeit als Berliner Filmjournalistin kannte, bevor sie vor den Nazis fliehen musste. Anscheinend hielt ihn Lotte Eisner[6], die Chefkonservatorin der

3 DIE VERRUFENEN (Regie: Gerhard Lamprecht, D 1925), Drama aus dem proletarischen Berlin nach Skizzen von Heinrich Zille nach einem Drehbuch von Gerhard Lamprecht mit Luise Heilborn-Körbitz.

4 DIE UNEHELICHEN – EINE KINDERTRAGÖDIE (Regie: Gerhard Lamprecht, D 1926), Sozialdrama über das Schicksal armer und vernachlässigter Kinder in Berlin, Drehbuch mit Luise Heilborn-Körbitz nach Dokumenten eines Berliner Fürsorgevereins geschrieben. Mit dem Film MENSCHEN UNTEREINANDER (Regie: Gerhard Lamprecht, D 1926) Teil einer als Eigenproduktion realisierten Serie von Milieustudien über die proletarischen Lebensbedingungen in der Weimarer Republik.

5 EMIL UND DIE DETEKTIVE (Regie: Gerhard Lamprecht, D 1931), erste filmische Adaption des Kinderbuchs von Erich Kästner. Ein Klassiker des frühen deutschen Tonfilms.

6 Lotte Eisner (1896–1983), in Berlin geborene Kunsthistorikerin, Filmjournalistin und – kritikerin im viel gelesenen *Film-Kurier* der Weimarer Zeit, als Buchautorin eine der einflussreichsten frühen Filmtheoretikerinnen. Floh nach Frankreich, wo sie zeitweise interniert war. Gründete mit Henri Langlois die Cinémathèque française.

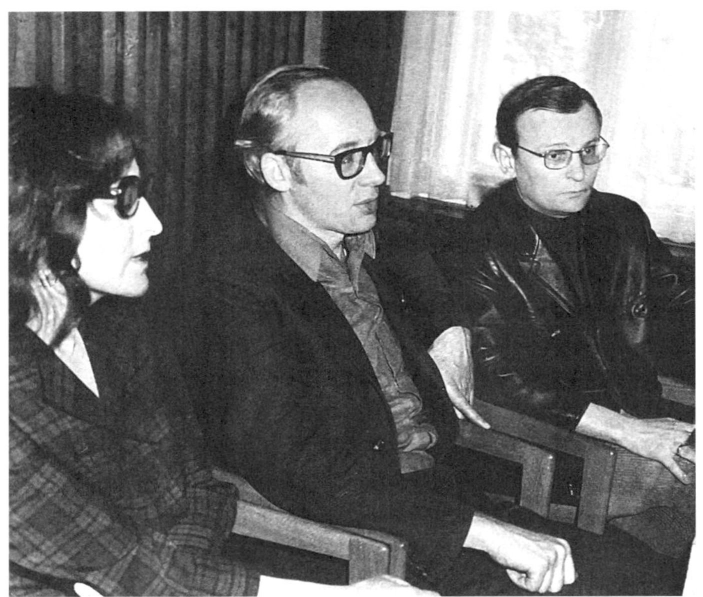

Erika und Ulrich Gregor, Gero Gandert, Anfang der 1970er-Jahre

Cinémathèque française in Paris war, trotz seiner späteren Filme in der Nazi-Zeit für einen anständigen Deutschen – jedenfalls sagte sie: «Da kann man was tun.»

Sie kam also mit ein paar Filmen aus der Sammlung der Cinémathèque nach Berlin, darunter auch frühe Stummfilme von Lamprecht, die wir nicht kannten. An einem ihrer Abende in der Akademie der Künste, es muss 1962 gewesen sein, war nicht nur Lamprecht zugegen, sondern alle waren da, die sich für Film interessierten. Da verkündete Lotte Eisner, dass die Cinémathèque française großes Interesse an der Sammlung hätte. Daraufhin gab es einen Aufschrei in der Presse und der Senat revidierte seine Entscheidung und kaufte sie zu Lamprechts Bedingungen. Das bedeutete, dass er 1963 der erste Archivdirektor der neu gegründeten Deutschen Kinemathek wurde. Er brachte seine persönliche Sekretärin Fräulein von Österreich und einen Herrn Palm mit, der die Kopien betreute und die Apparate putzte. Aber als Ulrich mit Gero Gandert, der freier Mitarbeiter von Lamprecht geworden war, zu ihm ging und sie ihm vorschlugen, die Filmsammlung öffentlich vorzuführen, lehnte er ab, weil er sich zu alt dafür fühlte.

UG Filmgeschichte sollte greifbar, erfahrbar und sichtbar sein, das war unser Ursprungsgedanke.

EG Es war ja so, dass kaum jemand die Filme der Weimarer Republik kannte. NOSFERATU[7] und DAS CABINET DES DOKTOR CALIGARI[8] mussten wiederentdeckt und bekannt gemacht werden. Angefangen haben wir dann mit dem WACHSFIGURENKABINETT[9] von Paul Leni.

UG Aus den Archiven auf die Straßen! – wenn man so will. Aber Lam-

7 NOSFERATU – EINE SYMPHONIE DES GRAUENS (Regie: F.W. Murnau, D 1922), expressionistischer Horrorfilm nach Motiven aus Bram Stokers Roman *Dracula,* wie DAS CABINET DES DOKTOR CALIGARI einer der Schlüsselfilme des Stummfilmkinos der Weimarer Republik.

8 DAS CABINET DES DOKTOR CALIGARI (Regie: Robert Wiene, D 1920), expressionistischer Horrorfilm über einen Schlafwandler, der tagsüber von Doktor Caligari als Jahrmarktattraktion ausgestellt wird und nachts Morde begeht. In einer Rahmenhandlung wird die Geschichten unter Schizophrenen in einer geschlossenen Anstalt erzählt, die den Direktor des Hauses bezichtigen, der dämonische Caligari zu sein.

9 DAS WACHSFIGURENKABINETT (Regie: Paul Leni / Leo Birinski, D 1924), expressionistisches Drama in drei Episoden, in denen sich ein junger Dichter in einem Wachsfigurenkabinett in Geschichten um die Schreckensgestalten Harun al-Raschid, Iwan den Schrecklichen und Jack the Ripper hinein phantasiert.

precht saß hinter seinen großen Karteikästen verbarrikadiert. «Öffentlichkeitsarbeit, das kann ich nicht. Kinder, macht ihr das doch bitte.» Hätte er gesagt: «Das machen wir zusammen» – wer weiß, ob nicht alles anders gekommen wäre. Aber er hielt sich heraus. Daraufhin haben wir sieben Leute zusammengesucht, die man in Deutschland braucht, um einen Verein zu gründen.

« Gründungsmitglieder des Vereins Freunde der Deutschen Kinemathek e. V. waren die Filmhistoriker Gero Gandert, Ulrich Gregor und Reinold E. Thiel[10] (Journalist und *Filmkritik*-Kollege von Ulrich Gregor), die zu dritt Vorsitzende des Vereins wurden (Reinold E. Thiel bis 1965, Gero Gandert bis 1975), sowie die Regisseure Helmut Käutner und Hansjürgen Pohland, die Westberliner Filmkritik-Größen Friedrich Luft und Karena Niehoff und der Buch-Antiquar Carl Wegner, die von Gero Gandert gewonnen wurden. Satzungszweck war, die Filmbestände der zuvor ins Leben gerufenen Deutschen Kinemathek e. V. Berlin der Öffentlichkeit zugänglich zu machen und darüber hinaus mit Filmen aus anderen Archiven und zeitgenössischen Filmen eine kontinuierliche filmkulturelle Arbeit aufzubauen. »

(Heiner Roß: Unveröffentlichte Erinnerungen, S. 2)

UG Warum wir ihn Freunde der Deutschen Kinemathek genannt haben, weiß ich nicht mehr. Ich bin das schon oft gefragt worden. Damals gründeten sich um viele örtliche Kunstvereine herum Freundeskreise. Vielleicht hatten wir die Idee daher.

EG Es wäre besser gewesen, Gerhard Lamprecht hätte gesagt: «Ich mache es mit euch.» Dann hätte die Programm- und Öffentlichkeitsarbeit im Rahmen der Deutschen Kinemathek stattfinden können. Das wäre großartig gewesen, denn irgendwann wäre mehr Geld da gewesen und ihr wärt in das Direktorat reingekommen. Aber so wurde es eben ein Verein. Ihr habt sieben Leute zusammengesucht und dann einen gemeinnützigen Verein gegründet, der Einzelförderungen vom

10 Reinold E. Thiel (geb. 1933), wuchs als Arbeiterkind im Ruhrgebiet auf, studierte ab 1953 in Bonn Mathematik, Physik und Chemie, Psychologie und Kunstgeschichte, ab 1954 Filmdozent und Kritiker. 1955 in Berlin Publizistik- und Soziologiestudium. 1956 Gründung des studentischen Filmclubs Filmstudio an der FU. Geschäftsführer des studentischen Filmclubs. In den Semesterferien Arbeit unter Tage und in einer Kettenfabrik, unter dem Einfluss von Wilfried Berghahn Autor der *Filmkritik*. Ab September 1963 Fernsehredakteur im neu gegründeten dritten Programm des WDR/Köln. Ab den 1970er-Jahren beim Aufbau regionaler Radio- und Fernsehstationen in Afrika tätig.

Ein weiterer Afficionado in der Frühzeit der Freunde der Deutschen Kinemathek war **Manfred Salzgeber** (1943–1994). Neben seinem Brotberuf in der legendären Buchhandlung Marga Schoeller (1965 bis 1973) arbeitete er abends, nachts und an freien Tagen für die Freunde. Er entdeckte 1969 die historischen Bayreuther Lichtspiele in der Welser Straße 25 und organisierte mit Heiner Roß den Kauf des Kinos für die Freunde der deutschen Kinemathek. Ab 1973 gründete er mehrere eigene Programmkinos in Berlin. Bis 1978 war er am Programm des Internationalen Forums des Jungen Films beteiligt. Ab 1981 baute er die Berlinale-Sektion Infoschau, später Panorama auf. Er war eine Gründungsfigur der schwul-lesbischen Filmbewegung und setzte sich ab 1987 bis zu seinem Tod als AIDS-Aktivist auch in seinem Filmverleih Salzgeber für die Präsenz schwul-lesbischen Filmschaffens ein. (CL)

Kultursenat brauchte. Anders hättet ihr einen Etat gehabt und keine Anträge stellen müssen.

UG So kam es, dass wir parallel liefen. Auf der einen Seite gab es die Deutsche Kinemathek, die ab 1971 in eine Stiftung öffentlichen Rechts umgewandelt wurde, auf der anderen Seite unseren gemeinnützigen Verein Freunde der Deutschen Kinemathek. Wir waren die eigentlich Aktiven, wir machten Öffentlichkeitsarbeit und zeigten Filme. Heute hat sich vieles geändert, aber die Trennung ist geblieben.

FREUNDE, EHRENAMTLICH

EG Gero Gandert war im Gründungskomitee. Ich nicht, ich habe bloß dafür gearbeitet.

UG Den gleichen Satz sagte Heiner Roß[11] auch oft. Wir arbeiteten ehrenamtlich für die Freunde der Deutschen Kinemathek, aber natürlich wurde die praktische Arbeit nicht von den Gründungsmitgliedern geleistet. Heiner Roß war von Beginn an dabei und wurde 1964 unser Geschäftsführer. Er organisierte auch den ersten Aufbau unseres eigenen Filmarchivs, war später im Arsenal-Kino Geschäftsführer und an unseren Publikationen und der Programmarbeit beteiligt.

EG Wir alle waren leidenschaftliche Filmliebhaber, mussten aber irgendwie durch Jobs ein Auskommen finden. Reinold E. Thiel brachte Heiner Roß mit der Bemerkung zu uns: «Er kann mit Geld umgehen, er ist bei einer Bank.» Heiner Roß verdiente sein Geld bei der Berliner Volksbank. Wir brauchten jemanden, der nicht nur wie wir ein leidenschaftlicher Filmliebhaber war, sondern die Einnahmen nach allen Regeln der Kunst abrechnen konnte. Heiner Roß war für unsere Kasse verantwortlich, und das war mit dem wachsenden Erfolg der Freunde keine leichte Aufgabe.

UG Wir waren eine interessante Gruppe. Ohne Dich, ohne Heiner Roß wäre es nicht gegangen. Die Regisseure und die Theoretiker aus der Kritik waren bei den Freunden nicht wirklich präsent.

11 Heiner Roß (geb. 1942) war als Jugendlicher aktives Mitglied eines Filmclubs in Oldenburg, wo er mit Werner Dütsch (1939–2018) zusammenarbeitete, der ebenfalls zeitweise bei den Freunden der Deutschen Kinemathek mitarbeitete, 1970 in die Filmredaktion des WDR wechselte und zahlreiche Kooperationen mit dem Arsenal und dem Internationalen Forum unternahm. 1963 war Heiner Roß jüngstes Mitglied der ehrenamtlichen Arbeit für die Veranstaltungen der Freunde, baute 1967 deren Archiv und Verleih mit auf, initiierte mit Manfred Salzgeber 1969 die Gründung des Arsenal-Kinos und war von 1964 bis zu seinem Wechsel in das Hamburger kommunale Kino Metropolis 1979 Geschäftsführer der Freunde der Deutschen Kinemathek, von 1975 bis 1979 Vorstandsmitglied und als Mitgründer des Internationalen Forums des Jungen Films in dessen Auswahlkomitee.

WIE ES ANFING

» Es gab eine zweigeteilte Mitgliedschaft im Verein Freunde der Deutschen Kinemathek e. V.: Gründungsmitglieder (ordentliche Mitglieder) waren stimmberechtigt und konnten weitere ordentliche Mitglieder einwerben. Die Besucher der Veranstaltungen wurden außerordentliche Mitglieder, um den formalen Anforderungen des Status' einer nicht-gewerblichen Filmvorführung zu genügen. Sie hatten kein Stimmrecht und waren an der Arbeit des Vereins nur indirekt beteiligt. (Heiner Roß, a. a. O. S. 2) «

EG Im ersten Jahr kamen die Freunde in der Galerie Jule Hammer an der Gedächtniskirche Kantstraße 165 unter. Diese erste Postadresse lag im Schimmelpfeng-Haus, wo wir auch den Vorverkauf für die Veranstaltungen in der Akademie der Künste anbieten konnten, ganz zentral am Bahnhof Zoo. Dann suchte die Deutsche Kinemathek Räume. Wir fanden mit Hilfe eines netten Maklers eine wunderbare alte Wohnung in der Schlüterstraße 41. Die wurde später auch eine der Postadressen der Freunde. Das Archiv der Kinemathek war dort untergebracht und es gab auch einen kleinen Vorführsaal, wo wir Stummfilme gezeigt haben.

» Die Freunde warben für ihre filmhistorischen Vorführungen in der Deutschen Kinemathek, 1 Berlin 15, Schlüterstraße 41, jeweils dienstags 20:00 Uhr, weil die Kinemathek sich nicht in der Lage sah, ihre Sammlung sichtbar zu machen.[12]Am 17. Januar 1967 zeigten sie beispielsweise amerikanische Filme aus den Jahren 1894–1913 von Edwin S. Porter, J. Stuart Blackton, Thomas Ince u. a., am 24. Januar 1967 den dokumentarischen Stummfilm MARKT IN BERLIN (1929), Regie: Wilfried Basse und den Spielfilm DAS HAUS OHNE LACHEN[13] von Gerhard Lamprecht. Für Juli 1967 war Fritz Lang angekündigt, für Februar und März 1968 Asta Nielsen und Robert Wiene. (Heiner Roß, a. a. O., S. 4) «

---

12 Programmzettel bzw. per Post versendete Einladungen an die Mitglieder sind im Archiv des Deutschen Historischen Museums/Zeughauskino in Berlin erhalten.

13 DAS HAUS OHNE LACHEN (Regie: Gerhard Lamprecht, D 1923), Familiendrama um einen Haustyrannen.

Am 25. Mai 1963 zeigten die Freunde ihr Programm zum ersten Mal im Studio der Akademie der Künste am Hanseatenweg (einem Saal mit 517 Plätzen vor der Leinwand und 200 dahinter) DAS WACHSFIGURENKABINETT sowie Kurzfilme der «Münchener Schule», deren Mitglieder ein Jahr zuvor zu den Unterzeichnern des Oberhausener Manifestes gehört hatten: URLAUB VON DER STANGE (1959), Regie: Walter Krüttner, LEHRER (1963) Regie: Alexander Kluge, GESCHWINDIGKEIT (1963), Regie: Edgar Reitz, ATOMKRAFTWERK KAHL (1961), Regie: Haro Senft, NOTIZEN AUS DEM ALTMÜHLTAL (1961), Regie: Rolf Strobl / Heinz Tichawsky.* Das erste Heft der Schriftenreihe Kinemathek, das die Freunde der Deutschen Kinemathek von da ab themenbezogen in unregelmäßigen Abständen herausgaben, publizierte das Oberhausener Manifest (1962) und die Namen der Unterzeichner.

Der Halbjahresbeitrag kostete 4,00 DM, ab 1968 6,00 DM, der Eintritt kostete für Mitglieder 1,50 DM, für Gäste 3,00 DM. In jeder Einladung baten die Freunde der Deutschen Kinemathek e. V. um Überweisung der Halbjahresbeiträge. (CL)

* Siehe Doppel-DVD Edition Filmmuseum PROVOKATION DER WIRKLICHKEIT anlässlich der Retrospektive zu 50 Jahren Oberhausener Manifest, München 2012

EG Einmal kam Hans Magnus Enzensberger zu der Vorführung eines Stummfilms und sagte: «Toll war der Film, so was hab' ich noch nie gesehen! Aber warum macht ihr das so billig? Ihr müsst zwölf Mark Eintritt nehmen, das muss was Exklusives werden.» Recht hatte er, das Kino war billig bei uns. Aber wir waren für den niedrigen Eintrittspreis. Wir dachten immer, dass Leute aus allen Schichten ins Kino gehen müssten.

Einmal kam der Verwaltungsdirektor der Kinemathek, ein Jurist von der Kulturbehörde namens Berg, zu uns nach Hause. Es muss 1964 oder 1965 gewesen sein, vor deiner Zeit als Dozent an der Filmhochschule (DFFB). Das Büro der Freunde war damals Ulrichs Arbeitszimmer in unserer Vier-Zimmer-Wohnung in Halensee, die wir zusammen mit zwei Freuden bewohnten. Ich konnte im Schlafzimmer und auf dem Flur arbeiten. Herr Berg war gekommen, um uns mitzuteilen, dass er gern auf die Mitarbeit von Herrn Gandert verzichten würde. Er bat uns, dass Ulrich die Abteilung Öffentlichkeitsarbeit der Kinemathek aufbauen sollte, und mir bot er einen Halbtagsjob für den Aufbau einer Filmbibliothek an. Das war lange schon mein Herzenswunsch. Ich habe immer gern Bücher gesammelt, ich konnte Englisch, etwas Französisch und Italienisch. Die Bedingung war aber, dass wir Gero Ganderts Vertragsauflösung zustimmen. Wir redeten mit Engelszungen auf ihn ein und versprachen, dass wir Herrn Gandert im Zaum halten würden …

UG Er war penibel genau und manchmal etwas arrogant.

EG Ich war unbedingt dafür, dass wir auf das Angebot eingehen, aber die Freunde der Deutschen Kinemathek wären damit natürlich ans Ende gekommen, weil wir keine Zeit mehr für ehrenamtliche Filmvorführungen gehabt hätten – stattdessen ein sicheres Leben. Du hast gesagt: «Das können wir Gero nicht antun, er hat drei Jahre im Gefängnis gesessen», und so kam es. Für mich hatte sich dann die Möglichkeit, die Bibliothek aufzubauen, erledigt.

GELENKTES CHAOS

« Der Kassenraum in der Akademie der Künste am Hanseatenweg war unglücklich angelegt. Er befand sich rechts vom Eingang in das großzügige Foyer, bestand aber nur aus einem Glaskasten mit einem tiefen Tisch und einer Durchreiche durch das Fenster. Die Kasse mochte für einzeln erscheinende Ausstellungsbesucher geeignet sein, war aber bei einer Massenveranstaltung mit dem direkten Verkauf von 517 Eintrittskarten, von denen ein Abschnitt für Mitglieder mit der Schere abgetrennt werden musste, kaum geeignet. Der Geschäftsführer saß als Kassenwart zu weit vom Schalter entfernt, sodass sogar lange Arme nicht ausreichten, zügig den Erwerb von Eintrittskarten für die Mitglieder und Gäste und Mitgliedsausweise für die am jeweiligen Abend hinzukommenden außerordentlichen Mitglieder zu bewerkstelligen. Immer wieder kam es zum verspäteten Beginn der Vorführungen.

Der Ansturm auf die erste Filmvorführung am 25. Mai 1963 war überwältigend. Das Studio war ausverkauft. Glücklicherweise richteten Bekannte Hilfskassen an den Tischen der Garderobe ein. Das Chaos war sehr zum Unwillen von Erika Gregor, sprach aber für den immensen Erfolg. (Heiner Roß, a. a. O. S. 4) »

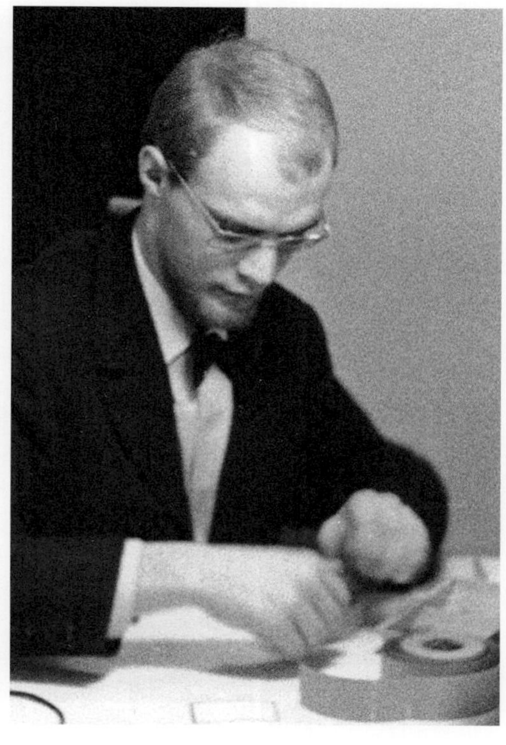

Heiner Roß an der Kasse der Akademie der Künste in den 1960er-Jahren

---

EG Ich habe am Abend die Karten abgerissen, die Heiner Roß an der Kasse verkaufte. Manchmal habe ich mir im Durcheinander Eintrittskarten geschnappt und sie an Leute verkauft, von denen ich meinte, dass sie die Filme unbedingt sehen sollten. Das waren meist Leute, die ohne die Begleitung eines ordentlichen Mitglieds gekommen waren. Jedes Mitglied durfte ja nur einen Gast mitbringen. Manchmal haben sich die Gäste gleich als neues zahlendes Mitglied der Freunde eingeschrieben. Das aufwändige Verfahren hatte damit zu tun, dass wir gemeinnützig waren und Eintrittskarten nicht frei verkaufen durften.

« Die Zwei-Personen-Regelung war von der Kinowirtschaft bei den Verleihern durchgesetzt worden, um sicherzustellen, dass nicht-gewerbliche Filmaufführungen nicht zur Konkurrenz werden konnten.

(Heiner Roß, E-Mail an Autorin, 16.04.2022) »

UG Du hast auch oft Freikarten vergeben.
EG Das stimmt, in meinen aktiven Jahren habe ich das im Kino immer wieder gemacht.

» Frau Gregor wurde gesucht, wann immer das Publikum fürchtete, die Veranstaltung wäre ausverkauft, bevor sie eine Karte in Händen hielten. Es gab nur Eintrittskarten auf den üblichen Rollen (Spezialprodukt der Bireka Billettfabrik Berlin Halensee). Jede Karte hatte etwa das Format eines 35-mm–Filmstreifens, links und rechts befand sich ein Nummerneindruck und eine gestanzte Abrisskante. Wurde eine Mitgliedskarte verkauft, musste ein Abschnitt mit der Kartennummer abgetrennt werden – mit der Schere! – und später als Beleg für die Reduzierung des Eintrittspreises der Mitglieder auf Bögen geklebt und registriert werden. (Vielleicht war es auch umgekehrt, sodass die Abschnitte die Mehreinnahmen durch Gastkarten belegten – das hätte auch eine gewisse Logik, denn in der Regel wurden natürlich weniger Gastkarten verkauft.) Am Ende musste die Abrechnung der Mitglieds- und Gasteinnahmen 1:1 stimmen. Und sie stimmte immer.

Viele, die als Gäste ins Kino wollten, waren so freundlich, nach einem Mitglied ohne Begleitung Ausschau zu halten. So entstand eine aufgeregte Kommunikation vor der Kasse. Kritisch waren die Augenblicke, wo sich abzeichnete, dass nur noch wenige Plätze frei waren, aber noch viele Personen sich vor dem Kassenhäuschen drängten. Karten nur noch für Mitglieder! Das war eine unbeliebte Ansage aus dem Kassenfenster heraus. (Heiner Roß, a. a. O. S. 8) «

WO UND WIE ARBEITEN

EG In Jule Hammers Galerie haben Heiner Roß und ich tagsüber zwei Stunden lang den Vorverkauf für die Abendveranstaltungen gemacht. Dann zogen wir im November 1963 ins Haus am Lützowplatz, wo die nächste Postadresse der Freunde war. Das Gute bei mir war, dass ich, wenn Fragen kamen, gleich meine Meinung zum Programm weitergeben konnte, weil ich sozusagen an der Quelle saß. Das Programmieren der Filmabende passierte nämlich mehr oder weniger in unserer Wohnung. Überhaupt wurden die meisten Arbeiten in den Wohnungen von Gero Gandert, Heiner Roß und uns erledigt.

» Eine Satzung enthält kein Organisationsschema für die Bewältigung der definierten Aufgaben. Es gab keinen Plan für die Arbeitsabläufe. Wer ein Programm machte, musste gewährleisten, dass der Film rechtzeitig zur Vorführung da war. (Heiner Roß, E-Mail an die Autorin, 16.04.2022) «

EG Nach den Filmveranstaltungen seid Ihr, Gero Gandert und du, mit Gästen oder sonst ein paar Leuten ein Bier trinken gegangen. Ich ging nie mit, ich hatte zu Hause das Kind, unsere ältere Tochter, die ich zwei oder drei Stunden allein ließ, um im Kino zu sein. Anfangs war es so, dass ich sie gestillt habe, bevor es losging. Ich habe sie hingelegt und ihr zugeflüstert: «Mama geht jetzt drei Stunden weg, sei ruhig und schlafe.» Dann sind wir in die Akademie gefahren. Das würde heute keine Mutter mehr machen. 1963 und 1969 sind unsere Mädchen auf die Welt gekommen. Was sollte ich tun? So war es eben.
UG Hatten wir nicht verlässliche Nachbarn im Haus?
EG Doch. Die Pilgrams, die unter uns wohnten, habe ich gebeten, nach dem Kind zu schauen, wenn es weinen würde. Sie hatten einen Schlüssel zu unserer Wohnung und konnten durch die Holzdecken hören, was los war. Aber es ist nichts passiert.

«Anfänglich veranstalteten die Freunde ein monatliches Programm, dann vergrößerten sie das Angebot auf 14tägige Veranstaltungen, Filmwochen und Filmserien. Schließlich wurden 1968 über hundert Programme angeboten, überwiegend in der Akademie der Künste. Die Freunde der Deutschen Kinemathek mussten den Studio genannten großen Saal jedoch für jede Veranstaltung mieten. Der Geschäftsführer der Akademie, Herr Rohner, war bestrebt, die Dynamik zu bremsen, um das Studio der Akademie, das allen Künsten offenstehen soll, nicht dem Anschein auszusetzen, ein Kino zu sein. Unterdessen bekamen die Filme und Veranstaltungen einen akademischen Ruf. Ganz (West-)Berlin traf sich da, auch angezogen von dem großzügigen Foyer der Akademie. (Heiner Roß, a. a. O. S. 4)»

KASSENWART

«Am Anfang waren die zu erwartenden Kosten unübersichtlich – es fehlte die Erfahrung. Es war dem Geschick des «Geschäftsführers» (Anführungszeichen H. Roß) anheimgestellt, durch zügige Buchhaltung und permanentes Zureden bei den Vorständen Gero Gandert, Ulrich Gregor und Reinold E. Thiel zu erreichen, die Kosten niedrig zu halten. Die Ehrenamtlichkeit vieler Leistungen war eine Hilfe und auch die privat bezahlten Telefonrechnungen ... Wie viel Gehör wurde dem Kassenwart/Geschäftsführer verschafft? Dieser wiederum war als Filmliebhaber selbst an der rasanten Entwicklung der Freunde interessiert. (Heiner Roß, E-Mail an die Autorin, 16.04.2022)»

EG Wenn der Filmabend zu Ende war, bin ich schnell mit der S-Bahn, Station Bellevue, die nah an der Akademie liegt, nachhause gefahren. Damals gab es noch eine Streckenschleife nach Halensee, wo wir wohnten.

Einmal sagte Heiner Roß, dass er leider nicht mitgehen könne, wenn die anderen hinterher ein Bier trinken. «Herr Roß, wieso denn nicht?» «Weil ich unsere Einnahmen dabei habe. Ich habe hier mehrere tausend Mark, da kann ich doch nicht mitgehen.» Ich sagte: «Herr Roß, ich gehe auch nicht mit, sondern sofort nach Hause. Ich kann das Geld mitnehmen und Sie holen es morgen früh bei mir ab.» Da gab er mir die Einnahmen und ich packte sie in meine alte Handtasche, in der ich oft Geld transportiert habe. Jetzt ist sie richtig alt, aber ich hab' sie immer noch.

Ein Vierteljahr später sagte Heiner Roß: «Frau Gregor, für die Abrechnung brauche ich Ihre Taxiquittungen.» «Was für Taxiquittungen?» «Na die von Ihren Fahrten, als Sie mit dem ganzen Geld unterwegs waren.» Ich darauf: «Aber Herr Roß, ich werde doch für die Freunde kein Geld ausgeben. Der Verein hat doch keinen Pfennig für Spesen. Da werde ich doch kein Taxi nehmen.» Und er: «Was, Sie fahren mit dem Bus?» Für den Bus zu uns nachhause musste man seinerzeit – wir sind 1963 – am heutigen Grips-Theater einsteigen und auch noch umsteigen. Ich sagte also: «Herr Roß, der Umsteiger-Bus kostet 45 Pfennig, da fahre ich lieber mit der S-Bahn, die kostet 20 Pfennig.» Es war aber so, dass wir West-Berliner eigentlich nicht mit der S-Bahn fahren sollten, sie wurde boykottiert, weil sie der DDR-Reichsbahn unterstellt war und die West-Berliner mit dem Boykott gegen Stacheldraht, Mauer und DDR protestierten. Wenn ich nachts um halb elf zur S-Bahn Bellevue ging, war ich die einzige auf dem Bahnsteig und fuhr gemütlich mit dem ganzen Geld nachhause. Ich hätte es mit Zähnen und Klauen verteidigt, das hätte mir niemand entrissen. Herr Roß war völlig entsetzt, dass ich so etwas mache.

Mit dem Taxi zu fahren, war jedoch nicht ganz abwegig, da nach jedem Filmabend in der Akademie der Künste die Last der Filmdosen transportiert werden musste, meist zu einem der Freunde nachhause, da weder ein eigenes Kino noch ein eigenes Filmlager existierte. (CL)

WEITERKOMMEN

« Ab 1. April 1964 wurde Heiner Roß bei den Freunden der Deutschen Kinemathek fest angestellt. DM 200 für 200 Stunden im Monat, so stand es im Anstellungsvertrag. Doch was bedeutete Arbeitszeit? Gero Gandert bestellte ihn beispielsweise zu sich nachhause in die Bamberger Straße, um Texte für die Programme abzuholen, war jedoch oft noch nicht mit dem Schreiben fertig oder nahm sich Zeit, Änderungen zu bearbeiten. Das bedeutete warten.

Auch die Wohnung der Gregors war nicht fußläufig zu erreichen. Hinbestellt, um Texte abzuholen, war Ulrich Gregor oft noch mit anderen Dingen, z. B. Filmkritiken beschäftigt, von denen die Familie lebte. Erika Gregor, für die Korrekturen zuständig, las die Texte, schlug Änderungen vor. Mit der kleinen Christine auf dem Schoß musste der Geschäftsführer warten. Es war früher Abend und die Zeit war knapp, denn um 23 Uhr sollten die fertig gedruckten und eingetüteten Programme bei der Nachtauslieferung der Post in der Möckernstraße abgegeben werden. »

(Heiner Roß, a. a. O., S. 6)

JAZZ UND SUPER-8

UG Wir debattierten schon Mitte der 1960er-Jahre, ob der Verein nicht ein eigenes Kino haben sollte. Die Akademie der Künste war nicht immer frei und kostete sehr viel Miete. So kam es, dass wir uns auch nach anderen Kinos umgeschaut haben.
EG Zum Beispiel im Kino Bellevue an der Altonaer Straße. Das war im Hansa-Viertel nur einen guten Steinwurf von der Akademie entfernt.
UG Da fingen wir mit Nachtvorstellungen um 23:00 Uhr an. Ein großer Erfolg, der viele populäre Filmprogramme nach sich zog.

« Am 4. November 1966 begannen die Freunde mit künstlerisch anspruchsvollen und filmhistorisch interessanten Nachtprogrammen im Kino Bellevue (ein Kino der Studiofilmtheater Betriebs GmbH, die dem umstrittenen Medienunternehmer Leo Kirch gehörte.) Beide Orte, die Akademie und das Bellevue, entwickelten sich zu filmkulturellen und -politischen Treffpunkten. Nahezu immer ausverkauft waren die Vorführungen mit Filmen der Marx–Brothers, die um 1968 immer populärer wurden und ein unterhaltender Hit der 1968er Rebellen in West-Berlin wurden.

Aus einer von Manfred Salzgeber und Franz Stadler, dem späteren Besitzer des legendären Programmkinos Filmkunst 66, konzipierten Veranstaltung mit Jazz und Slapstick-Filmen entwickelte sich eine eigenständige und sehr erfolgreiche Nachtprogrammserie im Bellevue, unabhängig von den Programmen der Freunde. Junge unbekannte Jazzbands spielten live zu Slapstick-Filmen, die im Super-8-Format vorgeführt wurden. Die Einnahmen wurden zwischen dem Kino, den Bands, den Rechtebesitzern und dem Filmvorführer Peter Weiß, einem Swing-Experten des SFB- Senders, geteilt.

Heute ist kaum noch vorstellbar, dass in einem circa 500 Plätze umfassenden Kino aus der Vorführkabine heraus 8-mm- bzw. Super-8-Filmkopien von Slapstick-Filmen projiziert wurden. Das ergab nur ein kleines lichtschwaches Bild, aber das tat der Begeisterung für die Filme keinen Abbruch. Alles wurde in Originalfassungen gezeigt, das war Standard, bevor das deutsche Fernsehen Slapstick-Filme nur noch in deutscher Bearbeitung durchsetzte. (Heiner Roß, a. a. O., S. 13) »

ES IST MITTERNACHT!

EIN GEGENFESTIVAL ZUR DESASTRÖSEN BERLINALE

UG Die Berlinale war natürlich immer ein wichtiger Anlass für uns, neue Filme zu sehen. Aber als junge Filmkritiker überwog bei uns die Haltung, dem Festival mit einer Portion Hohn und Spott zu begegnen.
EG Wir waren streng, sehr streng – obwohl es natürlich auch dort gute Filme gab.

« Es nützt uns nichts, dass wir keine Kommunisten bei uns dulden, dass wir der zuverlässigste Vorposten der Freiheit, für unsere Leiden von der Welt hochgelobt und ein Kulturzentrum sind; übrigens keine Stadt, nicht einmal nur eine pleonastische Weltstadtmetropole, selbstgefällig aufgedonnerte Primadonna, sondern Emblem, heraldisch stilisiert, Ritual, Kreuzzugsflagge, zu der sich auch der letzte ferne Kralbewohner, der erste beste Texanercowboy, deutsche Schultern klopfend, bekennt. Erst recht nützt es nichts, wenn die Berliner sich ohne Unterlass zu sich selbst bekennen: die Leute schicken uns deshalb noch keine besseren Filme.

(Karena Niehoff: Resümee der Berlinale 1964, *Christ und Welt*, 17.07.1964, zitiert in Wolfgang Jacobsen: *50 Jahre Berlinale*, Berlin 2000, S. 121) »

1964:: Die etablierte Kritikerin **Karena Niehoff**, Gründungsmitglied der Freunde der Deutschen Kinemathek und prominente Feuilletonistin, brachte den Widerspruch zwischen West-Berlins symbolischer Kulturpolitik und der Qualität des Berlinale-Programms auf den Punkt.
(CL)

UG Heute denke ich, dass wir als junge Kritiker gelegentlich übertrieben haben. Als es 1964 besonders viel Kritik um die Auswahlpolitik des Festivalleiters Alfred Bauer gab, kritisierte Enno Patalas die Vorgänge mit dem Satz «Es ist Mitternacht, Dr. Bauer».[1]

---

1 Enno Patalas spielt mit diesem Titel auf den mittelmäßigen Kassenschlager IL EST MINUIT, DR. SCHWEITZER (ES IST MITTERNACHT, DR. SCHWEITZER; Regie: Gilbert Pineau, F 1952) an, eine Filmbiografie des populären Urwaldarztes Albert Schweitzer.

«Für noch eine Blamage wie diese Berlinale sollte sich die Stadt zu schade sein.» So schlossen wir vor einem Jahr unseren Berliner Festivalbericht. Nun: Sie war sich nicht zu schade für eine noch anspruchslosere, noch provinziellere Berlinale. […] Auch der letzte Berichterstatter aus der bundesdeutschen Provinz, auch der vorletzte Berliner Lokalpatriot hat in diesem Jahr gemerkt, was dieses Festival wert ist – nämlich: so gut wie nichts. […]

Ehe noch die Festspiele begannen, erregte die Ausladung des eben von den Kirchen gebannten Sjömann-Films 491 Aufsehen. Nicht der Kirchenprotest, wurde in Berlin behauptet, sei der Grund für diesen unfreundlichen Akt, sondern der Umstand, dass der Film bereits in Cannes im Rahmen des Marché du Film, der Vorstellungen um die Rue d'Antibes, gezeigt worden sei. Dass dort aber auch Luigi Comencinis ZWEI TAGE UND ZWEI NÄCHTE[2] […] gelaufen war, hatte die Verantwortlichen in Berlin nicht gestört. Dieser Film, um den sich Festivaldirektor Dr. Bauer dem Vernehmen nach angelegentlich bemüht hatte, lief in Berlin unbeanstandet. […] Zu den raren Vorzügen der Berlinale gehörte diesmal, und nicht nur zum Teil die Woche der Kritik, die in sechs Programmen ebenso viel Kunst zu Gesicht brachte als das offizielle Festival in über fünfundzwanzig – und dies, obwohl die Veranstalter, die Berliner und Münchener Filmkritiker-Clubs, keinen Etat zur Verfügung hatten und ihnen in letzter Stunde noch dicke Steine in den Weg gerollt wurden. Dass ihnen einen Tag vor Festivalbeginn mitgeteilt wurde, sie dürften keine Ostblockfilme zeigen, andernfalls der Senat ihnen den Vorführsaal in der Akademie der Künste entziehen würde (weil ihm sonst Bonn die Berlinale-Zuschüsse kürzen werde!) – dieser Vorfall wirft, zusammen mit der Vorführung der POLNISCHEN PASSION[3], ein entlarvendes Licht auf die Beteuerungen der Offiziellen, dass ihnen an nichts so gelegen sei wie an einer Beteiligung der Ostblockstaaten (ohne die freilich dieses Festival immer ein Torso bleiben wird!) und dass lediglich deren Weigerung schuld daran sei, dass sie nicht vertreten sind.

(Enno Patalas: «Es ist Mitternacht, Dr. Bauer!», *Filmkritik* 8/64, S. 433 ff.)

---

2 LA RAGAZZA DI BUBE (ZWEI TAGE UND ZWEI NÄCHTE; Regie: Luigi Commencini, I 1964). Das mit Claudia Cardinale und George Chakiris prominent besetzte Melodram erzählt die Liebesgeschichte eines Mädchens vom Land, das sich kurz nach dem zweiten Weltkrieg in einen Ex-Partisanen verliebt und auf ihn zu warten beschließt, nachdem er wegen eines im Krieg begangenen Mordes ins Gefängnis kommt.

3 ZACZELO SIE NAD WISLA (DIE POLNISCHE PASSION; Regie: Janusz Piekałkiewicz, F 1964). In seinem Found-Footage-Dokumentarfilm setzte sich der 1957 nach Frankreich exilierte polnische Regisseur aus der persönlichen Erfahrung als Kämpfer im Warschauer Aufstand und KZ-Häftling mit der Geschichte Polens unter dem Hitler-Stalin-Pakt und dem stalinistischen Terror der Nachkriegszeit auseinander.

EG Wir veranstalteten zusammen mit den Clubs der Berliner und der Münchener Filmjournalisten ein Gegenprogramm in der Akademie der Künste – die Woche der Kritik, die es ja heute auch wieder gibt.

Ulrich war als Journalist an Hintergrundinformationen interessiert und wir kannten eine Menge Leute von anderen Festivals. So kamen wir an die Filme – wie genau, weiß ich nicht mehr. Der Berliner Kritiker Kurt Habernoll zeichnete in unserer Einladung an die Mitglieder für das Programm verantwortlich. Jedenfalls haben wir damals im Juli 1964 in der Akademie der Künste ein tolles Gegenprogramm gezeigt, es hat die schwache Auswahlpolitik der Berlinale sichtbar gemacht.

Es ging dort immer entweder um die Interessen der Filmwirtschaft, die selbst Filme vorschlug und natürlich lieber kommerzielle Filme im Programm sehen wollte, oder um die Moralpolitik der Kirchen oder um das Problem, dass die Ostblock-Länder das Festival boykottierten, weil sie den Status von West-Berlin nicht anerkannten.[4]

Erst im Jahr 1967 fand man eine Lösung, um das dem Kalten Krieg geschuldete Dilemma des Boykotts der Berlinale durch die sozialistischen Länder diplomatisch zu umgehen. (CL)

«Die Entstaatlichung [...] ist in Berlin generell ein kulturpolitisches Ziel, einfach aus der Überzeugung, dass vieles, was in den vergangenen zehn, fünfzehn Jahren zu einer Aufgabe der staatlichen Verwaltung geworden ist, wieder reprivatisiert werden sollte; dass es wieder gesellschaftlichen Kräften überlassen werden muss.» (Senatsdirektor Harald Ingensand in einem Interview des Spandauer Volksblatts anlässlich der Umwandlung der Berliner Festspiele in eine GmbH.)

Im Jahr 1967 wurde die Berlinale formal in eine privatrechtliche Struktur überführt. Was bislang eine vom Land Berlin und von der Bundesrepublik jährlich ausgerichtete Kulturveranstaltung gewesen war, wurde nun zu einem Geschäftsbereich der «Berliner Festspiele GmbH». Deren Gesellschafter waren zwar weiterhin Berlin und der Bund, man erhoffte sich von der neuen Organisationsstruktur aber eine Überwindung der diplomatischen Probleme, die eine Beteiligung der Ostblockstaaten am Festival bislang verhindert hatten. Die sozialistischen Staaten wurden offiziell eingeladen, die Berlinale mit Filmen zu beschicken, alle außer einem: die DDR

4 Als Überraschungsfilm lief der in Schweden verbotene Spielfilm 491 von Vilgot Sjöman, ein Film über verwahrloste und gewalttätige Jugendliche in einem Stockholmer Armenviertel. Der Titel bezieht sich auf einen Bibelspruch, der von der Vergebung von sieben mal sieben Sünden handelt. Die 491. Sünde ist die absolut unverzeihliche. Die schwedische Filmakademie hatte 491 zum Wettbewerb eingereicht, um den Streit über den künstlerischen Wert des Films, den er in Schweden provoziert hatte, bei der Berlinale fortzuführen. Alfred Bauer ließ sich jedoch auf den Protest der Kirchen ein und lehnte den Beitrag ab.

blieb ausgeschlossen. In der offiziellen politischen Sprachregelung gab es sie nicht. Die Kritiker sahen in der Umstrukturierung daher einen rein taktischen Schritt mit einem falschen Kompromissangebot. [...]

Die Enttäuschung auf Seiten der Berlinale war groß, als tatsächlich alle Eingeladenen die Einladung ablehnten – außer dem blockfreien Jugoslawien, das jedoch ohnehin bereits auf der Berlinale präsent gewesen war. In einem Aktenvermerk hält Alfred Bauer indigniert fest, dass auf einer Versammlung der Direktor der staatlichen Filmindustrien der Ostblockländer der Vertreter der DDR seine Kollegen aufgefordert habe, die Einladung abzulehnen. Noch waren die Fronten und Zugehörigkeiten klar abgesteckt. »

(Archiv der Berlinale, *www.berlinale.de:* https://is.gd/pz1KhP, 10.05.2022)

UG Die französische Nouvelle Vague war Alfred Bauer auch verdächtig, deshalb hatte Jean-Luc Godard keine Chance. Alfred Bauer lehnte im Jahr vorher DIE KARABINIERI[5] und 1964 dann DIE AUSSENSEITERBANDE von Godard ab – nach persönlicher Sichtung, wie es hieß. Wir zeigten die AUSSENSEITERBANDE in der Woche der Kritik.
EG Ein anderes Beispiel war 1964 die Ablehnung von Lina Wertmüllers Debütfilm DIE BASILISKEN (I BASILISCHI). Ich fand den Film ganz großartig, eine feine Geschichte über ein paar junge Provinzler, die herumgammeln und es nicht schaffen, herauszukommen und in Rom etwas aus sich zu machen. Außerdem zeigten wir DAS RABENVIERTEL[6] von Bo Widerberg.

« [...] Man müsse aus der veränderten Situation des Films auch für das Festival Konsequenzen ziehen, meinte schließlich am Ende dieser Berlinale selbst ihr Schirmherr, der Regierende Bürgermeister von Berlin. Goldene Worte, die man nicht schon weniger freudig begrüßen sollte, weil sie vor einem oder zwei Jahren hätten gesprochen werden sollen.[...] Ohne konstruktive Ideen, ohne Phantasie, ohne Sinn für die Lage des Films in der Welt, ohne

5 LES CARABINIERS (DIE KARABINIERI; Regie: Jean-Luc Godard, F 1963) ist eine Militärfarce, in der zwei verarmte junge Männer sich mit Versprechungen auf reiche Beute für einen Krieg anwerben lassen und marodierend durchs Land ziehen, am Ende jedoch um ihren Lohn geprellt und als Alleinschuldige liquidiert werden.

6 KVARTERET KORPEN (DAS RABENVIERTEL; Regie: Bo Widerberg, S 1963). Die Studie aus einem Armenviertel in Malmö schildert die verzweifelten Versuche eines begabten jungen Schriftstellers, aus seinem von der Trunksucht des Vaters gezeichneten Milieu auszubrechen.

Kunstverstand (woraus folgert: ohne neue Leitung) ist den Berliner Filmfestspielen nicht zu helfen. Für eine weitere Blamage wie diese Berlinale sollte sich Berlin zu schade sein.

(Enno Patalas: «Es ist Mitternacht, Dr. Bauer!», A. a. O., S. 435) »

UG Damals war es bereits so, dass wir wahrgenommen wurden. Die *Filmkritik* war nur eine kleine Zeitschrift, aber Enno Patalas und ich hatten nach unserem ersten Buch *Geschichte des Films* gerade ein zweites, *Die Geschichte des modernen Films* veröffentlicht. Man lud uns nach dem Debakel ein, um vonseiten der Festspiel GmbH über Reformvorschläge zu reden. Das hat die Konflikte aber nicht entschärft. Man sprach sogar darüber, das Festival nach München zu verlegen – jedenfalls war das die Idee von bayerischen Politikern.

DER GETEILTE HIMMEL

UG Das Problem, dass aus politischen Gründen keine Filme aus dem Ostblock gezeigt werden konnten, brachte uns dann auf die Idee, ein Programm mit DEFA-Filmen bei den Freunden zu organisieren.
EG 1964 kam Konrad Wolfs Verfilmung von Christa Wolfs Erzählung *Der geteilte Himmel* in die DDR-Kinos. Der Titel passte irgendwie auf unsere Situation zwischen Ost und West.

Ich glaube, dass in West-Berlin damals kaum jemand das Buch kannte, es gab 1963 erst eine kleine West-Ausgabe. Den Film Der geteilte Himmel von Konrad Wolf kannte auch niemand bei uns, nur ein paar Freunde von uns konnten ihn in Karlovy Vary sehen. Wir sahen den Film in Ost-Berlin.

Der Film erzählt eine Geschichte über zwei junge Leute, die kurz vor dem Mauerbau vor der Entscheidung stehen, ob sie die DDR verlassen. Der Mann hat gute Gründe, vom DDR-Sozialismus enttäuscht zu sein und geht nach West-Berlin. Die Frau möchte bleiben, irgendwo in einer Industriegegend in der DDR, um für ihr Land zu arbeiten. Sie kann den Liebsten nicht zurückholen, und da hat sie einen Zusammenbruch und versucht, sich umzubringen. Christa Wolf erzählt die Geschichte aus ihrer Erinnerung, wenn sie im Krankenhaus aufwacht. Diese Erinnerungen und Träume übersetzt Konrad Wolf in seinem Film in ungewöhnliche Bilder. Ich denke, er hat sich dabei von den französischen Filmen inspirieren lassen. Das war dann auch der Grund für den Streit, den er sich in der Akademie der Künste Ost anhören musste.

UG Man hat ihm Formalismus vorgeworfen. Konrad Wolf war aber nicht mundtot, er war selbst einflussreich. Er konnte Entscheidungen der Partei-Obrigkeit durchbrechen. Und später wurde er selbst Präsident der Akademie der Künste Ost.
EG Wir hatten ja unsere westdeutschen Pässe in Berlin behalten. Ich bin 1964 damit einfach mit der S-Bahn nach Ost-Berlin gefahren, zu einer Telefonzelle am Bahnhof Friedrichstraße, und habe Konrad Wolf angerufen. Seine Nummer stand übrigens im Telefonbuch. Von unserer Seite der Mauer konnte man ihn nicht telefonisch erreichen. Aber im Osten schon. Ich sagte ihm, dass wir die DEFA-Filme in der Akademie der Künste West zeigen wollten, und fragte, ob er uns helfen könnte, dass die Behörden es möglich machen. Er war ein wahnsinnig guter, hilfsbereiter Mensch. Ich weiß von vielen, dass er ihnen geholfen hat.
UG Das Programm mit zwei Kurzfilmen und zwei Spielfilmen kam dann Ende 1964 tatsächlich zustande. Wir zeigten seinen Film zusammen mit dem Kurzfilm IM JANUAR 1963 von Kurt Tetzlaff. Im Dezember folgte KARBID UND SAUERAMPFER von Frank Beyer, zusammen mit HASE UND IGEL von Horst Seemann. Das Interesse war groß, das wussten wir, deshalb gab es zwei Vorstellungen von jedem Programm.[7]
EG Das schönste war, dass Konrad Wolf und Frank Beyer in die Akademie der Künste kamen und mit dem Publikum diskutierten.

7 Einladung der Freunde der Deutschen Kinemathek, Sammlung Roß, Deutsches Historisches Museum Berlin. – 21. November 1964 in der Akademie der Künste: IM JANUAR 1963 (Regie: Kurt Tetzlaff, DDR 1963), Kurzfilm über eine Brigade, die in einem Braunkohlegebiet bei Minus-Temperaturen die Gleisanlagen instand hält, um die Strom- und Gasversorgung zu sichern. Vorfilm zu DER GETEILTE HIMMEL (Regie: Konrad Wolf, DDR 1964) am 12. Dezember 1964: HASE UND IGEL (Regie: Horst Seemann, DDR 1963), Kurzfilmkomödie um Zwillinge, die einen Mopedfahrer zu einer Wette nach dem Märchenmuster Hase und Igel verführen und natürlich gewinnen; Vorfilm zu KARBID UND SAUERAMPFER (Regie: Frank Beyer, DDR 1963), Komödie über einen Arbeiter, der sich allein in das Abenteuer stürzt, sieben Fässer Karbid, die für den Wiederaufbau seines alten Arbeitsplatzes in Dresden gebraucht werden, quer durch die DDR zu transportieren.

EIN ARCHIV ALS POLITISCHE IDEE

UG Schon vor dem Arsenal-Kino und dem Forum hatten wir bei den Freunden der Deutschen Kinemathek das Prinzip, dass wir versuchen wollten, wichtige Filme bei uns zu behalten. Sie sollten nicht verlorengehen und vergessen werden. Unsere Idee war, dass man einen Film aus dem Regal zieht und mit ihm weiterarbeiten kann.

EG Von Anfang an zeigten wir bei unseren Filmabenden neben historischen Filmen auch viel Neues und Experimentelles. Im ersten Jahr in der Akademie der Künste gab es zum Beispiel Filme von unabhängigen amerikanischen Filmemachern, im November 1963 zeigten wir unter anderem COME BACK, AFRICA[1] von Lionel Rogosin. Alle waren begeistert, und da fragten einige Leute nach, ob sie den Film für ihre Filmclubs oder andere Spielstätten entleihen könnten. Rogosin sagte: «Ihr könnt die Kopie kaufen und mit ihr machen, was ihr wollt. Verleihen ist besser, als den teuren Rücktransport für die schwere 35-mm-Kopie zu bezahlen.» Jimmy Vaughan, Rogosins Vertreter und Freund, sagte zu uns: «Macht mit dem Film, was ihr wollt, Hauptsache, ich muss ihn nicht mehr durch Europa tragen.» Und so blieb die Kopie erst einmal auf unserem Hängeboden.

Das war der Anfang. Der Film liegt mit 173 Klebestellen in vier Rollen noch immer in unserem Archiv. Es ist ein Schwarzweißfilm, die Farben können also nicht verblassen.

« Dieser Film zählt nicht zuletzt dank seiner ungewöhnlichen Entstehungsgeschichte zu den eindrucksvollsten Filmen über das südafrikanische Apartheid-Regime: im Jahr 1958 reiste der amerikanische Kriegsveteran Lionel Rogosin nach Sophiatown. Unter dem Vorwand, einen Musikfilm zu drehen, realisierte er mit Laiendarstellern COME BACK, AFRICA und löste damit ein Versprechen ein, das er sich selbst gegeben hatte. Traumatisiert von den faschistischen Gräueltaten, die Rogosin im zweiten Weltkrieg erlebt hatte, wollte er mit diesem Film die Weltöffentlichkeit auf rassistische Verbrechen in Südafrika aufmerksam machen, die damals

Im März 2022 warb das Humboldt-Forum in Berlin für eine Vorführung des Films COME BACK, AFRICA mit einem ausdrücklichen Verweis auf die Rolle, die die Arbeit der Freunde der Deutschen Kinemathek für die Rezeption von COME BACK, AFRICA und die Auseinandersetzung um das schwarzafrikanische cultural heritage unter der Apartheid in Südafrika spielte. (CL)

1 COME BACK, AFRICA (Regie: Lionel Rogosin, USA/ZA 1959), Doku-Drama über das Leben in einem südafrikanischen Township.

niemand sehen wollte. Während sich europäische Fernsehsender weigerten, den Film auszustrahlen, wurde er im Verleih der Freunde der Deutschen Kinemathek zu einem Erfolgsfilm in studentischen Filmclubs Westdeutschlands.[2] »

UG Der Kritiker und spätere Verleiher Andi Engel, der damals in Wolfenbüttel lebte, wollte den Film haben. Er fragte, ob er ihn entleihen darf. Das war der Anfang von unserem Verleih.

EG Andi Engel ging 1973 nach England, um dort Pamela Balfry zu heiraten. Das war eine interessante Beziehung. Pamela war 10 Jahre älter als Andi Engel. Sie haben 1976 zusammen den Verleih Artificial Eye gegründet. Kurz danach haben sie sich als Paar getrennt, aber die Arbeit trotzdem gemeinsam weitergemacht.

UG Artificial Eye hat die Filme aus unseren Forum-Programmen verliehen. Ihr Selbstverständnis für die tägliche Verleiharbeit ergänzte ideal unser Selbstverständnis, was die Kino und Festivalarbeit betraf.

EG Pamela war wirklich bemerkenswert, heute würde ich sagen, wir waren uns nicht unähnlich. Sie war sehr entschieden und wusste, was sie wollte. Der Unterschied war, dass sie ein Unternehmen gründete, mit dem sie ihr eigenes Geld verdiente. Wir wollten einfach unsere Leidenschaft für den Film weitertragen. Wir konnten nie berechnen, wie viel ein Film einspielen wird, wenn wir ihn im Archiv behalten. Damals, als wir COME BACK, AFRICA behielten, gab es das Archiv noch nicht wirklich, aber es lag vor uns. Wir wussten nicht, ob es sich finanziell ausgehen würde, aber das war auch nicht unser Beweggrund, das Archiv zu gründen, wie Geld überhaupt nie der Beweggrund für uns war, irgendwas zu tun. Und trotzdem ist Geld als Bezahlung für die Arbeit wichtig. Heute weiß ich das. Früher habe ich das immer mal wieder deutlich gespürt, aber Ulrich hat dann das Geld verdient.

« Liebes Mitglied, es gibt in den USA eine alte Tradition des Hollywood-unabhängigen oder sogar in Opposition zu Hollywood stehenden Films, die ungleich bedeutungsvoller und aufschlussreicher ist als die der Oscar-gekrönten Superproduktionen. [...] (Wir) wollen einen Überblick geben über einige wichtige Etappen in der Entwicklung des unabhängigen amerikanischen Films von den dreißiger Jahren bis zur Gegenwart ... Der Zyklus

2 *humboldtforum.org* (https://is.gd/Mbbtfl, 04.05.2022).

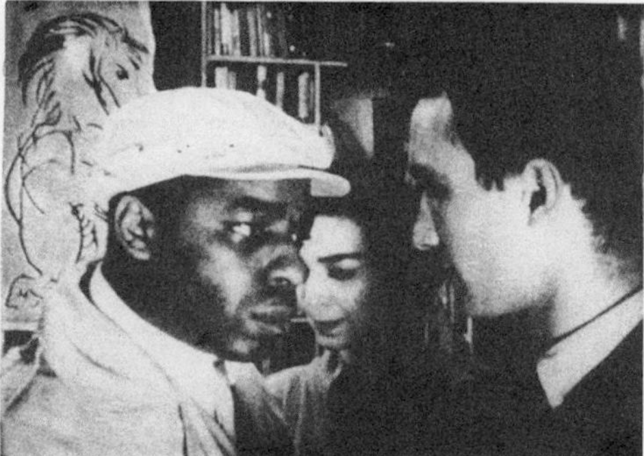

Freunde der Deutschen Kinemathek eV — Heft 4

	Inhalt	Seite
	Vorwort	1
Sonnabend 9.11.63 17 und 20 Uhr	Assembly Line	2
	The Most	2
	On the Bowery	2
Sonntag 10.11.63 17 und 20 Uhr	The Heart of Spain	3
	We'll Never Turn Back	3
	Come Back, Africa	3
Dienstag 12.11.63 18.30 und 21 Uhr	Men and Dust	4
	People of the Cumberland	4
	Native Land	5
Donnerstag 14.11.63 18.30 und 21 Uhr	Experimentalfilme des kalifornischen "Canyon Cinema"	5
Freitag 15.11.63 18.30 und 21 Uhr	OK End Here	7
	A la mode	7
	Summit	7
	Schatten	8
Sonnabend 16.11.63 17 und 20 Uhr	Sunday	9
	Wasn't That a Time	9
	The Showman	10
	The Chair	10
Sonntag 17.11.63 11 Uhr	The Blues	11
	The Tall American : Gary Cooper	11
17 und 20 Uhr	Jammin' the Blues	12
	The Cry of Jazz	12
	The Connection	12
	Richard Leacock : Für den "unkontrollierten Film"	14
	Lionel Rogosin : Die Interpretation der Wirklichkeit	15
	Lionel Rogosin : Dialog aus "Come back, Africa"	16
	Manifest der "New American Cinema Group"	17

Umschlagfoto : "Schatten" (John Cassavetes)

November 1963, Kinemathek-Heft der fünften bis elften Veranstaltung

spiegelt die Vielfalt der Tendenzen und die künstlerische Vitalität, die das New American Cinema, wie es seine Anhänger nennen, beherrschen.»

Von Lionel Rogosin werden zwei Filme vorgestellt: ON THE BOWERY[3] und COME BACK, AFRICA Jimmy Vaughan von der Vaughan-Rogosin-Produktion ist eine schillernde Persönlichkeit, ein Multiplikator im besten Sinne. Wenn er von der Seriosität einer Filminitiative überzeugt ist, ist es auch bald ein Großteil der Filmemacher weltweit. So entstehen die ersten Verbindungen, zum Beispiel zu Richard Leacock. Er kommt im März 1964 nach Berlin und ist wie Vaughan von der Ernsthaftigkeit der Absichten der Freunde überzeugt. Er macht die Berliner Initiative in den USA bekannt.

Im Dezember zeigen Jonas und Adolfas Mekas THE BRIG (USA 1964), die Kopie bleibt, wie zuvor schon Rogosins COME BACK, AF-

3 ON THE BOWERY (Regie: Lionel Rogosin, USA 1956), Dokudrama mit Laiendarstellern aus dem in den 1950er-Jahren von Arbeitslosigkeit, Alkoholismus und Verwahrlosung geprägten Stadtteil um die Bowery Street. Der Eisenbahnarbeiter Ray Salyer verliert sich unter Trinkern, Kriegsveteranen und Obdachlosen im südlichen Manhattan. Er wird um seinen einzigen Besitz, seinen Koffer, betrogen, verweigert jedoch die missionarische Hilfe der Fürsorgeeinrichtungen. Siehe http://www.theboweryfilm.com/index.html (13.04.2022)

RICA, in Berlin. Aufführen, Vermitteln, Zirkulieren, Verleihen, Archivieren – der Anfang ist gemacht.

(Heiner Roß: «Für ein Gedächtnis des Kinos – die Filme, das Forum, der Verleih», in: Freunde der Deutschen Kinemathek (Hg.), Redaktion Nicolaus Schröder: *Zwischen Barrikade und Elfenbeinturm – Zur Geschichte des unabhängigen Kinos – 30 Jahre Internationales Forum des Jungen Films*, Berlin 2000, S. 8 ff.) »

EG Es war für uns immer auch eine politische Idee, dass wir unser Publikum informieren, vielleicht auch gegen Vorurteile vorgehen und, ja, auch erziehen wollten. Das will keiner gern hören, aber der Gedanke steckte schon da drin. Wir fanden es auch nicht gut, dass die offizielle Berlinale nicht im Entferntesten daran dachte, die Filme ihres Programms zu sammeln.
UG Unsere Idee war von Anfang an, dass die Filme von anderen Menschen gesehen werden, über Berlin hinaus, womöglich auch über Deutschland hinaus, auch wenn die Verantwortlichkeiten beim Kopien-Versand nicht wirklich geklärt waren. Trotzdem war die Idee des Archivs, aus dem der Verleih entstehen sollte, ein Grundbestandteil der Arbeit. Wir wollten, dass es weitergeht.

« Aufführen, Vermitteln, Zirkulieren, Verleihen, Archivieren lautet das Leitmotiv der Freunde der Deutschen Kinemathek, A.V.Z.V.A. – das ist Programm. [...]

Im Mai 1963, als die Freunde ihre erste Filmveranstaltung ausrichten, betreten sie Neuland. Noch nie zuvor hat sich ein Filmclub in Deutschland so stark und eindeutig zum Konzept der Kinematheken bekannt. [...] Anfang der sechziger Jahre ist die Filmclubbewegung der späten vierziger Jahre in die Krise geraten. Manche Vereine lösen sich auf, andere kümmern sich nicht mehr um den Verband der deutschen Filmclubs e.V., sondern streben in interessante neue Richtungen. Der Einfluss der unabhängigen Filmemacher macht sich bemerkbar, eine Folge des Oberhausener Manifestes von 1962. Auch an den Universitäten und Volkshochschulen sprießen neue Grüppchen, die lose kommunizierend «Wildes Kino» machen. Der Bedarf an Neuem, Ungeahntem, Künstlerischem wie Politischem steigt ständig. Die später 68er-Genannten, beginnen sich – noch ohne politische Leitfiguren – segensreich zu regen.

(Roß, «Für ein Gedächtnis des Kinos», a. a. O., S. 8) »

UG Seither hat sich die Weltkinematografie verändert, die politischen Verhältnisse bei uns und anderswo auf der Welt ebenso. Selbstverständlich gilt das auch für das Arsenal und das Forum. Auf der anderen Seite haben wir die große Filmsammlung aufgebaut. Schon als Erika und ich noch tätig waren, umfasste sie mehr als 10.000 Titel. Mitunter werden da Filme ausgegraben, die im Ursprungsland nicht mehr existieren. Das Material, das wir besitzen, ist dann das einzige, was noch zu finden ist.

UG Manchmal entsteht aus den alten Filmen wieder etwas Neues. Von daher ist das Archiv durchaus lebendig, obwohl die erste Generation abgetreten ist und die Verbindungen nicht mehr automatisch da sind. Aber wenn wir jetzt erzählen, ist das vielleicht wieder ein kleiner Start in diese Richtung.

« 1968 richteten die Freunde der Deutschen Kinemathek einen nichtkommerziellen Filmverleih ein, um Kopien wichtiger Filme, über die sie verfügen, nicht nur einem privilegierten Berliner Publikum zugutekommen zu lassen. Der Verleih arbeitet nach den Prinzipien einer Kooperative.

(Sammlung Heiner Roß, Deutsches Historisches Museum: *Ein kurzer Rückblick auf die Geschichte*, Brief an die Mitglieder der Freunde der Deutschen Kinemathek 1969) »

Auch das filmische Erbe der **Unidad Popular** in Chile hat die Diktatur von Augusto Pinochet nur deswegen überlebt, weil die Freunde der Deutschen Kinemathek die Filme in ihr Archiv aufgenommen hatten. Ohne das Archiv gäbe es heute keinen Zugriff mehr auf die wichtigen Zeitzeugnisse der Unidad Popular, die die politische, soziale und ökonomische Situation des Landes bis zum gewaltsamen Umsturz 1973 dokumentiert hatten. Nach dem Putsch ließ Pinochets Unterdrückungsapparat alle Filme vernichten, derer sie habhaft werden konnte. (CL)

FILMGESCHICHTE

FILMEMACHEN ODER: JOURNALISMUS UND LEHRTÄTIGKEIT

In einem Lebenslauf für die Deutsche Film- und Fernsehakademie (DFFB), die Ulrich Gregor in ihrem Gründungsjahr 1966 als Dozent für Filmtheorie und Filmgeschichte engagierte, nannte er die neben stehenden Aktivitäten.

(CL)

»**1962** Vortragsreise durch Goethe-Institute in Nordafrika und Italien. Thema: *Die Geschichte und die gegenwärtige Lage des deutschen Films.* Mit der Leitung eines filmhistorischen Seminars am Institut für Publizistik der Freien Universität beauftragt. In vier Semestern Behandlung folgender Themen: *Geschichte des russischen Stummfilms, Geschichte des deutschen Stumm- und beginnenden Tonfilms, Geschichte des Films im Dritten Reich.* Gründung und Leitung (zusammen mit Gero Gandert) der Freunde der Deutschen Kinemathek. Herausgabe filmhistorischer Programmhefte, 25 Nummern (bis 1966) erschienen.
1963 Vorlesungsreihe über Sprache und Ästhetik des Films bei der Studentischen Arbeitsgemeinschaft Film an der Universität Hamburg. Weitere Vorträge in Filmclubs und Volkshochschulen.
1964 (wiederum gemeinsam mit Enno Patalas) Buchveröffentlichung *Geschichte des modernen Films.* Mitarbeit an *Filmkritik, Frankfurter Rundschau, Die Zeit, Die Welt, Süddeutsche Zeitung,* Filmkritiken, filmhistorische und –theoretische Aufsätze, Festivalberichte. Daneben auch Mitarbeit an *Theater heute* und *Neue deutsche Hefte* (Buchrezensionen).
1965 Arbeit für Rundfunk (SFB, RIAS, NDR, SWR) und Fernsehen: Sendung HINTER DER LEINWAND, Pasolini-Porträt (1965), Beitrag über den jungen tschechoslowakischen Film (1966). Einführungen für die Sendung des NDR DER FILMCLUB (zu Filmen von Hitchcock, Jonas Mekas und Griffith). Aufsätze für ausländische Filmzeitschriften: *Cinéma 65* (Paris), *Cinema Nuovo* (Mailand), *Film Comment* (New York) und *Film Quarterly* (Berkeley).
Seit 1965 Tätigkeit im Prämienausschuss der Stiftung junger deutscher Film und im Auswahlkomitee der Berliner Filmfestspiele. Jurymitglied der Internationalen Filmwoche Mannheim (1964) und der Westdeutschen Kurzfilmtage Oberhausen (1966).
1966 Buchveröffentlichung *Wie sie filmen,* Interviews mit Filmregisseuren über ihre Arbeitstechnik.
Seit 1966 auch Tätigkeit an der Deutschen Kinemathek als Referent für Öffentlichkeitsarbeit.«

(Lebenslauf, dffb-Archiv Mappe Ulrich Gregor N-5701. Wir danken Ralph Eue für seine Hinweise auf den Archivbestand)

EG Neben unserem Ehrenamt bei den Freunden der Deutschen Kinemathek arbeitete Ulrich lange Zeit freiberuflich. Das klingt heroisch, aber du brauchtest in den sechziger Jahren in West-Berlin nicht viel Geld. Es war alles sehr billig, weil die besser verdienenden Leute aus Angst vor der unsicheren politischen Situation wegzogen und viel Wohnraum frei wurde. Häuser und Mieten kosteten nicht viel. Wir hatten eine Viereinhalb-Zimmer-Wohnung in Halensee, die wir als Wohngemeinschaft – das Wort gab es damals noch nicht – mit zwei Freunden bewohnten. Jeder hatte ein Zimmer und das halbe Zimmer war für Besucher. Wir zahlten 248 Mark Warmmiete im Monat, für jeden von uns 60 Mark. Das hieß, dass du mit 500 Mark im Monat in West-Berlin damals leben konntest. Die S-Bahn kostete 20 Pfennig, der Bus 35 Pfennig. Es war alles möglich. Du kriegtest für eine Filmkritik im Durchschnitt 60 Mark und für ein Nachtprogramm 500 Mark. Ulrich schrieb damals Nachtprogramme für den Südwestrundfunk.
UG Ich hatte Artikel hier und da, als Rudolf Hartung, mein Redakteur für die Buchrezensionen bei den *Neuen deutschen Heften,* mir zu dem Buch *Geschichte des Films* riet. Damals war unsere ältere Tochter noch nicht geboren. So haben wir für das Buch auch noch Reisen unternommen, um Filme zu sehen, die wir nicht kannten. Und als die *Geschichte des Films* veröffentlicht war, haben wir rund ein Jahr lang von dem Honorar leben können.
EG ... zwei Jahre.
UG ... zwei sogar.
EG Und du hast eine Weile die tägliche Fernsehkritik für den *Tagesspiegel* geschrieben. Das war auch nicht schlecht.
UG Häufig musste ich zwei Programme in einer Ausgabe besprechen, das gab das doppelte Honorar.
EG *Der Tagesspiegel* erschien sechs Mal in der Woche, für eine Kritik gab es 25 Mark, das waren 150 Mark in der Woche und 600 Mark im Monat. Wir haben gut gelebt. Äußerlichkeiten, wie sie heute so viel wert sind, spielten damals für uns keine Rolle.
UG Man kannte mich, weil ich einiges gearbeitet hatte. Deshalb kam Heinz Rathsack, der Verwaltungsdirektor der neu gegründeten Film- und Fernsehakademie Berlin, auf die Idee, mich zu fragen, ob ich die Seminare zur Filmgeschichte und Filmtheorie übernehmen wolle. Im ersten Schritt sollte ich mir um die Jahreswende 1965/1966 auch Gedanken über den gesamten Lehrplan zu diesen Themen machen. Ich hatte schon Erfahrung, deshalb interessierte mich sein Angebot. Heinz Rathsack hatte sich vorher in anderen Filmhochschulen in Europa umgeschaut und war wie ich überzeugt, dass man in jedem Studienjahrgang regelmäßig Klassiker der Filmgeschichte zeigen sollte, und zwar in guten Kopien.

Mit den Filmen der Deutschen Kinemathek kamen wir aber nicht weit, das war klar. Es fehlte das Weltkino, weil es dafür noch kein vernünftiges Filmarchiv in Deutschland gab. Heinz Rathsack wollte also eine eigene Lehrfilmsammlung an der DFFB anlegen und hatte dafür die Volkswagen Stiftung angezapft. Ich habe mich hingesetzt und eine lange Liste meiner Lieblingsfilme für die Lehrfilmsammlung aufgeschrieben.

EG Und ich bekam den Auftrag, Bücherlisten für die Bibliothek zusammenzustellen. Die wurden auch angeschafft. Mit den Filmen aus deiner Liste war das schon schwieriger.

« Ziele: Unter «Filmtheorie» soll hier (um Missverständnisse gleich auszuschließen) nicht die Definition ästhetischer Formen und die Erhebung derselben zur Norm verstanden werden, sondern eine systematische Untersuchung von Filmwerken und der sich in diesen Werken aussprechenden Strukturen und Haltungen. Der filmtheoretische Unterricht an einer Filmakademie verfolgt das Ziel, den Studierenden einen Überblick über Stil- und Ausdrucksformen zu geben, die der Film in verschiedenen Epochen und nationalen «Schulen» seit 1895 entwickelt hat, sowie ihren Blick auf die Anwendungsmöglichkeiten dieser Formen für die dramaturgische sowie optische Struktur eines Films zu schärfen. Darüber hinaus soll durch die genauere Behandlung einzelner filmgeschichtlicher Epochen ein näheres Wissen über das Zusammenwirken politischer, gesellschaftlicher und künstlerischer Faktoren bei der Entstehung neuer Stile vermittelt werden. Der filmtheoretische Unterricht darf aber nicht bei der Betrachtung einzelner filmkünstlerisch hervorragender Werke stehenbleiben, sondern muss daneben den breiten Strom filmischer Routineproduktionen erfassen, um die kritische Aufmerksamkeit der Studenten für Klischees und Stereotypen zu entwickeln.

(Ulrich Gregor: Exposé für den filmtheoretischen Unterricht an der Filmakademie, a. a. O., Mappe Ulrich Gregor N-5701) »

UG Das Archiv, das wir bei den Freunden der Deutschen Kinemathek aufbauten, funktionierte anders. Die Filme kamen durch die Filmemacher selbst auf uns zu. Bei den historischen Filmen aus anderen Filmkulturen ging das nicht. Für die gab es so gut wie keinen oder aber einen wilden Markt mit hohen Preisen. Man musste erst suchen, ob ein Film irgendwo in einem Archiv steckte und verkäuflich war, oder aber zufällig und abhängig von persönlichen Kontakten zu bekommen war. Die DFFB hat auf meinen Vorschlag hin einige sowjetische Filmklassiker angeschafft. Wir hatten damals gute Beziehungen zum Gosfilmofond, das war das staatliche Filmarchiv in der Nähe von Moskau. 1957 war es der FIAF, der Féderation Internationale des Archives du Film beigetreten, und daher gab es offizielle Beziehungen neben den privaten, die wir auf einer Reise zum Moskauer Filmfestival geknüpft haben.

UG Das Archiv war gut organisiert, es gibt dort die gesamte sowjetische Filmklassik, und wenn durch Kopien Devisen hereinkamen, war das natürlich auch angenehm. So bekamen wir eine Reihe von sowjetischen Filmklassikern, die ich in den Unterricht eingebaut habe. Ich habe überhaupt in erster Linie meine Lieblingsfilme gezeigt und dann Vorlesungen und Seminare angeboten, wo die Studierenden auch Referate halten konnten. Ich weiß noch, dass ich in mein Exposé schrieb, dass die Studierenden jede Woche fünf bis sechs historische Filme in der Akademie sehen sollten und die Deutsche Kinemathek die angekauften Filme archivieren sollte, damit sie ständig zur Verfügung stehen, also auch für Einzeluntersuchungen am Schneidetisch.

« Liste wichtiger historischer Filme: BIRTH OF A NATION und Intolerance (Griffith), TERJE VIJEN (Sjöström), HERRN ARNES SCHATZ (Stiller), SCHATTEN (Robison), DER GOLEM (Wegener/Boese), HINTERTREPPE ((Jessner), SYLVESTER (Pick), DIE STRASSE (Grune), DER LETZTE MANN und TARTUFFE (Murnau), BERLIN, DIE SYMPHONIE EINER GROSSSTADT (Ruttmann), DIE BÜCHSE DER PANDORA (Pabst), ÜBERFALL (Metzner), VORMITTAGSSPUK (Richter), LA ROUE (Gance), COEUR FIDÈLE (Epstein), ENTR'ACTE (Clair), LA PASSION DE JEANNE D'ARC (Dreyer), DER MANN MIT DER KAMERA und KINO-PRAWDA ZUM TODE LENINS (Wertow), STREIK, PANZERKREUZER POTEMKIN, OKTOBER (Eisenstein), DIE MUTTER und DAS ENDE VON SANKT PETERSBURG (Pudowkin), ARSENAL und ERDE (Dowshenko), THE PILGRIM und THE GOLD RUSH (Chaplin), FOOLISH WIVES (Stroheim), GREED (Stroheim), THE CROWD (Vidor), MUTTER KRAUSENS FAHRT INS GLÜCK (Jutzi), MENSCHEN AM SONNTAG (Siodmak u. a.), M (Lang), KAMERADSCHAFT (Pabst) …

(Erste von drei Seiten der Liste anzuschaffender historischer Filme. Sie endet mit der Anmerkung, nur Filme bis zum Produktionsjahr 1950 zu enthalten, ‹da Filme neuerer Produktion unschwer von den Verleihfirmen beschafft werden können. Trotzdem sollte die Deutsche Kinemathek auch auf diesem Gebiet der neueren Produktion ihre Sammeltätigkeit intensivieren.› dffb-Mappe Ulrich Gregor N-5701) »

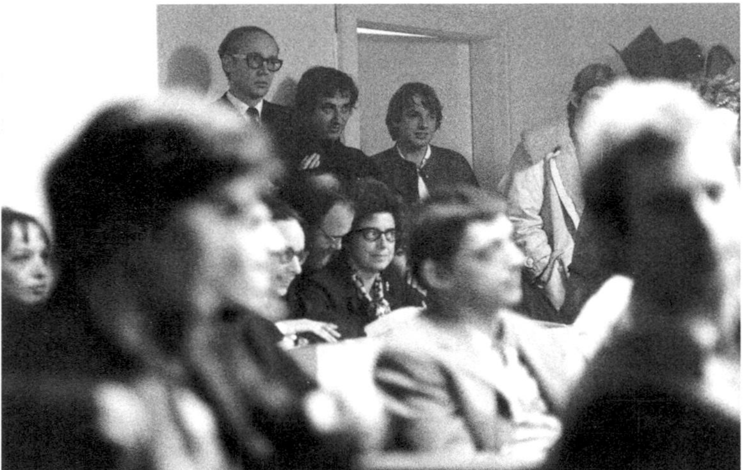

1968, Ulrich Gregor neben Thomas Mitscherlich, während einer Sitzung des Akademischen Rates der DFFB, rechts halb verdeckt Christoph Busse, sitzend in der Bildmitte Helene Schwarz, Klaus Wildenhahn und Hans Helmut Prinzler, Rainer Boldt vor der Tür

EG Du warst vom Gründungsjahr 1966 bis 1972 Dozent an der DFFB. Das gab uns finanzielle Sicherheit und hat letzten Endes auch ermöglicht, dass wir uns, als unsere zweite Tochter geboren wurde, nach dem Haus umschauen konnten, in dem wir seither wohnen.

Wie beeinflussten die legendären Auseinandersetzungen in der Filmhochschule 1967/1968 Ihre Seminare?

UG Natürlich waren auch meine Veranstaltungen betroffen, zeitweise fiel der gesamte Lehrbetrieb aus. Aber vieles, was passierte, bekam ich erst im Gespräch mit anderen im Lauf der Zeit mit, denn ich war ja nicht immer im Haus des Rundfunks am Theodor-Heuss-Platz, wo die Filmakademie Untermieter des SFB (Sender Freies Berlin, heute RBB) war.

EG Du hast in der Zeit auch Filme für den SFB gedreht und warst viel unterwegs.

UG In den Jahren, als die Veranstaltungen der Freunde in der Akademie der Künste immer öfter stattfanden und ich neben meinen Festivalberichten und Filmkritiken auch die filmhistorischen Seminare hielt, kam auch die Anfrage der Kulturredaktion des SFB auf mich zu, ob ich nicht für das dritte Programm über Filmthemen berichten wollte. Ich konnte ihr vorschlagen, was ich wollte, und das reizte mich.

Es wurde ein Team zusammengestellt und dann reisten wir in Europa in verschiedene Richtungen und erkundeten die Filmlandschaft. Wir sollten zu bestimmten Brennpunkten neuer Entwicklung fahren und gucken, was da passiert. Wir sollten Persönlichkeiten vorstellen und von unseren Beobachtungen berichten, nicht von einem theoretischen Ansatz her. Der Rahmen der Sendung war journalistisch. Es lag nahe, dass ich [meine Themen, CL] sowohl der *Filmkritik* als auch dem SFB vorgeschlagen habe. Es waren weniger Strömungen und theoretische Linien, es waren mehr Einzelpersonen und manchmal

Im Gespräch mit den Filmwissenschaftlern Michael Wedel, Rolf Aurich, Ilka Brombach, Volker Pantenburg u. a. erinnerte sich Ulrich Gregor an seine Fernsehfilme für die dritten Programme der ARD, die zwischen 1965 und 1970 in der Redaktion von Dagmar Fambach im Sender Freies Berlin produziert wurden* – thematische Überschneidungen mit seinen in dieser Zeit entstandenen Artikeln für die Filmkritik inbegriffen. (CL)

* Zwei der archivierten TV-Filme hießen: WIE JUNG IST DER JUNGE DEUTSCHE FILM? und KINO ZWISCHEN GELD UND KUNST (Regie: Ulrich Gregor / Michael Strauven, SFB 1967/1968)

auch geografisch bestimmte Gebiete. Wir waren im Ostblock unterwegs, in Moskau, und dann habe ich über Filmentwicklungen im Osten auch geschrieben, zum Beispiel über Sergei Eisenstein und die Wiederentdeckung von bestimmten Filmen[1], oder über Ungarn und die Tschechoslowakei. Da zeichneten sich interessante neue Entwicklungen ab. Deshalb fuhren wir dahin und deshalb schrieb ich auch in der Filmkritik über diese Entwicklungen.

Wie kritisch konnte man im Fernsehen in jenen Jahren sein? Die Zeitschrift war eine kritische Praxis, deine Sendungen waren journalistisch. Du gibst kurze Stichworte, aber bist sehr objektiv. (...) Die filmkritische Haltung kommt dadurch zum Tragen, dass Szenen aus Kluges Film Die Artisten in der Zirkuskuppel: ratlos[2] ausgewählt sind. Kluge artikuliert die kritische Haltung. Heißt das, dass man im Fernsehen andere Strategien anwenden musste? Hattet ihr ein anderes Rollenverständnis, wenn ihr fürs Fernsehen gearbeitet habt?

UG Wir hatten durchaus freie Hand. In der Redaktion arbeitete auch Regina Ziegler[3], die damals noch nicht Filmproduzentin sondern Redakteurin war. Wir hatten direkt mit ihr zu tun. Ich kann sagen, dass nicht die geringste Vorschrift oder der geringste Druck ausgeübt wurde. Das einzige vielleicht, was zu Beginn klar war: Diese Filme sind für eine breite Zuschauerschicht, kein spezialisierter Salon. Obwohl: Die Filme damals wurden für die dritten Programme der ARD produziert und die hatten ein bestimmtes Niveau.

Die Zielrichtung kam durch unsere Auswahl der Regisseure und deren Art Filmkunst zum Ausdruck. Wenn wir Gregory Markopoulos[4] nehmen, das ist ein Avantgardist, dessen Filmsprache auf Anhieb nicht verständlich ist. Dem haben wir eine Dreiviertelstunde gewidmet. Ich war ganz erstaunt, in welcher Ausführlichkeit er seine Montagemethoden mit A, B und C erläutert, geradezu mathematisch.

1 Ulrich Gregor: «Die Beshin-Wiese, Entstehung, Vernichtung und Wiederherstellung eines Meisterwerks (S. M. Eisenstein)», *Filmkritik* 2/68, S. 99 f., und «Eisenstein-Konferenz in Moskau», *Filmkritik* 3/68, S. 166

2 Die Artisten in der Zirkuskuppel: ratlos (Regie: Alexander Kluge, BRD 1968). Die Artistin Leni Peickert (Hannelore Hoger) versucht als Erbin ihres verunglückten Vaters, dessen Idee einer revolutionären Elefantennummer im Zirkus zu verwirklichen, scheitert jedoch an den Beharrungskräften und ihrer eigenen Desillusionierung, sie geht zum Fernsehen. Kluges intellektuelle Komödie verstand sich als Metapher auf die Enttäuschung des jungen deutschen Films über die Politik der Berlinale.

3 Regina Ziegler (geb. 1944) begann nach dem Abbruch ihres Jura-Studiums Mitte der 1960er-Jahre, als Produktionsassistentin für den SFB zu arbeiten. 1972 gründete sie die Regina-Ziegler-Filmproduktion, die seither ca. 500 Spielfilme und Fernsehfilme produzierte. Mit ihrer Tochter Tanja Ziegler leitet sie auch das Berliner Kino Filmkunst 66.

4 Gregory Makropoulos (1928–1992), amerikanischer Avantgardefilmer und –theoretiker, der als Kind griechischer Einwanderer früh Super-8-Filme drehte, in Kalifornien u. a. bei Joseph von Sternberg studierte und seine experimentelle Auseinandersetzung mit Motiven der europäischen Antike im Umkreis des New American Cinema entwickelte. Ausgehend von dem legendären Experimentalfilmfestival in Knokke am Jahreswechsel 1967/1968 wurde Makropoulos auch unter den Cinephilen in Westeuropa eine Leitfigur.

Wir haben nicht gegrübelt, wie wir das Format auf den Kopf stellen, sondern unsere Aufgabe als Journalisten verstanden, Filme vorzustellen und Berichte zu liefern. Immerhin haben wir zwei Filme mit wahnsinnig komplizierten Montagen von diesem extremen Avantgardisten Gregory Markopoulos in das Programm eingebaut.

Ein anderes Beispiel: 1968 fuhren wir nach Paris. Weil man wegen des revolutionären Aufruhrs nicht mit Zügen und Flugzeugen fahren konnte, sind wir mit dem Auto los und haben die Straßenereignisse in die Sendung miteingebaut. In vielfacher Hinsicht hat die Perspektive und die Optik allein schon verdeutlicht, was wir eigentlich meinen und denken und wohin wir die filmische Entwicklung verfolgen möchten. Das musste man nicht eins zu eins formulieren, das ergab sich aus der ganzen Darstellung.

Ich habe ja auch im Rundfunk gearbeitet. Da war es manchmal anders, man hat da schon geguckt, was ich schreibe. Es gab zum Beispiel den Punkt, das Wort DDR nach Möglichkeit nicht auszusprechen. Der SFB-Rundfunk war ziemlich bürokratisch und pingelig, im Gegensatz dazu der RIAS, wo es den Redakteur Rainer Höynck gab. Wenn ich fragte: «Wollen Sie vielleicht das Manuskript sehen?» kam von ihm ein «Aber nein, was denken Sie denn? Sie setzen sich hier hin, und wenn das Licht grün ist, fangen Sie an.» Kein bisschen Druck.

Bei den Fernsehsendungen gab es keine Eingriffe, bei einem Interview ohnehin nicht. Was wir wollten, wurde gemacht, sofern die Leute erreichbar waren. Andrej Tarkowski[5] konnten wir zum Beispiel nicht kriegen, er war angeblich krank oder gar nicht in Moskau – da gab es Vorwände, um das Treffen zu blockieren. Aber von der Produktion her, vom Sender her hatten wir vollkommen freie Hand. Von heute aus gesehen, hatten wir eine wunderbare Vereinbarung.

Was bedeutet Wir in diesem Zusammenhang?

UG Ich habe die Angewohnheit, gelegentlich in das Wir zu verfallen, weil ich immer in einem Team gearbeitet habe, ich habe mich nie als Einzelkämpfer verstanden. Es war immer ein Team um mich herum, sowohl im Arsenal wie auch im Forum. Bei der Filmarbeit im SFB war ich der Autor, Michael Strauven der Regisseur. Er war für das Praktische, z. B. die Position der Kamera zuständig und hat die Regie-Entscheidungen übernommen, ich war der Autor, ich musste die Fragen stellen und überlegen, worum es eigentlich geht und worüber wir mit

5 Der russische Regisseur Andrej A. Tarkowski (1932–1986) studierte ab 1954 an der Moskauer Filmhochschule WGIK bei Michail Romm. Sein erster, von ihm anerkannter Film IWANS KINDHEIT, die Geschichte eines Zwölfjährigen im zweiten Weltkrieg, wurde 1962 in Venedig mit dem Goldenen Löwen ausgezeichnet und machte ihn als Zukunftshoffnung des sowjetischen Kinos international bekannt. Ulrich Gregors Versuch, Tarkowski für seine Sendung zu treffen, fand während der mehrjährigen Arbeit an ANDREJ RUBLJOW statt. Das epische Porträt des mittelalterlichen Ikonenmalers Rubljow, eine visuelle Reflexion der Beziehung zwischen Künstler und Gesellschaft, traf auf starke Vorbehalte seitens der Zensur und konnte erst 1969 in einer dritten Schnittfassung in Cannes die internationale Premiere feiern.

dem Regisseur reden sollten. Dazu kamen ein Kameramann und ein Tontechniker. Ich erinnere mich an die uralten, sehr schweren Apparaturen. Das Tonbandgerät hatte einen Federlauf, es musste aufgezogen werden. Und natürlich wurde alles auf 16-mm-Film aufgenommen, mit allen Vor- und Nachteilen.

Ein Teil der Filme ist bis heute erhalten, ein anderer nicht. Es existiert eine vollständige Liste von allen 15 Sendungen, darunter auch heute anscheinend verlorene aus der Sowjetunion, Ungarn und der Tschechoslowakei. Ich weiß nicht, wo die Filme geblieben sind. Man muss weiter danach suchen.

Zur Arbeit als Filmkritiker und Fernsehfilmautor kam die Arbeit als Dozent an der DFFB hinzu. Wie ging das zeitlich zusammen?

UG Eigentlich war es ein Ding der Unmöglichkeit. Die Freunde der Deutschen Kinemathek machten Veranstaltungen, nicht jeden Tag. Programme für jeden Tag kamen erst später im Arsenal. Trotzdem gab es viel Hin und Her, man musste sich absprechen. An der DFFB konnte ich nicht ganztägig anwesend sein und alle Vorgänge begleiten. Ich habe mich auf das Vorstellen der Filmgeschichte konzentriert.

Noch ein anderes Projekt ging vom dritten Programm des WDR aus. Mein ehemaliger Filmkritik-Kollege und Ko-Vorstand bei den Freunden Reinold E. Thiel hatte die Idee, dass ich eine sechsteilige Serie über die Beziehung zwischen Technik und Ästhetik für den WDR machen könnte. Da habe ich sechs Folgen über Filmstile und Filmtechnik in einzelnen Kapiteln, z. B. über Montage produziert: 1966 FILMSTIL UND FILMTECHNIK, ein Filmzyklus in sechs Teilen für den WDR zusammen mit Michael Strauven. Ich konnte richtig ins Volle greifen und die einzelnen Montageelemente in Eisensteins Film OKTOBER[6] darlegen, ich konnte die einzelnen Bildkader nebeneinanderstellen und erklären, wie sie im Konflikt zueinander wirken.

[...] Es stimmt, dass in meinem Leben mit zunehmender Intensität verschiedene Dinge nebeneinander her gingen. Das hat damit zu tun, dass man mehrere Jobs haben musste, denn einige bringen Geld ein, andere überhaupt nicht, aber sie mussten trotzdem gemacht werden. Das wurde eigentlich in späteren Jahren, als das Forum 1971 anfing, noch schlimmer. Ich habe dann die journalistische Tätigkeit fallenlassen müssen.[7]

6 OKTYABR (OKTOBER – ZEHN TAGE, DIE DIE WELT ERSCHÜTTERTEN; Regie: Sergei Eisenstein / Grigori Alexandrow, UdSSR 1928); agitatorische Würdigung des zehnten Jahrestags der russischen Revolution 1917 in Form einer komplexen, mit ironischen Montage-Metaphern arbeitenden Überhöhung der historischen Ereignisse; aufgrund von Stalins Befehl, Szenen mit seinem entmachteten Widersacher Trotzki aus dem Film zu entfernen, erst 1928 uraufgeführt.

7 Ulrich Gregor im Zoom-Workshop (23.04.2021) der Herausgeber des Buches *Die Filmkritik und die Medien,* Rolf Aurich und Prof. Michael Wedel, das 2023 erscheint. Die Passagen wurden z. T. durch Ulrich Gregor nachträglich ergänzt. Wir danken für die freundliche Überlassung des Mitschnitts.

TUMULTE 1968/69

2006, vierzig Jahre nach Gründung der Film- und Fernsehakademie Berlin schilderte der Publizist, ehemalige DFFB-Studienleiter und langjährige Leiter der Deutschen Kinemathek Hans Helmut Prinzler, wie er die krisenhafte Entstehung der Filmhochschule erlebte. (CL)

«Am 17. September 1966 wurde die «Deutsche Film- und Fernseh-Akademie Berlin» (DFFB) vom Regierenden Bürgermeister Willy Brandt eröffnet. Gründungsdirektoren waren Erwin Leiser und Heinz Rathsack (der die Akademie bis zu seinem Tod im Dezember 1989 leitete). Die Eröffnungsfeier im Haus des Rundfunks ist mir als eine sehr gediegene Veranstaltung in Erinnerung. Erwin Leiser war erkrankt und ließ seine Rede von seiner Frau vortragen. Sonst traten nur Männer ans Podium. Wie das damals üblich war. Irgendwie war man vor allem froh, dass es nun endlich die DFFB gab.

Hans Helmut Prinzler: *hhprinzler.de* (https://is.gd/JubJ4Z, 14.05.2022)»

UG Meine Arbeit an der Filmakademie, das waren Seminare und manchmal Vorlesungen, in denen wir die Klassiker aus der Lehrfilmsammlung vorgestellt und analysiert haben. Wir haben Filmgeschichte studiert, indem wir zusammen Filme angeschaut und besprochen haben. Dann konnten die Studenten Referate dazu halten. Für mich war ganz wunderbar, dass ich die Filme in Ruhe auf einem 35-mm-Schneidetisch untersuchen konnte. Wir kannten das, seit wir Ende der 1950er-Jahre Programme für den studentischen Filmclub an der Freien Universität gemacht haben. Jetzt gehörte es dazu.
EG Am Schneidetisch in der FU haben wir uns näher kennengelernt.
UG Im Filmstudio an der Universität haben wir die Filme vorher angeschaut, um die Einführungen vorzubereiten, und außerdem wusste man ja nicht, in welchem Zustand ein Film angekommen war. Filme am Schneidetisch zu sehen, war eine wunderbare Methode, anders als bei der Arbeit als Filmkritiker, wo man Filme im Kino sieht und ich mich sehr konzentrieren musste, wenn ich Einzelheiten festhalten wollte.

An der Filmakademie haben wir uns natürlich mit sowjetischen Stummfilmen beschäftigt. Sie gehören zu meinen Lieblingsfilmen, ich hatte sie für die Filmakademie besorgen können, und nicht wenige davon haben wir auch bei den Freunden in der Akademie der Künste gezeigt. Sie waren wichtig, weil man mit ihnen politische, filmtheoretische und ästhetische Fragen diskutieren konnte. Ihre Montageformen waren wirklich etwas Neues, auch noch Jahrzehnte nach der Stummfilmära.

Die Filme und Manifeste von Dsiga Wertow haben in meinen Veranstaltungen großen Eindruck hinterlassen, vor allem DER MANN MIT DER KAMERA[1]. Da feiert Wertow die Errungenschaften der jungen Sowjetunion, die Technik, das Tempo in den Städten und in der Produktion. Er zeigt das Filmemachen selbst wie einen Motor für den Fortschritt. Wertow hielt nichts von inszenierten Spielfilmen, Fiktionen waren für ihn ein bürgerliches Überbleibsel. Sein Weg waren intelligent montierte Dokumentarfilme wie DER MANN MIT DER KAMERA. Das war Agitation und große Filmkunst, zumindest bis Wertow in den 1930er-Jahren pure Propagandafilme drehen musste. Jemand sagte einmal, dass Wertow der eigentliche Erfinder des Direct Cinema war. Ohne mein Seminar wäre die Filmhochschule in den Turbulenzen im zweiten Jahr sicher nicht nach ihm umbenannt worden.

PROTEST GEGEN EIN UNSINNIGES REGLEMENT

«1967: Am 2. Juni, während des Schah-Besuchs in West-Berlin wird der Student Benno Ohnesorg von einem Polizisten erschossen. Dieses Ereignis wird zum Ausgangspunkt starker studentischer Unruhe und Solidarisierung in der Bundesrepublik, vor allem aber in West-Berlin. Das Demonstrationspotenzial der Studenten richtet sich darüber hinaus gegen den Krieg in Vietnam und später auch gegen den Springer-Konzern. [...] Im Mai gibt es gravierende Proteste an der DFFB, weil sieben Studenten des ersten Jahrgangs wegen mangelnder Begabung nach dem «Probejahr» ausscheiden sollen. Dazu gehören Harun Farocki und Wolf Gremm. Erwin Leiser exponiert sich als autoritärer Buhmann, dessen Ablösung von den Studenten vehement gefordert wird. Es kommt ein Kompromiss zustande. Die angeblich Unbegabten dürfen zunächst weiter studieren [...] (Hans Helmut Prinzler, a. a. O.)»

---

1 CHELOVEK S KINOAPPARATOM (DER MANN MIT DER KAMERA; Regie: Dsiga Wertow, UdSSR 1929). Der Film besitzt große Bedeutung für die Filmgeschichte, da Wertow mit der Produktion eine Vielzahl von Filmtechniken erfand bzw. erstmals einsetzte oder entscheidend weiterentwickelte, darunter Mehrfachbelichtung, Zeitlupe und Zeitraffer, Freeze Frame, Match Cut, Jump Cut, Split Screen, Dutch Angle, Detailaufnahme, Kamerafahrt, rückwärts abgespieltes Filmmaterial, Stop-Motion-Animation und selbstreflexive Einstellungen.

UG Nach den Bestimmungen der Filmakademie sollten die Filme, die im ersten Jahr entstanden, von der Leitung evaluiert werden und davon hing ab, ob die Studierenden überhaupt bleiben durften[2]. Sie wollten es nicht hinnehmen, dass ihre Arbeit im ersten Jahr schlecht bewertet wird, und das nach Maßstäben der Kulturindustrie. Sie fanden eine angepasste Ausbildung völlig unakzeptabel. Harun Farockis[3] erster Film DIE WORTE DES VORSITZENDEN zeigt zum Beispiel, wie Hände – es waren die von Ursula Lefkes, seiner damaligen Frau – Seiten aus einer Mao-Bibel herausreißen und zu einem Papierflieger falten. Dann wird eine Pfeilspitze hineingebastelt und das Ganze fliegt am Ende auf die Papiermasken des Shahs von Persien und seiner Frau zu – Papiermasken, wie sie damals bei Demonstrationen gegen den Shah getragen wurden. Ich fand die Ablehnung der Akademieleitung unverständlich, wenn manche behaupteten, das sei ein «Unfilm».

In seiner *Geschichte des Films seit 1960* beschreibt Ulrich Gregor zehn Jahre später die Filme des ersten DFFB-Jahrgangs sehr positiv als Vorläufer des neuen Genres «dokumentarischer Zielgruppenfilm». (CL)

» Zu den ersten Ansätzen des politischen Zielgruppenfilms gehören beispielsweise: DIE WORTE DES VORSITZENDEN (1968) von Harun Farocki, die originelle Illustration eines Satzes von Mao; NICHT LÖSCHBARES FEUER (1969, Harun Farocki), eine Parabel über die Herstellung von Napalm; WOCHENSCHAU I–IV (1969–1970), Filme der Deutschen Film- und Fernsehakademie Berlin, entstanden unter der Mitarbeit von Klaus Wildenhahn, über Themen der Akademie oder aktuelle Ereignisse aus Berlin; KINDER SIND KEINE RINDER (1970) von Helke Sander, über die Kinderladenbewegung; KOHLEN FÜR DIE NAUNYNSTRASSE (1970) von Horst Schwab, ein Kurzspielfilm mit Kindern aus Kreuzberg.
(Ulrich Gregor: *Geschichte des Films ab 1960*, München 1978, S. 167) «

EG Seit du als Dozent an der DFFB gearbeitet hast, waren wir mit Helke Sander, Christian Ziewer, Harun Farocki und vielen anderen bekannt. Helke hat fünf Jahre später mit Claudia von Alemann zusammen das erste Frauenfilmfestival im Arsenal veranstaltet, und auch im Forum haben wir immer wieder Filme von DFFB-Absolventen gezeigt.

2 Ulrich Gregor, Interview von Frederik Lang und Fabian Tiedtke, *dffb-archiv.de* (https://is.gd/BAPltv, 13.04.2022).

3 Harun Farocki (1944–2014), Filmemacher, Autor, Essayist, Installationskünstler, vgl.: *dffb-archiv.de* (https://is.gd/99gT1c), www.harunfarocki.de sowie www.harun-farocki-institut.org (14.05.2022)

DIE DSIGA-WERTOW-AKADEMIE

« **1968** Nach diesem Jahr wird eine ganze Generation benannt. Es ist auch für die DFFB ein Schlüsseljahr. Im Mai besetzen Studenten die DFFB, nennen sie «Dsiga-Wertow-Akademie» und protestieren gegen die Notstandsgesetzgebung. Die Direktoren reagieren autoritär, auch aus Angst, dass einer der Geldgeber, der Bund, die noch junge Akademie fallen lassen könnte. Einige Dozenten (Peter Lilienthal, Christian Rischert, Joachim von Mengershausen) treten zurück, zum Teil auch im Widerspruch zur Direktion. [...] (Hans Helmut Prinzler, a. a. O.) »

UG Ich habe manches nicht unmittelbar miterlebt, weil ich nicht jeden Tag in der DFFB anwesend war. Peter Lilienthal[4] war als Dozent für Regie viel direkter involviert.

Was die Tumulte 1968 betrifft, kann ich sagen, dass wochenlang ein Transparent mit dem nom de guerre «Dsiga-Wertow-Akademie» außen am Haus hing, gut sichtbar für den konservativen SFB am Theodor-Heuss-Platz gegenüber, wo ich meine Fernsehfilme produzierte. In der *Filmkritik* habe ich einen Artikel über die Ereignisse geschrieben.

« [...] die Krise einer Institution wie der Berliner Filmakademie, die markiert wurde vom spektakulären Rücktritt dreier Dozenten, von tumultuösen, mit Injurien und Verdächtigungen gespickten öffentlichen Diskussionen und von einer Filmvorführung, deren Abbruch erzwungen wurde, ist kaum dazu angetan, Heiterkeit ob ihres belebenden Effekts zu provozieren; viel eher muss sie Bestürzung, Unruhe und Zweifel hervorrufen. Zweifel daran, ob die an dieser Institution verfolgte Unterrichtspolitik immer die richtige war; Zweifel aber auch, ob die an der Akademie vertretenen «Parteien» – Direktion, Dozenten, Studenten – in jeder Phase ihres Kampfes um ein besseres Funktionieren der Institution die richtigen Schritte getan haben.
(Ulrich Gregor: «Aus den Annalen der Dsiga-Wertow-Akademie», *Filmkritik* 8/1968, S. 530 f.) »

4 Peter Lilienthal (geb. 1929), wuchs im Exil in Uruguay auf, studierte nach der Rückkehr in seine Heimatstadt Berlin an der Hochschule für Bildende Künste (heute Universität der Künste) und begann seine Karriere als Regisseur beim Südwestrundfunk in Baden-Baden. Neben eigenen Filmen unterrichtete er 1966–1968 an der DFFB. 1984 Gründungsdirektor der Sektion Film- und Medienkunst an der Akademie der Künste West-Berlin. Zu seiner Zeit an der DFFB siehe www.peter-lilienthal.de (14.05.2022)

Ulrich Gregors Artikel war Teil eines Resümees der *Filmkritik*-Autoren zur Berlinale 1968 (21. Juni – 2. Juli). Zuvor hatte das Attentat eines Rechtsradikalen auf den Studentenführer Rudi Dutschke am 11. April 1968 zu schweren Zusammenstößen der Außerparlamentarischen Opposition (APO) mit der Polizei geführt. Sie entluden sich in der folgenden Nacht in Blockaden und Brandanschlägen auf den Liefer-Fuhrpark des Springer-Konzerns in Berlin-Kreuzberg und wurden von DFFB-Studierenden dokumentiert bzw. polemisch und agitatorisch kommentiert.* Die Indizien sprachen dafür, dass die aggressive Hetze der Bild-Zeitung gegen die APO die rechtsradikale Tat befördert hatte.

Die Frage war, ob die Filmfestspiele danach durch militante Aktionen gestört oder gar zum Abbruch gezwungen werden würden, wie es im Mai 1968, angeführt von François Truffaut und Jean-Luc Godard, den Filmfestspielen in Cannes ergangen war. Dies geschah in Berlin nicht mit der gleichen Konsequenz, was den zuständigen Senator Werner Stein dazu brachte, der DFFB immerhin die «Belebung» der Berlinale zuzusprechen, «wenn auch auf unschöne Weise». (CL)

* BRECHT DIE MACHT DER MANIPULATEURE (Helke Sander, BRD 1967/1968). Vgl. *dffb-archiv.de:* https://is.gd/IMasl8 (14.05.22)

UG Ich kam auf die Idee, einen Akademie-Rat zu gründen, in dem alle Parteien in diesem explosiven Konflikt gleichberechtigt bessere Regularien miteinander aushandeln sollten. So etwas wie Drittelparität gab es schon an einigen Universitäten. Der «Aka-Rat» wurde im Frühjahr 1968 tatsächlich etabliert. Ich muss sagen: Es gab viele Versuche von Seiten des Verwaltungsdirektors Heinz Rathsack, auf die Protestierenden zuzugehen. So schrieb er ihnen, dass er für einen Streik Verständnis habe, und er bot an, dass die Räume der «Dsiga-Wertow-Akademie» für Diskussionen geöffnet bleiben sollten. Aber irgendwann, als die militantesten Aktivisten mit Gewalt vorgingen, war auch seine Geduld erschöpft.
EG Wir hatten doch auch das Problem, dass die Filmstudenten in die Akademie der Künste kamen, um unsere Veranstaltungen zu stören. Ich habe sie nicht zu Josef von Sternberg in den Saal vorgelassen.
UG Josef von Sternberg war der Entdecker von Marlene Dietrich. Als er im Herbst 1967 aus den USA nach Deutschland kam, um seine Memoiren auf der Frankfurter Buchmesse vorzustellen, machte er auch einen Besuch bei den Freunden. Einige Filmstudenten, die zu Recht gegen den Vietnam-Krieg der USA auf die Straße gingen, hielten von Sternberg aber unsinnigerweise für einen CIA-Agenten und wollten die Veranstaltung in der Akademie ziemlich lautstark stören.
EG Ich stand wie meist an den Filmabenden an der Tür, um die Karten abzureißen, und als die Gruppe ankam, sagte ich, dass ich ihnen den Zutritt nicht erlaube. «Nur über meine Leiche» könnten sie den Saal stürmen.
UG Wir hörten später, dass die Gruppe im Akademischen Rat über ihre Aktion berichtete und den amüsanten Antrag stellte, dass die Dozenten der Filmakademie sich doch am besten von ihren reaktionären Ehefrauen trennen sollten.

ESKALATION

«Wie allen anderen Studenten in der Bundesrepublik und in West-Berlin geht es auch den Studenten der Berliner Filmakademie um die Demokratisierung ihrer Hochschule, um eine stärkere und effektive Mitbestimmung bei der Regelung der Fragen, die sie direkt betreffen. In dieser Richtung waren im Frühjahr einige wesentliche Fortschritte erzielt worden, und zwar durch die Etablierung eines «Akademischen Rats», in welchem die Studenten eine Drittelparität der Stimmen besitzen (neben Dozenten und Direktoren). [...]

Dann kam die «Besetzung» der Akademie durch die Studenten, die sich eigentlich gar nicht gegen die Akademie sondern gegen die Notstandsgesetze richtete. Die Besetzung war reich an pittoresken Randerscheinungen, aber auch an bedauerlichen Exzessen. Es waren «Straftaten» vorgekommen, die zu ahnden waren: Der Sender Freies Berlin, mit dem die Akademie vorläufig das Haus teilt, stellte eine beschädigte Bundesfahne in Rechnung; Akademie-Angestellte wurden mehrere Tage lang ausgesperrt und an der Arbeit gehindert. »

(Ulrich Gregor: «Aus den Annalen der Dsiga-Wertow-Akademie», a. a. O. S. 530)

« Mit diplomatischem Geschick besänftigt (Heinz Rathsack, CL) den SFB, den Eigentümer des Deutschlandhauses und Vermieter, wenn mal wieder eine Parole an der Hausfassade prangt, den Mitarbeitern des SFB in der Kantine Flugblätter aufgenötigt werden, oder der Intendant gar mit Kantinenverbot für DFFB-Angehörige droht, wie während Streiks Anfang 1977.

Andererseits lässt Rathsack Parolen auch ohne Rücksprache entfernen und ist zum Zeitpunkt der Besetzung der «Dsiga-Wertow-Akademie» im Mai 1968 nicht bereit, den Schlüssel für das Lager der studentischen Filme herauszugeben – die Filme sind rechtlich gesehen Eigentum der Akademie, nicht der Studenten. Auch greift er nach Ende der Besetzung und der Begutachtung der entstandenen Schäden – unter anderem wurde das Schloss zum Filmlager schließlich herausgesägt – zu Konsequenzen: Rathsack spricht Hausverbote aus, verhängt einen Produktionsstopp und klagt auf Schadensersatz.

Anlässlich der «Notstandsbesetzung» im Mai 1968 und der entstandenen Schäden ist zunehmend auch Rathsacks politisches Verhandlungsgeschick gefragt. «Herr Dr. Rathsack berichtete, dass das Kuratorium auf der letzten außerordentlichen Sitzung dem Gedanken nicht fern war, die Akademie überhaupt zu schließen», heißt es im Protokoll der Dozentensitzung vom 24. Juni 1968. »

(Frederik Lang, *dffb-archiv.de:* https://is.gd/nuNkMT, 12.05.2022)

« Es ist aber die Frage, ob der von Kuratorium und Akademie nach der Besetzung eingeschlagene drakonische Kurs der richtige war: Produktionsstop, Verbot der Benutzung von Akademie-Einrichtungen, das Damokles-Schwert einer möglichen Relegierung: all das trieb die Studenten zu einer überstürzten Hektik widersprüchlicher Aktionen, die das Fieberthermometer der Berlinale hochklettern ließen und das Image der «Dsiga-Wertow-Akademie, vormals dffb» verzerrten. »

(Ulrich Gregor: «Aus den Annalen der Dsiga-Wertow-Akademie», S. 530)

UG Natürlich war nicht nur der Protest gegen die internen Regeln der Ausbildung und einen Teil der Akademie-Leitung für die Proteste verantwortlich, die Studenten fühlten sich in dem Jahr mit den Studentenbewegungen und Streiks in vielen Ländern vollkommen auf der Höhe der Zeit. Überall herrschte Unruhe, der amerikanische Krieg in Vietnam empörte viele, das Thema Manipulation war gerade für angehende Filmemacher und Filmemacherinnen extrem wichtig. In Cannes konnte man vor der Berlinale 1968 erleben, wie der große Saal des Festivals besetzt und der Abbruch des Festivals erzwungen wurde.

ABBRUCH DER BERLINALE?

Im Vorfeld der Pariser Unruhen im Mai 1968 hatte der französische Kulturminister André Malraux für Empörung und entschlossenen Widerstand unter den französischen Filmschaffenden gesorgt, als er am 12. Februar 1968 der Cinémathèque française die Mittel kürzte und auf die Entlassung des charismatischen Cinémathèque-Direktors Henri Langlois drang. Die Cinémathèque, zentrale Inspirationsquelle der Nouvelle Vague-Bewegung, wurde geschlossen und kurzfristig ein neuer Direktor eingesetzt. Nach der Wiedereinsetzung von Henri Langlois kritisierte Langlois' langjährige Chefkonservatorin Lotte Eisner in einem Brief an Fritz Lang den Leiter der Berliner Filmfestspiele Alfred Bauer, aber auch die «linken Filmjournalisten Ulrich Gregor und Enno Patalas», die sich ihrer Auffassung nach nicht bzw. nicht entschieden genug mit Langlois solidarisch erklärt hätten.*

In seiner Chronik zu 50 Jahren Berlinale** vergleicht der Filmhistoriker Wolfgang Jacobsen die auf den Skandal um die Schließung der Cinémathèque folgenden Ereignisse beim Filmfestival in Cannes und bei der Berlinale 1968 und konstatiert das Scheitern der linken Filmszene. (CL)

* Rolf Aurich / Wolfgang Jacobsen / Cornelius Schnauber (Hg.): *Fritz Lang. Leben und Werk. Bilder und Dokumente*. Berlin 2001, S. 474

** Wolfgang Jacobsen: *50 Jahre Berlinale*, Berlin 2000, S. 154 ff.

« Niemand glaubte, dass die Berlinale von den politischen und gesellschaftlichen Protesten verschont bleiben würde. Es hatte Proteste beim Experimentalfilmfestival in Knokke gegeben, bei den Westdeutschen Kurzfilmtagen in Oberhausen einen Exodus der deutschen Filmemacher und auch einen Protest beim Festival des jungen Films in Pesaro, der in einer Polizeiaktion endete. Es schien nur logisch, dass auch die Filmfestspiele in Berlin «politisiert» werden würden. Zumal die Strukturen von Cannes ähnlich waren.

(Wolfgang Jacobsen, a. a. O. S. 155)

Auf einer Veranstaltung am 23. Juni im Audimax der Technischen Universität (Berlin, CL) wollten sich junge deutsche Filmemacher – Alexander Kluge, Edgar Reitz, Christian Rischert und Johannes Schaaf – und der Kritiker Enno Patalas mit Studenten, vor allem denen der Deutschen Film- und Fernsehakademie, auf eine gemeinsame Aktionsbasis einigen. Doch die Diskussion nahm eine andere Wendung. Alle äußerten sich unzufrieden über die deutsche Filmszene, aber die Studenten nahmen den Podiumsgästen ihr Engagement nicht ab. Ihr Vorwurf: sie hätten sich schon zu sehr arrangiert, seien selber «Lakaien des Establishments»; auch «linker Reaktionär» war ein Vorwurf. Dann flogen Eier auf Kluge, Patalas und die anderen. Die Opposition bekämpfte sich selbst. Die Fronten verliefen untereinander. Die Revolution fand nicht statt; dafür wurde permanent diskutiert. Das Festival blieb unbehelligt.

(Wolfgang Jacobsen, a. a. O., S. 155)

Gemeint damit war die vehemente Forderung nach anderen Strukturen, die den Einfluss des Film-«Establishments» zurückdrängen und dem jungen Film mehr Einfluss verschaffen sollten. «Umfunktionierung» war ein Schlüsselwort in den endlosen Debatten über Filme und Filmfestivals. Der Kritiker Enno Patalas nannte als mögliche Perspektive ein «Festival populaire» oder ein «Kritisches Festival», ähnlich den Kritischen Universitäten, die Ende der 1960er-Jahre die etablierten Wissenskulturen umstürzten.* (CL)

* *Zitiert nach Wolfgang Jacobsen, a. a. O., S. 155*

RADIKALE BILDER

UG Wir wussten natürlich, dass Dsiga Wertow auch in Frankreich als Pate für andere Festivalstrukturen, eigentlich für eine radikale Änderung der Gesellschaft angesehen wurde. Jean-Luc Godard gründete 1968 mit Jean-Pierre Gorin die *Groupe Dsiga Vertov*, die sich dann für ein paar Jahre auf militante Dokumentarfilme konzentrierte. Als wir uns 1968 an der DFFB in endlose Debatten verstrickten, lief im Wettbewerb der Berlinale Godards Film WEEK-END. Das war eine solch kühne Absage an den Auto-Fetischismus der Franzosen, eine experimentell gefilmte Geschichte blanker Barbarei, in die Menschen zurückfallen, wenn sie buchstäblich im Stau stecken. Nur ein Beispiel von vielen Filmen, die um diese Zeit neue Bilder suchten für ihre Kritik an der modernen Gesellschaft.

Alle reden von der Revolution; Jean-Luc Godard, 38, auch. Der schnellste und gescheiteste Kino-Chronist unserer Tage geht aber nicht auf die Straße; er geht in die Theorie.

Sein jüngster Film ist ein Ciné-Essay über Ciné-Elemente, ein Diskurs über Medienkunde, ein Versuch, die Assoziations-Mechanik und mithin die Manipulierbarkeit des Hörens und Sehens darzustellen: Revolution beginnt für den Filmemacher Godard durch «Revolutionierung der audio-visuellen Kommunikation», Befreiung durch «richtiges Erkennen».

Der Film bringt, wie meist bei Godard, natürlich mehr und so zu viel. Er zitiert Marx, Marcuse, Montaigne und den Strukturalisten Lévi-Strauss; er collagiert Plakate, Comic Strips, Reklame und etwas Mai-Revolution; er wirkt beim ersten Sehen eher chaotisch als methodisch.

Die Dramaturgie ist simpel. Im nächtlichen Niemandsland treffen sich ein relegierter Student (Jean-Pierre Léaud) und eine entlassene Arbeiterin (Juliette Berto) zu Rede-Runden; die eingeschnittenen Belege spielen Reizstoff und Fußnote für ihre Dispute. […] Mit Film über Film zu philosophieren, heißt, die Mittel zu nutzen, die doch als Manipulationsmittel desavouiert werden sollen.

(Anonym: *spiegel.de:* https://is.gd/WiF6OS, 13.05.2022)

Im Jahr darauf war Godard mit LE GAI SAVOIR (DIE FRÖHLICHE WISSENSCHAFT) im Wettbewerb der Berlinale. Auch hier spielte ein relegierter Student die Hauptrolle. *Der Spiegel* brachte das Dilemma seiner Medienkritik auf den Punkt. (CL)

UG Es ging unter uns Filmkritikern und Filmhistorikern damals auch darum, dass man anders über die neuen anspruchsvollen Filme nachdenken und schreiben müsste. In den stundenlangen Debatten an der Filmakademie spielten solche Fragen keine Rolle, aber in der *Filmkritik* stritten wir schon vor 1968 darüber[5], und 1969 wurde die Redaktion der Zeitschrift in eine Kooperative umgewandelt.

« Die Krise in der DFFB eskaliert im Herbst (1968, CL). Zwar gibt es inzwischen einen «Akademischen Rat», aber die Spielregeln im Umgang zwischen Direktion und Studenten sind noch immer heikel. Nach einer Besetzung der Direktionsräume werden 18 Studenten relegiert. Darunter einige der begabtesten: Hartmut Bitomsky, Harun Farocki, Bernd Fiedler, Thomas Giefer, Christian Ziewer. (Hans Helmut Prinzler, a. a. O.) »

Heiner Roß und Manfred Salzgeber nutzten die Treffen, Teach-Ins und Kongresse der APO auch, um auf ihre Weise für die Filmveranstaltungen der Freunde zu werben. (CL)

UG Bei den Freunden der Deutschen Kinemathek haben wir in den turbulenten Monaten übrigens Filme gezeigt, die auf irgendeine Weise, thematisch oder in experimentellen Formen auf die gesellschaftlichen Umbrüche reagierten.

« Ostern 1968 kochten wir mit Thomas Rodig von der Bücherstube Marga Schoeller und seiner Frau Eier in roter Farbe, die wir an die Besucher in den Gängen des Audimax der Technischen Universität verteilen wollten. Als am Gründonnerstag, 11. April, Rudi Dutschke angeschossen wurde, hatten wir am selben Abend übrigens «Melodramen und Studententragödien aus der Zeit des archaischen Kinos» im Programm. Am Tag darauf versammelten sich die protestierenden Studenten und viele andere Menschen zu pausenlosen Diskussionen und Strategie-Veranstaltungen. Dort verteilten wir die Eier. Von den hungrigen Teilnehmern wurde nicht bemerkt, dass Manfred die gelben Sterne mit Ölfarbe auf die Eier gedruckt hatte, die selbstverständlich noch nicht getrocknet waren. Die entsprechenden Folgen waren nicht zu übersehen. Auch Programmzettel wurden verteilt. Wir wollten unsere solidarische Haltung zum Ausdruck bringen und zugleich die Zuschauer mobilisieren.
(Heiner Roß: Erinnerungen, a. a. O., S. 14) »

5 Claudia Lenssen: «Der Streit um die politische und ästhetische Linke in der Zeitschrift Filmkritik». In: Norbert Grob / Karl Prümm (Hg.): *Die Macht der Filmkritik, Positionen und Kontroversen*, München 1988, S. 63–78.

EG Ich denke, unsere Programme haben nicht einfach auf aktuelle Bewegungen reagiert, wir haben die Perspektiven erweitert und dabei eigentlich unsere Arbeit konsequent weitergeführt. Es gab eine Mischung aus historischen und aktuellen Filmen, aus Spielfilmen und Dokumentarfilmen, die wir sehr genau überlegt haben. 1968 bekamen wir von der Arbeitsgemeinschaft der deutschen Filmjournalisten einen Preis für unsere Arbeit.

» Programm der Freunde der Deutschen Kinemathek zum revolutionären Mai 1968:

Sergei Eisensteins STREIK (UdSSR 1925) am 3. Mai, Marcel Carnés DRÔLE DE DRAME (Frankreich 1937) am 10. Mai, Alexander Dowshenkos ARSENAL (UdSSR 1928) am 17. Mai.

[...] Im Juni 1968 zeigen wir parallel zu den Berliner Filmfestspielen LA HORA DE LOS HORNOS (DIE STUNDE DER HOCHÖFEN, TEILE I–III, Fernando Solanas, Argentinien 1966/67).

Solanas und Octavio Gentino kommen nach Berlin. [...] Die Kopien bleiben in Berlin, werden von den Freunden an Dritte vermittelt und zirkulieren bei ähnlichen Einrichtungen. [...]

Im Oktober 1968 zeigen die Freunde die während der Mai-Ereignisse 1968 entstandenen Flugblattfilme CINÉ-TRACTS u. a. von Jean-Luc Godard, Chris Marker und Alain Resnais. Es entsteht eine Zusammenarbeit mit Inger Servolin[6] von der Produktionsgruppe Slon, später ISKRA, der ersten weiblichen Produzentin und Verleiherin von militanten Dokumentarfilmen in Frankreich. «

(Heiner Roß: Für ein Gedächtnis des Kinos, a. a. O., S. 9)

ÜBERGRIFF AUF DIE FREUNDE

UG Leider griffen die Querelen um die Filmakademie im November 1968 auch auf die Freunde der Deutschen Kinemathek über.
EG Die Filmabende in der Akademie der Künste und im Bellevue wurden gestört. Eine Gruppe aus der DFFB verteilte Flugblätter, in denen sie Ulrich persönlich angriffen, weil er es angeblich tatenlos zuließ, dass achtzehn Studenten auf die Straße gesetzt wurden.
UG Man forderte von den Leuten im Saal, dass sie so lange stören

6 Inger Servolin, schwedisch-französische Produzentin und Verleiherin, Mitglied der Gruppe SLON, die ab 1967 militante Dokumentarfilme u. a. von Chris Marker, Alain Resnais sowie den Arbeiter-Filmen der Medvedkine-Gruppen aus Besançon produzierte. Seit 1974 unter dem Namen ISKRA aktiv. https://www.iskra.fr/SLON-ISKRA (13.05.2022)

sollten, bis eine Mitgliederversammlung einberufen wird, in der die Freunde «umfunktioniert» werden sollten. Wir waren nur Mieter in der Akademie und im Bellevue, deshalb war die Androhung von weiteren Störungen nicht nur ein persönliches Risiko.

« Im November und Dezember 1968 liefen in der Akademie der Künste bzw. im Bellevue-Kino u. a. der nordvietnamesische Spielfilm DER ZAUNKÖNIG (Regie: Nguyen Van Thong, 1953) über den Kampf der Vietminh gegen das französische Kolonialregime sowie weitere Dokumentarfilme der FLN. Es gab eine Retrospektive mit Filmen von Roberto Rossellini und Experimental- und Dokumentarfilme aus den USA, darunter BIG RICH TOWN (Regie: Henry Niese, 1967) über die Lebenssituation der Schwarzen in Ohio, und MINGUS (Regie: Tom Reichman, 1968) über den Jazzmusiker Charlie Mingus. Am 25. November wurde Emile de Antonios Vietnam-Film IN THE YEAR OF THE PIG (1968) frisch von der Leipziger Dokumentarfilmwoche ins Programm eingefügt. Neue Dokumentarfilme aus Argentinien, Brasilien, Mexiko und Uruguay mit Gästen, die aus Leipzig nach West-Berlin gekommen waren, liefen am 26. November 1968. Für Dezember hatte Gero Gandert Filme der Polnischen Filmtage ausgewählt.

Vor den Filmvorführungen, insbesondere bei Nachtveranstaltungen im Bellevue, kam es zu erregten Diskussionen. Aus dem Publikum erhob sich Widerspruch gegen die Attacken, sogar von Anhängern der APO und des SDS. Sie wollten sich nicht bei der Besichtigung von Humphrey Bogart in THEY DRIVE BY NIGHT (Raoul Walsh, USA 1940), TAUSENDSCHÖNCHEN (Vera Chytilova, CSSR 1967) oder APA/VATER (Istvan Szabo, Ungarn 1966) stören lassen. [...] Auch die Veranstaltung am 11. Januar mit dem französischen Kollektiv-Film LOIN DU VIETNAM (Jean-Luc Godard, Joris Ivens, William Klein, Claude Lelouch, Chris Marker, Alain Resnais, Agnès Varda, (F 1967) wurde nahezu gesprengt. »

(Heiner Roß: Erinnerungen, a. a. O., S. 18 f.)

« Liebe Freunde der Deutschen Kinemathek!
Ordentliche Mitglieder und Mitarbeiter der Freunde der Deutschen Kinemathek haben am 13.1.1969 beschlossen, bis auf weiteres sämtliche Vorführungen in der Akademie der Künste und im Filmtheater Bellevue einzustellen. Dieser Beschluss wurde von den Mitarbeitern einstimmig und von den ordentlichen Mitgliedern mit Dreiviertelmehrheit gefasst.

Eine «ad.hoc-Gruppe Freunde der Kinemathek» forderte in Flugblättern, die bei unseren Veranstaltungen am 30.11.1968 und am 10.1.1969 im Bellevue sowie am 11. und 12.1.1969 in der Akademie der Künste verteilt wurden, die totale Umfunktionierung der Freunde. Falls diese Forderungen nicht erfüllt werden sollten, werde man notfalls auch mit Stinkbomben und anderen Mitteln vorgehen, im äußersten Fall «den Laden zumachen». Wir sehen uns nicht in der Lage, das Sicherheitsrisiko in den von uns für die Veranstaltungen nur gemieteten Räumen weiterhin zu übernehmen.

(Mitgliederinformation, 16. Januar 1969, unterzeichnet: Ordentliche Mitglieder und Mitarbeiter der Freunde der Deutschen Kinemathek, Sammlung Heiner Roß, a. a. O.) »

« Einige Zitate aus Flugblättern: «der verein, den ihr mit eurem eintritt finanziert, ist schon längst zu einer posten- und geldmacherei (sic!) für ein paar leute geworden, die tatenlos zusehen, wie dozenten und studenten, jetzt 18 filmer der filmakademie von heute auf morgen auf die straße gesetzt werden. die FLASCHEN, denen ihr geld in die tasche jubelt, heißen: ulrich GREGOR, gero GANDERT, heinz RATHSACK, erwin LEISER, harald INGENSAND (steins laufbursche) (d. i. der Referent des für die DFFB verantwortlichen Wissenschaftssenators Werner Stein, CL) – das sind die rädelsführer der reaktion! – ihnen wünschen wir den individuellen terror an den hals!»

«Die Freunde der Kinemathek sind für lächerliche 3.000 DM Zuschuss ein kulturelles Feigenblatt für die reaktionäre Politik des Berliner Senats.» [...] «Lasst euch nicht mehr füttern! Nehmt den Betrieb in eure eigenen Hände! Fordert die Leitung zur ABGABE ihrer PRIVILEGIEN auf! STÖRT DIE VERANSTALTUNGEN SOLANGE BIS IHR MITBESTIMMEN KÖNNT!»

(Zitate aus dem «ad.hoc»-Flugblatt im Mitgliederbrief, 16.01.1969, a. a. O.) »

UG Die Forderungen waren deutlich. Und absolut unakzeptabel. Die Freunde sollten in eine Kooperative für Agitationsfilme umgewandelt werden. Wir verstanden uns aber von Beginn an als Treffpunkt für Filminteressierte. Unser Vorbild waren die europäischen Kinematheken, die Filme sammeln, archivieren, restaurieren und in durchdachten Programmen vorführen. Das schließt politische und ästhetische Fragen ein und ist kein bürgerlicher Luxus, wie man es uns damals vorwarf. Ich muss dazu sagen, dass die radikalen Filmstudenten, die uns solche Vorwürfe machten, später nicht mehr gern über ihre damaligen Aktionen sprechen wollten, wenn sie mit ihren Filmen zu uns ins Arsenal oder ins Forum kamen.

Tumult am 11. Januar 1968: Das Studio der Akademie war ausverkauft (517 Plätze). Eine tumultuarische Diskussion entbrannte, das Publikum war überrumpelt und langweilte sich bei der Problematik der Filmstudenten. Nahezu niemand meldete sich zu Wort, gelegentlich Ulrich Gregor und Gero Gandert, die von der ad-hoc-Gruppe angepöbelt wurden. Erika Gregor (hochschwanger mit ihrer Tochter Milena, die Aufregung machte uns Sorge) und Heiner Roß standen an den Saaltüren neben dem Tonsteuer. Wir hatten den Eindruck, dass niemand die Freunde verteidigte. Dann stand Herr Bernhard auf, ein alter Mann, griff direkt und mit einfachen Worten die ad-hoc-Gruppe an und bezweifelte deren sozialistisches Bewusstsein. Sofort wurde er verhöhnt. Da ergriff ich wütend das Mikrofon und schrie die Gruppe an, ob sie überhaupt wisse, wer der alte Mann sei: KPD-Mitglied, von 1933 an verfolgt, bis zur Befreiung im Untergrund als Kurier tätig. Lähmende Stille, die Diskussion versickerte, der Film wurde gezeigt.

Am Sonntag, 12. Januar, liefen in der Akademie: 33 JOURS EN MAI / 33 TAGE IM MAI (François Chardeaux, F 1968) über die Beteiligung der Renault-Arbeiter an dem Aufstand im Mai, dazu CINÉTRACTS/ FLUGBLATTFILME und A BIENTÔT J'ESPÉRE / BIS BALD HOFFENTLICH (Chris Marker, Marie Marret, F 1968), eine kritische Reportage über die Rhodiaceta-Werke in Besançon vor den Mai-Tagen. Am 13. Januar schließlich beschlossen die ordentlichen Mitglieder (ohne Reinold E. Thiel, der nicht anwesend war) und die Mitarbeiter einstimmig, die Filmveranstaltungen einzustellen. »

(Heiner Roß: Unveröffentlichte Erinnerungen, a. a. O., S. 19)

UG Wir haben uns nicht sehr lang von den Tumulten erholen müssen. Schon im April 1969 zeigten wir wieder Filme im Bellevue-Kino, zum Beispiel neue politische Dokumentarfilme aus Italien, die unser Freund Maurice Taszman, der in Ost-Berlin und Brüssel lebte, für uns besorgt hatte und einführte.

Wir suchten nach den *richtigen* Veränderungen und riefen für April 1969 eine Mitgliederversammlung in der Landesbildstelle zusammen, um über den Stand der Dinge zu berichten und die Satzung zu reformieren.

Das Gründungsmitglied Reinold E. Thiel griff jedoch die studentische Forderung nach Demokratisierung in einem Artikels in der Filmkritik polemisch auf, in dem er die vorangegangenen Ereignisse von Köln aus, wo er seinem Beruf beim WDR-Fernsehen nachging, zugunsten der ad.hoc-Gruppe kommentierte. (CL)

« Wie eh und je wurden Filmvorführungen arrangiert, mit Eifer und Idealismus, Vorführungen auch der neuesten und auch der progressivsten Filme. Aber dass angesichts der beschriebenen Entwicklungen die Programmatik des Vereins sich hätte ändern müssen, ein Kommunikations- und Arbeitszentrum des neuen Films hätte entstehen müssen, die steile Isolierung des Films von den anderen Medien hätte aufgegeben, die politisch aktivierende Funktion des Films hätte realisiert werden müssen, begriffen die Manager des Vereins nicht. »

(Reinold E. Thiel: «Der Streit um die Freunde der Kinemathek», *Filmkritik* 3/69, S. 151)

Ulrich Gregor verwahrte sich gegen die Vorwürfe. (CL)

« Aus der Erkenntnis heraus, dass das Vorführen und Diskutieren progressiver Filme im Kreise eines spezialisierten Publikums nicht genüge, begannen die Freunde der Deutschen Kinemathek einen Bestand an Filmkopien aufzubauen, die in Berlin verbleiben und politisch engagierten Gruppen für ihre Arbeit zur Verfügung gestellt werden konnten. [...] (D)ie Freunde organisierten Vorführungen und Diskussionen in Berliner Jugendzentren sowie in der Technischen Universität, [...] haben also durchaus Anstrengungen unternommen, die «politisch aktivierende Funktion» des Mediums zu realisieren, soweit wie das für ein freiwillig, unbezahlt und nebenbei arbeitendes Mitarbeiterteam eben noch möglich und durchführbar war. [...]

Zur Struktur der Freunde der Deutschen Kinemathek ist zu sagen, dass seit jeher nicht der Vorstand sondern die Mitarbeiter des Vereins, die ihre Arbeitskraft zur Verfügung stellten, seine Politik bestimmt haben. In bestimmten Fällen ist ein Verein wie die Freunde aber nicht anders als in gewisser Weise «autoritär» zu leiten. Auf Festivals müssen Entscheidungen, welche Filme und Regisseure eingeladen werden sollen, sogleich getroffen werden, auf telefonische Angebote muss mitunter sofort reagiert werden. Nur diese Flexibilität der Freunde, die Möglichkeit schneller Entscheidungen und kurzfristig anberaumter Veranstaltungen war es, die einen vielseitigen und aktuellen Spielplan garantieren konnte. Daraus abzuleiten, die Freunde der Deutschen Kinemathek seien ein «Instrument autoritärer Herrschaft» ist eine ideologische Phrase. »

(Ulrich Gregor: «Der Streit um die Freunde der Kinemathek», Filmkritik 3/69, S. 152 f.)

Nach diesem publizistischen Schlagabtausch stellte Ulrich Gregor seine Mitarbeit in der Filmkritik ein. Auf der außerordentlichen Mitgliederversammlung am 28. April 1969 wurde die Mitgliederstruktur verändert. (CL)

« Auf Vorschlag des Vorstands wurde beschlossen, den Unterschied zwischen ordentlichen und außerordentlichen Mitgliedern des Vereins für die Zukunft aufzuheben. [...] Von da an waren alle Mitglieder gleichberechtigt. Die direkte Wählbarkeit des Vorstands durch die Mitglieder wurde eingeführt. Aus der praktischen alltäglichen Arbeit aber leitete sich trotzdem ab, dass die Arbeitenden das Sagen behielten. »

(Heiner Roß: Unveröffentlichte Erinnerungen, a. a. O., S. 20)

DIE ZEIT IST REIF ODER: SUCHE NACH EINEM EIGENEN KINO

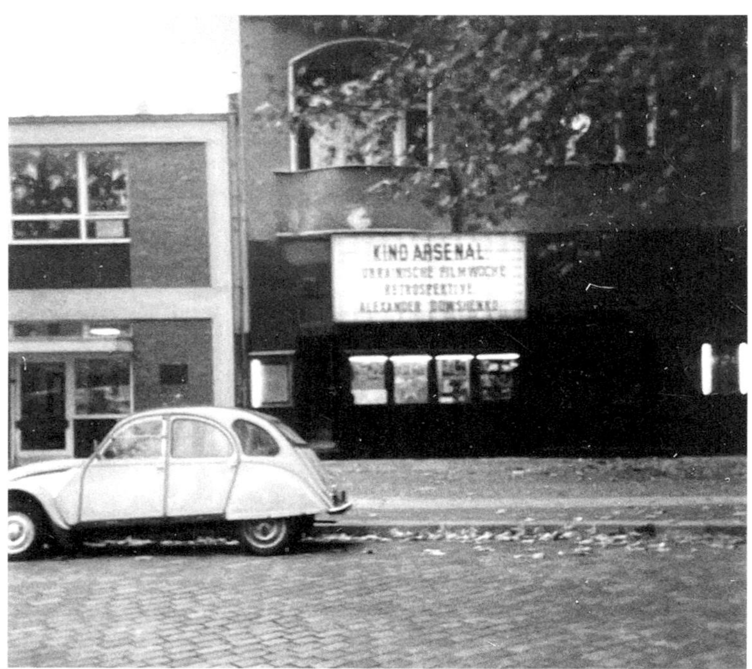

1970, Billboard zur Alexander-Dowschenko-Retrospektive

Parallel zur offiziellen Berlinale im Sommer 1969 organisierten die Freunde ein «Untergrundfestival», das für Ulrich Gregor ein «funktionierendes Modell im Festival-Bereich» darstellte. Die Freunde qualifizierten sich damit ein weiteres Mal als künftige Alternativsektion der Berlinale. Keine andere filmkulturelle Institution verfügte über eine gleichwertige, in der Praxis erprobte Konzeption. (CL)

« [...] auf dem Programm dieser mehrtägigen Veranstaltung standen Kurzfilme von Walerian Borowczyk, Abschlussarbeiten der Berliner Filmakademie, Filme von Kenneth Anger und Werner Schroeter sowie eine Nacht des amerikanischen Experimentalfilms. Andrej Tarkowskis ANDREJ RUBLJOW[1] war programmiert, die Kopie wurde aber, obwohl bereits an die Freunde ausgeliefert, von der sowjetischen Botschaft in Ost-Berlin im letzten Moment wieder zurückgezogen. Durch die Ereignisse um ANDREJ RUBLJOW, aber auch durch die Nacht des amerikani-

1 ANDREI RUBLYOV (ANDREJ RUBLJOW; Regie: Andrej Tarkowski, UdSSR 1966), in Episoden erzähltes Künstler- und Gesellschaftsdrama um den historisch verbürgten spätmittelalterlichen russischen Ikonenmaler Andrej Rubljow. Nach Zensurauflagen in mehreren Schnittfassungen fertiggestellt, erlebte der Film 1969 seine Premiere in Cannes, gelangte aber erst 1973 in die Kinos.

schen Experimentalfilms und ihre Begleitumstände ist dieses von der Berliner Presse damals so genannte «Untergrundfestival» in die Berliner Filmgeschichte eingegangen.

(Ulrich Gregor: «Berlinale im Umbruch», in: Wolfgang Jacobsen, a. a. O., S. 181)

« Unter dem Decknamen der berliner film co-op von Helga und Rainer Schnurre initiierte Manfred Salzgeber die berühmten Kurzfilme aus Andy Warhols schwulem Universum BIKE BOY (1966), I, A MAN (1967), MARIO BANANA I und II (1964) und NUDE RESTAURANT (1967) in vielen Berliner Kinos – auch in den Bezirken – nächtens mit einem transportablen 16-mm-Projektor zu zeigen, auch in einem ehemaligen Großkino an der «Zonengrenze», das am Tag nach der Vorführung abgerissen wurde.

In diesen aufregenden Tagen und Nächten wurden weitere Aufführungsorte ausprobiert, beispielsweise das Bundesplatz-Studio und das Kino Cosima in Wilmersdorf, die Landesbildstelle, die Zentrifuge (eine Theater/Galerie in der Charlottenburger Sybelstraße) und die Kneipe Zodiac in Kreuzberg, die Schaubühne am Halleschen Ufer und die Filmbühne am Steinplatz. Werbung für die Parallelveranstaltungen mit Andy Warhol-Filmen erschien als Anzeige «in extravaganter Gestaltung» auf dem Programmblatt der Freunde, das für Juni 1969 Japanische Experimentalfilme, einen Open-House-Abend sowie zwei Westernkomödien ankündigte: GO WEST (Regie: Buster Keaton, 1925) und MY LITTLE CHICKADEE (Regie: Edward Cline, Buch: Mae West und W. C. Fields, 1940). »

(Heiner Roß: Erinnerungen, a. a. O., S. 20 f.)

Die Freunde waren eine weithin bekannte und erfolgreiche Institution geworden. Die Krise des Jahres 1969 führte nur kurz zur Unterbrechung des Programms und sie beförderte die formelle Gleichstellung aller Mitglieder. In ihrem Schatten wurde der Wunsch wieder stark, endlich ein eigenes Kino zu etablieren und Platz und Kapazitäten für den Ausbau des Archivs und des nichtkommerziellen Verleihs zu gewinnen. Vor allem Heiner Roß und Manfred Salzgeber suchten in jenem Jahr intensiv nach Lösungen. Manfred Salzgeber löste sich im Sommer 1969 von den eingeübten Formaten der Freunde in der Akademie der Künste und dem Bellevue-Kino. (CL)

ARCHIV UND SUBVERSIVE KOMÖDIE

EG Es ist wahr, es gibt sehr wenige gute Komödien. Wir haben ein bisschen überlegt und gegraben. In den dreißiger Jahren gab es in den USA die Marx Brothers und dann Mae West und W. C. Fields. Wir wollten den Film zeigen, weil sie beide eine subversive Qualität haben und weil es uns Spaß gemacht hat. Aber MEIN KLEINER GOCKEL (MY LITTLE CHICKADEE; USA 1940) hat auch einen Widerhaken. Der Charakter, den Mae West spielt, war damals natürlich absolut unmöglich. Die Frauenvereine haben gegen Mae West protestiert, sie war im Gefängnis wegen Obszönität. Das kann man sich heute überhaupt nicht mehr vorstellen.

UG Die Kopie, die sich bei uns im Archiv befindet, haben wir von dem

Filmezeigen hatte bei den Freunden einen deutlich subversiven Touch bekommen. Ein halbes Jahr nach den demagogischen Angriffen waren die Filmprogramme ein «stilles Manifest».

Fünfzig Jahre später erinnerten sich Erika und Ulrich Gregor als Gäste des Nürnberger Filmhauses in einem von ihnen kuratierten Carte-Blanche-Programm an ihren Spaß mit MY LITTLE CHICKADEE, einem Fundstück aus dem Arsenal-Archiv, das dort seit der Vorführung 1969 als 16-mm-Kopie gelagert war, 2020 in Nürnberg dagegen als restaurierte und untertitelte DCP gezeigt wurde.

Wir danken Christiane Schleindl für die Erlaubnis zum Abdruck. (CL)

damaligen Filmverleih Die Lupe von Walter Kirchner[2]. [...] MEIN KLEINER GOCKEL ist bei uns geendet, Zustand 3, also noch ganz gut, aber die Kopie ist nicht so gut wie die, die wir hier gesehen haben. [...]

EG Der Film war sehr billig. Er wurde in den Kulissen [...] von DER GROSSE BLUFF[3] mit Marlene Dietrich gedreht. Wenn man den gesehen hat, erkennt man das Lokal, das Hotel, die Treppe in MEIN KLEINER GOCKEL wieder. Er sollte eben auch eine Parodie auf den anderen Film sein.

UG Die Figur von Mae West ist ein Gegenbild zum puritanischen Amerika. Sie hat ständig Schwierigkeiten mit dem Hays Code[4] gehabt und ihre Filme wurden damals manchmal «zensiert». Dialogzeilen wurden abgeändert oder rausgestrichen. Aber der kommerzielle Erfolg war enorm und der Film hat ein Vielfaches der Produktionskosten eingespielt.

EG Die Geschichte spiegelt die Geschichte in DER GROSSE BLUFF. Da ist Marlene Dietrich auch eine Frau mit Vergangenheit, eine nicht respektable Frau. Sie ist eine Nachtclubsängerin und verliebt sich in den Hilfssheriff – war es James Stewart? – jedenfalls einer der Helden von Hollywood. Natürlich wird sie am Schluss, wenn sie sich vor ihn wirft, erschossen, denn die bösen, nicht respektablen Frauen konnten eigentlich nur böse enden, sie wurden erschossen. Mae West ist die Umkehrung, sie geht die Treppe hinauf, sie bleibt die Siegerin. Das ist sehr komisch. Im Grunde müsste man die beiden Filme hintereinander sehen, um zu ermessen, was die Parodie von Mae West eigentlich sagt.[5]

UG Apropos Subversion: Hast du nicht einmal Slapstick-Filme ins Gefängnis geschickt?

EG Ja, das war viel später, einmal in der schlimmen Zeit des Forums im Winter, als meine Mutter zu Hause war und den Haushalt zusammenhielt. Ich war Heiligabend vormittags im Büro und da klingelte das Telefon und ein Wärter aus dem Gefängnis in Tegel war dran. Er sagte, dass die Gefangenen unruhig seien und dass er einen Filmabend

2 Walter Kirchner (1923–2009) leitete in den 1950er-Jahren den studentischen Filmclub in Göttingen, gründete zahlreiche Programmkinos und baute in den 1960er-Jahren den Filmverleih Die Lupe auf, den er 1976 wegen wirtschaftlichen Misserfolgs aufgeben musste. Siehe das komplette Filmgespräch im Nürnberger Filmhaus: https://www.youtube.com/watch?v=360x_iDLEEg (25.05.2022)

3 DESTRY RIDES AGAIN (DER GROSSE BLUFF; Regie: George Marshall, USA 1939), Westernkomödie um eine frivole Saloon-Sängerin (Marlene Dietrich), die im Chaos eines korrupten Männerklüngels zunächst ihren Vorteil sucht, sich dann jedoch in den herbeigerufenen Hilfssheriff Destry (James Stewart), das Gegenbild eines Machos, verliebt und bei dem Versuch, ihm zu helfen, den Tod findet.

4 Der Hays Code oder Production Code war ein Regelwerk der Hollywood-Filmindustrie, um teure Zensureingriffe des Staates durch puritanische Kontrollmechanismen in den Drehbuchabteilungen und beim Drehen von vornherein zu vermeiden. Er galt mehr oder weniger bis 1960. Siehe https://filmlexikon.uni-kiel.de/doku.php/h:hayscode-198 (25.05.2022)

5 Siehe https://www.youtube.com/watch?v=360x_iDLEEg (22.06.2022)

machen wolle. Er hätte in der Zeitung gelesen, dass wir Filme hätten und ob er welche ausleihen könnte. Ich war nicht erfreut und sagte: «Hören Sie, ich wollte eigentlich um 12:00 Uhr nach Hause gehen. Es ist Heiligabend.» Damals hatten wir unser Filmarchiv in einem Büroraum, es war ja noch ein kleines Archiv. Er blieb aber hartnäckig und wollte seine Frau sofort losschicken, damit sie die Filme abholt. Es müssten aber unbedingt lustige Sachen sein. Kurz und gut, ich habe Charlie Chaplin und Laurel und Hardy rausgesucht – wir hatten damals alles da – und es waren lauter Filme, wo die Polizei überrumpelt wird. Besonders nervös wurde der Wärter, als die Gefangenen auf Valeska Schöttles Dokumentarfilm WER BRAUCHT WEN? reagierten. Da zeigen Frauen im Beruf und zu Hause, wie man sich durchsetzt.

DIE SUCHE BEGINNT

«... denn ein Kauf schien außerhalb aller Möglichkeiten. Mit einem Zirkel wurden Kreise in einem Radius von 1.500 Metern um kultur- und ereignisreiche Orte gezogen. Dann folgte die Suche nach Kinos, die besichtigt und begutachtet wurden.»

(Heiner Roß: Unveröffentlichte Erinnerungen ..., a. a. O., S. 22)

Schon im Sommer 1968 hatten Manfred Salzgeber und Heiner Roß auf einer gemeinsamen Reise zum Schwedischen Filminstitut in Stockholm begonnen, konkrete Pläne für ein Kino in eigener Regie zu schmieden. Als Geschäftsführer mit der finanziellen Situation des Vereins vertraut, schlug Heiner Roß die Anmietung eines Kinos vor ... (CL)

«Ursprünglich wollte ein SFB-Journalist das Kino für seinen Bruder kaufen und Manfred Salzgeber als Geschäftsführer anstellen. Als er das Angebot jedoch ausschlug, stand dem Erwerb des Kinos eigentlich nichts entgegen. Sogar der Verband der Berliner Filmtheater und dessen Vorsitzender Oswald Cammann, einer der Gründer der Filmfestspiele 1951, stimmte dem Kauf schließlich zu, um einem Kollegen nicht die Chance zu einem Verkaufserlös zu verderben. Die Gespräche mit Herrn Camann erfolgten auf Wunsch des Senators für Wissenschaft und Kunst. Es wurde befürchtet, dass das öffentlich geförderte Kino eine wirtschaftliche Konkurrenz zu den gewerblichen Kinos in West-Berlin darstellen würde. [...]»

(Heiner Roß: Erinnerungen ..., a. a. O., S. 23)

Zunächst schien kein geeignetes Objekt in Sicht, doch im Spätsommer 1969 zog man die «Kerngruppe der Treuen» ins Vertrauen, dass die seit 1912 existierenden Bayreuther Lichtspiele, ein (bis auf eine kurze Unterbrechung am Kriegsende 1945 bespieltes) Kino mit 175 Plätzen in der Welserstraße, vormals Bayreuther Straße nahe Wittenbergplatz zum Verkauf stünden. (CL)

«Seit längerer Zeit erschien den Freunden der Deutschen Kinemathek die Eröffnung eines eigenen Kinos als dringende Notwendigkeit. Die Akademie der Künste, in der die Veran-

Die Freunde brauchten finanzielle Unterstützung, um das Inventar des Kinos abzulösen, eine für den nichtkommerziellen Spielbetrieb unbedingt erforderliche 16-mm-Vorführtechnik anzuschaffen und den Pachtvertrag für das Kino abzusichern. Auf Empfehlung der Senatsverwaltung stellten sie einen Antrag bei der Deutschen Klassenlotterie, allerdings ohne verlässliche Hilfszusagen.

Der Optionsvertrag für den Kauf war unterzeichnet und die Kaution bei den Hauseigentümern hinterlegt, als am 10. Dezember 1969 die Ablehnung des Antrags durch den Beirat der Klassenlotterie eintraf. Manfred Salzgeber und Heiner Roß hatten 10.000 DM von ihren Eltern bzw. Großeltern geliehen, um für die Kaution und den Optionsvertrag einzustehen. «Wäre die restliche Kaufsumme nicht aufgebracht worden, so wären die privaten Mittel von Roß und Salzgeber verfallen.» (Heiner Roß) Daher blieb nur ein Spendenaufruf als letzte Chance, um die Frist zur Zahlung der Ablösesumme bis zum 20. Dezember 1969 einzuhalten.

Der zweiseitige Mitgliederbrief mit Ankündigungen für das von Gero Gandert und Elisabeth Scotti kuratierte Programm zur Polnischen Filmwoche zog daher eine beeindruckende Leistungsbilanz über die zurückliegende Vereinsgeschichte, um sich auf der zweiten Seite mit einem dramatischen Rettungsappell an die Mitglieder zu wenden. (CL)

Neben der Bitte, noch ausstehende Mitgliedsbeiträge für das Winterhalbjahr 1969/1970 in Höhe von 10,00 DM (ermäßigt 5,00 DM) einzuzahlen, wurde um Spenden auf ein Sonderkonto gebeten, die in der kappen Frist jedoch nicht ausreichend eintrafen. Es fehlten 15.000 DM für die Restkaufsumme. Mitglieder, Freunde der Freunde und Verwandte halfen, selbst die Eltern von Gero Gandert spendierten ein zinsfreies Darlehen über 1.000 DM, doch was am Ende half, diese zweite Krise des Jahres 1969 durchzustehen, waren .... (CL)

staltungen bisher überwiegend stattfanden, stand nur in einem begrenzten Umfange zur Verfügung. sodass zahlreiche Pläne mangels einer Aufführungsstätte nicht realisiert werden konnten. Daher entschlossen sich die Freunde, vom 1. Januar 1970 an, das Kino Bayreuther Lichtspiele zu übernehmen und unter dem Namen Arsenal weiterzuführen. Das Kino, in dem auch die Deutsche Kinemathek regelmäßige Veranstaltungen durchführen wird, soll am 1. Januar eröffnet werden. [...]

Diesem Vorhaben steht allerdings die finanzielle Situation des Vereins entgegen. Die Freunde erhalten zurzeit vom Senator für Wissenschaft und Kunst eine jährliche Subvention von DM 3.000, die zu erhöhen sich die Senatsverwaltung außerstande sieht. [...]

Angesichts der hohen Subventionierung anderer kultureller Institutionen in Berlin halten wir die unvermindert stiefmütterliche Förderung der Freunde der Deutschen Kinemathek für ein Indiz falscher Kulturpolitik, die mehr auf glanzvolle Repräsentation als auf Unterstützung langfristig wirkungsvoller Arbeit ausgerichtet ist.

Um die nun entstandene schwierige Situation zu überbrücken, sehen sich die Freunde der Deutschen Kinemathek – wie bisher – gezwungen, auf die einzigen effektiven Stützen ihrer Tätigkeit zurückzugreifen: auf die Mitarbeiter, Mitglieder, Sympathisanten, aufgeschlossene private Institutionen.[6] »

(Mitgliederbrief Dezember 1969, Sammlung Roß, a. a. O.)

« ... die Forderungsrückstellungen von einigen VertragspartnerndesFilmverleihsderFreunde. Sergio Gambaroff (Pegasos Filmverleih Berlin), der über Jahre viele Filme aus Osteuropa, vor

6 Die Zustimmung zum Verkauf des Kinos an die Freunde der Deutschen Kinemathek hinderte Horst Camann nicht daran, seine Position als Lobbyist gegen das Arsenal einzusetzen. In einem Artikel ein Jahr nach Gründung des Kinos notierte Heinz Kersten: «Der geschäftsführende Vorsitzende des Verbandes Berliner Filmtheater, Cammann, protestierte beim Filmreferenten des Senators für Wissenschaft und Kunst gegen jegliche Subventionierung der Arbeit der Freunde, wobei er nicht nur mit unwahren Behauptungen über das Arsenal operierte, sondern dessen Spielplangestaltung auch unterschwellig politisch zu verdächtigen suchte.» Heinz Kersten, «Ein Jahr berliner (sic) Arsenal», *Filmkritik* 71/1, S. 6

allem aus der Sowjetunion besorgte, und Fernando Solanas, der Regisseur von LAS HORAS DE LOS HORNOS waren die größten Partner sowie etwa hundert andere Filmemacher, deren Forderungen erst nach dem März 1970 erfüllt wurden.

(Heiner Roß: Erinnerungen ..., a. a. O., S. 23) »

Am 3. Januar 1970 konnte die Eröffnung des eigenen Kinos mit Oleksandr Dowshenkos Stummfilm ARSENAL (1929)* gefeiert werden. Erika und Ulrich Gregor waren zunächst skeptisch gegenüber der rasanten Initiative. Sie hatten Erfahrungen mit der chronischen Unterfinanzierung der Freunde und sahen selbst kaum die Möglichkeit, sich finanziell einzubringen, weil sie in diesem turbulenten Jahr endlich ein Haus gefunden hatten. Als das Arsenal eröffnet war, setzten sie vom ersten Tag an wie zuvor ihre ehrenamtliche Programmarbeit für die Freunde fort. (CL)

* ARSENAL (Regie/Drehbuch: Oleksandr Dowschenko, UdSSR 1929) schildert den Aufstand der Arbeiter der Kiewer Waffenfabrik Arsenal gegen die bürgerliche Regierung während des russischen Bürgerkriegs 1918 als revolutionäre Tat. Der Film gilt heute als bedeutendes Monument des ukrainischen Kinos.

MEPHISTO IN DER KÜCHE
DIE BERLIN-MOSKAU-CONNECTION

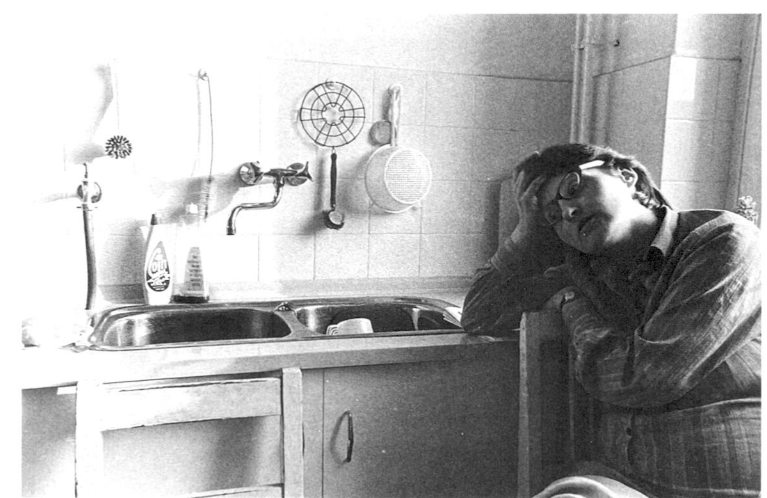

Erika Gregor in der Küche Bornimer Straße in den 1960er-Jahren

EG Es stimmt, ich habe mir Sorgen gemacht, als die Idee mit dem Kino für die Freunde aufkam. Ich war skeptisch, ob es mit der mageren Förderung durch den Senat überhaupt funktionieren kann. Wir als Familie konnten zur Übernahme des Kinos nichts beitragen, wir hatten gerade erst ein Kind bekommen und unser Haus gefunden.
UG Ich habe auch gezögert, aber im Nachhinein kann man sagen, dass es nach dem Krisenjahr eine Aufbruchsstimmung gab.
EG Wenn wir als Familie mit Ulrichs Arbeiten Geld eingenommen hatten, veranstaltete er sofort wieder ein tolles Programm – ehrenamtlich. Wir waren ein armer Laden und stolz darauf. Heute komme ich mir manchmal blöd vor, wie stolz wir waren. Wir haben Dinge mit dem Auto erledigt und kein Kilometergeld abgerechnet. So war das in den 60er Jahren. Ulrich hatte wie seine ganze Familie kein Verhältnis zum Geld und ich selbst wollte eigentlich nie Eigentum besitzen. Aber als die Kinder kamen, merkte ich doch, dass ich einen Ort brauche, wo ich die Tür zu machen kann und wo nur jemand herein kommt, den ich eingeladen habe. Das war es im Grunde, warum ich dachte, dass wir ein Haus haben sollten.
War das Leben im Kino zu offen und durchlässig?

EG Nein, das Haus hat andere Dinge möglich gemacht. Wir sind 1969 eingezogen, als unsere zweite Tochter auf die Welt kam. Es war eine kleine Reise, es zu finden. Aber als wir es gefunden hatten, war alles gut. Die Vorbesitzer hatten vor langer Zeit sogar einen Swimmingpool im Garten eingerichtet. Ich nutze ihn bis heute unglaublich gern für mich allein. Das war ein Segen in der langen Isolierung während der Corona-Pandemie.

UG Mir ist es meistens noch zu kalt, wenn Erika schon im April oder Mai jeden Morgen schwimmen geht.

EG Die Vorbesitzer haben unser Haus schon früh erweitert. Sie haben viel verändert, denn anders als die Nachbarhäuser in der Siedlung gibt es im zweiten Stock drei zusätzliche Zimmer und ein Bad. Das hat mich sofort begeistert. Unsere besten Freunde leben in Moskau und Budapest, und damals konnten sie nicht aus dem Ostblock heraus. Aber ich war sicher, dass es einmal Reisemöglichkeiten geben würde. Nur – viel Geld war nicht da, auf beiden Seiten nicht. Deswegen war es gut, darauf vorbereitet zu sein und Platz zu haben. Und so ist es auch gekommen.

Wir hatten schon vorher viel Besuch in der alten Wohnung in der Bornimer Straße. Der Witz war, dass es dort kein freies Zimmer für Gäste gab, denn eines der Zimmer war an die junge Irmgard Hartig vermietet. Sie hatte Abitur auf dem Französischem Gymnasium gemacht und warnte mich immer, dass ich meine Kinder nicht dahin schicken sollte: «Du kannst am Ende weder richtig Französisch noch richtig Deutsch.» So dachte Irmgard.

Wir verstanden uns gut und deshalb war es kein Problem, wenn ich sie fragte: «Könntest du bitte für eine Woche zu deinen Eltern ziehen?» Die Eltern wohnten in Berlin, aber Irmgard hatte sich von zu Hause emanzipiert. Wenn ich das Zimmer für einen Gast brauchte, sagte sie aber meist: «Kein Problem», zog ihr Bett ab und ging für ein paar Tage zu den Eltern. Ich bezog dann das Bett frisch und machte dasselbe noch einmal, wenn der Besuch abgereist war.

Man kann sich heute nicht mehr vorstellen, was das hieß, denn ich hatte keine Waschmaschine und musste mit der Hand waschen. Die Laken und Bezüge wurden zwar weggegeben, aber die Kopfkissen und Handtücher habe ich in einem Topf auf dem Herd gekocht, dann den schweren Topf ins Badezimmer getragen, über der Badewanne ausgewaschen, alles aufgehängt und hinterher gebügelt. Vielleicht hätten wir, wenn ich es gesagt hätte, damals schon eine Waschmaschine gekauft. Aber ich war ehrgeizig. Auch die Stoffwindeln für die Kinder wurden jeden Tag ausgekocht und über der Badewanne getrocknet.

UG Es gab natürlich Waschmaschinen, aber es war noch nicht so, dass jeder auf jeden Fall eine besitzen sollte.

EG Wenn ich mich heute angucke, denke ich, dass da ein gehöriger Teil Masochismus im Spiel war, oder sagen wir Stolz, dass ich alles schaffe.

Wer kocht bei Ihnen?

EG Ich koche. Ulrich macht gern Pfannkuchen oder Eierkuchen, wie man hier sagt.

UG Sonntags trifft sich oft die Familie und dann gibt es Eintopf oder Pfannkuchen, das ist schon Tradition.

EG Den Eintopf machen wir zu zweit, die Pfannkuchen macht Ulrich und ich mache den Nachtisch. Ich kann inzwischen nur sehr schlecht sehen, aber ein Obstsalat geht gut von der Hand. Äpfel schälen, Orangen und Bananen pellen, alles schneiden. Obstsalat ist fast täglich unser Nachtisch. Ich kann ja nicht mehr lesen. Da entsteht viel tote Zeit, die ich füllen möchte. Deshalb mache ich jetzt auch mehr im Haushalt, als ich je gemacht habe. Die Bretter meines Küchenschranks werden alle vier Wochen ausgewischt, früher vielleicht alle vier Jahre. Früher habe ich gearbeitet und war oft nicht zuhause.

UG Du warst sparsam. Überflüssige Ausgaben mussten nicht sein.

EG Wir sind immer gut mit dem Geld ausgekommen, weil ich sparsam war. Um die Ecke in Halensee, wo wir zuerst wohnten, gab es einen Laden von Butter Hoffmann, da kostete ein Pfund Spaghetti 30 oder 40 Pfennig. Es gab auch in den Lebensmittelläden damals überall noch Frauen in den Obstabteilungen, nette ältere wunderbare Frauen. Ich bin hin und habe sie nach angestoßenen Tomaten gefragt. Da haben sie gelächelt und eine Tüte gefüllt. Die Tomaten waren vielleicht ein bisschen weich, aber prima. Zu Hause konnte ich damit für 80 Pfennig Tomatensuppe oder Spaghetti mit Tomatensoße kochen oder abends Tomatenbrote machen. Wir haben es gut gehabt, es waren glückliche Jahre. Als wir dann das Haus hatten, konnten wir drei Gäste aufnehmen, nicht nur, während das Forum lief, sondern das ganze Jahr über. Es gab kein Problem mehr mit fehlenden Gästezimmern.

UG Auch außerhalb der Berlinale kamen Freunde zu uns nach Berlin, zum Beispiel über das DAAD Künstlerprogramm[1]. Wir haben einigen den Tipp gegeben, sich für die Künstler-Residenz zu bewerben.

EG István Szabó war ein enger Freund geworden, seit wir 1967 bei den Freunden seinen Film VATER[2] gezeigt haben. Als er zehn Jahre später ein DAAD-Stipendium für einen längeren Aufenthalt in Berlin erhielt, stellte man plötzlich fest, dass er die bereitgestellte Wohnung nicht beziehen durfte, weil das Berliner Künstlerprogramm des DAAD zur Hälfte aus Bundes- und West-Berliner Mitteln finanziert wurde. Als

1 Residenzprogramm für internationale Kunstschaffende in Berlin, gegründet 1963. Ursprünglich initiiert von der Ford Foundation, ging es 1965 in die Zuständigkeit des DAAD (Deutscher Akademischer Austauschdienst) über. István Szabó lebte 1977 als DAAD-Stipendiat im Hause Gregor.

2 APA (VATER; Regie: István Szabó, HU 1966). Ein Halbwüchsiger, dessen Vater bei Kriegsende starb, dichtet dem Verstorbenen eine Heldengeschichte als Partisan an und versucht damit auch, sein eigenes Prestige vor den Altersgenossen zu erhöhen, bis er als Jugendlicher beginnt, auf den Spuren des Vaters ein realistisches Bild von dessen Leben zu gewinnen.

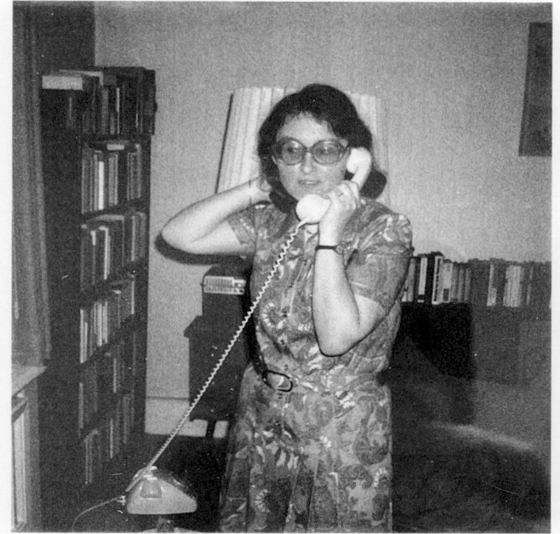

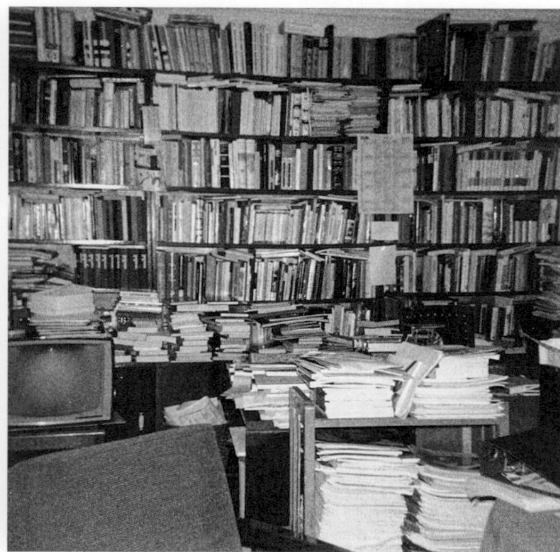

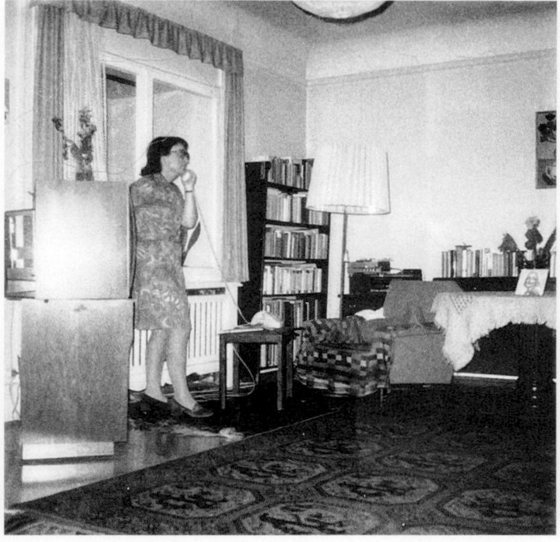

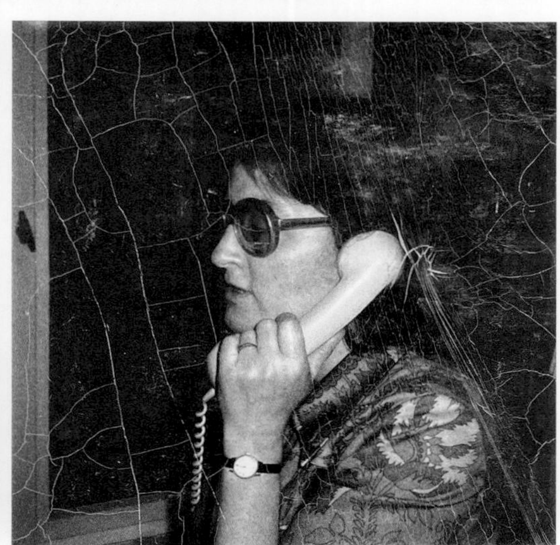

Erika Gregor im Haus am Eichkatzweg in den 1970er-Jahren

Ungar durfte er aber laut der Drei-Staaten-Theorie in West-Berlin nicht von einer gesamtdeutschen Institution unterstützt werden.

Die DAAD-Leute wurden nervös, als er kommen sollte, und da bot ich ihnen an, dass er zunächst bei uns wohnen könnte. Er zog also in eins unserer Zimmer im zweiten Stock. Nach vierzehn Tagen hatte der DAAD eine Lösung gefunden: István sollte eine offiziell von der Akademie der Künste gemietete Wohnung bekommen, denn die Akademie war damals eine West-Berliner Institution und so konnte man politischen Zank vermeiden. István schaute sich die Wohnung an, kam zurück und sagte: «Erika, wenn es dir nichts ausmacht, bleibe ich lieber bei euch.»

UG Wenn wir nicht da waren, hat er auf das Haus aufgepasst und Telefonanrufe angenommen. Manchmal fragten die Leute: «Wer ist denn da? Wer sind Sie?» Dann hat er geantwortet: «Ich bin der Butler.» Butler, das passte nicht richtig zu uns. Das hat er bemerkt und sich dann lieber mit dem Satz: «Hier ist der Gärtner» gemeldet.

EG István Szabó hat in unserem Haus begonnen, das Drehbuch für seinen Film MEPHISTO[3] zu entwerfen. Er hat hier das Buch von Klaus Mann gelesen. Wir haben in der Küche darüber diskutiert und er erzählte, dass er es verfilmen wollte. Ich habe ihm damals abgeraten. Er meinte, dass er es mit einer klaren Haltung gegen die Nazis schreiben würde, aber nicht, indem er ihnen sexuelle Abirrungen unterstellt. Wir haben oft in unserer Küche diskutiert. Wie es damals war, hat István einmal in einer Rede sehr schön beschrieben.

1993 erinnerte sich István Szabó, Mitgründer der Europäischen Filmakademie, in seiner Laudatio anlässlich der gemeinsamen Auszeichnung an Erika und Ulrich Gregor und ihn mit dem Ehrenpreis der Europäischen Filmakademie an die gemeinsamen Abende in der Küche. Wir danken István Szabó und der Europäischen Filmakademie für die freundliche Genehmigung zur Veröffentlichung. (CL)

« Liebe Erika, lieber Ulrich und lieber Naum[4],

das erste Mal sah ich euch, die sogenannte Berlin-Moskau-Connection, an Erikas Küchentisch zusammen sitzen. Damals nahmen wir eine Menge Polaroid-Fotos mit Ulrichs brandneuer Kamera auf. Ein Klick, und heraus kam das Bild und die Gesichter erschienen im Licht. Vielleicht taucht das Foto, das ich in meinem Gedächtnis trage, eines Tages wieder auf: Links vor dem Kühlschrank Erika, ihr gegenüber Ulrich, in der Mitte zum Kühlschrank hin Naum. Hinter euch unterhalb der Wandlampe hing ein altes Forum-Plakat, und rechts auf der Seite mit dem Küchenschrank hing der Fahrplan für den 69er-Bus, der zum Kudamm fuhr.

Damals verlief noch die Mauer quer durch das Berliner Zentrum und es war nicht leicht, aus Moskau nach Berlin zu kommen. Erikas phantasievolle Entschlossenheit und Ulrichs nachdenklich-unerschütterlicher Kampfgeist waren die unabdingbar notwendige Voraussetzung dafür gewesen, Naum Kleiman für einige Wochen zur Vorbereitung einer Eisenstein-Ausstellung nach Berlin zu «retten».

Ist «retten» das richtige Wort? Ich denke, ihr drei stimmt mir zu. Naum war der Direktor des Eisenstein-Kabinetts, eines behüteten Hausschatzes, der in einem kleinen Moskauer Apartment verborgen

3 MEPHISTO (Regie: István Szabó, BRD/Ungarn 1981). Basierend auf dem gleichnamigen Roman von Klaus Mann schildert der Film einen erfolgreichen Theatermann, ein Alter Ego des Schauspielers und Intendanten Gustaf Gründgens, der sich in den 1930er-Jahren vom Nazismus korrumpieren lässt.

4 Naum Ichiljewitsch Kleiman (geb. 1937) war als Filmhistoriker, Eisenstein-Kenner, Publizist und Programmkurator Mitbegründer des Moskauer Eisenstein-Archivs und von 1989 bis 2014 Leiter des Moskauer Filmmuseums, 1993 Mitglied der Wettbewerbsjury der Berlinale und langjähriger Programmberater des Internationalen Forums. Seit 2001 Mitglied der Akademie der Künste Berlin, erhielt er zahlreiche Auszeichnungen. Über die skandalösen Umstände seiner Absetzung als Leiter des Moskauer Filmmuseum Mehr zum Eisenstein-Museum: *filmuniversitaet.de:* https://is.gd/9uHUVH (01.06.2022) Siehe auch das Grußwort von Naum Kleiman.

von ihm beschützt wurde, als ob es sich um einen geheimnisvollen Diamanten handelte, den er geerbt hatte. Er tat alles, was er konnte, um ihn hinaus ans Licht zu bringen, damit die Welt seine versteckten Wunder kennenlernen konnte. Ihr beide tatet alles, was möglich war, um Naum seinem Ziel näherzubringen.

Ich erinnere mich noch an Erikas Anruf, in dem sie von Naum sprach, der ihr gesagt hatte, dass Eisensteins Witwe dringend ein bestimmtes Medikament brauchte und dass dies von Budapest aus leichter nach Moskau zu senden sei. Und ich erinnere mich an eine frühere Szene, als ich vor einem eurer Moskau-Trips bei euch wohnte und ihr einen Koffer voller Bücher packtet, die man in Moskau nicht kaufen konnte. Und wenn Naum enthusiastisch von einem unterdrückten Film schwärmte, der dazu verurteilt schien, vergessen zu werden, dann war er ganz sicher Teil des nächsten Forum-Programms. Trotz zäher Kämpfe würde die Kopie in Berlin ankommen, damit die Welt ein Talent entdeckte, das zuvor zum Schweigen verurteilt war. Ich bin nicht sicher, ob bekannt ist, wie viel harte Arbeit, Menschlichkeit, Entschlossenheit und Mut hinter dieser Moskau-Berlin-Connection liegt, und wie dankbar wir sein sollten, dass sich diese Botschaft in der Welt verbreitete.

Wer erinnert sich heute, wo man in Zentral- und Osteuropa massenhaft behauptet, schon immer Widerstandskämpfer gewesen zu sein, noch daran, wie Filme, von denen nie jemand gehört hatte, ihr Publikum erreichen konnten – sieht man von den Menschen ab, die um Erikas Küchentisch saßen.

Wir saßen also da in der Küche, schnippelten unsere ungarische Salami und tranken Moselwein dazu (diejenigen die Jorge Sempruns Die große Reise[5] gelesen haben, werden wissen, warum). Ich erinnere mich, dass Naum von einer Russin sprach, die zur Bestrafung als Putzfrau in ein Museum in Odessa versetzt war, obwohl sie eine der begabtesten russischen Filmregisseurinnen war. Ich glaube, da hörte ich zum ersten Mal den Namen Kira Muratowa.

Diese Küche, von der aus ich einen Berliner Garten sah, war mit ihrem Wachstuch-gedeckten Tisch, den hölzernen Geschirrborden und Erikas und Ulrichs Kümmellikör eines der wichtigsten Zentren des europäischen Films der vergangenen Jahrzehnte. Für viele Menschen öffnete sich von dieser Küche aus ein Fenster in die Welt. Ob andere es wissen oder nicht, es glauben oder nicht, es war so: Diese Küche war eine lebendige Europäische Filmakademie. Es war einmal … Es war wunderbar.

Im Namen der Vielen danke ich euch.

5 *Die große Reise* (1963), autobiografischer Roman von Jorge Semprun, in dem der spanisch-französische kommunistische Widerstandskämpfer die fünftägige Eisenbahnfahrt beschreibt, die ihn 1944 in einem Viehwaggon aus dem französischen Internierungslager ins KZ Buchenwald bringt.

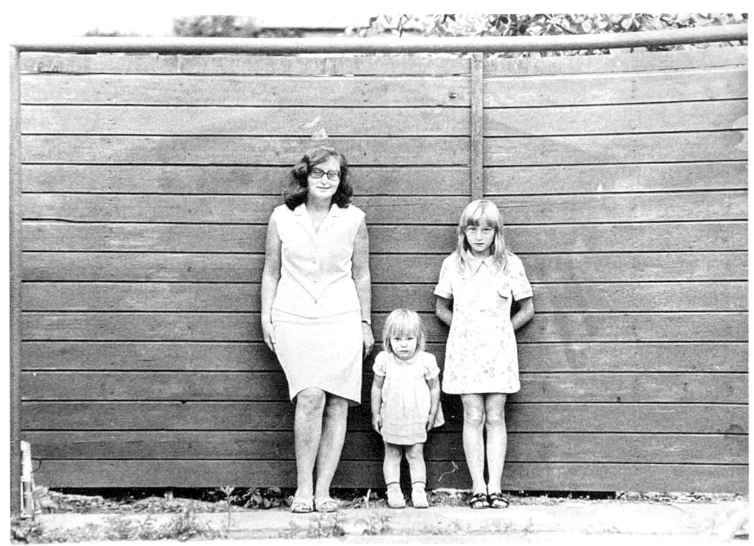

Erika Gregor mit ihren Töchtern Milena und Christine Anfang der 1970er-Jahre

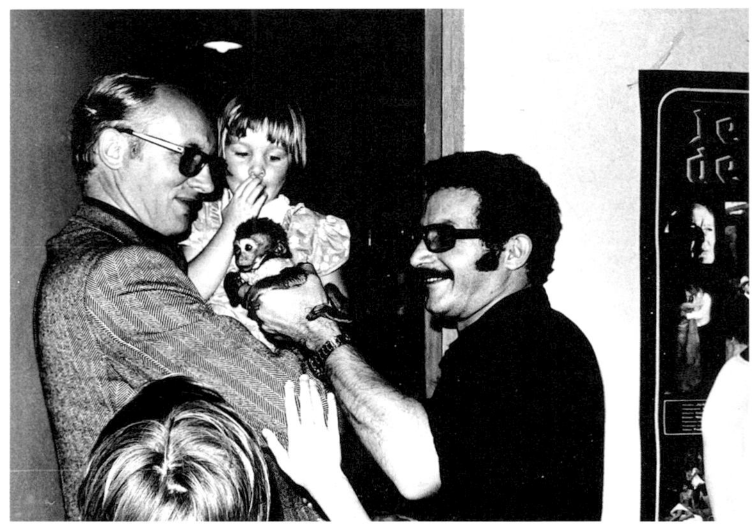

1973, Locarno, Ulrich Gregor mit seinen Töchtern und dem syrischen Regisseur Nabil Maleh (1936–2016). Gregor und Maleh waren Mitglieder der Internationalen Jury.

EG István war der beste Gast, den man sich vorstellen kann – einfach ideal für mich.

Unsere Kinder kamen 1963 und 1969 zur Welt. Als sie klein waren und noch nicht zur Schule mussten, konnten Ulrich und ich trotzdem gemeinsam reisen. Wenn wir nach Cannes wollten, kam meine Mutter und blieb bei den Kindern, und zum Festival in Venedig haben wir sie auf den Lido mitgenommen. Aber später, als die Schule angefangen hatte, konnte ich nicht mehr so einfach verreisen. Ulrich fuhr, ich nicht. Die fehlten mir sehr, die Festival-Reisen. Aber dann war auf einmal István unser Gast. Er meinte: «Ich bin doch da, ich kann kochen und die Kinder versorgen. Warum fährst du nicht?»

FESTIVAL INTERNAZIONALE DEL FILM LOCARNO
3 - 13 AGOSTO

C 167

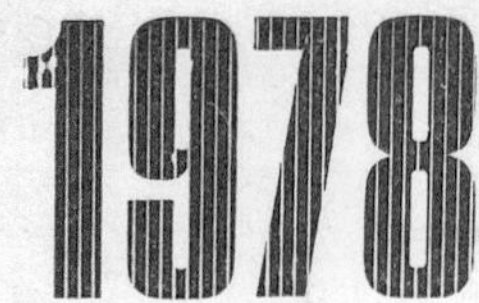

1978

TESSERA SPETTACOLI STAMPA

Strettamente personale
Streng persönlich
Strictement personnelle

№ 305

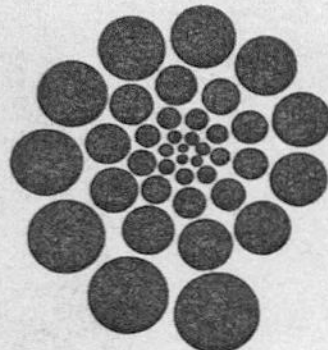

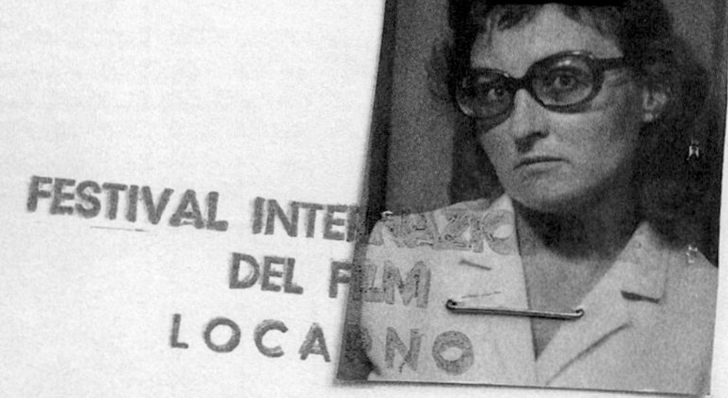

FESTIVAL INTERNAZIONALE DEL FILM LOCARNO

Sig. Erika Gregor

Il presidente:

50% di riduzione sui percorsi: Locarno - Bignasco e Locarno - Camedo; Funicolare Locarno - Madonna del Sasso Funivia Orselina - Cardada; Seggiovia Cardada-Cimetta e sui battelli del Lago Maggiore (Bacino Sviz.).

| 3 | 4 | 5 | 6 | 7 | 8 | 9 | 10 | 11 | 12 | 13 |

Festivalpass 1978 Locarno

ARSENAL – DAS ERSTE JAHR

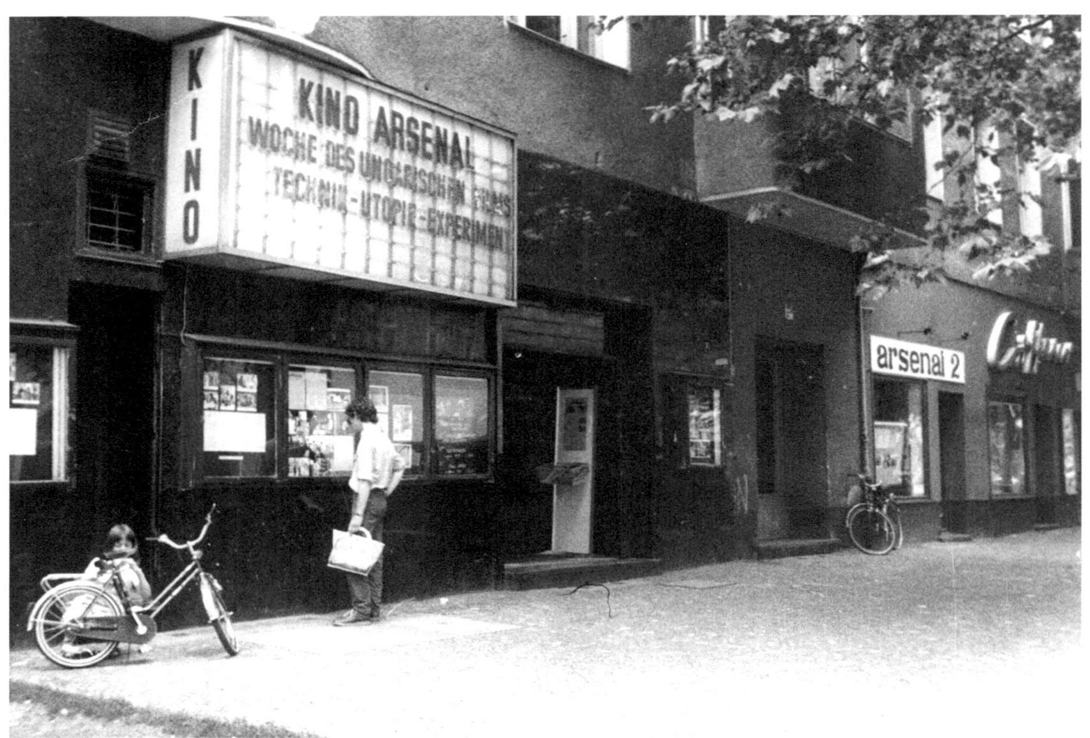

Kino Arsenal, Woche des Ungarischen Films

In einem Interview anlässlich des Jubiläums zu 50 Jahren Freunde der Deutschen Kinemathek erinnerten sich Erika und Ulrich Gregor an ihre ersten Eindrücke im hauseigenen Kino der Freunde. Warum der Name? Nur eine Hommage an den Film Arsenal oder ging es auch um die Assoziation eines «Waffendepots»? (CL)

UG Ja, ein Waffenarsenal, um die Welt zu reformieren. Später erklärte uns einmal jemand, im Arabischen würde Arsenal «Haus der Betriebsamkeit» bedeuten. Das fanden wir auch nicht schlecht.
EG Ich war für Arsenal, weil es mit A anfängt und man deshalb in den Kinoanzeigen[1] ganz vorn steht.
UG Wir konnten damals keine großen Sprünge machen, weil wir keine Förderung bekamen. Wir sind einmal zum Berliner Senat gegangen und haben unsere Lage dargestellt. Da wurde uns gesagt: «Entweder Sie haben genug Geld, dann brauchen Sie unsere Förderung nicht.

1 Vor der Digitalisierung veröffentlichten die Berliner Lokalzeitungen am Wochenende die kompletten Spielpläne aller Berliner Kinos, alphabetisch geordnet nach den Bezirken und den Namen der Kinos. Das Arsenal stand unter Schöneberg ganz oben.

Wenn aber nicht, dann ist Ihr Verein finanziell instabil, und solche Vereine können wir nicht fördern.»[2]

EG Wir hatten von Anfang an Glück mit dem Publikum, das uns immer folgte.[3] Manchmal kommen heute alte Leute auf mich zu und sagen: «Ach, Frau Gregor, vor 40 Jahren haben Sie mir schon die Karten abgerissen!» Ein hoher Beamter hat mir einmal erzählt, er habe seine Frau im Arsenal kennengelernt, als sie beide Studenten waren. Auch die Berliner Kritik war immer gut zu uns. Wenn ich zu Hause aufräume und alte Kritiken finde, spüre ich noch immer dieses Wohlwollen.

UG Als wir im ersten Jahr DAS GOLDENE ZEITALTER[4] von Luis Buñuel zeigten, war das ein solches Ereignis, dass selbst die B. Z. einen Artikel darüber brachte. Der Film war eine Legende, aber nirgendwo zu sehen. Wir haben es geschafft, eine Kopie aufzutreiben – übrigens mit der Einwilligung von Buñuel persönlich.

Täglich drei, an den Wochenenden fünf Programme waren nun das Pensum, um im kleineren Arsenal Kino möglichst so viele Besucher:innen zu erreichen wie zuvor in den größeren Spielorten Akademie, Bellevue u. a. m. (CL)

« Im Januar 1971 bietet das Arsenal eine Programmreihe Surrealismus und Avantgarde an. Am Donnerstag 7. Januar um 20:30 Uhr und Freitag 8. Januar 22:30 läuft L'ÂGE D'OR / DAS GOLDENE ZEITALTER. Berlin ist tief verschneit, es ist kalt. Beide Veranstaltungen sind ausverkauft. Insbesondere am Freitag stehen die Besucherschlangen bis weit über den Kindergarten rechter Hand hinaus. Es wird spontan entschieden, eine weitere Vorführung anzusetzen, die erst nach dem Ende der im Programm vorgesehenen 0:30-Uhr-Vorführung eines anderen Films hätte stattfinden können, wenn nicht – wie es gelegentlich in anderen Fällen passierte – diese Vorführung zugunsten von L'ÂGE D'OR abgesagt wurde. Heiner Roß kochte im Büro viele Kannen wärmenden Kaffee, die kostenlos an die Wartenden ausgeschenkt wurden. Manfred Salzgeber und er verkauften die Karten und organisierten den Aus- bzw. Einlass. Von der Telefonzelle vor dem Postamt eine Straße weiter riefen die Wartenden weitere Interessenten an. Wie viele Vorstellungen waren es am Ende? L'ÂGE D'OR rettete das Arsenal, denn der unerwartete Geldfluss garantierte die Zukunft. (Heiner Roß: Erinnerungen, a. a. O., S. 48) »

2 Gerhard Midding, *tip-berlin.de* (https://is.gd/EmqeQc). Dank an Gerhard Midding für die Zustimmung zum Druck. (30.05.2022)

3 A. a. O. Es gab auch den gegenteiligen Eindruck, dass sich manche Mitglieder mit dem Wechsel ins kleinere, noch nicht sanierte Arsenal schwer taten. Eine bestimmte urbane Schicht, die zu den angesagten Programmen in die Akademie gekommen war, schätzte die Großzügigkeit des modernen Gebäudes am Hanseatenweg mindestens ebenso wie die Filmveranstaltungen der Freunde.

4 L'ÂGE D'OR (DAS GOLDENE ZEITALTER; Regie: Luis Buñuel, Frankreich 1930); einer der ersten französischen Tonfilme, eine Folge albtraumhafter Szenen um gewalttätige Priester, zügellose Repräsentanten der bürgerlichen Gesellschaft und zwischen Begierde und Gewalterfahrung zerrissene Frauen – Buñuels und Salvador Dalís (Ko-Autor) surrealistische Kritik der bürgerlichen Moral.

EG Es war ein kalter Winter, und das Klo im Kino war eingefroren. Während Ulrich vorn stand und erzählte, wie wunderbar es ist, diesen seltenen Film zu zeigen, lief der Klempner mit einem Klobecken durch den Saal. Ich dachte: «Das ist die Realität des Arsenals: Wir schaffen es, den Film zu kriegen, sind aber nicht in der Lage, die Heizung fürs Klo zu bezahlen!»[5]
UG Das goldene Zeitalter ist ein surrealistisches Meisterwerk, das ich unbedingt zeigen und diskutieren wollte, damit es in Deutschland bekannt wird. Wir trafen Luis Buñuel beim Festival in Cannes zufällig – im Hotelaufzug. Ich brachte spontan meine Bitte vor, dass wir gern eine Kopie hätten. Er stimmte zu und setzte einen Brief auf, in den er den schönen Lapsus «Freude der Deutschen Kinemathek» einbaute.

«Das Kino in der Welser Straße 25 wurde ursprünglich am 18. Oktober 1912 eröffnet. Ab 1922 ist der Name Bayreuther Lichtspiele (Die Welserstraße hieß damals Bayreuther Straße) dokumentiert (Betreiber: Mohamed Sudageff). Fritz Rottmann, der letzte einer ganzen Reihe von Betreibern und Betreiberinnen, führte das 175 Plätze umfassende Kino bis 1969, ehe er es an die Freunde der Deutschen Kinemathek verkaufte.[6]

Der Eingang des Kinos war durch ein Scherengitter gesichert. Dahinter befand sich eine Flügeltür, zwischen Scherengitter und Flügeltür ein winziger ungeheizter Kassenraum, von dem aus anfangs Eintrittskarten und Mitgliedsausweise verkauft wurden. Vor dem Kinosaal durchquerte man ein kleines, mit Filmplakaten dekoriertes Foyer, dessen rechte Seite den Freunden nach dem Umbau als Kasse und Verkaufstresen für Bücher, Kinemathek-Hefte und ein schmales Angebot an Süßigkeiten (ohne Popcorn) diente.

Von ursprünglich zwei Flügeltüren zum schmalen Kinosaal wurde nur die rechte genutzt. An der Wand, die durch den verschlossenen linken Eingang entstanden war, hingen Programmblätter, Kritiken und Fotos zum aktuellen Programm. Der Projektionsraum war nur von der Straße aus, links von den Schaukästen des Kinos, zu erreichen. (Heiner Roß: Unveröffentlichte Erinnerungen, S. 48)»

UG Wir hatten lange Jahre einen Gast, der das erste Kamera-Kino in den zwanziger Jahren gegründet hatte und 1933 durch die «Arisierung» alles verlor. Dieser Herr Rosenblüth kam oft ins Arsenal und

5 Gerhard Midding, a. a. O.
6 *www.allekinos.com* (30.05.2022).

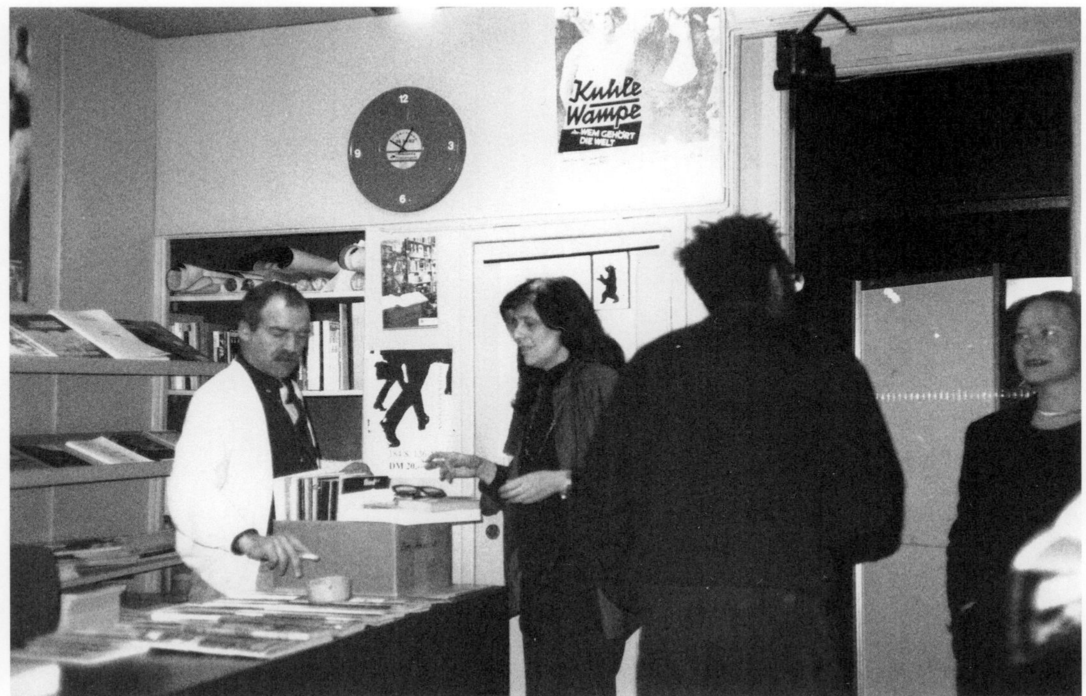

Alf Bold und Susan Sontag im Foyer des Arsenal-Kinos

bezahlte nie, weil er das Kino als rechtmäßigen Nachfolger seines Kamera-Kinos ansah.

EG Herr Rosenblüth kam mit vielen Plastiktüten und grundsätzlich zu spät, sein Platz war vorne an der Leinwand. Er raschelte und aß im Kino und ging dann mit den Worten «Dieser Film taugt auch nichts!» Die Frauen an der Kasse wollten ihm den Eintritt verwehren, aber ich sagte: «Kinder, ertragt ihn, ich finde, dass Menschen wie er zu einem Kino wie dem Arsenal gehören. Bei uns sind die Besucher nicht irgendwelche Leute, die Geld bezahlen. Ich zeige ihnen wunderbare Filme, die ich großartig finde, dann sind sie meine Gäste und zu den Gästen einer Familie gehören auch immer ein paar Leute, die nicht dem Mittelmaß entsprechen.»

UG Ein anderer Stammgast war die Fotografin und leider erfolglose Filmemacherin Fumiko Matsuyama. Sie wohnte nicht weit vom Kino und kam oft spontan vorbei. Erika gab ihr freien Eintritt und der war dann irgendwann selbstverständlich. Fumiko dokumentierte unzählige Filmgespräche im Arsenal und beim Forum.

Ich sehe noch vor mir, dass sie mit zwei Kameras um den Hals in einer der vorderen Reihen saß und abwechselnd in Farbe und Schwarzweiß losknipste. Vielleicht waren die Bilder oft unscharf, jedenfalls hat sie uns selten etwas davon gezeigt. Aber jedes Jahr schickte

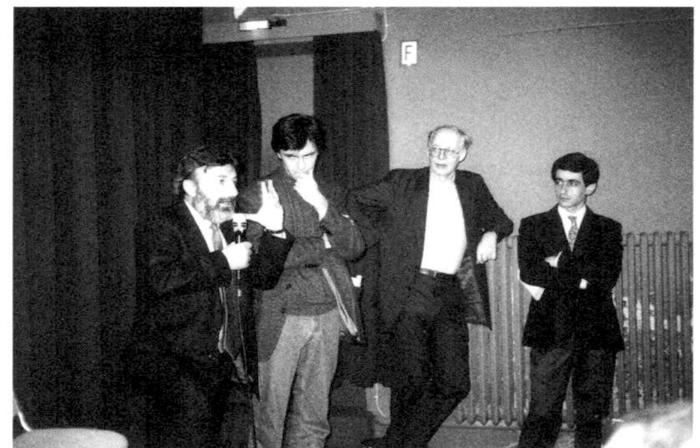

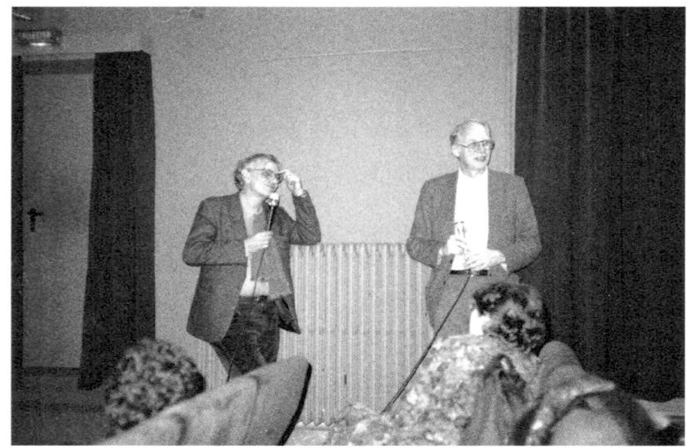

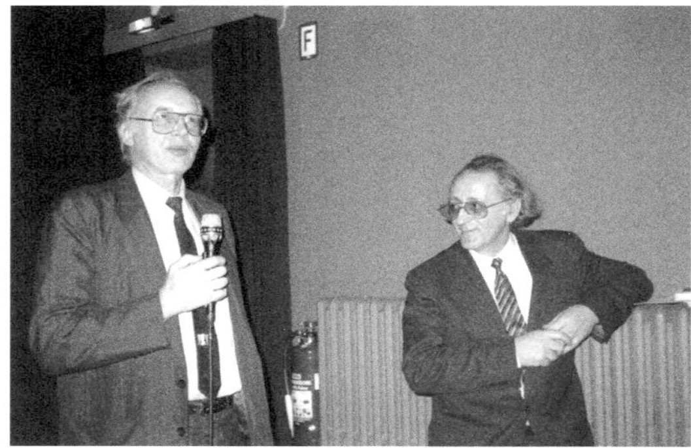

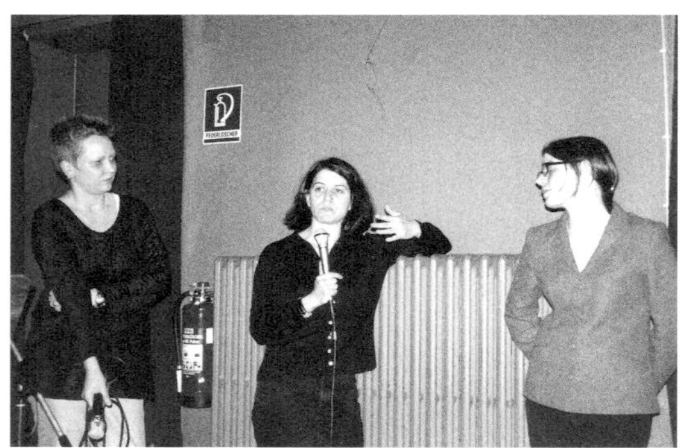

Der Ort für Filmgespräche im Arsenal-Kino Welserstraße

1990 im April, Ulrich Gregor und Costa Gavras an der Heizung

1992, Ulrich Gregor im Gespräch mit Naum Kleimann

1996, Stefanie Schulte Strathaus im Gespräch mit den Filmemacherinnen Shelly Silver und Sheila MacLaughlin

sie uns eine japanische Postkarte mit Neujahrsgrüßen, und einmal, als sie zu einem Video-Festival in Havanna eingeladen war, schickte sie eine selbst gemachte Grußkarte mit revolutionären Grüßen, in der ich als Alter Ego von Fidel Castro vorkam. Sehr bunt und originell.

EG Sie hat sich zur Familie gehörig gefühlt.

Als das Arsenal zum Potsdamer Platz zog, waren ihre Pressekontakte nach Japan sicher nicht mehr aktuell und vieles wurde an unserem neuen Standort anders gehandhabt. Plötzlich verwehrte ihr jemand den freien Zugang und sagte: «Sie müssen einen Presseartikel oder irgendwas Schriftliches vorweisen.» Das war eine solche Kränkung für sie, dass ich das nicht mehr ausräumen konnte, als ich mit ihr sprach. Ich habe ihr dann eine meiner berühmten handschriftlichen Postkarten gegeben. Darauf stand: «Liebe Kassenfrauen, wenn Fumiko Matsuyama usw. usw. kommt, gebt ihr eine Ehrenkarte, Gruß Erika Gregor.» Meine Karten betrafen zwei oder drei solcher alten Stammgäste. Ich fand einfach, dass ein Kino wie das Arsenal solche Unikate braucht.

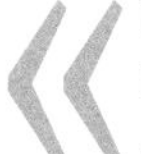

Bog man in die Welserstraße ein, sah man oft schon eine Menge Kinobesucher vor der Tür stehen. Das Foyer war klein, eher nur ein Gang am Tresen vorbei, wo man Karten kaufte,

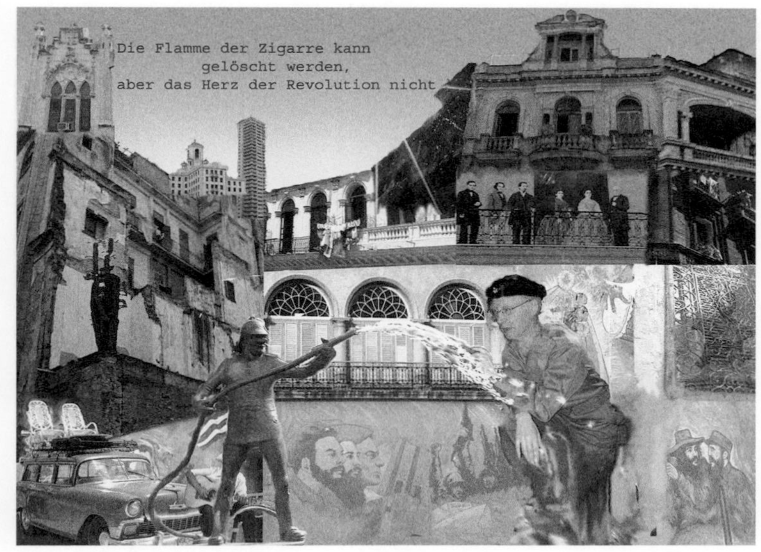

Nach einer Kuba-Reise: Weihnachtsgruß mit revolutionärem Pathos

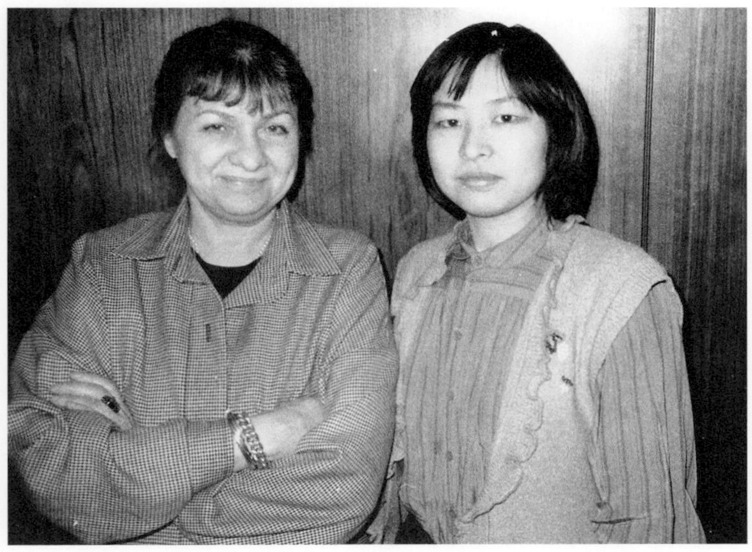

1990, Fumiko Matsuyama und Filmemacherin Márta Mészáros

auch das eine oder andere der Kinemathek-Hefte erwerben konnte, die an der Wand hinter der Kasse aufgereiht standen. Nach dem Film fand sich das Publikum wiederum draußen im Gespräch zusammen.

Das Haus fiel in der Front der Wohnhäuser nur durch das große Billboard auf, das die gerade laufenden Filme oder Filmreihen in roten Buchstaben anzeigte, und durch die Schaukästen mit Fotos, Filmkritiken oder Plakaten. Ging man durch den schmalen Vorraum ins Kino, so zeigte sich dieses ebenfalls räumlich bescheiden – großzügig waren nur die hochgezogenen Stills aus Filmen der sowjetischen Avantgarde an den Wänden.[7]

(Karola Gramann / Heide Schlüpmann: Die Räume und die Dinge: Das alte Arsenal)[8]

Im alten Arsenal war neben dem Geschäftsführer nur Herr Schönbohm, der «alte» Filmvorführer der Bayreuther Lichtspiele fest angestellt. Wie lange er schon in den Bayreuther Lichtspielen tätig war, blieb unbekannt. Überzeugend war, dass er die Uralttechnik des Betriebs beherrschte und Filmkopien mit Routine und Sorgfalt behandelte. Aber er musste erst in die Geheimnisse der Vorführung von Archivkopien und 16-mm-Kopien eingeführt und ausgebildet werden. Beim Einlegen der 16-mm-Kopien in den transportablen Projektor (eine Siemens 2000, die edle Maschine) pfiff er immer vor sich hin, denn er befürchtete, mit seinen großen Arbeiterfingern den schmalen Filmstreifen nicht richtig in das filigrane Laufwerk einlegen zu können. Die Stummfilme im alten 35-mm-Format wurden auf einem transportablen Zeiss-Ikon vorgeführt, der noch eine wasserbetriebene Kühlanlage integriert hatte, denn die Filmkopien in den 1920er-Jahren waren brennbar und leicht entzündlich.[...]

Zusätzlich zum Vorführer Herr Schönbohm war Hubert Liepe, Vorführer in der Akademie der Künste und zuständig für Sichtungen für die Berlinale, gegen Entgelt tätig. Aber sehr viele 16-mm-Filme wurden von den ehrenamtlich tätigen Freunden aufgeführt, insbesondere die Spät- und Nachtvorstellungen von Manfred Salzgeber und später Alf Bold. [...] Nicht zu vergessen Helmut Arlt, der Chef-Filmvorführer beim Sender Freies Berlin, der sehr viele entscheidende Impulse für die Kino-Technik gab. Denn anfangs war die Chance, neueste Technik zu erwerben, nicht gegeben. Gebrauchte 35-mm-Projektoren, eine um Jahrzehnte jüngere Generation als die übernommenen, mussten mit allen Raffinessen eingebaut werden.[9] (Heiner Roß, a. a. O., S. 30)

Das Arsenal wurde anfangs noch mit einem Kohleofen beheizt. Die ungeheizten Toiletten befanden sich im ursprünglichen Kinosaal rechts der Leinwand. Sie bildeten ein Dreieck, die eine Hälfte die Damentoilette, die andere Hälfte Herrentoilette. 1972 verschwand die Anlage im Zuge der Vergrößerung der Leinwand. Es entstand ein Toilettenhäuschen im Hof, erreichbar durch eine Stahltür, die zugleich der Notausgang war. (CL)

Im Programmheft Juni 2013 ein Bild des Urkinos: Rechts im Hintergrund die Toiletten. Links die alte Bühne und Leinwand. Dort stimmten die Bildformate. Das Normalformat war optimal. Breitwand und Cinemascope, in ihrer Breite dem Normal-

7 Die erwähnten Stills befinden sich seit 2000 im Gang neben dem Kinosaal 1 im Arsenal Potsdamer Straße 2.

8 *Kinema Kommunal*, Ausgabe 2/2013, Heft 87, S. 26. Herzlichen Dank an die Autorinnen für die Erlaubnis zum Abdruck.

9 Ein Nachruf des finnischen Cineasten Antti Alanen zu Helmut Arlt findet sich auf *anttialanenfilmdiary.blogspot.com* (https://is.gd/tshpOq, 30.05.2022).

format entsprechend, wirkten deshalb klein. Leinwandvergrößerung durch den Wegfall der Toiletten. Dadurch entstand ein trapezförmiges Bild, das abgekascht wurde.

(Heiner Roß, a. a. O., S. 25)

Ein Zimmer links [war] Büro, anschließend geradeaus der an Manfred Salzgeber vermietete Raum. Alfs Revier war rechts die Küche (mit Speisekammer). Kam der Geschäftsführer (ohne Gregors) in das Büro, torkelten ihm die Nachtarbeiter Manfred und Alf Stunden später entgegen, auch ihre Liebsten erschienen und wurden mit Kaffee und Brötchen verwöhnt (vom hochbezahlten Heiner Roß, der 600 DM für circa 300 Monatsstunden verdiente). Manfred Salzgeber brachte Alf Bold zum Film. Alfs Weg zum Avantgardefilm und zur modernen Musik bedeutete zugleich die Loslösung von Manfred. Er produzierte unendlich viele Informationsblätter zu den Filmen, Erika Gregor las sehr oft Korrrektur, auch dafür ewiger Dank.

Ein Büro wurde die Wohnung mit dem Beginn des öffentlich geförderten Internationalen Forums des Jungen Films. Die Küche wurde zu Alfs Büro, die Speisekammer zur Druckerei, Alfs Zimmer zum Kopien-Lager (dank der ausgemusterten Regale, die Helmut Arlt von seinem Sender SFB organisierte). Manfreds Zimmer wurde zum Empfangs- und Beratungsraum sowie Schreib- und Telefonplatz von Ulrich und Erika Gregor.

(Heiner Roß, a. a. O., S. 27)

[D]ie Mitgliederzahl der Freunde der Deutschen Kinemathek erhöhte sich seit Bestehen des Arsenals von etwa 800 auf rund 2500. Bei allgemein wachsendem Zuspruch ist das Interesse an den gezeigten Filmen freilich noch recht unterschiedlich: Während etwa Filme wie Monterey Pop[10] von D. A. Pennebaker / Richard Leacock / Albert Maysles oder die Orginalfassung von Cammel/ Roegs Performance[11] mit Mick Jagger, aber auch der von den

1972, Heiner Roß und Festivalgast im Büro des Internationalen Forums

In den ersten Monaten nach Eröffnung des Arsenal Kinos wurde das Programm nach wie vor in den Privaträumen der Kerngruppe vorbereitet. Im März 1970 ergab sich die Chance, eine Wohnung im ersten Stock über dem Kino anzumieten, die Heiner Roß ergriff. Einige Monate war Manfred Salzgeber sein Untermieter, ebenso dessen damaliger Freund Alf Bold, der in der Küche der Wohnung sein Quartier aufschlug. In den folgenden Monaten und Jahren wandelte sich die Wohnung Welserstraße 25 mit dem Klingelschild Arsenal zum Herz aller Aktivitäten rund um das Kino und das Internationale Forum. (CL)

10 Monterey Pop (Monterey Pop; Regie: D. A. Pennebaker / Richard Leacock / Albert Maysles, USA 1968), ikonischer Konzertfilm über das International Monterey Pop Festival 1967.

11 Performance (Performance; Regie: Nicholas Roeg / Donald Cammell, GB 1968), Pop-inspirierter Thriller um einen Gangster auf der Flucht, der in der WG eines erratischen Rockstars und seiner beiden Geliebten untertaucht.

Im Januar 1971, ein Jahr nach der Eröffnung des Arsenal Kinos, zog der Filmkritiker Heinz Kersten ein vorläufiges Resümee. (CL)

Freunden neben anderen lateinamerikanischen Filmen in ihren nichtkommerziellen Verleih übernommene dreiteilige argentinische Agitationsfilm LA HORA DE LOS HORNOS / DIE STUNDE DER HOCHÖFEN von Fernando Solanas und Octavio Getino mehrere Male ausverkauft sind und auch nach Mitternacht noch Massen auf die Beine bringen, herrscht bei vielen historischen und Undergroundfilmen im Parkett oft gähnende Leere. Allerdings tragen langfristige Bemühungen doch Früchte. So konnte durch wiederholte Terminierungen Filmen von Erich von Stroheim und dem bisher weitgehend unbekannten sowjetischen Filmklassiker DAS GLÜCK[12] von Alexander Medwedkin doch zu einer gewissen Popularität verholfen werden. [...]

Die Ignoranz, die der West-Berliner Senat jahrelang gegenüber [der] Arbeit [der Freunde] bewies, gehört zu den traurigsten Kapiteln der Kulturpolitik in dieser Stadt. Der aus öffentlichen Mitteln gewährte Zuschuss wurde 1970 erstmalig von 3.000 auf 8.500 DM erhöht. »

(Heinz Kersten: «Ein Jahr Berliner Arsenal», *Filmkritik*, 1/71, S. 5)

Die Steigerung der Fördermittel auf 8.500 DM im ersten Jahr des Arsenal Kinos beruhte auf einer Zuwendung von 5.000 DM für ein Sonderprojekt: die Koordinierung einer Ausstellung zu *Sergej Eisenstein – Das Thema der Revolution und die Synthese der Künste* in der Akademie der Künste und die Organisation der dazugehörigen Retrospektive. Mit zahlreichen aufwendigen Sonderprojekten ähnlichen Anspruchs luden sich die Freunde in den folgenden Jahrzehnten interessante zusätzliche Arbeiten auf und verbesserten zugleich ihre finanzielle Situation.

Naum Kleiman, Eisenstein-Spezialist und Freund der Gregors,* erinnerte sich in einer Rede an eine charakteristische Situation bei der gemeinsamen Arbeit an diesem Eisenstein-Projekt 1970. (CL)

* Siehe auch das Grußwort von Naum Kleiman.

« Ich bin wie viele rund um die Welt nicht nur ein Freund, sondern auch [ein] Schüler [von Erika und Ulrich Gregor.] Die beiden sind Schlüsselfiguren meiner Biografie. Ich werde nie eines der Lehrstücke vergessen, das Erika und Ulrich mit mir spielten, als sie das diplomatische Husarenstück vollbrachten, 1970 eine von mir kuratierte Ausstellung über Sergej Eisenstein durch den Eisernen Vorhang nach West-Berlin zu bringen. [...]

Am Ende wurde die Ausstellung in der Akademie der Künste zu Berlin am Hanseatenweg aufgebaut. Vor der Eröffnung kamen jedoch sowjetische Funktionäre aus Ost-Berlin, alle mit den gleichen Gesichtern, gleichen Anzügen und Krawatten. Sie waren sehr ernst und man spürte, dass sie den kleinsten Vorfall zum Anlass nehmen würden, das gesamte Unterfangen unmöglich zu machen. Ich wurde nervös und begann wortreich, Erklärungen abzugeben. Die Funktionäre hörten nur stumm zu und verschwanden. Erika sagte: «Du bist ängstlich, lieber Naum. Warum? Wir machen nichts Schlimmes, ganz und gar nicht. Sie sind mächtig nur dank unserer Angst.» »

(Naum Kleiman, Laudatio anlässlich der Verleihung der Berlinale Kamera 2010 an Erika und Ulrich Gregor)

12 SCHASTYE (DAS GLÜCK; Regie: Alexander Medwedkin, UdSSR 1935), eine Groteske um Habgier, Diebstahl, Missgeschicke bei der letztlich erfolgreichen Verwandlung armer Dörfler in Kolchosbauern, einer der wenigen erhaltenen Filme, die auf der Reise mit einem komplett als Studio ausgerüsteten Filmzug in der Sowjetunion entstanden.

[Auf das «Ergänzungsprogramm» zur Berlinale 1969 folgte ein Jahr später] im neu gegründeten Arsenal ein Programm «aus Anlass der Berliner Filmfestspiele», das unter anderem die erste Fassbinder-Retrospektive enthielt, die je veranstaltet wurde (mit fünf Filmen), außerdem liefen Filme von Rosa von Praunheim, kubanische Dokumentarfilme, Filme aus Japan (EROS + MASSAKER[13] von Yoshishige Yoshida), Filme von Jonas Mekas und Robert Kramer, sowie zwei Stummfilmklassiker von Louis Feuillade (TIH MINH[14] und JUDEX[15]); damit brachten die Freunde bereits jene Verklammerung von altem und neuem Kino zum Ausdruck, die sie bis heute im Forum und im Arsenal immer wieder praktizieren. Das Programm dokumentierte auch die Vielseitigkeit und Vielschichtigkeit neuer Filmstile zwischen Avantgardefilm, erzählendem Film und Dokumentarfilm. Im Gegensatz zum «offiziellen» Festival konnte dieses Programm 1970 auch wie geplant zu Ende geführt werden.

(Ulrich Gregor: Berlinale im Umbruch, a. a. O.)

UG Durch die vielen Jahre mit interessanten Programmen in der Akademie der Künste und später im Bellevue-Kino hatten wir ein Stammpublikum auch unter Künstlern, Literaten, Intellektuellen und den Köpfen der Studentenbewegung. Man traf sich gern rund um unsere Veranstaltungen und Filmdiskussionen.

EG Vor dem Attentat 1968 kam zum Beispiel auch Rudi Dutschke mit seiner Frau. Mir fiel damals auf, dass er sehr höflich zu ihr war und den Sitz im Bellevue-Kino für sie herunterklappte. Er hatte eigene Kontakte, zum Beispiel nach Kuba, und interessierte sich für die politischen Dokumentarfilme. Von Santiago Alvarez hatte er Filme für den SDS besorgt. Alvarez wollte dann aber, dass sie in unser Archiv kamen.

UG Man kannte sich in West-Berlin. In den 1970er-Jahren kamen dann die Leute von der Schaubühne, die ja sehr prominent wurden. Zu unserer Zeit an der FU hatten einige von ihnen das Studententheater gemacht.

EG Sie arbeiteten am Anfang unserer Arsenal-Zeit an der Inszenie-

13 EROSU + GYAKUSATSU (EROS UND MASSAKER; Regie: Yoshishige Yoshida, JP 1969), komplexe Biografie des 1923 vom japanischen Militär ermordeten Anarchisten Osugi Sakae und dessen Beziehung zu drei Frauen.

14 TIH MINH (Regie: Louis Feuillade, F 1919), Spionage-Geschichte um einen französischen Kolonial-Forschungsreisenden als zwölfteiliges Stummfilm-Serial.

15 JUDEX (Regie: Louis Feuillade, F 1916), zwölfteiliges Serial über einen maskierten Rächer, einem Vorläufer von Batman.

rung der *Optimistischen Tragödie* von Wsewolod Wischnewski.[16] So wie sich Peter Stein und das Ensemble damals vorbereiteten, ganz tief im Stoff und dem geschichtlichen Umfeld, interessierten sie sich auch für das sowjetische Kino. Vormittags sahen sie sich Filme im Arsenal an, und als das Stück gezeigt wurde, machten wir ein Programm mit sowjetischen Klassikern, «Filme, die die Schaubühne sah». Das war ein Riesenerfolg.

« [Die] Konzeption des Spielplans resultiert aus der Zielsetzung, die die Freunde der Deutschen Kinemathek bereits in ihren Anfängen entwickelten. Es kam ihnen darauf an, eine spezifische Bildungs- und Informationsarbeit zu leisten, indem sie Filme nicht isoliert, sondern als Teil eines über den einzelnen Film hinaus greifenden Zusammenhangs präsentierten – sei es im Zusammenhang einer Retrospektive, eines thematisch bestimmten Programms, eines nationalen Querschnittprogramms oder eines Seminars. Filme sollten nach dieser Konzeption nicht als vereinzelte «Kunstwerke» vorgestellt werden, sondern als Produkte eines Mediums,

die aus bestimmten Faktoren zu erklären sind – aus gesellschaftlichen, politischen, ökonomischen Faktoren, aus Faktoren der künstlerischen Tradition oder der Ablehnung künstlerischer Tradition.

Daher versucht das Arsenal, einen Film immer in Relation zu mindestens einem anderen Film oder einer ganzen Gruppe von Filmen zu setzen, im Idealfall größere Retrospektiven und Programm-Blöcke zu entwickeln, wie kürzlich die Retrospektiven des Dokumentarfilms und des sowjetischen Stummfilms, wie die Programme kubanischer und lateinamerikanischer, polnischer, sowjetischer, ungarischer, englischer, italienischer, algerischer und neuer deutscher Filme, die es in den letzten Monaten zu sehen gab, wie die Zusammenstellung politischer Zielgruppenfilme oder die Zusammenstellungen unter dem Titel «Der phantastische Film» und «Innenwelt als Außenwelt». (Die Rede ist von Arsenal-Programmen 1970/1971. CL)

Durch seine Arbeit möchte das Arsenal beitragen zur Ausbreitung eines neuen Filmverständnisses, dessen Grundzüge bereits formuliert wurden, aber auch zur Formierung eines neuen Publikums, das Film nicht länger als Konsumprodukt, zur Ausfüllung von

16 Premiere der Inszenierung von Peter Stein war am 18.04.1972, vgl. *schaubuehne.de* (https://is.gd/M3haCN, 05.06.2022).

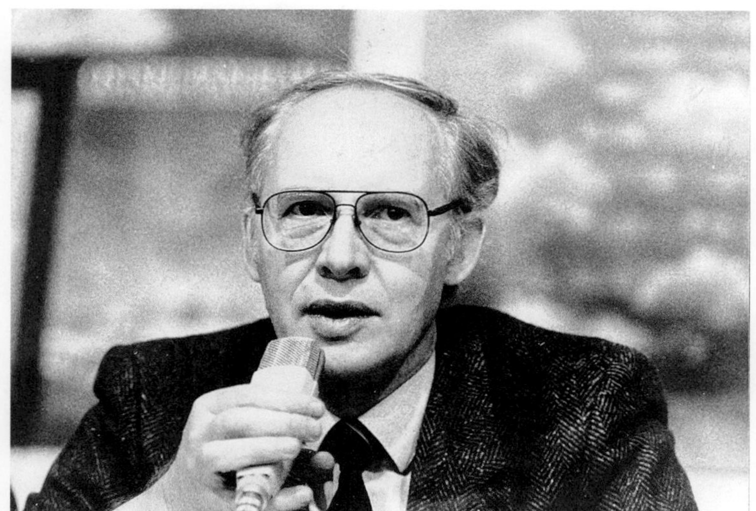

1972, Ulrich Gregor in der Pressekonferenz der Berlinale

Freizeit betrachtet, als ein Mittel der ästhetischen Verschönerung, Ablenkung und Verschleierung, als Vehikel von «Unterhaltung», sondern als ein Medium der Aufklärung, der Kritik und Reflexion, der persönlichen Aussage, des Experiments und der Phantasie. Ein Spielplan, der von einem solchen Filmverständnis ausgeht, braucht keineswegs trocken und langweilig zu sein, er kann sich als originell, vielfältig, vergnüglich und überraschend präsentieren. »

(Ulrich Gregor: «Das Berliner Arsenal», in: Karsten Witte (Hg.), a. a. O., S. 257 ff.)

Seite 132/133: 1973, Programm im April im Kino-Arsenal

Als publizistisch gut vernetzter Vereinsvorstand stellte Ulrich Gregor das Konzept des Kinos zur Diskussion, auch in einer Anthologie über Kinotheorie, in der zum ersten Mal über das Kino als kommunikativen Ort nachgedacht wurde.* Sein Essay beschreibt das Leitbild der flügge gewordenen Institution, ein Gegenmodell zur «Traumfabrik Kino» und Prototyp eines Kommunalen Kinos, wenn auch von der Kulturpolitik keineswegs so gefördert wie Theater, Opernhäuser und Museen.

Das Arsenal war unmittelbarer Vorläufer des ersten Kommunalen, d. h. städtisch finanzierten Kinos der Bundesrepublik, das am 11. Februar 1971 in Frankfurt a. M. beschlossen und im Herbst darauf eröffnet wurde. Weitere Programmkinos wie das Hamburger Abaton Kino entstanden zur selben Zeit.**(CL)

* Karsten Witte (Hg.): Theorie des Kinos – Ideologiekritik der Traumfabrik, Frankfurt a. M., 1972, S. 7

** Nachdem die Stadt Frankfurt a. M. gegen die Stimmen der Christlichen Demokraten am 11. Februar 1971 die Errichtung des ersten Kommunalen Kinos in der Bundesrepublik beschlossen hatte, war die einzige Reaktion der fünf Erstaufführungstheater-Besitzer, denen 16 von 36 Kinos in der Stadt gehören, den Magistrat am 26.05.71 auf Unterlassung zu verklagen. Dies wurde der erste Prozess überhaupt, den Kinos gegen ein Kino führten, um Kino zu verhindern. [...] Das Frankfurter Verwaltungsgericht hat am 28.01.1972 die Klage der Kinobesitzer unter anderem mit der Begründung abgewiesen, «weil das Kommunale Kino eine völlig andere Leistung erbringt als das kommerzielle Filmtheater». Hilmar Hoffmann: «Kommunales Kino», in: Karsten Witte (Hg.), a. a. O., S. 270 f.

ARSENAL

Kino der Freunde der Deutschen Kinemathek eV

1 Berlin 30, Welserstraße 25 (Ecke Fuggerstraße) Telefon 24 68 48

April 1973

	16 UHR	18.30 UHR	20.30 UHR	22.30 UHR	0.30 UHR
1 So	Musiktage Berlin Hanns Eisler **Kuhle Wampe** S. Dudow/B. Brecht Deutschland 1932	Retrospektive John Ford **The Grapes of Wrath** Früchte des Zorns m. Henry Fonda USA 40 **OF**	Musiktage Berlin Hanns Eisler **Kuhle Wampe** S. Dudow B. Brecht Deutschland 1932	Musiktage Berlin: Hanns Eisler **Niemandsland** Victor Trivas mit Ernst Busch Deutschland 1931	
2 Mo		Retrospektive John Ford **The Fugitive** Befehl des Gewissens mit Henry Fonda USA 1947 **OF**	Musiktage Berlin Hans W. Henze **Muriel ou le Temps d'un Retour** Alain Resnais Frankreich 63 **DF**	Musiktage Berlin **Chronik der Anna Magdalena Bach** Jean-Marie Straub BRD 1968	
3 Di		Retrospektive John Ford **The Whole Town's Talking** mit Edward G. Robinson USA 1935 **OF**	Musiktage Berlin Toru Takemitsu **Gishiki** Die Zeremonie Nagisa Oshima Japan 1971 **OmU**	Musiktage Berlin: Hanns Eisler **400 Millions** Joris Ivens 1938 **Nuit et Brouillard** A. Resnais 1956	
4 Mi		Retrospektive John Ford **Fort Apache** Bis zum letzten Mann John Wayne, Henry Fonda USA 48	Musiktage Berlin: T. Ichiyanagi **Why Not** Arakawa USA 1969-71 **OmU**	Musiktage Berlin: Hanns Eisler **Unser täglich Brot** Slatan Dudow DDR 1949	
5 Do		Musiktage Berlin: Hanns Eisler **Kuhle Wampe** S. Dudow/B. Brecht Deutschland 1932	Musiktage Berlin. John Cage **Birdcage** Hans G. Helms BRD 1972	Musiktage Berlin: Hanns Eisler **Rat der Götter** Kurt Maetzig DDR 1950	
6 Fr		Musiktage Berlin: Musical **42nd Street** Lloyd Bacon/Busby Berkeley USA 1933 **OF**	Phantom-Kino **Nosferatu** F. W. Murnau Deutschland 1921	Retrospektive John Ford **Wagon Master** Westlich St. Louis USA 1950 **OF**	Musiktage Berlin: Hanns Eisler **Kuhle Wampe** S. Dudow/B. Brecht Deutschland 1932
7 Sa	Chaplin-Retrospektive 1 (1914) **Making a Living, Kid Auto Races at Venice, Between Showers** u. a.	Musiktage Berlin: S. Prokofieff **Alexander Newski** S. M. Eisenstein UdSSR 1938 **OmU**	Phantom-Kino **Schatten** Arthur Robison mit Fritz Kortner Deutschland 1923	Retrospektive John Ford **My Darling Clementine** Tombstone mit Henry Fonda USA 1946 **DF**	Musiktage Berlin: Peking Oper **Das rote Frauenbataillon** VR China 1970
8 So	Musiktage Berlin: Peking Oper **Das rote Frauenbataillon** VR China 1970	Retrospektive F. W. Murnau **Der Gang in die Nacht** Conrad Veidt Deutschland 1920	Phantom-Kino **La Chute de la maison Usher** Jean Epstein Frankreich 1927	Chaplin-Retrospektive 1 (1914) **Making a Living, Kid Auto Races at Venice, Between Showers** u. a.	
9 Mo		Retrospektive F. W. Murnau **Phantom** nach Gerhart Hauptmann Alfred Abel Deutschland 1922	Phantom-Kino **Vampyr oder Das selts. Abenteuer des David Grey** C. Th. Dreyer 1932	Musiktage Berlin: Popmusik **Monterey Pop** D. A. Pennebaker Janis Joplin Jimi Hendrix 68 **OF**	
10 Di		Retrospektive F. W. Murnau **Der letzte Mann** Emil Jannings Deutschland 1924	Phantom-Kino **Nachtschatten** Niklaus Schilling mit Elke Hart BRD 1972	Musiktage Berlin: Popmusik **Ten Years After** M. Weiss BRD 70 **Blue Velvet** Matthias Weiss BRD 70	
11 Mi		Retrospektive F. W. Murnau **Tartüff** E. Jannings, Lil Dagover W. Krauß Deutschland 1925	Carl Theodor Dreyer **La Passion de Jeanne d'Arc** Maria Falconetti Frankreich 1928	Musiktage Berlin: Popmusik **Leave Me Alone** Gerhard Theuring BRD 1971	
12 Do		Retrospektive F. W. Murnau **Faust** Gösta Ekman, Emil Jannings Camilla Horn Deutschland 1926	Carl Theodor Dreyer **Vredens Dag** Tag der Rache Dänemark 1943 **DF**	Musiktage Berlin: S. Prokofieff **Alexander Newski** S. M. Eisenstein UdSSR 1938 **OmU**	
13 Fr		*Retrospektive F. W. Murnau **Sunrise** Sonnenaufgang USA 1927	Retrospektive John Ford **The Lost Patrol** Victor McLaglen Boris Karloff USA 1934 **OF**	Musiktage Berlin: Hans W. Henze **Muriel ou le Temps d'un Retour** Alain Resnais Frankreich 63 **DF**	Retrospektive John Ford **The Searchers** Der schwarze Falke John Wayne USA 1956 **DF**
14 Sa	Chaplin-Retrospektive 2 (1914) **His Favorite Pastime, The Star Border, Caught in a Cabaret,** u. a.	*Retrospektive F. W. Murnau **City Girl** USA 1927	Retrospektive John Ford **Seven Women** Sieben Frauen Anne Bancroft USA 1966 **DF**	Musiktage Berlin **Chronik der Anna Magdalena Bach** Jean-Marie Straub BRD 1968	Retrospektive John Ford **The Lost Patrol** Victor McLaglen Boris Karloff USA 1934 **OF**
15 So	Komödien mit W. C. Fields **Pool Sharks** USA 1911 **OF** **The Golf Spezialist** USA 1930 **OF**	Retrospektive F. W. Murnau **Tabu** Co-Regie Robert Flaherty USA 1931	*Aus dem Archiv der Kinemathek **Kämpfende Gewalten oder Welt ohne Krieg** Fritz Bernhardt 1920	Chaplin-Retrospektive 2 (1914) **His Favorite Pastime, The Star Border, Caught in a Cabaret,** u. a.	
16 Mo		Phantom-Kino **Nosferatu** F. W. Murnau Deutschland 1921	*Aus dem Archiv der Kinemathek **Die Villa im Tiergarten** 1927 Franz Osten, m. Joe Stöckl-Marcco	Phantom-Kino **Nachtschatten** Niklaus Schilling mit Elke Hart BRD 1972	
17 Di		Phantom-Kino **Schatten** Arthur Robison mit Fritz Kortner Deutschland 1923	Avantgarde aus Japan **Filme von Takahiko Iimura** Programm 1, 1966-1971	*Aus dem Archiv der Kinemathek **Rasputins Liebesabenteuer** 1928 Martin Berger, mit Nikolai Malikoff	
18 Mi		Phantom-Kino **La Chute de la maison Usher** Jean Epstein Frankreich 1927	Avantgarde aus Japan **Videoproduktionen von Takahiko Iimura** 1970-71	*Aus dem Archiv der Kinemathek **23 h Unheimliche Geschichten** Richard Oswald, mit P. Wegener 32	
19 Do		Phantom-Kino **Vampyr oder Das selts. Abenteuer des David Grey** C. Th. Dreyer 1932	Avantgarde aus Japan **Filme von Takahiko Iimura** Programm 2, 1972	*Aus dem Archiv der Kinemathek **Der weiße Teufel** Alexander Wolkoff mit Iwan Mosjukin 1930	
20 Fr		Phantom-Kino **Nachtschatten** Niklaus Schilling mit Elke Hart BRD 1972	Avantgarde aus Canada **Filme von David Rimmer** 1968 - 1972	*Retrospektive F. W. Murnau **Sunrise** Sonnenaufgang USA 1927	Retrospektive John Ford **Seven Women** Sieben Frauen Anne Bancroft USA 1966 **DF**
21 Sa	Chaplin-Retrospektive 3 (1914) **Mabel's Busy Day, Mabel's Married Life, Laughing Gas,** u. a.	Bulgarische Filmtage **Das weiße Zimmer** Metodi Andonoff 1968 **OmU**	*Retrospektive F. W. Murnau **City Girl** USA 1927	Avantgarde aus Canada **Filme von David Rimmer** 1968 - 1972	Retrospektive John Ford **The Searchers** Der schwarze Falke John Wayne USA 1956 **DF**
22 So	Komödien mit W. C. Fields **The Dentist** USA 1932 **OF** **The Fatal Glass of Beer** USA 33 **OF**	Bulgarische Filmtage **Der Schimmel** Milen Nikoloff 1968 **Armando** Ljudmil Kirkoff 1969 **OmU**	*Aus dem Archiv der Kinemathek **Die Straße der verlorenen Seelen** P. Czinner, mit Pola Negri Engl. 29	Chaplin-Retrospektive 3 (1914) **Mabel's Busy Day, Mabel's Married Life, Laughing Gas,** u. a.	
23 Mo		*Aus dem Archiv der Kinemathek **Don Quichotte** G. W. Pabst Frkr.33 mit Fedor Schaljapin **OF**	Bulgarische Filmtage **Das weiße Zimmer** Metodi Andonoff 1968 **OmU**	Avantgarde aus Japan **Filme von Takahiko Iimura** Programm 1, 1966-1971	
24 Di		Retrospektive F. W. Murnau **Der Gang in die Nacht** Conrad Veidt Deutschland 1920	Bulgarische Filmtage **Der Schimmel** Milen Nikoloff 1968 **Armando** Ljudmil Kirkoff 1969 **OmU**	Avantgarde aus Japan **Filme von Takahiko Iimura** Programm 2, 1972	
25 Mi		Retrospektive F. W. Murnau **Phantom** nach Gerhart Hauptmann Alfred Abel Deutschland 1922	Bulgarische Filmtage **Vögel und Windhunde** Georgi Stojanoff 1969 **OmU**	Bulgarische Filmtage **Der Junge wird zum Mann** Ljudmil Kirkoff 1971 **OmU**	
26 Do		Retrospektive F. W. Murnau **Der letzte Mann** Emil Jannings Deutschland 1924	Bulgarische Filmtage **Die Altarwand** Todor Dinoff und Christo Christoff 1969 **OmU**	Bulgarische Filmtage **Liebe** Ljudmil Staikoff 1972 **OmU**	
27 Fr		Bulgarische Filmtage **Vögel und Windhunde** Georgi Stojanoff 1969 **OmU**	Bulgarische Filmtage **Das Ende des Liedes** Milen Nikoloff 1970 **OmU**	Retrospektive F. W. Murnau **Tartüff** E. Jannings, Lil Dagover W. Krauß Deutschland 1925	Retrospektive John Ford **The Man Who Shot Liberty Valance** J. Stewart, J. Wayne, USA 1962 **OF**
28 Sa	Chaplin-Retrospektive 4 (1914) **His New Profession, The Rounders, Those Love Pangs,** u. a.	Bulgarische Filmtage **Die Altarwand** Todor Dinoff und Christo Christoff 1969 **OmU**	Bulgarische Filmtage **Nacktes Gewissen** Milen Nikoloff 70 **Die Meisterprüfung** G. Djulgeroff 71	Retrospektive F. W. Murnau **Faust** Gösta Ekman, Emil Jannings Camilla Horn Deutschland 1926	Retrospektive John Ford **The Man Who Shot Liberty Valance** J. Stewart, J. Wayne, USA 1962 **OF**
29 So	Komödien mit W. C. Fields **The Pharmacist** USA 1933 **OF** **The Barber Shop** USA 1933 **OF**	Bulgarische Filmtage **Das Ende des Liedes** Milen Nikoloff 1970 **OmU**	Bulgarische Filmtage **Der Junge wird zum Mann** Ljudmil Kirkoff 1971 **OmU**	Chaplin-Retrospektive 4 (1914) **His New Profession, The Rounders, Those Love Pangs,** u. a.	
30 Mo		Retrospektive F. W. Murnau **Tabu** Co-Regie Robert Flaherty USA 1931	Bulgarische Filmtage **Liebe** Ljudmil Staikoff 1972 **OmU**	Bulgarische Filmtage **Nacktes Gewissen** Milen Nikoloff 70 **Die Meisterprüfung** G. Djulgeroff 71	

*Veranstaltungen der Stiftung Deutsche Kinemathek

Zutritt für Mitglieder
Mitgliedschaft kann an der Abendkasse erworben werden

Halbjahresbeitrag 10 DM
Studenten 5 DM
Eintritt 2,50 DM, Gast 4,00 DM

Sammelkarte für zwölf Veranstaltungen 18 DM
Gültigkeit drei Monate

Verkehrsverbindungen
U-Bahnhof Wittenbergplatz
Viktoria-Luise-Platz

Omnibus A 19 A 29 A
A 73 A 85

MUSIKTAGE BERLIN

Veranstaltet von der Gruppe "Musik Projekte Berlin" finden vom 6. bis 8. und am 14. April mehrere Konzerte mit zahlreichen Ur- und Erstaufführungen statt. Das Arsenal beteiligt sich an den "Musiktagen Berlin" mit einer Zusammenstellung von Filmen, zu denen entweder bedeutende Komponisten die Musik schrieben oder in denen die Darstellung der Musik im Film auf exemplarische Weise gelöst wurde. Im Mittelpunkt des Programms stehen 6 Filme, zu denen Hanns Eisler die Musik komponierte:

NIEMANDSLAND (Victor Trivas, Deutschland 1931) 1.4.
Ein Antikriegsfilm. Die Musik ist bewußt kontrapunktisch eingesetzt. In der Hauptrolle Ernst Busch.

KUHLE WAMPE (Slatan Dudow; Buch: Bertolt Brecht; Deutschland 1932) 1., 5. und 6.4.
Für KUHLE WAMPE schrieb Eisler u.a. das Solidaritätslied.

400 MILLIONS (Joris Ivens, USA 1938) 3.4.
Dokumentarfilm über die Revolution in China.

UNSER TÄGLICH BROT (Slatan Dudow, DDR 1949) 4.4.
Über den Aufbau einer neuen Gesellschaft in der damaligen Sowjetisch besetzten Zone.

RAT DER GÖTTER (Kurt Maetzig, DDR 1950) 5.4.
Polemischer Film über den unaufhaltsamen Aufstieg der IG-Farben.

NUIT ET BROUILLARD (Nacht und Nebel, Alain Resnais, Frankreich 1955) 3.4.
Läuft zusammen mit 400 MILLIONS.
"Komposition für den Film", das Buch, das Eisler und Adorno zusammen in Hollywood geschrieben haben, ist erst 1970 in der Bundesrepublik erschienen. 25 Jahre lang hatte sich Adorno nicht zu dem Buch bekannt, weil er nicht mit dem Kommunisten Eisler, der in den USA "unamerikanischer Umtriebe" verdächtigt worden war, in einem Atemzug genannt werden wollte.

Weitere Filme, deren Musik von bedeutenden Komponisten geschrieben wurde:

ALEXANDER NEWSKI (Sergej M. Eisenstein, UdSSR 1938) 7. und 12.4.
Musik von Sergej Prokofieff.

MURIEL OU LE TEMPS D'UN RETOUR (Muriel oder Die Zeit der Wiederkehr, Alain Resnais, Frankreich 1963) 2. und 13.4.
Musik von Hans Werner Henze: Sechs Arien für Sopran, gesungen von Rita Streich.

GISHIKI (Die Zeremonie, Nagisa Oshima, Japan 1971) 3.4.
Die Nachkriegsgeschichte Japans gespiegelt in der Geschichte einer großen Familie. Musik von Toru Takemitsu.

WHY NOT (Arakawa, USA 1969-1971) 4.4.
Musik von Toshi Ichiyanagi.

BIRDCAGE (Hans G. Helms, BRD 1972) 5.4.
Gedreht in den USA in Zusammenarbeit mit John Cage. Es ist ein Film über den Komponisten Cage und seine Musik.

Darstellung der Musik im Film, einige Beispiele:

42ND STREET (Lloyd Bacon, USA 1933) 6.4.
Musical, in dem Gesang und Tanz, Bild und Bewegung zu vollkommener Harmonie gelangen. Musik: Al Dubin und Harry Warren. Choreographie: Busby Berkeley.

DAS ROTE FRAUENBATAILLON (Volksrepublik China, 1970) 7. und 8.4.
Ballettfilm, aufbauend auf den Traditionen der Peking Oper.

CHRONIK DER ANNA MAGDALENA BACH (Jean-Marie Straub, BRD 1968) 2. und 14.4.
"Ein Reiz des Films wird darin bestehen, daß wir Leute musizierend zeigen, Leute zeigen, die wirklich vor der Kamera eine Arbeit leisten. Das ist im Film selten der Fall." (Straub)

MONTEREY POP (D.A. Pennebaker, USA 1968) 9.4.
Ein Film weniger zum Sehen als zum Hören. Mit Janis Joplin, Canned Heat, Jefferson Airplane, The Who, Country Joe and the Fish, Otis Redding, Jimi Hendrix u.a.

TEN YEARS AFTER (Matthias Weiss, BRD 1969) und BLUE VELVET (Matthias Weiss, BRD 1970) 10.4.
Zwei Filme, die erstmals in der Bundesrepublik das Genre des Popmusik-Films sprengten: Auch für TEN YEARS AFTER gilt der oben zitierte Satz von Straub; BLUE VELVET (Musik: The Soft Machine) ist selbst "ein Film wie ein Musikstück" (Weiss).

LEAVE ME ALONE (Gerhard Theuring, BRD 1971) 11.4.
"LEAVE ME ALONE ist ein Film nicht mit Musik, sondern über das Hören und Sehen von Musik." (Theuring)

RETROSPEKTIVE JOHN FORD

Neben den Filmen, die schon im März gelaufen sind, sie werden im April je einmal wiederholt,

THE WHOLE TOWN'S TALKING, Komödie, 1935 3.4.
THE GRAPES OF WRATH, nach Steinbeck, 1940 1.4.
MY DARLING CLEMENTINE, Western, 1946 7.4.
THE FUGITIVE, nach Graham Greene, 1947 2.4.
FORT APACHE, Western, 1948 4.4.
WAGON MASTER, Western, 1950 6.4.

stehen folgende Filme neu auf dem Programm:

THE LOST PATROL (Die verlorene Patrouille, USA 1934) 13. und 14.4.
Britische Soldaten während des ersten Weltkriegs verirren sich in der Wüste Mesopotamiens. Nach und nach werden sie von unsichtbar bleibenden Arabern getötet. "Es war eine Charakterstudie. Sie erfahren das Leben jedes einzelnen der Männer" (Ford).

THE SEARCHERS (Der schwarze Falke, USA 1956) 13. und 21.4.
Eine Geschichte wie von James F. Cooper: Ein Mädchen wird von Indianern entführt. Als sie nach vielen Jahren Gelegenheit hätte, zu ihren Leuten zurückzukehren, will sie nicht mehr. Ein Film über das Vergehen von Zeit.

THE MAN WHO SHOT LIBERTY VALANCE (USA 1962) 27. und 28.4.
Ein Film an der Grenze von klassischem Western zum Spätwestern: Die Legenden werden durchschaut, aber zugleich noch einmal, zum letzten Mal, bestätigt.

SEVEN WOMEN (Sieben Frauen, USA 1966) 14. und 20.4.
John Fords letzter Film, wenig gespielt, von der Kritik meist verrissen. Es fiel schwer, zu akzeptieren, daß der alte John Ford nicht einen weisen, sondern einen leidenschaftlichen Film gemacht hat: Die Geschichte einer Ärztin (Anne Bancroft), die 1935 in China eine Gruppe von Missionaren durch ihr Opfer vor Banditen rettet.

PHANTOM - KINO

Phantom-Kino, diesen Ausdruck hat Enno Patalas geprägt in einer Kritik des Films NACHTSCHATTEN von Niklaus Schilling, der im letzten Jahr beim Internationalen Forum des Jungen Films uraufgeführt wurde. Phantomfilme sind Filme mit Schatten, Spiegeln und Doppelgängern, in denen nichts ist, was es scheint. NACHTSCHATTEN, ein Märchen- und Horrorfilm, erinnert an Murnau und Dreyer, aber auch an literarische Vorbilder von Poe bis Lovecraft. Das "Arsenal" zeigt deswegen um NACHTSCHATTEN herum eine Reihe von Filmen aus dieser Tradition.

NOSFERATU (Friedrich Wilhelm Murnau, Deutschland 1921) 6. u. 16.4.
Die erste Verfilmung des "Dracula"-Stoffes. Genial, wie Murnau reale Dekors in geheimnisvoll drohende Alptraum-Landschaften verwandelt.

SCHATTEN (Arthur Robison, Deutschland 1923) 7. u. 17.4.
Robison "handhabt seine Schatten ebenso geschickt wie der kleine Illusionist des Films. Suggestiv werfen dessen flinke Hände im Kerzenlicht Schattenspiele an die Wand, Fratzen verzerren sich, hinter erleuchteten Fenstern huschen Silhouetten, wie sie auch Murnau im LETZTEN MANN zeigt. Aber hier droht vor allem jener Schatten, der das nahende Unheil, den noch unsichtbaren Feind ankündet, und der sein Opfer noch vor diesem erreicht. Angstvoll wartet die junge Frau in ihrer Nische, und der Schatten des nahenden Dieners, der sie fesseln soll, kriecht vor, trifft jäh ihre weiße Gestalt ... SCHATTEN ist ein Film voller Erotik." (Lotte Eisner, Dämonische Leinwand).

LA CHUTE DE LA MAISON USHER (Jean Epstein, Frankreich 1927)
"Mit der Technik der Zeitlupe und 'caligaristischen' Dekors suchte Epstein die unheimliche Phantastik von E.A. Poes "Der Fall des Hauses Usher" auf die Leinwand zu bannen." (Gregor/Patalas)
8. u. 18.4.

VAMPYR ODER DAS SELTSAME ABENTEUER DES DAVID GREY (Carl Theodor Dreyer, Deutschland/Frankreich 1932) 9. u. 19.4.
"Stellen Sie sich vor, wir sitzen in einem gewöhnlichen Raum, plötzlich erfahren wir, daß hinter der Tür eine Leiche liegt. In einem Augenblick ist der Raum, in dem wir sitzen, völlig verwandelt; alles in ihm hat ein anderes Gesicht bekommen; das Licht, die Atmosphäre haben sich geändert, obwohl sie physisch dieselben sind. Dies ist so, weil wir uns geändert haben und die Objekte sind, wie wir sie begreifen. Das ist der Effekt, den ich in meinem Film zu erzielen wünsche". (Dreyer während der Dreharbeit zu VAMPYR)

NACHTSCHATTEN (Niklaus Schilling, BRD 1972) 10., 16. und 20.4.
"Ein Phantomfilm, der schönste, der in Deutschland gemacht worden ist seit Murnau. Ein Mann kommt in die Heide, begegnet einem Haus, einer Frau, einem Geheimnis. Um ihn herum gewinnt alles eine widrige, befremdliche Selbstverständlichkeit. Von vorneherein sieht sich der Gast von der Frau behandelt wie ein alter Bekannter, den er allmählich identifiziert: es ist ihr Mann, der abwesend ist, tot ist, vielleicht von ihr ermordet. Hat einst die Frau dem anderen, seinem Doppelgänger, den Tod gebracht, so bringt jetzt er, der Doppelgänger des Toten, ihr den Tod. Nichts und keiner ist da durchaus mit sich identisch, Jedes ist Double eines anderen, von dem ein ironisches Echo zurückschallt." (Patalas, Süddeutsche Zeitung, 28.11.72)

Dieses Programm mit Phantomfilmen ergänzen wir durch zwei weitere Filme von Dreyer, LA PASSION DE JEANNE D'ARC (11.4.) und VREDENS DAG (Tag der Rache; 12.4.), und durch eine umfangreiche

RETROSPEKTIVE F.W.MURNAU

Von den zwölf erhaltenen Filmen Murnaus laufen alle, mit Ausnahme von SCHLOSS VOGELÖD, DIE FINANZEN DES GROSSHERZOGS und FOUR DEVILS. - Besonders hinweisen möchten wir auf SUNRISE, den wohl vollkommensten Film Murnaus, in dem sich deutsche Kammerspieltradition mit Hollywood-Leichtigkeit verbindet, und auf den sehr selten gezeigten Film CITY GIRL, den Murnau in Hollywood nicht zuendedrehen konnte. Ehemalige Mitarbeiter des Regisseurs streiten, ob die ursprünglichen Absichten Murnaus noch zu erkennen seien. Auf alle Fälle ist CITY GIRL, dem Murnau den Titel OUR DAILY BREAD gegeben hatte, ein interessantes Dokument.

AUS DEM ARCHIV DER KINEMATHEK

KÄMPFENDE GEWALTEN oder WELT OHNE KRIEG (1920) 15.4.
Prod.: Majestic; Regie: Fritz Bernhardt; Kamera: Curt Courant; Darstl.: Alf Blütecher, Magnus Stifter, Grete Reinwald; Original: 1666 m, Archivkopie: 1394 m
Ein Arzt erfindet einen Apparat, der Munition durch Fernzündung zerstören und auf diese Weise Kriege verhindern soll. Die über seinen Forschungen vernachlässigte Ehefrau wendet ihr Interesse vorübergehend einem anderen Manne zu, der den Apparat des Arztes durch eine Gegenerfindung unwirksam macht. Das zwei Jahre nach dem 1. Weltkrieg gedrehte bürgerliche Drama beginnt mit deutlichen pazifistischen Akzenten, verfällt jedoch am Schluß einem vulgären Sozialdarwinismus. Ein Zwischentitel verkündet: "Friede wohnt über den Sternen. Die Erde kennt nur den Kampf ums Dasein."

DIE VILLA IM TIERGARTEN (1926) 16.4.
Prod.: Joe Stöckel-Marcco; Regie: Franz Osten; Buch: Victor Klein, Jack Mylong-Münz; Kamera: Karl Attenberger; Darst.: Joe Stöckel-Marcco, Aud Egede Nissen, Hans Albers, Lissy Arna, Siegfried Arno; Original: 2258 m; Archivkopie: 2091 m

Amüsantes Kommerzprodukt - halb Zillefilm, halb Salonkomödie - um einen Ganoven mit Herz, der in eine von fünf Junggesellen nebst Hausdame bewohnten Villa einbricht.

RASPUTINS LIEBESABENTEUER (1928) 17.4.
Prod.: Martin Berger; Regie: Martin Berger; Buch: Dosio Koffler; Kamera: Laszlo Schäffer; Darst.: Nikolai Malikoff, Diana Karenne, Alexander Murski, Alfred Abel; Original: 2837 m; Archivkopie: 2128 m
Martin Berger, der durch seine [illegible] "Freies Volk" und "Die Schmiede" bekannt wurde, hat diesen Film über den Abenteurer, Frauenhelden und Wunderdoktor am Zarenhofe mit einer deutsch-russischen Schauspielerequipe gedreht. Bemerkenswert die expressive Gestaltung der Titelrolle durch den Emigranten Nikolai Malikoff. - Die Zwischentitel der in Frankreich von Dr. Mamis erworbenen Kopie wurden aus dem französischen ins Deutsche zurückübersetzt.

DIE STRASSE DER VERLORENEN SEELEN (1929) 22.4.
Prod.: Imperial; Regie: Paul Czinner; Kamera: Adolf Schlasy; Darst.: Pola Negri, Warwick Ward, Hans Rehmann; Länge: 2462 m
Dieses von dem Elisabeth-Bergner-Regisseur Paul Czinner inszenierte Melodram ist ein typisches Beispiel für den frühen Tonfilm der Übergangsperiode. Die noch als Stummfilm konzipierte Dreiecksgeschichte - Hauptpersonen: eine Prostituierte, ein Leuchtturmwärter und ein "Apache" - entfaltet sich in pittoresken Bildern und Zwischentiteln. Auf dem Tonstreifen nur Musik und Geräusche. Die Kopie stammt aus der"Sammlung Dr. Mamis", die von der Deutschen Kinemathek im Jahre 1972 mit Hilfe einer Spende der Deutschen Klassenlotterie angekauft wurde. Sie ist nach dem Kriege in Berlin nur ein einziges Mal gezeigt worden.

DER WEISSE TEUFEL (1930) 19.4.
Prod.: Ufa; Regie: Alexander Wolkoff; Buch: Wolkoff, Michael Linsky; Kamera: Curt Courant, Nikolai Toporkoff; Darst.: Iwan Mosjukin, Lil Dagover, Betty Amann; Original: 3017 m; Archivkopie: 2810 m
Mosjukin ist der Mann mit dem Tierblick, eine lebende Statue, aus der es zuweilen unausstehlich funkelt, ein "Dämonischer" mit dem gewissen Augenaufschlag, vor dem sich die Frauen fürchten, zumal er sich in Zeitlupentempo vollzieht. (...)
(Hans Sahl in: Der Montag Morgen, 3.2.1930)

UNHEIMLICHE GESCHICHTEN (1932) 18.4.
Prod.: Roto; Regie: Richard Oswald; Buch: Heinz Goldberg, Eugen Szatmari; Kamera: Heinrich Gärtner; Darst .: Paul Wegener, Eugen Klöpfer, Viktor de Kowa, Roma Bahn; Original: 2433 m; Archivkopie: 2414 m
Richard Oswald verfilmte, dreizehn Jahre nach seiner stummen Version, die UNHEIMLICHEN GESCHICHTEN, diesmal ausschließlich nach Novellen von Poe und Stevenson, zum zweiten Mal. Er stellte sie in eine Rahmenhandlung, die, einer zeitgenössischen Kritik zufolge, eine "gekonnt aufpolierte Schauermär" serviert.

DON QUICHOTTE (1933) 23.4.
Prod.: Vandor-Nelson-Wester; Regie: G.W. Pabst; Buch: Paul Morand, Alexandre Arnoux u.a.; Kamera: Nikolas Farkas, Paul Portier; Musik: Jacques Ibert; Darst.: Fedor Schaljapin, Dorville; Original: 2260 m (?); Archivkopie: 1739 m
Der in Deutschland nahezu unbekannt gebliebene Film erweist sich heute als eine notwendige Ausgrabung, enthält er doch, aufs Schönste vereint, alle wesentlichen Stilmerkmale des großen Regisseurs. (...) (ARD, Spielfilme im Deutschen Fernsehen 1967/68)

AVANTGARDE AUS JAPAN

Filme und Videotapes von Takahiko Iimura, vorgestellt in Zusammenarbeit mit dem Deutschen Akademischen Austauschdienst, Büro Berlin. Takahiko Iimura, geboren 1937. Experimentalfilme seit 1962. Von 1966 bis 1969 in den USA; danach Reisen durch Europa und Asien. 1970/71 wieder in Japan. Filmvorführungen, 2 Bücher über Film, Experimente mit Videotapes; verschiedene Intermedia performances. Zur Zeit Aufenthalt in Berlin.

FILMPROGRAMM 1 (17. und 23.4.): FILM STRIPS I AND II (1966-70); COSMIC BUDDHA (1969-71); IN THE RIVER (1969-71); SHUTTER (1971).

FILMPROGRAMM 2 (19. und 24.4.): 2 MINUTES, 46 SECONDS, 16 FRAMES (100 FEET); TIMING 1,2,3,4; TIME LENGTH 1,2,3,4; TIMED 1, 2,3; COUNTING, 1 TO 100; A LINE 1,2,3; TO SEE THE FRAME & NOT TO SEE THE FRAME; SEEING & NOT SEEING (alle 1972).

VIDEOPROGRAMM (18.4.): A CHAIR (1970); BLINKING (1970); I AM (NOT) TAKAHIKO IIMURA, I AM (NOT) AKIKO IIMURA (1972); TIME TRILOGY (TIME; MOON TIME; TIME TUNNEL - 1971)

Takahiko Iimura wird bei den Vorführungen anwesend sein.

AVANTGARDE AUS CANADA

Der heute 31-jährige David Rimmer aus Vancouver gilt als einer der wichtigsten Vertreter des experimentellen Kinos Canadas. Er macht Filme seit 1968. In Canada und den USA wurden sie häufig gezeigt. Zur Zeit unternimmt Rimmer seine erste Europa-Tournee. Im Arsenal laufen folgende Filme:
SQUARE INCH FIELD (1968); MIGRATION (1969); "The migration of the title is interpreted as the flight of a ghost bird through aeons of space/time, through the micro-macro universe, through a myriad of complex realities" (Rimmer); THE DANCE (1970); VARIATIONS ON A CELLOPHANE WRAPPER (1970); SURFACING ON THE THAMES (1970); BLUE MOVIE (1970); SEASHORE (1971); REAL ITALIAN PIZZA (1971): "Shot over a period of 8 months in New York City. A more or less fixed series of shots of the front of a pizza shop. People coming and going, changes in weather, light. My first dramatic film" (Rimmer). RECENT WORK / UNTITLED (1972).

David Rimmer ist bei den Vorführungen (20. und 21. April) anwesend.

BULGARISCHE FILMTAGE

Bulgarische Filme haben in den letzten Jahren bei manchen Festivals Aufsehen erregt. Bei uns sind sie weitgehend unbekannt geblieben. Auch das Fernsehen hat sie noch kaum entdeckt. So kann das umfangreiche Programm mit bulgarischen Filmen, im "Arsenal" ab 21. April zu sehen, eine Lücke schließen helfen.
Der bulgarische Film unterscheidet sich durchaus von der Produktion anderer sozialistischer Länder. Geschichte und Landschaft des Balkans haben die bulgarische Kinematographie geprägt. Von den sechs langen und vier mittellangen Filmen unseres Programms sind nur dreiin der Gegenwart angesiedelt; drei spielen im Krieg oder in der unmittelbaren Nachkriegszeit; vier in ferner oder jüngerer Vergangenheit. Man kann diesen Zug zur Historie aber nicht als Flucht aus der Gegenwart interpretieren. Was die Regisseure an der Vergangenheit interessiert, sind vor allem modellhafte Situationen; Auseinandersetzungen zwischen dem Alten und dem Neuen, zwischen den Klassen. Auch die Natur wird in diesen Filmen nicht auf pittoreske Bilder reduziert; Landschaft ist vielmehr ein Ort politischer Entscheidungen.

DAS WEISSE ZIMMER (Bialata staja, Metodi Andonoff, 1968) 21.u.23.4.
1968 beim Festival des bulgarischen Films in Warna als bester Film ausgezeichnet. - Die Reflexionen und Erinnerungen eines Professors kurz vor seinem Tode. Er "hat auf dem Totenbett als einzigen Kontakt mit der Außenwelt ein kleines Fenster, durch das er seine Kinder sehen kann, die nichts von dem kritischen Zustand des Vaters ahnen. In seinen Gedanken kehrt der Professor häufig in die Vergangenheit zurück, in seine Studentenzeit und zu seiner unglücklichen Liebe, zu seiner unerwarteten Heirat und später zum Tod seiner Frau, in den Krieg, in dem er seine nächsten Verwandten verloren hat. Doch die Hauptsache ist die Analyse seiner eigenen Vergangenheit, der Leute, die ihn umgeben haben, die häufig ihre Ansichten und Argumente wechselten, im Gegensatz zu ihm, der in seiner Arbeit und in seinen Ansichten immer beständig geblieben ist. Er ist als Folge der ihn umgebenden Atmosphäre ernsthaft krank geworden." (Ecran, Warschau, Nr. 42/1968)

DER SCHIMMEL (Beliat kon, Milen Nikoloff, 1968) und
ARMANDO (Ljudmil Kirkoff, 1969) 22. und 24.4.
Zwei mittellange Filme, die zusammen in einem Programm gezeigt werden. "Beide Filme haben eines gemeinsam: es geht darum, den neutralen Mann von der Straße für die Sache der Revolution zu gewinnen. Im SCHIMMEL ist er ein Artist aus einem Wanderzirkus. Sein gut dressiertes Pferd wird von einem Partisanen, der einen gefährlichen Auftrag ausführt, für kurze Zeit beschlagnahmt. Der Artist folgt seinem Lieblingspferd und wird dabei fast unmerklich in den Kampf hineingezogen... Armando, im zweiten Film, ist ein heruntergekommener, armer Gitarrist, der während des Krieges aus der Hauptstadt in eine kleine Küstenstadt evakuiert wird. Er begegnet dort zufällig einem Jugendfreund, der Kommunist geworden ist."
(Bulgarian Films, Sofia, Nr. 2/1969)

VÖGEL UND WINDHUNDE (Ptitzi i hratki, Georgi Stojanoff, 1969)
"Dieser Film eines neuen Regisseurs sollte zumindest bei den Cinéphilen und Kritikern das Interesse an bulgarischen Filmen wachsen lassen ... Bulgarien war während des [illegible] Krieges eine Art Protektorat Deutschlands. Der Film handelt von einer Gruppe von Studenten in einer kommunistischen Zelle, die beschließen, gegen die herrschenden Kräfte zu revoltieren. Zunächst ist da nur Begeisterung und Abenteuer, doch wird daraus auch eine Revolte gegen die Nazi-Mentalität und gegen bestimmte Aktionen der bulgarischen Monarchie. Die Studenten werden gefangengenommen, gefoltert und schließlich hingerichtet." (Variety, New York, 29.10.1969)
25. und 27.4.

DIE ALTARWAND (Ikonostassat, Todor Dinoff, Christo Christoff, 1969) 26. und 28.4.
Der Film"basiert auf einem berühmten Roman, der schildert, wie Bulgarien sich vom Osmanischen Reich loszureissen versuchte ... Der Held des Films ist ein Holzschnitzer, ein Künstler, der neue Werte zu schaffen sucht und sich von der engstirnigen, reaktionären Gesellschaft, die ihn umgibt, befreien will. Indem sich die Regisseure auf die Themen Freiheit, Revolution und die Rolle des Künstlers in der Gesellschaft konzentrieren, haben sie einen Film gemacht, der trotz seines spezifisch bulgarischen Hintergrundes bei einem großen Publikum Anklang finden kann." (Alistair Whyte, New Cinema in Eastern Europe, London 1971)

DAS ENDE DES LIEDES (Kraja na pesenta, Milen Nikoloff, 1970)
"Am Beginn unseres Jahrhunderts führte der Kapitalismus zur Verarmung der Kleinbauern, die im pittoresken Hochland der Rhodopen lebten. Eine starke, weit verbreitete Widerstandsbewegung entstand, die der Autor mit der Geschichte einer unerfüllten Liebe verknüpft. Diese Geschichte ist noch heute in der Form einer Volksballade lebendig." (Film Vilag, Budapest, Nr. 6/72) 27. und 29.4.

NACKTES GEWISSEN (Gola savest, Milen Nikoloff, 1970) und
DIE MEISTERPRÜFUNG (Izpit, Georgi Djulgeroff, 1971) 28. und 30.4.
Zwei mittellange Filme, die zusammen in einem Programm laufen. NACKTES GEWISSEN ist "ein ziemlich neues Beispiel im bulgarischen Film über die Beziehung zwischen der unterdrückten und der herrschenden Klasse, ein Beispiel, das sich auf die Zeit vor dem Zweiten Weltkrieg bezieht, als in Bulgarien die faschistische Regierung mit Gewalt eine absolute Herrschaft ausübte; als die Polizei, die Halsabschneider, die Spekulanten und die Priester leichtes Spiel hatten." (Sergio Micheli, Il Cinema Bulgaro, Padua 1971). DIE MEISTERPRÜFUNG ist ein Lustspiel, angesiedelt zu Beginn des Jahrhunderts, "die Geschichte eines jungen Faßbinders, der die Meisterwürde erlangt, aber durch die unkonventionelle Ausführung seines ersten Auftrags den Zweifel seines Auftraggebers erregt." (Joachim Kreck, Kirche und Film, Frankfurt/M., November 1971)

DER JUNGE WIRD ZUM MANN (Momtscheto si otiwa, Ljudmil Kirkoff, 1971) 25. und 29.4.
Das Porträt einer Reihe von Jungen und Mädchen, die kurz vor dem Schulabschluß stehen. "Einer der Hauptvorzüge dieses Films ist das lebendige Bild der kleinen Provinzstadt, die subtile Beobachtung des Lebens ihrer Bewohner, die offen und versteckt nach kleinbürgerlichen Idealen verlangen und sich mit ihnen trösten." (Ecran, Warschau, April 1972)

LIEBE (Obitsch, Ljudmil Staikoff, 1972) 26. und 30.4.
Der Film "ist eine psychologische Impression, in deren Mittelpunkt ein junges Mädchen steht ... Schauplatz ist Sofia und Umgebung in unseren Tagen. Die Story erscheint eher zusammenhanglos und auf den ersten Blick etwas chaotisch, doch tatsächlich entspricht sie der emotionalen Entwicklung der Hauptfigur, eines Mädchens mit einer starken assoziativen Sensibilität."
(Ljudmil Staikoff, Bulgarian Films, Sofia, Nr. 3/1972)

- -

Ab 1. April 1973 kosten die Gastkarten 4.- DM. Die Karten für Mitglieder bleiben bei 2,50 DM. Diese Erhöhung, die erste seit zwei Jahren, ließ sich wegen der allgemein gestiegenen Kosten leider nicht mehr vermeiden. - Für Mitglieder, oder jeden, der Mitglied werden will, liegen Zahlkarten bei. Bitte, überweisen Sie den Halbjahresbeitrag von 10 Mark (für Studenten, Schüler und Lehrlinge 5 Mark). Unterstreichen Sie auf der Zahlkarte den Zeitraum 1.4. bis 30.9.

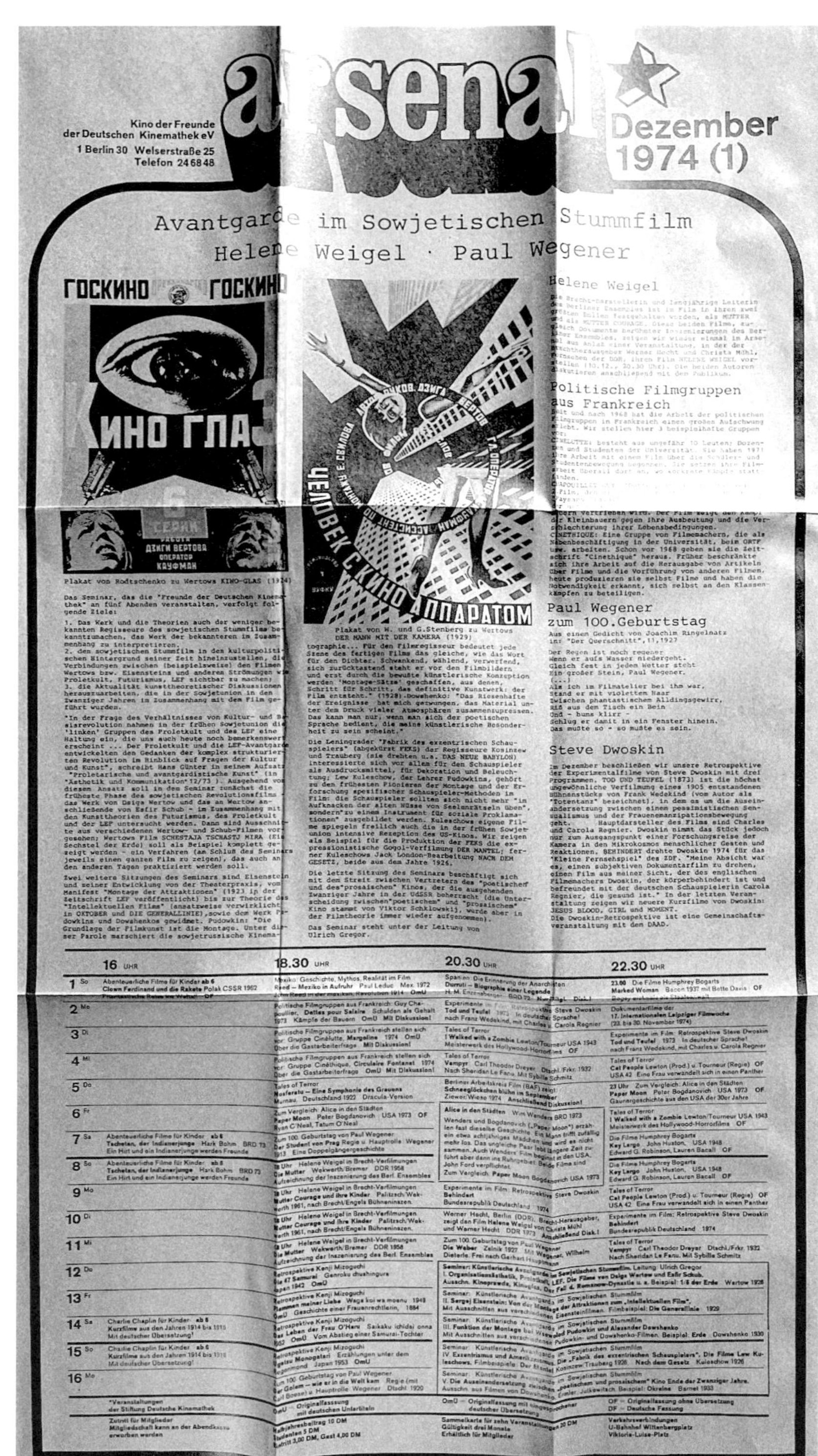

Kino der Freunde der Deutschen Kinemathek eV
1 Berlin 30 Welserstraße 25
Telefon 246848

arsenal

Dezember 1974 (1)

Avantgarde im Sowjetischen Stummfilm
Helene Weigel · Paul Wegener

Plakat von Rodtschenko zu Wertows KINO-GLAS (1924)

Das Seminar, das die "Freunde der Deutschen Kinemathek" an fünf Abenden veranstalten, verfolgt folgende Ziele:

1. Das Werk und die Theorien auch der weniger bekannten Regisseure des sowjetischen Stummfilms bekanntzumachen, das Werk der bekannteren im Zusammenhang zu interpretieren.
2. den sowjetischen Stummfilm in den kulturpolitischen Hintergrund seiner Zeit hineinzustellen, die Verbindungen zwischen (beispielsweise) den Filmen Wertows bzw. Eisensteins und anderen Strömungen wie Proletkult, Futurismus, LEF sichtbar zu machen;
3. die Aktualität kunsttheoretischer Diskussionen herauszuarbeiten, die in der Sowjetunion in den Zwanziger Jahren im Zusammenhang mit dem Film geführt wurden.

"In der Frage des Verhältnisses von Kultur- und Basisrevolution nahmen in der frühen Sowjetunion die 'linken' Gruppen des Proletkult und des LEF eine Haltung ein, die uns auch heute noch bemerkenswert erscheint ... Der Proletkult und die LEF-Avantgarde entwickelten den Gedanken der komplex strukturierten Revolution im Hinblick auf Fragen der Kultur und Kunst", schreibt Hans Günter in seinem Aufsatz "Proletarische und avantgardistische Kunst" (in "Ästhetik und Kommunikation" 12/73). Ausgehend von diesem Ansatz soll in dem Seminar zunächst die früheste Phase des sowjetischen Revolutionsfilms - das Werk von Dsiga Wertow und das an Wertow anschließende von Esfir Schub - im Zusammenhang mit den Kunsttheorien des Futurismus, des Proletkult und der LEF untersucht werden. Dann sind Ausschnitte aus verschiedenen Wertow- und Schub-Filmen vorgesehen; Wertows Film SCHESTAJA TSCHASTJ MIRA (Ein Sechstel der Erde) soll als Beispiel komplett gezeigt werden - ein Verfahren (am Schluß des Seminars jeweils einen ganzen Film zu zeigen), das auch an den anderen Tagen praktiziert werden soll.

Zwei weitere Sitzungen des Seminars sind Eisenstein und seiner Entwicklung von der Theaterpraxis, vom Manifest "Montage der Attraktionen" (1923 in der Zeitschrift LEF veröffentlicht) bis zur Theorie des "Intellektuellen Films" (ansatzweise verwirklicht in OKTOBER und DIE GENERALLINIE), sowie dem Werk Pudowkins und Dowshenkos gewidmet. Pudowkin: "Die Grundlage der Filmkunst ist die Montage. Unter dieser Parole marschiert die sowjetrussische Kinematographie... Für den Filmregisseur bedeutet jede Szene des fertigen Films das gleiche, wie das Wort für den Dichter. Schwankend, wählend, verwerfend, sich zurücktastend steht er vor den Filmbildern und erst durch die bewußte künstlerische Konzeption werden 'Montage-Sätze' geschaffen, aus denen, Schritt für Schritt, das definitive Kunstwerk: der Film entsteht." (1928). Dowshenko: "Das Riesenhafte der Ereignisse hat mich gezwungen, das Material unter dem Druck vieler Atmosphären zusammenzupressen. Das kann man nur, wenn man sich der poetischen Sprache bedient, die meine künstlerische Besonderheit zu sein scheint."

Plakat von W. und G.Stenberg zu Wertows DER MANN MIT DER KAMERA (1929)

Die Leningrader "Fabrik des exzentrischen Schauspielers" (abgekürzt FEKS) der Regisseure Kosinzew und Trauberg (sie drehten u.a. DAS NEUE BABYLON) interessierte sich vor allem für den Schauspieler als Ausdrucksmittel, für Dekoration und Beleuchtung; Lew Kuleschow, der Lehrer Pudowkins, gehört zu den frühesten Pionieren der Montage und der Erforschung spezifischer Schauspieler-Methoden im Film: die Schauspieler sollten sich nicht mehr "im Aufknacken der alten Nüsse von Seelenrätseln üben", sondern "zu einem Instrument für soziale Proklamationen" ausgebildet werden. Kuleschows eigene Filme spiegeln freilich auch die in der frühen Sowjetunion intensive Rezeption des US-Kinos. Wir zeigen als Beispiel für die Produktion der FEKS die expressionistische Gogol-Verfilmung DER MANTEL; ferner Kuleschows Jack London-Bearbeitung NACH DEM GESETZ, beide aus dem Jahre 1926.

Die letzte Sitzung des Seminars beschäftigt sich mit dem Streit zwischen Vertretern des "poetischen" und des "prosaischen" Kinos, der die ausgehenden Zwanziger Jahre in der UdSSR beherrscht (die Unterscheidung zwischen "poetischem" und "prosaischem" Kino stammt von Viktor Schklowskij, wurde aber in der Filmtheorie immer wieder aufgenommen).

Das Seminar steht unter der Leitung von Ulrich Gregor.

Helene Weigel

Die Brecht-Darstellerin und langjährige Leiterin des Berliner Ensembles ist im Film in ihren zwei größten Rollen festgehalten worden, als MUTTER und als MUTTER COURAGE. Diese beiden Filme, zugleich Dokumente berühmter Inszenierungen des Berliner Ensembles, zeigen wir wieder einmal im Arsenal aus Anlaß einer Veranstaltung, in der der Brechtherausgeber Werner Hecht und Christa Mühl, Fernsehen der DDR, ihren Film HELENE WEIGEL vorstellen (10.12., 20.30 Uhr). Die beiden Autoren diskutieren anschließend mit dem Publikum.

Politische Filmgruppen aus Frankreich

Seit und nach 1968 hat die Arbeit der politischen Filmgruppen in Frankreich einen großen Aufschwung erlebt. Wir stellen hier 3 beispielhafte Gruppen vor:
CINELUTTE: besteht aus ungefähr 10 Leuten; Dozenten und Studenten der Universität. Sie haben 1971 ihre Arbeit mit einem Film über die Schüler- und Studentenbewegung begonnen. Sie setzen ihre Filmarbeit überall dort an, wo konkrete Kämpfe stattfinden.
CHAPOUILLIER [illegible] Film, [illegible] Paysans [illegible] der [illegible] Bauern vertrieben wird. Der Film zeigt den Kampf der Kleinbauern gegen ihre Ausbeutung und die Verschlechterung ihrer Lebensbedingungen.
CINETHIQUE: Eine Gruppe von Filmemachern, die als Nebenbeschäftigung in der Universität, beim ORTF usw. arbeiten. Schon vor 1968 geben sie die Zeitschrift "Cinethique" heraus. Früher beschränkte sich ihre Arbeit auf die Herausgabe von Artikeln über Filme und die Vorführung von anderen Filmen, heute produzieren sie selbst Filme und haben die Notwendigkeit erkannt, sich selbst an den Klassenkämpfen zu beteiligen.

Paul Wegener zum 100.Geburtstag

Aus einem Gedicht von Joachim Ringelnatz in: "Der Querschnitt", 11, 1927

Der Regen ist noch regener
Wenn er aufs Wasser niedergeht.
Gleich fest in jedem Wetter steht
Ein großer Stein, Paul Wegener.
(...)
Als ich im Filmatelier bei ihm war,
Stand er mit violettem Haar
Zwischen phantastischem Alldingsgewirr,
Riß aus dem Tisch ein Bein
Und - bums klirr -
Schlug er damit in ein Fenster hinein.
Das mußte so - so mußte es sein.

Steve Dwoskin

Im Dezember beschließen wir unsere Retrospektive der Experimentalfilme von Steve Dwoskin mit drei Programmen. TOD UND TEUFEL (1873) ist die höchst ungewöhnliche Verfilmung eines 1905 entstandenen Bühnenstücks von Frank Wedekind (vom Autor als "Totentanz" bezeichnet), in dem es um die Auseinandersetzung zwischen einem pessimistischen Sensualismus und der Frauenemanzipationsbewegung geht. Hauptdarsteller des Films sind Charles und Carola Regnier. Dwoskin nimmt das Stück jedoch nur zum Ausgangspunkt einer Forschungsreise der Kamera in den Mikrokosmos menschlicher Gesten und Reaktionen. BEHINDERT drehte Dwoskin 1974 für das "Kleine Fernsehspiel" des ZDF. "Meine Absicht war es, einen subjektiven Dokumentarfilm zu drehen, einen Film aus meiner Sicht, der des englischen Filmemachers Dwoskin, der körperbehindert ist und befreundet mit der deutschen Schauspielerin Carola Regnier, die gesund ist." In der letzten Veranstaltung zeigen wir neuere Kurzfilme von Dwoskin: JESUS BLOOD, GIRL und MOMENT.
Die Dwoskin-Retrospektive ist eine Gemeinschaftsveranstaltung mit dem DAAD.

	16 UHR	18.30 UHR	20.30 UHR	22.30 UHR
1 So	Abenteuerliche Filme für Kinder **ab 6** **Clown Ferdinand und die Rakete** Polak CSSR 1962 Phantastische Reise ins Weltall DF	Mexiko: Geschichte, Mythos, Realität im Film **Reed – Mexiko in Aufruhr** Paul Leduc Mex. 1972 John Reed in der mexikan. Revolution 1914 **OmU**	Spanien: Die Erinnerung der Anarchisten **Durruti – Biographie einer Legende** H. M. Enzensberger BRD 72 Nur [illegible] Disk.!	**23.00** Die Filme Humphrey Bogarts **Marked Woman** Bacon 1937 mit Bette Davis **OF** Bogey [illegible]
2 Mo		Politische Filmgruppen aus Frankreich: Guy Chapouillier, **Dettes pour Salaire** Schulden als Gehalt 1973 Kämpfe der Bauern **OmU Mit Diskussion!**	Experimente im Film: Retrospektive Steve Dwoskin **Tod und Teufel** 1973 In deutscher Sprache! nach Franz Wedekind, mit Charles u. Carola Regnier	Dokumentarfilme der **17. Internationalen Leipziger Filmwoche** (23. bis 30. November 1974)
3 Di		Politische Filmgruppen aus Frankreich stellen sich vor: Gruppe Cinélutte, **Margeline** 1974 **OmU** Über die Gastarbeiterfrage **Mit Diskussion!**	Tales of Terror **I Walked with a Zombie** Lewton/Tourneur USA 1943 Meisterwerk des Hollywood-Horrorfilms **OF**	Experimente im Film: Retrospektive Steve Dwoskin **Tod und Teufel** 1973 In deutscher Sprache! nach Franz Wedekind, mit Charles u. Carola Regnier
4 Mi		Politische Filmgruppen aus Frankreich stellen sich vor: Gruppe Cinéthique, **Circulaire Fontanet** 1974 Über die Gastarbeiterfrage **OmU Mit Diskussion!**	Tales of Terror **Vampyr** Carl Theodor Dreyer Dtschl./Frkr. 1932 Nach Sheridan Le Fanu. Mit Sybille Schmitz	Tales of Terror **Cat People** Lewton (Prod.) u. Tourneur (Regie) **OF** USA 42 Eine Frau verwandelt sich in einen Panther
5 Do		Tales of Terror **Nosferatu – Eine Symphonie des Grauens** Murnau Deutschland 1922 Dracula-Version	Berliner Arbeitskreis Film (BAF) zeigt **Schneeglöckchen blühn im September** Ziewer/Wiese 1974 **Anschließend Diskussion!**	**23 Uhr** Zum Vergleich: Alice in den Städten **Paper Moon** Peter Bogdanovich USA 1973 **OF** Gaunergeschichte aus den USA der 30er Jahre
6 Fr		Zum Vergleich: Alice in den Städten **Paper Moon** Peter Bogdanovich USA 1973 **OF** Ryan O'Neal, Tatum O'Neal	**Alice in den Städten** Wim Wenders BRD 1973 Wenders und Bogdanovich („Paper Moon") erzählen fast dieselbe Geschichte. Ein Mann trifft zufällig ein etwa achtjähriges Mädchen und wird es nicht mehr los. Das ungleiche Paar lebt längere Zeit zusammen. Auch Wenders' Film beginnt in den USA, führt aber dann ins Ruhrgebiet. Beide Filme sind John Ford verpflichtet. Zum Vergleich: **Paper Moon** Bogdanovich USA 1973	Tales of Terror **I Walked with a Zombie** Lewton/Tourneur USA 1943 Meisterwerk des Hollywood-Horrorfilms **OF**
7 Sa	Abenteuerliche Filme für Kinder **ab 6** **Tschetan, der Indianerjunge** Hark Bohm BRD 73 Ein Hirt und ein Indianerjunge werden Freunde	Zum 100. Geburtstag von Paul Wegener **Der Student von Prag** Regie u. Hauptrolle: Wegener 1913 Eine Doppelgängergeschichte		Die Filme Humphrey Bogarts **Key Largo** John Huston, USA 1948 Edward G. Robinson, Lauren Bacall **OF**
8 So	Abenteuerliche Filme für Kinder **ab 6** **Tschetan, der Indianerjunge** Hark Bohm BRD 73 Ein Hirt und ein Indianerjunge werden Freunde	18 Uhr Helene Weigel in Brecht-Verfilmungen **Die Mutter** Wekwerth/Bremer DDR 1958 Aufzeichnung der Inszenierung des Berl. Ensembles		Die Filme Humphrey Bogarts **Key Largo** John Huston, USA 1948 Edward G. Robinson, Lauren Bacall **OF**
9 Mo		18 Uhr Helene Weigel in Brecht-Verfilmungen **Mutter Courage und ihre Kinder** Palitzsch/Wekwerth 1961, nach Brecht/Engels Bühneninszen.	Experimente im Film: Retrospektive Steve Dwoskin **Behindert** Bundesrepublik Deutschland 1974	Tales of Terror **Cat People** Lewton (Prod.) u. Tourneur (Regie) **OF** USA 42 Eine Frau verwandelt sich in einen Panther
10 Di		18 Uhr Helene Weigel in Brecht-Verfilmungen **Mutter Courage und ihre Kinder** Palitzsch/Wekwerth 1961, nach Brecht/Engels Bühneninszen.	Werner Hecht, Berlin (DDR), Brecht-Herausgeber, zeigt den Film **Helene Weigel** von Christa Mühl und Werner Hecht DDR 1973 **Anschließend Disk.!**	Experimente im Film: Retrospektive Steve Dwoskin **Behindert** Bundesrepublik Deutschland 1974
11 Mi		18 Uhr Helene Weigel in Brecht-Verfilmungen **Die Mutter** Wekwerth/Bremer DDR 1958 Aufzeichnung der Inszenierung des Berl. Ensembles	Zum 100. Geburtstag von Paul Wegener **Die Weber** Zelnik 1927 Mit Wegener, Wilhelm Dieterle. Frei nach Gerhart Hauptmann	Tales of Terror **Vampyr** Carl Theodor Dreyer Dtschl./Frkr. 1932 Nach Sheridan Le Fanu. Mit Sybille Schmitz
12 Do		Retrospektive Kenji Mizoguchi **Die 47 Samurai** Genroku chushingura Japan 1942 **OmU**	**Seminar: Künstlerische Avantgarde im Sowjetischen Stummfilm.** Leitung: Ulrich Gregor I. **Organisationsästhetik, Proletkult, LEF. Die Filme von Dsiga Wertow und Esfir Schub.** Ausschn. **Kinoprawda, Kinoglas, Der Fall d. Romanow-Dynastie** u. a. Beispiel: **1/6 der Erde** Wertow 1926	
13 Fr		Retrospektive Kenji Mizoguchi **Flammen meiner Liebe** Waga koi wa moenu 1949 **OmU** Geschichte einer Frauenrechtlerin, 1884	Seminar: Künstlerische Avantgarde im Sowjetischen Stummfilm II. **Sergej Eisenstein: Von der Montage der Attraktionen zum „Intellektuellen Film".** Mit Ausschnitten aus verschiedenen Eisensteinfilmen. Filmbeispiel: **Die Generallinie** 1929	
14 Sa	Charlie Chaplin für Kinder **ab 6** **Kurzfilme aus den Jahren 1914 bis 1916** Mit deutscher Übersetzung!	Retrospektive Kenji Mizoguchi **Das Leben der Frau O'Haru** Saikaku ichidai onna 1952 **OmU** Vom Abstieg einer Samurai-Tochter	Seminar: Künstlerische Avantgarde im Sowjetischen Stummfilm III. **Funktion der Montage bei Wsewolod Pudowkin und Alexander Dowshenko** Mit Ausschnitten aus verschiedenen Pudowkin- und Dowshenko-Filmen. Beispiel: **Erde** Dowshenko 1930	
15 So	Charlie Chaplin für Kinder **ab 6** **Kurzfilme aus den Jahren 1914 bis 1916** Mit deutscher Übersetzung!	Retrospektive Kenji Mizoguchi **Ugetsu Monogatari** Erzählungen unter dem Regenmond Japan 1953 **OmU**	Seminar: Künstlerische Avantgarde im Sowjetischen Stummfilm IV. **Exzentrismus und Amerikanismus. Die „Fabrik des exzentrischen Schauspielers". Die Filme Lew Kuleschows.** Filmbeispiele: **Der Mantel** Kosinzew/Trauberg 1926 **Nach dem Gesetz** Kuleschow 1926	
16 Mo		Zum 100. Geburtstag von Paul Wegener **Der Golem – wie er in die Welt kam** Regie (mit Carl Boese) u. Hauptrolle: Wegener Dtschl. 1920	Seminar: Künstlerische Avantgarde im Sowjetischen Stummfilm V. **Die Auseinandersetzung zwischen „poetischem und prosaischem" Kino Ende der Zwanziger Jahre.** Ausschn. aus Filmen von Dowshenko, Ermler, Julkewitsch. Beispiel: **Okraina** Barnet 1933	
	*Veranstaltungen der Stiftung Deutsche Kinemathek	OmU = Originalfassung mit deutschen Untertiteln	OmÜ = Originalfassung mit eingesprochener deutscher Übersetzung	OF = Originalfassung ohne Übersetzung DF = Deutsche Fassung
	Zutritt für Mitglieder Mitgliedschaft kann an der Abendkasse erworben werden	Halbjahresbeitrag 10 DM Studenten 5 DM Eintritt 3,00 DM, Gast 4,00 DM	Sammelkarte für zehn Veranstaltungen 20 DM Gültigkeit drei Monate Erhältlich für Mitglieder	Verkehrsverbindungen U-Bahnhof Wittenbergplatz Viktoria-Luise-Platz

1974, Dezemberprogramm des Arsenal-Kinos, Vorderseite

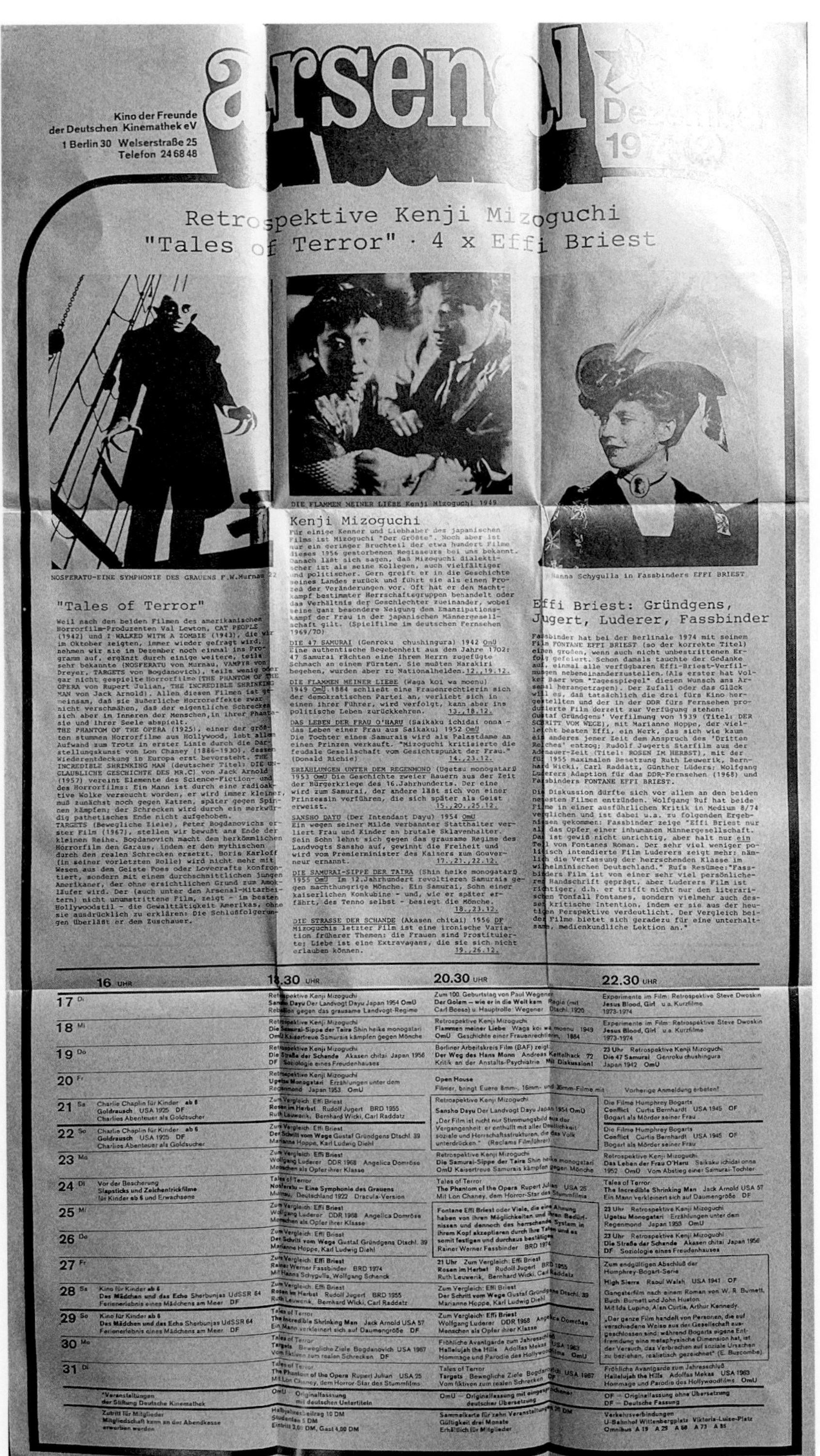

Kino der Freunde der Deutschen Kinemathek eV
1 Berlin 30 Welserstraße 25
Telefon 24 68 48

arsenal

Dezember 1974

Retrospektive Kenji Mizoguchi "Tales of Terror" · 4 x Effi Briest

NOSFERATU-EINE SYMPHONIE DES GRAUENS F.W.Murnau 22

DIE FLAMMEN MEINER LIEBE Kenji Mizoguchi 1949

Hanna Schygulla in Fassbinders EFFI BRIEST

"Tales of Terror"

Weil nach den beiden Filmen des amerikanischen Horrorfilm-Produzenten Val Lewton, CAT PEOPLE (1942) und I WALKED WITH A ZOMBIE (1943), die wir im Oktober zeigten, immer wieder gefragt wird, nehmen wir sie im Dezember noch einmal ins Programm auf, ergänzt durch einige weitere, teils sehr bekannte (NOSFERATU von Murnau, VAMPYR von Dreyer, TARGETS von Bogdanovich), teils wenig oder gar nicht gespielte Horrorfilme (THE PHANTOM OF THE OPERA von Rupert Julian, THE INCREDIBLE SHRINKING MAN von Jack Arnold). Allen diesen Filmen ist gemeinsam, daß sie äußerliche Horroreffekte zwar nicht verschmähen, daß der eigentliche Schrecken sich aber im Inneren der Menschen, in ihrer Phantasie und ihrer Seele abspielt.
THE PHANTOM OF THE OPERA (1925), einer der größten stummen Horrorfilme aus Hollywood, lebt allem Aufwand zum Trotz in erster Linie durch die Darstellungskunst von Lon Chaney (1886-1930), dessen Wiederentdeckung in Europa erst bevorsteht. THE INCREDIBLE SHRINKING MAN (deutscher Titel: DIE UNGLAUBLICHE GESCHICHTE DES MR.C) von Jack Arnold (1957) vereint Elemente des Science-Fiction- und des Horrorfilms: Ein Mann ist durch eine radioaktive Wolke verseucht worden, er wird immer kleiner, muß zunächst noch gegen Katzen, später gegen Spinnen kämpfen; der Schrecken wird durch ein merkwürdig pathetisches Ende nicht aufgehoben.
TARGETS (Bewegliche Ziele), Peter Bogdanovichs erster Film (1967), stellen wir bewußt ans Ende der kleinen Reihe. Bogdanovich macht dem herkömmlichen Horrorfilm den Garaus, indem er den mythischen durch den realen Schrecken ersetzt. Boris Karloff (in seiner vorletzten Rolle) wird nicht mehr mit Wesen aus dem Geiste Poes oder Lovecrafts konfrontiert, sondern mit einem durchschnittlichen jungen Amerikaner, der ohne ersichtlichen Grund zum Amokläufer wird. Der (auch unter den Arsenal-Mitarbeitern) nicht unumstrittene Film, zeigt - im besten Hollywoodstil - die Gewalttätigkeit Amerikas, ohne sie ausdrücklich zu erklären: Die Schlußfolgerungen überläßt er dem Zuschauer.

Kenji Mizoguchi

Für einige Kenner und Liebhaber des japanischen Films ist Mizoguchi "Der Größte". Noch aber ist nur ein geringer Bruchteil der etwa hundert Filme dieses 1956 gestorbenen Regisseurs bei uns bekannt. Danach läßt sich sagen, daß Mizoguchi dialektischer ist als seine Kollegen, auch vielfältiger und politischer. Gern greift er in die Geschichte seines Landes zurück und führt sie als einen Prozeß der Veränderungen vor. Oft hat er den Machtkampf bestimmter Herrschaftsgruppen behandelt oder das Verhältnis der Geschlechter zueinander, wobei seine ganz besondere Neigung dem Emanzipationskampf der Frau in der japanischen Männergesellschaft gilt. (Spielfilme im deutschen Fernsehen 1969/70)

DIE 47 SAMURAI (Genroku chushingura) 1942 OmÜ
Eine authentische Begebenheit aus dem Jahre 1702: 47 Samurai rächten eine ihrem Herrn zugefügte Schmach an einem Fürsten. Sie mußten Harakiri begehen, wurden aber zu Nationalhelden. 12.,19.12.

DIE FLAMMEN MEINER LIEBE (Waga koi wa moenu) 1949 OmÜ. 1884 schließt eine Frauenrechtlerin sich der demokratischen Partei an, verliebt sich in einen ihrer Führer, wird verfolgt, kann aber ins politische Leben zurückkehren. 13.,18.12.

DAS LEBEN DER FRAU O'HARU (Saikaku ichidai onna - das Leben einer Frau aus Saikaku) 1952 OmÜ
Die Tochter eines Samurais wird als Palastdame an einen Prinzen verkauft. "Mizoguchi kritisierte die feudale Gesellschaft vom Gesichtspunkt der Frau." (Donald Richie) 14.,23.12.

ERZÄHLUNGEN UNTER DEM REGENMOND (Ugetsu monogatari) 1953 OmÜ Die Geschichte zweier Bauern aus der Zeit der Bürgerkriege des 16.Jahrhunderts. Der eine wird zum Samurai, der andere läßt sich von einer Prinzessin verführen, die sich später als Geist erweist. 15.,20.,25.12.

SANSHO DAYU (Der Intendant Dayu) 1954 OmÜ
Ein wegen seiner Milde verbannter Statthalter verliert Frau und Kinder an brutale Sklavenhalter. Sein Sohn lehnt sich gegen das grausame Regime des Landvogts Sansho auf, gewinnt die Freiheit und wird vom Premierminister des Kaisers zum Gouverneur ernannt. 17.,21.,22.12.

DIE SAMURAI-SIPPE DER TAIRA (Shin heike monogatari) 1955 OmÜ Im 12.Jahrhundert revoltieren Samurais gegen machthungrige Mönche. Ein Samurai, Sohn einer kaiserlichen Konkubine - und, wie er später erfährt, des Tenno selbst - besiegt die Mönche. 18.,23.12.

DIE STRASSE DER SCHANDE (Akasen chitai) 1956 DF
Mizoguchis letzter Film ist eine ironische Variation früherer Themen: die Frauen sind Prostituierte; Liebe ist eine Extravaganz, die sie sich nicht erlauben können. 19.,26.12.

Effi Briest: Gründgens, Jugert, Luderer, Fassbinder

Fassbinder hat bei der Berlinale 1974 mit seinem Film FONTANE EFFI BRIEST (so der korrekte Titel) einen großen, wenn auch nicht unbestrittenen Erfolg gefeiert. Schon damals tauchte der Gedanke auf, einmal alle verfügbaren Effi-Briest-Verfilmungen nebeneinanderzustellen. (Als erster hat Volker Baer vom "Tagesspiegel" diesen Wunsch ans Arsenal herangetragen). Der Zufall oder das Glück will es, daß tatsächlich die drei fürs Kino hergestellten und der in der DDR fürs Fernsehen produzierte Film derzeit zur Verfügung stehen: Gustaf Gründgens' Verfilmung von 1939 (Titel: DER SCHRITT VOM WEGE), mit Marianne Hoppe, der vielleicht besten Effi, ein Werk, das sich wie kaum ein anderes jener Zeit dem Anspruch des 'Dritten Reiches' entzog; Rudolf Jugerts Starfilm aus der Adenauer-Zeit (Titel: ROSEN IM HERBST), mit der für 1955 maximalen Besetzung Ruth Leuwerik, Bernhard Wicki, Carl Raddatz, Günther Lüders; Wolfgang Luderers Adaption für das DDR-Fernsehen (1968) und Fassbinders FONTANE EFFI BRIEST.

Die Diskussion dürfte sich vor allem an den beiden neuesten Filmen entzünden. Wolfgang Ruf hat beide Filme in einer ausführlichen Kritik in Medium 8/74 verglichen und ist dabei u.a. zu folgenden Ergebnissen gekommen: Fassbinder zeige "Effi Briest nur als das Opfer einer inhumanen Männergesellschaft. Das ist gewiß nicht unrichtig, aber halt nur ein Teil von Fontanes Roman. Der sehr viel weniger politisch intendierte Film Luderers zeigt mehr: nämlich die Verfassung der herrschenden Klasse im wilhelminischen Deutschland." Rufs Resümee: "Fassbinders Film ist von einer sehr viel persönlicheren Handschrift geprägt, aber Luderers Film ist richtiger, d.h. er trifft nicht nur den literarischen Tonfall Fontanes, sondern vielmehr auch dessen kritische Intention, indem er sie aus der heutigen Perspektive verdeutlicht. Der Vergleich beider Filme bietet sich geradezu für eine unterhaltsame, medienkundliche Lektion an."

	16 UHR	18.30 UHR	20.30 UHR	22.30 UHR
17 Di		Retrospektive Kenji Mizoguchi **Sansho Dayu** Der Landvogt Dayu Japan 1954 OmÜ Rebellion gegen das grausame Landvogt-Regime	Zum 100. Geburtstag von Paul Wegener **Der Golem – wie er in die Welt kam** Regie (mit Carl Boese) u. Hauptrolle: Wegener Dtschl. 1920	Experimente im Film: Retrospektive Steve Dwoskin **Jesus Blood, Girl** u.a. Kurzfilme 1973-1974
18 Mi		Retrospektive Kenji Mizoguchi **Die Samurai-Sippe der Taira** Shin heike monogatari OmÜ Kaisertreue Samurais kämpfen gegen Mönche	Retrospektive Kenji Mizoguchi **Flammen meiner Liebe** Waga koi wa moenu 1949 OmÜ Geschichte einer Frauenrechtlerin, 1884	Experimente im Film: Retrospektive Steve Dwoskin **Jesus Blood, Girl** u.a. Kurzfilme 1973-1974
19 Do		Retrospektive Kenji Mizoguchi **Die Straße der Schande** Akasen chitai Japan 1956 DF Soziologie eines Freudenhauses	Berliner Arbeitskreis Film (BAF) zeigt: **Der Weg des Hans Mann** Andreas Kettelhack 72 Kritik an der Anstalts-Psychiatrie **Mit Diskussion!**	23 Uhr Retrospektive Kenji Mizoguchi **Die 47 Samurai** Genroku chushingura Japan 1942 OmÜ
20 Fr		Retrospektive Kenji Mizoguchi **Ugetsu Monogatari** Erzählungen unter dem Regenmond Japan 1953 OmÜ	**Open House** Filmer, bringt Euere 8mm-, 16mm- und 35mm-Filme mit	Vorherige Anmeldung erbeten!
21 Sa	Charlie Chaplin für Kinder **ab 6** **Goldrausch** USA 1925 DF Charlies Abenteuer als Goldsucher	Zum Vergleich: Effi Briest **Rosen im Herbst** Rudolf Jugert BRD 1955 Ruth Leuwerik, Bernhard Wicki, Carl Raddatz	Retrospektive Kenji Mizoguchi **Sansho Dayu** Der Landvogt Dayu Japan 1954 OmÜ „Der Film ist nicht nur Stimmungsbild aus der Vergangenheit: er enthüllt mit aller Deutlichkeit soziale und Herrschaftsstrukturen, die das Volk unterdrücken." (Reclams Filmführer)	Die Filme Humphrey Bogarts **Conflict** Curtis Bernhardt USA 1945 OF Bogart als Mörder seiner Frau
22 So	Charlie Chaplin für Kinder **ab 6** **Goldrausch** USA 1925 DF Charlies Abenteuer als Goldsucher	Zum Vergleich: Effi Briest **Der Schritt vom Wege** Gustaf Gründgens Dtschl. 39 Marianne Hoppe, Karl Ludwig Diehl		Die Filme Humphrey Bogarts **Conflict** Curtis Bernhardt USA 1945 OF Bogart als Mörder seiner Frau
23 Mo		Zum Vergleich: Effi Briest Wolfgang Luderer DDR 1968 Angelica Domröse Menschen als Opfer ihrer Klasse	Retrospektive Kenji Mizoguchi **Die Samurai-Sippe der Taira** Shin heike monogatari OmÜ Kaisertreue Samurais kämpfen gegen Mönche	Retrospektive Kenji Mizoguchi **Das Leben der Frau O'Haru** Saikaku ichidai onna 1952 OmÜ Vom Abstieg einer Samurai-Tochter
24 Di	Vor der Bescherung **Slapsticks und Zeichentrickfilme** für Kinder ab 6 und Erwachsene	Tales of Terror **Nosferatu – Eine Symphonie des Grauens** Murnau, Deutschland 1922 Dracula-Version	Tales of Terror **The Phantom of the Opera** Rupert Julian USA 25 Mit Lon Chaney, dem Horror-Star des Stummfilms	Tales of Terror **The Incredible Shrinking Man** Jack Arnold USA 57 Ein Mann verkleinert sich auf Daumengröße DF
25 Mi		Zum Vergleich: Effi Briest Wolfgang Luderer DDR 1968 Angelica Domröse Menschen als Opfer ihrer Klasse	**Fontane Effi Briest** oder **Viele, die eine Ahnung haben von ihren Möglichkeiten und ihren Bedürfnissen und dennoch das herrschende System in ihrem Kopf akzeptieren durch ihre Taten und es somit festigen und durchaus bestätigen** Rainer Werner Fassbinder BRD 1974	23 Uhr Retrospektive Kenji Mizoguchi **Ugetsu Monogatari** Erzählungen unter dem Regenmond Japan 1953 OmU
26 Do		Zum Vergleich: Effi Briest **Der Schritt vom Wege** Gustaf Gründgens Dtschl. 39 Marianne Hoppe, Karl Ludwig Diehl		23 Uhr Retrospektive Kenji Mizoguchi **Die Straße der Schande** Akasen chitai Japan 1956 DF Soziologie eines Freudenhauses
27 Fr		Zum Vergleich: **Effi Briest** Rainer Werner Fassbinder BRD 1974 Mit Hanna Schygulla, Wolfgang Schenck	21 Uhr Zum Vergleich: Effi Briest **Rosen im Herbst** Rudolf Jugert BRD 1955 Ruth Leuwerik, Bernhard Wicki, Carl Raddatz	Zum endgültigen Abschluß der Humphrey-Bogart-Serie **High Sierra** Raoul Walsh USA 1941 OF Gangsterfilm nach einem Roman von W. R. Burnett, Buch: Burnett und John Huston. Mit Ida Lupino, Alan Curtis, Arthur Kennedy. „Der ganze Film handelt von Personen, die auf verschiedene Weise aus der Gesellschaft ausgeschlossen sind; während Bogarts eigene Entfremdung eine metaphysische Dimension hat, ist der Versuch, das Verbrechen auf soziale Ursachen zu beziehen, realistisch gezeichnet" (E. Buscombe)
28 Sa	Kino für Kinder **ab 6** **Das Mädchen und das Echo** Sherbunjas UdSSR 64 Ferienerlebnis eines Mädchens am Meer DF	Zum Vergleich: Effi Briest **Rosen im Herbst** Rudolf Jugert BRD 1955 Ruth Leuwerik, Bernhard Wicki, Carl Raddatz	Zum Vergleich: Effi Briest **Der Schritt vom Wege** Gustaf Gründgens Dtschl. 39 Marianne Hoppe, Karl Ludwig Diehl	
29 So	Kino für Kinder **ab 6** **Das Mädchen und das Echo** Sherbunjas UdSSR 64 Ferienerlebnis eines Mädchens am Meer DF	Tales of Terror **The Incredible Shrinking Man** Jack Arnold USA 57 Ein Mann verkleinert sich auf Daumengröße DF	Zum Vergleich: **Effi Briest** Wolfgang Luderer DDR 1968 Angelica Domröse Menschen als Opfer ihrer Klasse	
30 Mo		Tales of Terror **Targets** Bewegliche Ziele Bogdanovich USA 1967 Vom fiktiven zum realen Schrecken DF	Fröhliche Avantgarde zum Jahresschluß **Hallelujah the Hills** Adolfas Mekas USA 1963 Hommage und Parodie des Hollywoodfilms OmU	
31 Di		Tales of Terror **The Phantom of the Opera** Rupert Julian USA 25 Mit Lon Chaney, dem Horror-Star des Stummfilms	Tales of Terror **Targets** Bewegliche Ziele Bogdanovich USA 1967 Vom fiktiven zum realen Schrecken DF	Fröhliche Avantgarde zum Jahresschluß **Hallelujah the Hills** Adolfas Mekas USA 1963 Hommage und Parodie des Hollywoodfilms OmU
	*Veranstaltungen der Stiftung Deutsche Kinemathek	OmÜ – Originalfassung mit deutschen Untertiteln	OmU – Originalfassung mit eingesprochener deutscher Übersetzung	OF – Originalfassung ohne Übersetzung DF – Deutsche Fassung
	Zutritt für Mitglieder Mitgliedschaft kann an der Abendkasse erworben werden	Halbjahresbeitrag 10 DM Studenten 5 DM Eintritt 3,00 DM, Gast 4,00 DM	Sammelkarte für zehn Veranstaltungen 20 DM Gültigkeit drei Monate Erhältlich für Mitglieder	Verkehrsverbindungen U-Bahnhof Wittenbergplatz Viktoria-Luise-Platz Omnibus A 19 A 29 A 69 A 73 A 85

1974, Dezemberprogramm des Arsenal-Kinos, Rückseite

DAS INTERNATIONALE FORUM ODER: DIE FREUNDE ZIEHEN DIE BERLINALE AUS DEM SCHLAMASSEL

Im selben Jahr 1970, in dem sich die Freunde der Deutschen Kinemathek von ihrem Untermieter-Status befreit und endlich ein eigenes Kino etabliert hatten, gerieten die Internationalen Filmfestspiele in schwere Turbulenzen. In seiner *Geschichte der Berlinale** entwirrt der Filmhistoriker Wolfgang Jacobsen die Chronik der chaotischen Ereignisse, die er als Konsequenz der «zu lange hinausgezögerten Pläne für eine Reform der Berlinale» beschreibt. (CL)

* Wolfgang Jacobsen, a. a. O. S. 165 ff.

«Rücktritt der Internationalen Jury, Demissionsangebote des Festspielleiters und des Geschäftsführers der Festspiele GmbH, Abbruch des Wettbewerbs und damit keine Preisverleihung – das waren die äußeren Zeichen der Krise 1970. Die Internationalen Filmfestspiele standen am Rand der Auflösung. [...]

Am Dienstag dann, dem 30. Juni, läuft um 15:00 und 21:00 Uhr Michael Verhoevens O. K. Die Zuschauerreaktion im Zoo-Palast ist gespalten. Es gibt vereinzelt, aber lautstark, Proteste, in der überwiegenden Mehrheit allerdings reichlichen, ja enthusiastischen Beifall. [...]

Der Film: «Die kleine Vietnamesin Mao hat es wirklich gegeben. Bis zum 18. November 1966. An diesem Tag wurde sie von vier amerikanischen Soldaten verschleppt und vergewaltigt, erstochen und erschossen. Auch Eriksson war dabei. Er war der fünfte Mann. Er konnte dem Mädchen nicht helfen. Aber er ging zum Captain und meldete den Vorfall. Eriksson wurde abgewiesen, die Anzeige unterdrückt. O. K. schildert Maos Leiden. Er verlegt ihren Todestag auf den Ostermontag und stellt die Ereignisse in der Art bayerischer Passionsszenen nach. Dieser verfremdende Stil distanziert den Beobachter von dem historischen Ereignis, veranlasst ihn zu reflektierender Betrachtung und rückt zugleich die realen Hintergründe in die anschauliche Nähe vertrauter Mentalität.» (Produktionsmitteilung) (Wolfgang Jacobsen, a. a. O., S. 165 f.)»

Bis zum Abbruch des Festivals am 5. Juli 1970 eskalierte die Auseinandersetzung. Der amerikanische Jurypräsident George Stevens, ein Regisseur, der als politischer Falke galt, verlangte, was indes unbewiesen blieb, die Neutralisierung, sprich Entfernung des Films aus dem Wettbewerb. Der jugoslawische Regisseur Dušan Makavejew war entgegengesetzter Meinung und stach den heillosen Streit der Jury an den Produzenten von O.K. durch. Der Skandal machte sich an heiklen Fragen fest: Regelverstoß durch Makavejews Bruch des Schweigegebots der Jury oder Zensur durch die sichtlich überforderte Festspielleitung. War der Film „antiamerikanisch"? War er nicht viel mehr ein Antikriegsfilm? Sollte die Jury nicht ausschließlich seinen künstlerischen Wert diskutieren?

Es folgten widersprüchliche Presseerklärungen, nächtliche Publikumsdebatten, Resolutionen und der Rückzug mehrerer Filme aus dem laufenden Programm. Dabei ging ein zweiter Zensurfall unter. Die Freigabe des spanischen Wettbewerbsbeitrags DER GARTEN DER LÜSTE* von Carlos Saura durch die spanische Zensurbehörde war gescheitert.

In den Turbulenzen dieser Tage deutete sich indes bereits die künftige Entstehung des Internationalen Forums an. (CL)

* EL JARDIN DE LAS DELICIAS (DER GARTEN DER LÜSTE; Regie: Carlos Saura, Spanien 1970) ist eine allegorische Satire auf die Unterdrückung unter dem Regime des Diktators Franco in Spanien. Die Familie eines Geschäftsmannes, der bei einem Unfall sein Gedächtnis verlor, versucht, durch die Erzählung zurückliegender prägender Episoden die Amnesie rückgängig zu machen.

«Noch im Koma des Wettbewerbsprogramms hatte Senator Stein die Weichen gestellt, als er am 6. Juli erklärte: «Wir stehen eher vor einem Anfang, über die Förderung des künstlerisch wertvollen Films weiter nachzudenken. Veranstaltungen wie die Filmfestspiele werden auch weiterhin stattfinden.» [...] In einem Dringlichkeitsantrag der Christdemokraten, der auch mit den Stimmen der SPD angenommen wurde, beauftragte man den Senat, bis zum 1. Oktober des Jahres Vorschläge zu unterbreiten, wie die ramponierten Filmfestspiele zu reparieren seien.»

(Wolfgang Jacobsen, a. a. O., S. 172 f.)

UG Nach dem Abbruch des Festivals war klar, dass sich etwas ändern musste. Die Festivalleitung hat sich letztlich dem Einspruch eines Hollywood-Regisseurs gebeugt, und vielleicht spielte bei dem Debakel auch eine Rolle, dass die USA als alliierte Schutzmacht nicht verärgert werden sollten. Der Krieg in Vietnam dauerte danach noch fünf Jahre und erst allmählich entstanden mehr Dokumentarfilme und Spielfilme, die das Thema dieses schrecklichen Krieges aufgriffen. Im Nachhinein kann man auch sagen, dass die Festivalleitung durch ihr Reglement viel zu sehr auf die Angebote der Filmindustrie und der staatlichen Filmkommissionen in den einzelnen Ländern setzte. Sie kannte sich in der internationalen Festivalszene nicht so gut aus wie wir, weil wir sehr viel auf Festivals unterwegs waren. Wir wussten einfach, welche Strömungen im internationalen Kino neu waren.

EG Das stimmt. Wir haben damals kaum jemanden von der Berlinale bei den großen Festivals im Kino getroffen.

UG Mit unserem Parallelprogramm hatten wir beste Erfahrungen gesammelt. Zudem war es gut besucht und hatte viel Presse bekommen. Wir wussten nach dem Debakel natürlich, dass die verantwortlichen Gremien Anhörungen und Sachverständigengespräche durchführten.[1] Dann hörten wir im November von den Plänen einer Zweiteilung des Festivals in Wirtschaft und Kunst. Man wollte den A-Status, also die Gleichstellung der Berlinale mit Cannes und Venedig, nicht aufgeben. Ich sagte in einem Interview, dass ich mehr dazu wissen müsste, aber auf den ersten Blick eine schlichte Zweiteilung nicht unbedingt für gut halte. Man hätte damals die Gelegenheit gehabt, einen völlig neuen Typ von Filmfestival zu entwerfen.[2]

Dann gab es in der Weihnachtszeit eine Pressekonferenz. Ich bin als Journalist und Vertreter der Freunde hingegangen, weil ich den neuesten Stand erfahren wollte. Da hörte ich dann, dass das Kuratorium und alle politischen Gremien beschlossen hatten, den Freunden der Deutschen Kinemathek eine eigene Sektion innerhalb der Berlinale anzubieten. Ich muss sagen, ich war ziemlich überrascht.

In einem Interview anlässlich des 50. Jubiläums der Gründung des Forums beschrieben Erika und Ulrich Gregor die hektischen Wochen nach dem Überraschungscoup der Gremien. (CL)

EG Das hat niemand vorher mit uns besprochen. Du hast damals sofort Interviews geben müssen und warst ziemlich perplex.

UG Im Januar gab es dann ein etwas formelleres Gespräch mit dem Kuratorium der Festspiele GmbH. Darin saßen Vertreter von Berlin und Bonn. Da wurden wir noch einmal direkt gefragt: «Können Sie das?» Wir haben uns angeboten, für die schwierigen und gefährlichen Filme einzustehen. Die mussten im Berlinale-Programm irgendwie dabei sein, aber niemand wusste, wie man damit umgehen sollte. Wir waren darin einigermaßen geschult, und galten als halbwegs seriös. Ich habe gesagt: «Die wichtigste Voraussetzung ist, dass wir eine völlig freie Programmauswahl haben». Dann kam erst einmal die Frage: «Wie viel Geld brauchen Sie denn eigentlich?» Es war das erste Mal, dass wir uns mit so etwas befassen mussten. Entsprechend schwierig war die Antwort. Das Kuratorium wurde aber gleich konkret: «Können Sie mit 300.000 DM auskommen?» Da dachte ich zuerst einmal: «Das kann doch nicht wahr sein!»

EG Ulrich erreichte, dass wir 300.000 DM bekamen unter unserer Bedingung, dass uns niemand in die Programmgestaltung reinreden durfte. Meine Idee war es zu verlangen, dass wir das Budget nicht stückweise sondern en bloc bekommen, nicht ein bisschen für dies, ein bisschen für das. Das handelte Ulrich dann auch aus.

UG Damit waren wir viel freier, uns auch Gedanken über das Archiv zu machen.

EG Ich habe also gerechnet: acht Tage Festival, das macht so und so viele Filme, und dachte, wir schaffen das mit 200.000 DM. Dann habe ich noch einmal gerechnet, nun mit folgender Überlegung: Viele Filme

1 Mehr zu diesem aufwändigen und widersprüchlichen Prozess in: Wolfgang Jacobsen: *50 Jahre Berlinale*, a. a. O., S. 173–176

2 Ulrich Gregor im Gespräch mit Wolfram Dorn, *Weinheimer Nachrichten*, 11.11.1970. (Landesarchiv Berlin B Rep. 149, Nr. 886) Rolf Aurich, Exzerpt zu seiner Alfred-Bauer-Recherche. Herzlichen Dank für die Einsicht in die Exzerpte.

kommen aus armen Ländern. Wenn wir davon Kopien mit deutschen Untertiteln herstellen und aufbewahren wollen, dann sind vielleicht 300.000 DM nicht genug. Denn die Idee mit der Sammlung war von Beginn an wichtig.[3]

Wir hatten längst das Archiv angefangen, wir haben Kopien nach Rücksprache mit den Lizenzgebern – was ja meist die Filmemacher waren – behalten, um sie zu verleihen. Jetzt, wo klar war, wir würden Filme nach Deutschland holen können, gab es das Problem, dass ein gefördertes Festival keinen Verleih betreiben durfte, weil das als privatwirtschaftliche Unternehmung galt.

UG Ich hatte die Idee, dass wir mit dem Geld deutsche Untertitel bezahlen und diese bestimmte Kopie für die Sammlung ankaufen könnten. Im Stillen stand damals immer der Verdacht im Raum, dass unsere Sektion im ersten Jahr ein Misserfolg werden würde. Deswegen bekamen wir das Geld auch nur für ein Jahr zugesichert.

« Das Kuratorium hatte eine Zuwendung der Berliner Festspiele GmbH von 220.800 DM an den Verein Freunde der Deutschen Kinemathek beschlossen, der als Träger des Forums auftrat. Zusätzlich wollten die Berliner Festspiele die Kosten für Mieten und Werbung übernehmen. Damit dürfte sich der Gesamtetat des ersten Forums auf magere 300.000 DM belaufen haben. Interessanterweise werden der Etatrahmen und die Form der technischen Zusammenarbeit zwischen Forum und Festspielen erst nachträglich auf Intervention des Finanzsenators Heinz Striek in die Abgeordnetenhausvorlage aufgenommen.

(Brief an den Senator für Wissenschaft und Kunst, 08.01.1971;
Wolfgang Jacobsen, a. a. O., S. 186) »

UG Der Festivalchef Alfred Bauer begegnete uns von Anfang an mit Misstrauen. Er glaubte später, dass wir den Tumult um den Abbruch der Berlinale 1970 hinter den Kulissen angezettelt hätten, um ihn aus dem Amt zu drängen.

EG Das wäre uns im Traum nicht eingefallen. Wir hatten ja praktisch schon ein eigenes Festival, mit unseren Möglichkeiten im neu eröffneten Arsenal. Wir hatten Platz, das machen zu können, was wir wollten. Schon zur Berlinale 1970 hatten wir ein Programm mit

3 Bert Rebhandl: *arsenal-berlin.de,: (*https://is.gd/vuwzN6, 03.01.2022). Dank für die Zustimmung zum Abdruck.

Alfred Bauer*, Leiter der Berlinale seit ihrer Gründung 1951, hielt sich bis 1976 im Amt. Sein Rücktritt 1970 war revidiert worden. Bauer hatte das Festival von Anfang an zu einem Glamour-Event aufgebaut, um das Image West-Berlins als «Schaufenster der freien Welt» zu befördern. Erst 2019 wurden Recherchen des Filmhistorikers Ulrich Hähnel, die frühere Hinweise auf Bauers Verstrickung in den Nationalsozialismus bestätigten, in größerem Rahmen publik und führten zur Aussetzung des nach Bauers Tod 1986 eingeführten Alfred-Bauer-Preises der Berlinale für «neue Perspektiven der Filmkunst».** (CL)

* Alfred Bauer (1911–1986) studierte Jura und Kunstgeschichte, trat 1933 in die SA ein und wurde 1937 NSDAP-Mitglied. Nach drei Jahren als Soldat begann er eine steile Karriere im NS-Filmapparat, zuletzt als Filmreferent der Reichsfilmintendanz, wo er u. a. für die UK-Stellung, d. i. die Freistellung von Filmschaffenden vom Kriegsdienst, zuständig war. Nach dem Krieg verschleierte Bauer seine Rolle als NS-Filmfunktionär systematisch, erreichte mit Fälschungen seine Entnazifierung, arbeitete als Berater in Filmangelegenheiten für die alliierten Briten in West-Berlin und stieg mit Initiativen zur Wiederbelebung der Filmindustrie in West-Berlin und zur Gründung eines Filmfestivals zu einer dauerhaften Nachkriegskarriere auf – dies obwohl seine Rolle im NS seit den 1970er-Jahren filmwissenschaftlich mehrfach untermauert worden war. Die neue Leitung der Berlinale unter Carlo Chatrian und Mariette Rissenbeek erklärte 2019, von Alfred Bauers NS-Vergangenheit nichts gewusst zu haben.

** Vgl. https://de.wikipedia.org/wiki/Alfred_Bauer (12.06.22)

vollkommen anderen Schwerpunkten gezeigt – einfach aus Spaß, aus Daffke.

UG Damit war die programmatische Formel für das Forum praktisch schon gefunden.

Wie kam der Name Internationales Forum des Jungen Films zustande?

UG Wir, das waren neben uns noch Gero Gandert, Heiner Roß und Manfred Salzgeber, haben geknobelt.

EG «Junger Film» klingt auch in anderen Sprachen gut, zum Beispiel «giovane cinema» auf Italienisch.[4] Marcel Ophüls fragte mich einmal, warum wir auf dem Forum des Jungen Films einen Film seines längst verstorbenen Vaters Max Ophüls zeigten, und ich sagte, weil diese Filme jünger seien als viele Filme junger Regisseure.

EINE FRAU IM TEAM

Nach der Zusage der Freunde der Deutschen Kinemathek, das Angebot des Kuratoriums anzunehmen, blieben nur drei Monate Zeit bis zum «Probelauf» des ersten Internationalen Forums (25. Juni bis 6. Juli 1971), das drei Tage kürzer als die 21. Berlinale geplant war. Alles musste zügig organisiert werden. Eine zusätzliche Arbeitskraft war notwendig. (CL)

EG Gero Gandert sagte: «Wir brauchen eine ordentliche Sekretärin, die Ablage kann.» Ich dachte: «Oh Gott …» Ablage! Ich sollte eine Anzeige aufsetzen, aber bitte mit dem Modewort «repressionsfreier Betrieb». Das hieß, dass die Chefs nicht mit dir rumschreien.

Ich schrieb: «Kleiner Filmbetrieb, Fremdsprachenkenntnisse erwünscht – repressionarm», denn wenn die arme Person an Gero

4 Gerhard Midding, a. a. O.

geraten würde, wäre es nicht repressionsfrei. Auf keinen Fall sollte die Anzeige in der *Mottenpost*[5] erscheinen. Wir hassten die Springer-Presse. Ich wollte jemanden, der mit mir politisch auf der gleichen Wellenlänge ist. Ich gab sie also im *Extra-Dienst* auf, einer kleinen linken Korrespondenz, die zweimal in der Woche erschien. Später kam heraus, dass sie zeitweise von der DDR finanziert wurde, aber das wussten wir damals nicht.

Es kamen schreckliche Anrufe von Frauen, die als erstes fragten, wie lange die Arbeitszeit und wie hoch die Bezahlung sei. Das war nun das Letzte, an das ich dachte.

Ich war völlig deprimiert, zumal Gero sagte, ich hätte es nicht geschafft. Als er hörte, dass die Anzeige im Extra-Dienst erschienen war, bekam er einen Wutanfall. Er wollte keine linken Chaoten, sondern eine solide Sekretärin.

Donnerstag rief eine norddeutsche Männerstimme an und fragte, ob die Stelle noch frei sei. Mein Gehirn arbeitete: Warum nicht ein Sekretär? Ich also: «Wann können Sie kommen, um sich vorzustellen?» Er lachte ein bisschen, aber gut, und sagte, er rufe für seine Frau an. Sie dürfe bei der Arbeit keine Privatgespräche führen. Er möchte gern, dass sie eine neue Arbeit findet, in der sie sich gut fühlt und sich einbringen kann. Das klang alles fabelhaft. Kein Wort von Gehalt oder Arbeitsstunden. Wir plauderten lange und schieden schon als halbe Freunde. Am Sonnabend kam dann Sylvia Andresen in die Welserstraße, und zwar, wie es sich gehört, zehn Minuten vor der Zeit.

UG Wir hatten erst ein Zimmer über dem Arsenal.

EG Ulrich und ich neigten leider zur Unpünktlichkeit. Wir hatten die Kinder und keinen Kindergarten. Wir kamen also mit akademischem Viertel, ich mit Milena auf dem Arm und Christine hinter mir. Sylvia war gerade dabei, wieder zu gehen, aber dann setzten wir uns und Ulrich fragte als erstes, ob sie Französisch könne. Und siehe da, sie hatte in Paris studiert.

UG Damals wurde unter Filmleuten viel Französisch gesprochen.

EG Wir erklärten ihr, was wir machen wollten, aber dass das Festival vermutlich nur einmal und dann nie wieder stattfinden würde, dass wir den Vertrag mit der Festspiele GmbH erst im Mai bekommen, das Festival aber schon Ende Juni beginnen würde.

UG Wir hatten wirklich wenig Zeit.

EG Und am ersten September hätte sie theoretisch schon wieder arbeitslos sein können. Aber dann blieb Sylvia Andresen bei uns. Von Anfang an gehörte sie dazu.

UG Später auch zu unserem Auswahlkomitee.

5 Gemeint ist die *Morgenpost,* damals eine Zeitung des Axel-Springer-Verlags.

EG Lange wollte sie Sekretärin bleiben, morgens die erste, abends die letzte, alles wunderbar. Ich habe Jahre gebraucht, um sie zu überzeugen, dass sie ins Komitee geht. Sie wollte zuerst nicht, weil sie fand, sie hätte nicht genug Filmkenntnisse. Typisch Frau. Ich wollte aber gern eine Frau dabei haben, weil ich lange Zeit die einzige war.

---

30 Jahre nach dem ersten Internationalen Forum des Jungen Films schrieb Sylvia Andresen einen Essay über die Anfänge. (CL)

«Sekretärin gesucht für interessante und repressionsarme Beschäftigung. Fremdsprachen und Filmkenntnisse erwünscht.» Diese Anzeige vom 10. Februar 1971 im linken Berliner *Extra-Dienst* hat mein Arbeitsleben für die darauf folgenden 27 Jahre entschieden. [...]

Schon das Vorstellungsgespräch war ziemlich typisch für den Arbeitsstil: Sonnabend 11 Uhr, anwesend waren vier Leute, die scheinbar alle gleich viel zu sagen hatten: Heiner Roß, der sich als «Geschäftsführer» vorstellte, Gero Gandert, «eigentlich Filmwissenschaftler» (beide trugen schwarze Lederjacken) und – die «Gregors», die sich fürs Zuspätkommen entschuldigten, es sei mal wieder kein Parkplatz zu finden, am Samstag gingen die Leute alle ins KaDeWe einkaufen .... Das war eindeutig ein Vorwurf gegen die konsumorientierte Gesellschaft.

Die Wohnung in der Welserstraße 25 im ersten Stock hatte einen Büroraum, mit einem vor längerer Zeit weiß gestrichenen Regal (wo vor allem Kinemathek-Hefte standen, die die zweijährige Milena Gregor, auf dem Fußboden rumkrabbelnd, durcheinander brachte) und einem gelb gestrichenen Schreibtisch; daneben ein fast leeres Balkonzimmer mit einem kleinen Schreibmaschinentisch und einer roten Kugelkopfschreibmaschine. In den übrigen Räumen (ein Schlafzimmer, ein Bad mit Wanne und eine Küche mit Herd und angrenzender Speisekammer) wohnte jemand, der irgendwie auch dazugehörte – das war Alf Bold, damals noch Kellner, er machte manchmal Kasse und Einlass im Arsenal.

Das Vorstellungsgespräch bestand vor allem darin, dass sich mir alle vorstellten und mir erklärt wurde, was die Freunde machten, was sie vorhätten (die Organisation des bevorstehenden ersten Forums). Frau Gregor gab mir als einzige den konkreten Hinweis, wofür ich eingestellt werden sollte, nämlich beim Forum mitzuarbeiten. [...] Irgendwie gingen alle davon aus, dass ich zusage, und es wurde mir die *Geschichte des Films* in die Hand gedrückt, um mich ein bisschen «einzulesen» in die Materie. [...]

(Sylvia Andresen: «Sekretärin gesucht!», in: *Zwischen Barrikade und Elfenbeinturm – Zur Geschichte des unabhängigen Kinos*, a. a. O., S. 14.)

Rechtzeitig zum Forum wurde der Innenraum des Kinos renoviert. Helfer bauten gebrauchte Stühle vom Theater Tribüne ein. Dabei war uns zunächst nicht aufgefallen, dass alle Stühle an den Füßen eine Schräge hatten, die dem abfallenden Parkett des Theaters geschuldet war. Die Stühle waren also etwas nach vorne geneigt, bemerkbar, aber für die meisten Besucher nicht störend. (Heiner Roß: Erinnerungen, a. a. O., S. 28)

Das Forum-Team bekam ein improvisiertes Büro im Bundeshaus, der Vertretung des Bundes in Berlin, gestellt. Dort fanden auch Sichtungen statt, während das Arsenal mit Fördermitteln des Forums renoviert wurde. Auch da drängte die Zeit, denn es war neben dem Kino Atelier am Zoo* und der Akademie der Künste als Schauplatz des Forums eingeplant. (CL)

* *www.kinokompendium.de* (https://is.gd/CATaWm, 15.06.22).

Ich fing also am 1. April 1971 mit meiner Arbeit an. Voller Stolz wies mir Heiner Roß meinen Arbeitsplatz zu: ein dunkler, kleiner, vor allem länglicher Raum im Souterrain des Bundeshauses in der Bundesallee 1 bis 12, vollgestellt mit mehreren Schreibtischen.

Anfangs wusste man tatsächlich nicht recht, womit man mich beschäftigen sollte. Heiner Roß erzählte mir Anekdoten von der Arbeit der Freunde, von der Frühzeit in der Akademie der Künste, vom Ofen im Keller des Arsenals, der von ihm im Winter mit Kohlen beheizt werden musste etc. Gregors sah ich meist nur zwischen Tür und Angel. Das Arsenal war wegen Renovierung geschlossen, und alle, die irgendwie zu dem Clan gehörten, waren vollauf mit den Problemen des Umbaus beschäftigt. Außer Heiner Roß war niemand fest angestellt, Herr Gregor war Dozent an der Deutschen Film- und Fernsehakademie, Frau Gregor jonglierte zwischen freier (natürlich unbezahlter) Mitarbeit bei den Freunden und ihren beiden kleinen Kindern, Herr Gandert war unter Vertrag bei der Deutschen Kinemathek.

Meine erste konkrete Amtshandlung war, anhand der Adressenkartei vom Kurzfilmfestival in Oberhausen Film-Anmeldeformulare zu versenden und mich dann irgendwie um den Eingang des Materials und der Filme zu kümmern.

(Sylvia Andresen, a. a. O., S. 14.)

Ende Mai erst, nach der Rückkehr der Gregors aus Cannes, nahm die Programmplanung für das knapp vier Wochen später stattfindende Festival Fahrt auf. Filme wurden gesichtet, das komplette Programm mit allen organisatorischen Arbeiten auf die Beine gestellt. (CL)

[...] Plötzlich schwirrten unheimlich viele Leute herum, das Telefon klingelte pausenlos, und ich hatte endlich etwas zu tun: Telegramme mit der Einladung zur Teilnahme des Films im Forum mussten haufenweise verschickt werden (da lernte man das Buchstabieren – Anna, Berta, Cäsar ...), Flugtickets mussten bei der Lufthansa bestellt werden: einmal Dakar hin und zurück, nein nicht erste Klasse ..., dann redigierte Texte für die Infoblätter abtippen oder auch per Diktat in die Maschine eintippen (das habe ich gehasst, gemerkt hat das aber niemand). Filmkopien vom Flughafen abholen oder mit Warenbegleitschein zur Bahn bringen.

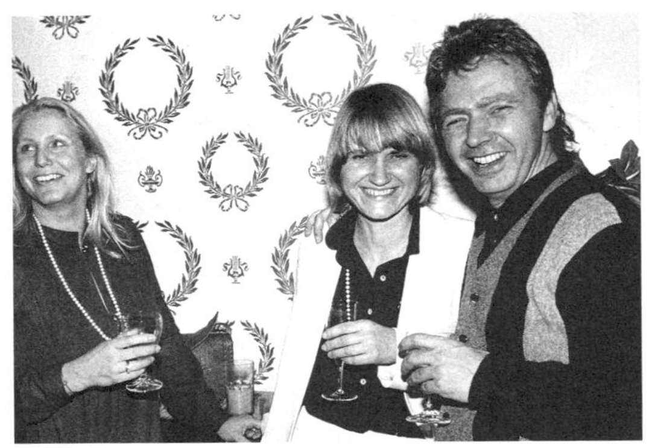

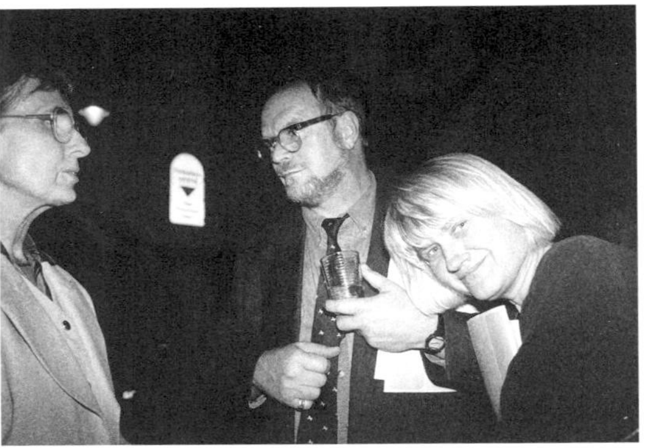

Sylvia Andresen mit Veronika Gerlich von der Viennale und Filmemacher Eagle Pennell

Sylvia Andresen mit Heiner Roß und Frau Müller, der Buchhalterin der Freunde der deutschen Kinemathek

Dann irgendwann kam der Umzug in das «temporäre» Büro im Europa-Center, vierter Stock. Die beiden Räume genossen wir stolz, und das Arbeiten machte jetzt richtig Spaß: manchmal saßen wir bis zum Morgengrauen an unseren Schreibtischen, bis die Frauen und Männer einer Reinigungskolonne erschienen. [...]

Da wurde dann leidenschaftlich debattiert, wie die Akkreditierung oder der Einlass in die Kinos ablaufen sollte. Vergleiche mit anderen Festivals, vor allem Cannes, wurden angestellt. Ich war begeistert, wie präzise diese Fragen diskutiert und dann entschieden wurden. Ich dachte, die wissen wirklich, was sie wollen. Ein Solidaritätsgefühl stellte sich bei mir ein, das mir auch all die Jahre später den Impuls gegeben hat, mich voll auf die Arbeit einzustellen, die jedes Jahr wieder erfolgreich sein sollte.

Verstärkt wurde dieses Solidaritätsgefühl durch die spürbare Abneigung von Leuten, denen unser Erfolg ein Dorn im Auge war. Herr Dr. Bauer schien all die Jahre nicht zu wissen, wohin ich gehöre, er hatte mich nie gegrüßt, und mit seiner Sekretärin, Frau Koch, traute ich mich auch nur dann, mich zu unterhalten, wenn «er» außer Sichtweite war. [...]

(Sylvia Andresen: «Sekretärin gesucht!», a. a. O., S. 15)

GEFÄHRLICHE FILME

UG Im ersten Forum zeigten wir WR – MYSTERIEN DES ORGANISMUS[6] von Dušan Makavejev. Er war im Jahr zuvor als Jury-Mitglied direkt mitten im Konflikt gewesen und war einer der stärksten Verteidiger von Michael Verhoevens Film O. K. Sein Film war eine wilde Collage

6 WR – MISTERIE ORGANIZMA (WR – MYSTERIEN DES ORGANISMUS, Regie: Dušan Makavejev, YU 1971).

nach den Schriften von Wilhelm Reich, halb Dokumentarfilm und halb Spielfilm. Makavejev behauptete da, dass der Kommunismus nicht ohne die sexuelle Befreiung zu haben ist, während der Faschismus die Sexualität unterdrückt. Und dann ist es ausgerechnet ein sowjetischer Eiskunstläufer, der die sexuell befreite Kommunistin tötet. Wir sind damals nach München gefahren und haben den Film dort gesehen. Der Film war eine erstaunliche Koproduktion mit dem Bayerischen Rundfunk.

EG Wir sind gereist, haben Briefe geschrieben und telefoniert. Manchmal war es schwierig zu telefonieren, mit Italien zum Beispiel. Da konnte man im Vorzimmer von Doktor Bauer ein Telex absetzen. Demütig musste man hingehen und fragen.

UG Wir bekamen Briefe von unseren Freunden und Bekannten, die in der Presse von der neuen Berlinale-Sektion gehört hatten. So hat uns der damalige Leiter des Goethe-Instituts in Athen REKONSTRUKTION[7], den Debütfilm von Theo Angelopoulos, empfohlen und dann sogar mit der Diplomaten-Post nach Berlin geschickt. Das ist nur ein Beispiel für die internationalen Verbindungen, die uns halfen, gute Filme zu finden.

EG Ohne die Diplomatenpost wäre der Film nicht aus Griechenland herausgekommen, die Obristen-Diktatur dort verstand den Film genau als Kritik an den Verhältnissen im Land. Für mich ist REKONSTRUKTION bis heute der schönste Film von Theo Angelopoulos.

UG DIE ZEREMONIE[8] von Nagisa Ōshima bekamen wir im ersten Jahr des Forums über unsere Kontakte in Paris. Wir hatten da eine Expertin, Hiroko Govaers, die uns über neue japanische Filme informierte.

EG Wir waren für die gefährlichen, die kontroversen Filme zuständig. Mit Ōshima erlebten wir fünf Jahre später, 1976, einen echten Zensurfall.

UG Es war das erste Mal, dass ein Staatsanwalt, ein Richter und die Polizei bei einer Festivalpremiere im Publikum saßen und danach den Film konfiszierten. Die *B. Z.*[9] hatte IM REICH DER SINNE[10] von Nagisa Ōshima als größten Porno aller Zeiten angekündigt. Zwei Jahre lang ging das Verfahren durch die Gerichte, bis der Film schließlich freigegeben wurde.

7 ANAPARASTASI (REKONSTRUKTION, Regie: Theo Angelopoulos, GR 1970). Elegie auf ein sterbendes griechisches Bergdorf, dessen Männer ausnahmslos als «Gastarbeiter» in der Bundesrepublik Deutschland arbeiten. Siehe http://textcluster.de/film/rekonstruktion/ (05.06.2022)

8 GISHIKI (DIE ZEREMONIE; Regie: Nagisa Oshima, JP 1971) erzählt eine Familiengeschichte aus der japanischen Oberschicht, deren strenge Rituale Oshima als Momente der wiedererstarkten autoritären Traditionen im wirtschaftlichen Aufschwung der japanischen Nachkriegsgesellschaft beschreibt.

9 Zeitung des Axel-Springer-Verlags, die «kleine Schwester» der *Bild*-Zeitung

10 AI NO KŌRIDA (IM REICH DER SINNE, Regie: Nagisa Ōshima, F/JP) basiert auf der authentischen Amour fou einer Geisha und ihres Herrn im Jahr 1936. Der Film schildert die tragisch absolute Obsession des Paares bis zur Kastration des Mannes durch seine Geliebte.

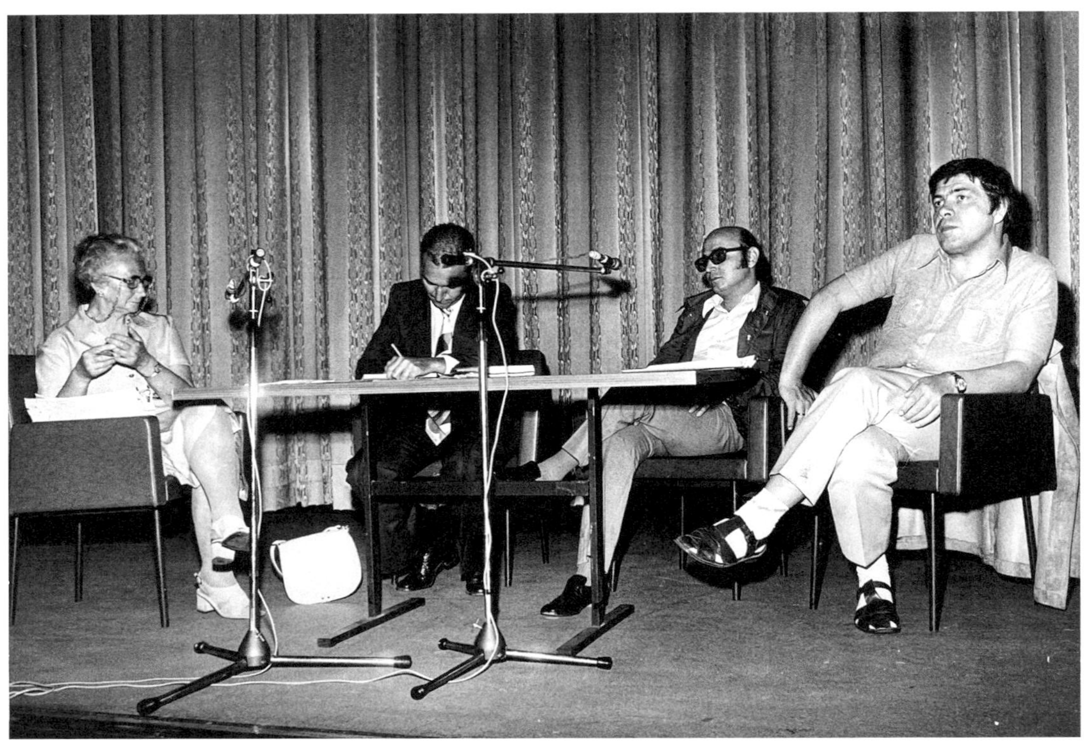

1970, Theo Angelopoulos präsentiert im Forum seinen Film ANAPARASTASI (RECONSTRUCTION), hier mit Dolmetscherteam und Walter Schmieding, dem Intendanten der Berliner Festspiel Gmbh 1968 bis 1972

Etwas ganz anderes und nicht weniger Interessantes erlebten wir mit unseren Festivalgästen aus Afrika. Ich erinnere mich noch gut an die langen Gespräche mit Ousmane Sembène aus dem Senegal, der uns die komplexen Folgen des Kolonialismus erklärte.

DER SICHERE GRUND

EG Ich glaube, die ersten zehn Jahre waren wunderbare Jahre, weil ich jedes Jahr gedacht habe: Wenn wir diesen Film zeigen, dann kriegen wir einen solchen Ärger, dass wir nicht weitermachen dürfen. Das müssen wir jetzt machen. Dieses Risiko hat mir Freude gemacht. Ich liebe Risiken, und ich liebe es, so was auszutesten. Ich habe natürlich immer den sicheren Rückhalt in Ulrich gehabt, der sozusagen Stab und Stütze ist. Trotzdem hatten wir die ersten zehn Jahre immer nur Ein-Jahres-Verträge. Es gab ununterbrochen Krisen und alle haben uns bedauert, aber ich fand das gut. Wenn du nur ein Jahr hast, wirfst du all deine Energie hinein. Du gehst alle Risiken ein. Du würdest dich ja tot ärgern, wenn du ein Risiko scheust und es dann sowieso zu Ende ist.

Ich weiß noch, viel später kam Birgit Hein mit ihrem BABY, I WILL MAKE YOU SWEAT[11]. Sie sagte selbst: «Ich weiß nicht, ob ihr diesen Film zeigen könnt oder wollt.» Natürlich waren Leute schockiert, als wir den zeigten. Ich fand das großartig. Es hat mir immer Spaß gemacht, was zu entdecken, was anders war als ich. Ich habe ein ganz normales bürgerliches Leben geführt. Ich wollte zwar niemals heiraten, immer nur lernen, lernen. Aber ich habe eben irgendwann angefangen, mit Ulrich zusammenzuarbeiten und zusammen zu lernen. Jetzt haben wir Kinder und Enkel und dieses Haus und sozusagen einen sicheren Grund. Ich finde, der Mensch braucht einen sicheren Grund und dazu gehören für mich auch – es klingt jetzt lächerlich – die zehn Gebote. Man müsste Heinrich Böll wieder lesen, vor allem seine großartigen Essays. Böll hatte den ganz sicheren Grund, seinen Katholizismus, und deshalb konnte er die katholische Kirche so stark kritisieren. Es muss ein Grundverständnis da sein und von diesem Grund aus kannst du den anderen, die Gesellschaft und die Filme kritisieren.

Erklären Sie Ihre große Offenheit aus Ihrer Bürgerlichkeit heraus? Hat alles Nichtkonformistische Sie deshalb angezogen? Gibt es Filme und Themen, die alle Grenzen überschreiten, auch wenn da neue ästhetische Qualitäten sind? Haben solche Überlegungen Ihre Auswahl beeinflusst?

UG Es gab und gibt Filme, die sehr schwierig zu sehen sind. SALÒ ODER DIE 120 TAGE VON SODOM[12] von Pier Paolo Pasolini ist so ein Film. Man muss ihn verteidigen, aber ihn auch nur einmal gesehen zu haben, fällt schwer.

FORUM UND ARCHIV

UG Wir wollten natürlich nach jedem Festival die Filme, wenn es irgend ging, bei uns behalten. Wir wollten an unserem Anliegen festhalten, wichtige Filme zu behalten, damit sie nicht verlorengehen, nicht vergessen werden, dass man stattdessen mit ihnen weiter arbeiten

11 BABY, I WILL MAKE YOU SWEAT (Regie: Birgit Hein, BRD 1994), ein sehr persönliches Reisetagebuch der Filmemacherin, die sich in Jamaika auf die Affäre mit einem Jamaikaner einlässt und über ihre Einsamkeit und Isolation im beginnenden Alter reflektiert.

12 SALÒ O LE 120 GIORNATE DIE SODOM (SALÒ ODER DIE 120 TAGE VON SODOM, Regie: Pier Paolo Pasolini, I/F 1975). Pasolinis letzter Film vor seiner Ermordung 1975 schildert angelehnt an Dante und den Roman *Die 120 Tage von Sodom* des Marquis de Sade den sadistischen ‹Höllenkreis›, den eine Viererbande bürgerlicher Charaktermasken in einem abgeschlossenen Refugium während der letzten Tage des faschistischen Regimes in Salò am Ende des zweiten Weltkriegs und der deutschen Besatzung Italiens mit ihren entführten, zu Perversionen gezwungenen Opfern zelebriert. Der Film wurde nach mehreren Gerichtsurteilen freigegeben, die DVD-Version ist bis heute indiziert und unterliegt einem Werbeverbot.

kann und wir sie für unsere eigene Arbeit im Arsenal aus dem Regal ziehen können. Mit Beginn des Forums hatte man uns gesagt, wir dürften die Kopien nicht kaufen, weil wir nur ein Festival seien. Wir sollten zehn Tage lang ein brillantes Programm machen und die Filme dann wieder zurückschicken. Wir fanden dann den Weg, die fremdsprachigen Filme zu untertiteln.

EG Wir haben die Untertitelung selbst gemacht.

UG Es gab in Deutschland, vor allem in Berlin keine Untertitelungsanstalt, das war wegen der Synchronisationen völlig aus der Mode gekommen.

EG In Holland und Österreich fanden wir welche.

UG Manchmal haben wir mit einer vergleichsweise simplen Methode die Untertitel selbst geschrieben, mit der Schreibmaschine, in Übereinstimmung, so gut es ging, mit dem Bild. Die Listen haben wir dann zur Untertitelung geschickt.

Unsere Argumentation war: Wir müssen die Filme untertiteln, sonst können wir sie nicht im Festival zeigen, weil die Filme sonst nicht verstanden werden. Das leuchtete den Gremien ein.

EG Untertitel sollten die Lizenzgeber selbst zahlen, hieß es. Aber die hatten oft nicht das Geld dazu. Es waren ja viel kleinere Produktionen als die großen Wettbewerbsfilme.

Zwischen den Zeilen bedeutete das, dass Untertitel nicht unsere Aufgabe seien, aber zwischen den Zeilen ist zwischen den Zeilen.

UG Wenn wir aber Untertitel bezahlen, müssen wir auch die Kopien bezahlen, und wenn das geschehen ist, haben wir die Basis, dass die Kopie in Berlin bleiben kann.

Dem Argument sind die Geldgeber gefolgt, obwohl zwischen den Zeilen immer mal gesagt wurde, dass Untertitel nicht unsere Aufgabe seien. Auf diesem Wege haben wir über die Jahre ein interessantes Archiv aufbauen können – mit der Einschränkung, dass wir deutschsprachige Filme nicht mit derselben Argumentation behalten konnten. Sie gingen meist dahin zurück, wo sie herkamen.

Wir haben die Filme dann auch wirklich an Interessierte verschickt, also z. B. die vielen Filmclubs, die sich in den 1960ern in der BRD gegründet haben. Wir hatten aber nicht immer ein gutes Gefühl dabei, weil die Verantwortlichkeiten nicht wirklich geklärt waren. Erst mit Beginn des Forums fanden wir einen Weg, die Filme zu behalten und wirklich ein Archiv aufzubauen. Trotzdem war die Ansage unserer Förderer und Geldgeber eindeutig: die Kopien durften wir nicht kaufen. Wenn es richtig eng wurde, wir aber wirklich etwas wollten, haben wir immer einen Weg gefunden. Das galt für die Momente, wenn es schwierig war, eine Kopie aufzutreiben und zum Festival im Kino zu spielen, und umgekehrt, wenn wir eine Filmkopie nicht zurücksenden wollten.

EG Das Forum war ein Erfolg und deswegen machten wir weiter so. Auf diese Weise haben wir Filme gerettet, nicht nur verliehen. Über die Jahre sind nicht wenige dieser Filme in den Herkunftsländern verschwunden oder vergessen worden. Manche existierten auch gar nicht mehr, und dann war auf einmal die Kopie von uns im Arsenal die einzige, die noch da war.

« Glücklicherweise hatten wir mit dem ersten Forum ausreichend Erfolg, sodass einiges dafür sprach, dass es auch ein zweites geben würde. Einen Vertrag [erhielten] wir aber auch in den folgenden Jahren immer nur sehr kurz vor Beginn der nächsten Veranstaltung. [...] Wenn wir immer ganz sicher hätten sein können, hätten wir wahrscheinlich nicht so viel Energie aufgebracht. [...] Wie gesagt, die Sorgen waren gar nicht so wichtig. Die unheimliche Energie der Gregors, die Geduld, die Standfestigkeit, die Begeisterung, die Hartnäckigkeit, die Zivilcourage – und die Fähigkeit, viel und effizient arbeiten zu können, zeichnete die beiden aus und riss andere mit. [...] (Sylvia Andresen, a. a. O., S. 16) »

UG Wir waren nicht sicher, ob es weitergehen würde. Erika, du hast gesagt, es wird weitergehen. Du hast mich überzeugt.
EG Der Erfolg nach dem ersten Forum war so evident, es war klar, dass das fortgesetzt werden musste.

DAS KINO ALS AKTIVISTISCHER ORT

Ein Risiko-Unternehmen, das sich als überragender Erfolg erwies, war die Kinopremiere von Rosa von Praunheims Film NICHT DER HOMOSEXUELLE IST PERVERS, SONDERN DIE SITUATION, IN DER ER LEBT* im ersten Internationalen Forum des Jungen Films. Man kannte sich, denn schon das «Parallelfestival» ein Jahr zuvor hatte neben den experimentellen Kurzfilmen von Werner Schroeter auch die von Rosa von Praunheim gezeigt – beide nicht mit dem politisch und ästhetisch anders orientierten Biotop der Deutschen Film- und Fernsehakademie verbunden. Nachdem am 1. September 1969 ein Gesetz zur Entkriminalisierung der Homosexualität in Kraft getreten war,** hatte der WDR Rosa von Praunheim mit einem filmischen Kommentar zur Situation beauftragt. Nach einem Drehbuch des Frankfurter Sexualwissenschaftlers Martin Dannecker mit Sigurd Wurl und Rosa von Praunheim entstand ein mittellanger stummer Spielfilm in Farbe, der die hedonistischen Subkultur-Erlebnisse eines jungen Neu-Berliners zum Ausgangspunkt für eine heftige Polemik nahm. Die Off-Texte agitierten gegen die Oberflächlichkeit der schwulen Subkultur, aber ebenso entschieden gegen den «Spießertraum» falscher Anpassung an binär codierte gesellschaftliche Normen.

Das traditionell verunglimpfende Wort Schwuler wurde neunzig Mal im Film gebraucht, zum ersten Mal im Sinn eines bewussten Selfempowerments. (CL)

* NICHT DER HOMOSEXUELLE IST PERVERS, SONDERN DIE SITUATION, IN DER ER LEBT (Regie: Rosa von Praunheim, BRD 1971). Zur Geschichte des Films, der die zweite Schwulenbewegung der BRD mitinitiierte siehe: *berlinale.de* (https://is.gd/LJk8jB, 20.06.22)

** § 175 des Strafgesetzbuchs der Bundesrepublik ging bis 1969 auf die Kriminalisierung der Homosexualität im Nationalsozialismus zurück. Damals ein Freibrief zur Verfolgung und Ermordung von Homosexuellen, zwang das Gesetz Schwule, Lesben und Queere in der Nachkriegszeit weiter in die Illegalität. Mit der Gesetzesänderung waren «homosexuelle Handlungen unter Erwachsenen» straffrei, was jedoch nicht gleichbedeutend war mit der geforderten gesellschaftlichen Akzeptanz.

EG Ich erinnere mich an die Vorführung von NICHT DER HOMOSEXUELLE IST PERVERS, SONDERN DIE SITUATION, IN DER ER LEBT in der Akademie der Künste. Ein wichtiger Film, zur rechten Zeit. Verschiedene Leute hatten Angst und hatten uns gewarnt. Hinterher gab es eine Diskussion: Ulrich mit Rosa von Praunheim und dem Theoretiker Martin Dannecker, der extra aus Frankfurt angereist war. Es war brechend voll und ich stand mit unserer wunderbaren Mitarbeiterin Sylvia Andresen hinten im Kino. Das Parkett war voll mit wahnsinnig gut aussehenden und gut angezogenen jungen Männern. Dann begann die Diskussion. Es dauerte sehr lange, und plötzlich stand einer nach dem anderen dieser jungen Männer auf und sagte: «Ich auch!» Irgendwann haben Sylvia und ich uns angesehen und gelacht und gesagt, was für ein Glück, dass wir schon einen Mann haben, es blieb sonst keiner für uns übrig.[1]

1 Erika Gregor, in: Esther Buss: *filmdienst.de* (https://is.gd/AsZA44, 17.06.2022).

Die Publikumsreaktionen waren lautstark. Die einen warfen von Praunheim und seinen Koautoren «Nestbeschmutzung» vor, andere griffen den Appell zur politischen Selbstorganisation der Schwulen auf. NICHT DER HOMOSEXUELLE IST PERVERS, SONDERN DIE SITUATION, IN DER ER LEBT war das erste und erfolgreichste Beispiel für die aktivistische Energie des neuen Festivals. Im Arsenal-Team waren Manfred Salzgeber und Alf Bold direkt an den folgenden Initiativen für den Aufbruch in eine neue Schwulenbewegung beteiligt und halfen bei der Organisation. Die Homosexuelle Aktion Westberlin (HAW), eine sozialpolitisch engagierte Gruppe, gründete sich unmittelbar nach dem Festival und seinen Wiederholungsvorführungen im Arsenal. Alf Bold sorgte für Kontaktlisten und Informationsmaterial zur analogen Vernetzung. Manfred Salzgeber war nicht nur als Darsteller an dem Film selbst beteiligt, sondern unterstützte die Aktionen der HAW, nicht zuletzt bei ihren Demonstrationen und Pfingsttreffen, die breite Kreise über Berlin hinaus zogen. Seit dieser Zeit gilt er als Mitbegründer der Schwulenbewegung in Berlin, die nicht zuletzt Anlass für ihn war, sich von seinem langjährigen Engagement für die Freunde der Deutschen Kinemathek, das Arsenal und das Forum zu verabschieden und ab 1980 zunächst in der Info-Schau der Berlinale, ab 1986 im Panorama der Berlinale den Akzent auf das queere Filmschaffen zu legen. (CL)

EG Ich habe meine eigene Meinung, warum Manfred Salzgeber gegangen ist. Wir fanden ihn ganz wichtig und sein Urteil interessant, aber es war schwierig. Lange vor seinem Weggang war er zum Beispiel im Fall von Rosa von Praunheims NICHT DER HOMOSEXUELLE IST PERVERS, SONDERN DIE SITUATION, IN DER ER LEBT anfänglich nicht überzeugt, dass wir den Film nehmen sollten. Das hat er hinterher nicht zugeben können. Er spielte selbst mit, aber er fand den Film etwas peinlich. Gero Gandert war ganz und gar gegen den Film, er war ja sehr konservativ. Ulrich fand ihn neuartig und interessant, ich hatte keine Ahnung von Homosexuellen, fand ihn aber höchst spannend, weil man viel Neues erfuhr. Ich denke, Salzgeber entwickelte sich mit und durch den Film.
UG Alle dachten, o Gott, wenn wir diesen Film groß rausbringen, was passiert dann?
War es die Angst vor dem Outing?
EG Man warnte uns. Wir machten das Forum zum ersten Mal, Gero Gandert machte sich Sorgen, dass der Film das Ende des Forums bedeuten könnte. Er hatte hierarchische Vorstellungen, Ulrich war für ihn der große Mann, auf ihn hörte er. Ich war nur ausführende Angestellte. Aber mit unserem und Heiner Roß' Votum setzten wir den Film ins Programm.

« Nach jeder Vorführung wurden Zettel herumgereicht, auf die sich Leute eintrugen, die später weiter diskutieren wollten. Nach den Filmfestspielen schickte Alf Bold [...] an alle Interessenten Einladungen, und am 15. August 1971 trafen sich im

Egmont Fassbinder, ein Aktivist der ersten Stunde, beschrieb vierzig Jahre nach dem Ereignis die ersten Zusammenkünfte, aus denen sich u. a. die Begleitung des Films durch HAW-Mitglieder bei Vorführungen in anderen Kinos entwickelte. (CL)

Schöneberger Kino Arsenal viele Homosexuelle, um stundenlang zu erörtern, was sie zur Verbesserung ihrer Lage tun könnten. Mit einem Mal war das natürlich nicht getan. »

(Egmont Fassbinder: *magazin.hiv;* https://is.gd/xCj0qQ, 15.06.2022)

« Es geschah an einem Dienstagabend im Februar 1985 im Delphi Kino zu Berlin. Unser experimenteller Spielfilm VERFÜHRUNG: DIE GRAUSAME FRAU feierte seine Weltpremiere im Internationalen Forum der Berlinale. Der Saal war ausverkauft. Etliche Berlinale-Zuschauer:innen, die keine Tickets mehr bekommen hatten, standen wartend – noch hoffend auf späteren Einlass – im Foyer des Kinos.

Der Film hatte bereits im Vorfeld der Produktion einen Skandal ausgelöst: Das bisher unabhängige Gremium der Filmförderung des Bundes hatte uns eine Förderung zugesprochen, aber der CSU-Innenminister Friedrich Zimmermann, der damals die Hoheit über diese Filmförderung hatte, zog das Votum zurück. Seine abschlägige Begründung zu unserem Drehbuch: «Diese Mischung aus Fäkaliensprache und Erotik ist niemandem zuzumuten.» Zimmermanns Eingriff in die Entscheidung des Expert:innen-Gremiums war in der Presse behandelt worden.

Während der Film lief, gab es bereits nach wenigen Minuten die ersten Unzufriedenen, die aufstanden und protestierend den Saal verließen. Ebenso viele der Wartenden draußen wurden eingelassen, ein stetiges Gehen und Kommen setzte ein. Richtig turbulent wurde es, als Ulrich Gregor am Ende der Vorführung zum Filmgespräch einlud. Am Tisch vor der Leinwand saßen außer ihm, Elfi Mikesch und mir auch die Hauptdarsteller:innen Mechthild Grossmann und Udo Kier. Aus dem Publikum kamen überwiegend männliche deutsche Stimmen, die ihrem Unmut über den Film lautstark Luft machten. Die Kritik reichte von «Werbeästhetik» über «nichts von Masochismus verstanden» und gipfelte in einem Angriff auf Ulrich Gregor: «Wie konnten Sie nur diesen scheußlichen Film zur Berlinale einladen!»

Ich erinnere mich nicht, dass eine Verteidigung seinerseits stattfand. Stattdessen zupfte er mich am Ärmel, als ich versuchte, das Konzept der masochistischen Phantasie zu erläutern, und dabei einigen der aggressiven Kritiker die Kompetenz zur Beurteilung absprach. Ulrich Gregor flüsterte: «Hören Sie bitte auf, das Publikum zu beschimpfen». Ich meinte: «Wieso? Das Publikum beschimpft doch uns.» Aber vielleicht ahnte er schon, dass er unsere Verführung nicht verteidigen musste, denn schon während der Berlinale bekam der Film viele internationale Festivaleinladungen und ist über die Jahre zu einem Kultfilm geworden. »

(E-Mail von Monika Treut an die Autorin, 18.12.2021)

Knapp fünfzehn Jahre später entwickelte sich eine anders gelagerte kontroverse Stimmung im Publikum bei der Premiere eines Films aus dem lesbisch geprägten Kosmos von Elfi Mikesch und Monika Treut – dieses Mal von Seiten (männlicher) Kritiker, die in dem Film VERFÜHRUNG: DIE GRAUSAME FRAU,* einer surrealistischen Adaption von Leopold Sacher-Masochs Roman Venus im Pelz, keine künstlerische Auseinandersetzung wahrnehmen wollten, sondern auf bewährten Klischees bestanden. (CL)

* VERFÜHRUNG: DIE GRAUSAME FRAU (Regie: Elfi Mikesch / Monika Treut, BRD 1985); Wanda (Mechthild Grossmann), eine souveräne Domina im Dior-ähnlichen Kostüm, veranstaltet sadomasochistische Performances in ihrer Galerie am Hamburger Hafen, zu denen das begierige bürgerliche Publikum strömt. Schwierig wird es, als sich Gregor (Udo Kier) in unterwürfiger Rolle in Wanda verliebt, ein masochistischer Journalist auftaucht und die Frauenbeziehungen Wandas zerbrechen.

ICH BIN DER HAUSHERR ODER: STAATSGEFÄHRDENDE FILME

EG Ich habe mich immer als eine gesehen, die bei Ulrichs großem Werk mithilft und sich einbringt, so gut ich kann. Meinen Ansprüchen an mich selbst habe ich oft nicht genügt und immer gewusst, dass ich mehr lernen und wissen möchte. Aber ich bin in der Lage, auf Menschen zuzugehen und manche Dinge etwas leichter zu machen. Mir ging es darum, Ulrich den Rücken freizuhalten. Wenn Leute mit dem Forum unzufrieden waren, ergab es sich oft, dass der Ärger auf meinem Rücken abgeladen wurde. An ihn hat man sich nicht herangetraut.

UG Du hattest diplomatisches Geschick, damit konnte ich überhaupt nicht rivalisieren. Mir waren viele Dinge unmöglich. Wenn ich mit einem Anliegen kam, gab es gleich ein starkes Echo und es ging dann nicht weiter. Du hingegen hast eine Art, auf Menschen zuzugehen, die ihnen nahelegt, dass sie vielleicht nicht den Kern der Sache treffen. Wir hatten sehr schwierige politische Konflikte, die wir durch deine Intervention umschiffen konnten. Ich hätte das nicht so gut geschafft. 1972, in der aufgeheizten Zeit rund um die RAF, kam ein wichtiger Beamter aus Bonn angereist und ging ins Forum. Er behauptete, wir würden staatsgefährdende Filme zeigen, und wollte eine Riesensache in Gang setzen.

EG Es war Wolfram Dorn von der FDP, der Parlamentarische Staatssekretär im Innenministerium und Kuratoriumsvorsitzende der Festspiel GmbH, übrigens NSDAP-Mitglied in seiner Jugend. Der Besuch aus Bonn ging mittags um zwei ins Atelier am Zoo und dann wurde ich gerufen, weil du nicht im Büro warst. Als ich ankam, stürzte er auf mich zu. Jemand hatte im Vorraum ein Flugblatt aufgehängt, in dem um Unterschriften gebeten wurde, dass Otto Schily Verteidiger eines RAF-Gefangenen bleiben könne. Dorn guckte sich den Zettel mit Namen und Adressen an, riss ihn ab und nahm ihn an sich. Ich dachte, das könnte schlecht ausgehen für die Leute, die unterschrieben hatten. Deshalb riss ich ihm das Blatt aus der Hand und sagte: «Ich bin hier der Hausherr, den Zettel nehmen Sie nicht mit.» Er darauf: «Ich bin der Vorsitzende des Kuratoriums. Der Hausherr bin ich.» Ich: «Ich bin Frau Gregor, ich kann nicht erlauben, dass Sie das mitnehmen.» Er drohte damit, dass dies das letzte Forum sei, ich würde mein Verhalten bereuen. Ich hatte den Zettel in der Hand, ging ins Büro und war völlig am Boden zerstört. Du tipptest irgendetwas. Ich sagte: «Ulrich, ich habe gerade dein Lebenswerk zerstört.» Du warst gerade fertig mit deinem Text, gingst damit zum Kopierer und sagtest: «Wird schon nicht so schlimm sein. Erzähl's mir heute Abend.»

Aber ich war völlig fertig. Voller Sorge fing ich an, Leute anzurufen, die sich in der Politik auskannten. Herauskam, dass die Sache schlimm sei und ich direkt mit Politikern reden sollte, aber ich kannte keine. Nach einigem Hin und Her mit vermittelnden Gesprächen, Dank an Dieter Ruckhaberle und Ulrich Roloff-Momin, geriet ich an den FDP-Vorsitzenden Wolfgang Lüder. Es klappte, eine freundliche Stimme im Vorzimmer sagte: «Ja, der Herr Senator weiß Bescheid, ich stelle Sie durch.» Ich erzählte alles, worauf er sich weiter kundig machen wollte. Ich sollte Ende der Woche nochmal anrufen.

Ich konnte nicht weiter mit dir darüber sprechen, es war einfach zu viel los. Beim nächsten Anruf sagte Wolfgang Lüder, er hätte sich über das Forum erkundigt, das sei ja immer voll, und die Kritiken seien auch gut, das sehe doch alles sehr, sehr gut aus. Er wollte sich etwas einfallen lassen. Montag war dann alles in Ordnung, er hatte als Vorsitzender der FDP Berlin eine Pressemitteilung herausgegeben, dass die Berliner FDP das Forum großartig findet und dem Forum für die unermüdliche Arbeit dankt. Das ging über dpa an die Presse und an Wolfram Dorn. Dazu schrieb er einen persönlichen Brief an Herrn Dorn, dass ihn die Unterstützung der Berliner FDP für das Forum als Kuratoriums-Vorsitzenden sicher freuen würde. Im Klartext hieß das, dass ein Parteifreund nichts gegen einen anderen tun wird und die Sache damit erledigt war.

Aber ich war nicht sehr beruhigt und betete jeden Abend: «Lieber Gott, tu Wolfram Dorn was an!» Einige Wochen später stand im Spiegel die Nachricht, dass Herr Dorn zusätzlich zu all seinen Ämtern noch einen Beratervertrag mit dem Bauer-Verlag für 3.000 DM monatlich abgeschlossen hatte. Wie dumm kann man sein. Er verlor all seine Ämter. Gut für uns, denn er war nicht mehr Vorsitzender des Kuratoriums.

REGISSEURINNEN UND DAS ERSTE INTERNATIONALE FRAUENFILMSEMINAR

Die Filmwirtschaft und Kinokultur der Bundesrepublik erlebte in den 1960er-Jahren einen desaströsen Niedergang, während sich die Freunde der Deutschen Kinemathek als filmkultureller Leuchtturm etablierten. In den 1960er-Jahren sank die Zahl der Kinos von 7.000 auf 3.739*. Das Publikum spaltete sich. Die Jüngeren, cineastisch, international und politisch Interessierten zählten Kino-Besuche zu ihrem neuen Lebensgefühl und sprachen auf Angebote wie die der Freunde an. Die ältere Generation blieb vor den endlich in Farbe sendenden Fernsehgeräten zuhause. Die Volkshochschul-nahe Filmclub-Bewegung hatte ausgedient. Großproduktionen à la WINNETOU oder Schlagermusik-Filme und LAUSBUBENGESCHICHTEN waren Mainstreamknüller. Kinos «an der Ecke» und in kleineren Städten gaben auf oder versuchten, mit der sich rasant ausbreitenden Soft-Porno-Welle zu überleben. 1970 zog DER SCHULMÄDCHEN-REPORT sieben Millionen Zuschauer in die Kinos, zahllose Nachahmer folgten.

Der Junge deutsche Film hielt nach dem Oberhausener Manifest der 26 ausschließlich männlichen Regisseure dagegen, mit Forderungen nach Unterstützung, Festival-Erfolgen, Auszeichnungen und einem gewissen Publikumsinteresse.** Eine neue Regie-Generation – darunter wenige aber umso ambitioniertere Filmemacherinnen – strebte aus den neu gegründeten Filmhochschulen in die realen Produktionsverhältnisse, voller Verachtung für die verdummende Massenkultur.

Die ersten Filmemacherinnen der Nachkriegsgeneration hatten kaum Chancen, kontinuierliche Kinokarrieren aufzubauen. Männlicher Chauvinismus und eine hartnäckige Herablassung gegenüber feministischen Themen und «anderen» Erzählweisen aus Frauenperspektive führten zur einseitigen, noch heute den Kanon bestimmenden Bevorzugung männlicher Regisseure und deren Deutungshoheit über den Neuen deutschen Film.

Auch die desaströsen Verleihstrukturen erlebten Regisseurinnen besonders hart. Ula Stöckls NEUN LEBEN HAT DIE KATZE,*** ihr Abschlussfilm an der Ulmer Hochschule für Gestaltung, kam 1969 wegen der Insolvenz des Verleihs nicht in die Kinos. Ingemo Engströms DARK SPRING,**** ein Filmessay über weibliche Liebesutopien und ihr Abschlussfilm als einzige Frau des ersten Jahrgangs der Münchener Hochschule für Fernsehen und Film, blieb nach der Premiere beim Internationalen Filmfestival in Mannheim 1970 ein Geheimtipp. DARK SPRING fand trotz der großen Resonanz in Mannheim und der Tatsache, dass der Film

* *filmportal.de* (https://is.gd/Os7W3e, 23.06.22)

** Nachzulesen beispielsweise in: *de.wikipedia.org* (https://is.gd/Zm3K0p, 23.06.22)

*** Siehe die Essays von Tatjana Turanskyj, Uta Ganschow, Bärbel Freund und Thomas Mauch sowie Borjana Gaković zu NEUN LEBEN HAT DIE KATZE in: Claudia Lenssen (Hg.), *Ula Stöckl, Filmkonzepte 53*, München 2019

**** DARK SPRING (Regie: Ingemo Engström, BRD 1970), semi-dokumentarischer Filmessay der Filmemacherin, die andere Frauen ihrer Generation ihre Liebeserfahrungen und Reflexionen über die (Un-)Möglichkeit emanzipierter Paarbeziehung berichten lässt.

sogar auf 35 mm, dem Standard für den regulären Verleih im Kino, produziert war keinen Verleih.

Meist jedoch konnten Frauen ihre (ersten) Projekte nur im billigeren 16-mm-Format realisieren, wie es an der DFFB üblich war. Aber auch die Filmemacherinnen, die über ihre Filmleidenschaft oder thematische Impulse der Frauenbewegung zu eigenen Projekten gekommen waren, darunter Ulrike Ottinger, Elfi Mikesch, Helma Sanders-Brahms, Jutta Brückner, Monika Treut und viele andere, auch Dokumentar-Regisseurinnen, drehten im 16-mm-Format, was die Verleihmöglichkeiten einschränkte, sodass die Filme keine Chance in regulären Kinos hatten.

Regisseurinnen verfügten nicht über Branchenkontakte wie ihre männlichen Kollegen. Ihre Netzwerke entwickelten sich über die Festivals in Oberhausen, Mannheim, Hamburg und Berlin. Sie waren auf nichtkommerzielle Spielstellen, Programmkinos und das Fernsehen angewiesen, insbesondere auf die experimentierfreudige Redaktion Kleines Fernsehspiel im ZDF.*

Unter diesen Bedingungen stellte das Internationale Forum des Jungen Films von Beginn an eine der wichtigsten Plattformen für deutsche und internationale Regisseurinnen dar. Monika Treut begann ihre Karriere als Filmemacherin in der Berliner Akademie der Künste. (CL)

* Siehe Sibylle Hubatschek-Rahn: «Ich habe beschlossen, es mir zuzutrauen», in: Claudia Lenssen / Bettina Schoeller-Bouju (Hg.), *Wie haben Sie das gemacht – Aufzeichnungen zu Frauen und Filmen*, Marburg 2014, S. 94–99

MONIKA TREUT Mich hat Film als Jugendliche sowas von beeindruckt! Ich weiß noch, dass ich mit 16 Polanskis EKEL[1] sah. Das hat mich einfach umgehauen und tagelang, monatelang beschäftigt. Für mich war Film die stärkste Kunstform.

Aber damals habe ich nicht daran gedacht, Regisseurin zu werden, sondern ich habe mich einfach für Film als solchen interessiert und dann während der Studienzeit gesehen, dass wir alle Analphabeten sind, was die Filmsprache angeht. Ich war nicht auf einer Filmschule, sondern bin über Politik und über Literatur, über die intellektuelle Auseinandersetzung zum Film gekommen.

Was meine Filmschule war: Die Berlinale in den 1970er-Jahren. Da bin ich hin gepilgert und saß von morgens bis nachts in der Akademie der Künste und habe mir alles reingezogen, was im Angebot war. Kein schlechter Weg![2]

UG Als wir das erste Forum planten, hatten wir freie Hand und haben uns natürlich sofort umgeschaut, was es an neuen Sachen gibt. Wir waren frei, auch avantgardistische Filme wie die GESCHICHTEN VOM KÜBELKIND zu zeigen, die eigentlich nur für ein Kneipenpublikum von wenigen Leuten gemacht waren. Wir wollten es anders machen als die meisten Filmfestivals, die keinen Platz für Expe-

1 REPULSION (EKEL, Regie: Roman Polanski, GB 1965), ein klaustrophobischer Thriller, in dem eine junge Frau, angetrieben (Catherine Deneuve) von Wahnvorstellungen über zudringliche Männer, zwei zufällige Besucher in ihrer Wohnung tötet.

2 Maike Mia Höhne, Interview mit Monika Treut, arte 2022, *vimeo.com* (https://is.gd/XwvKDy).

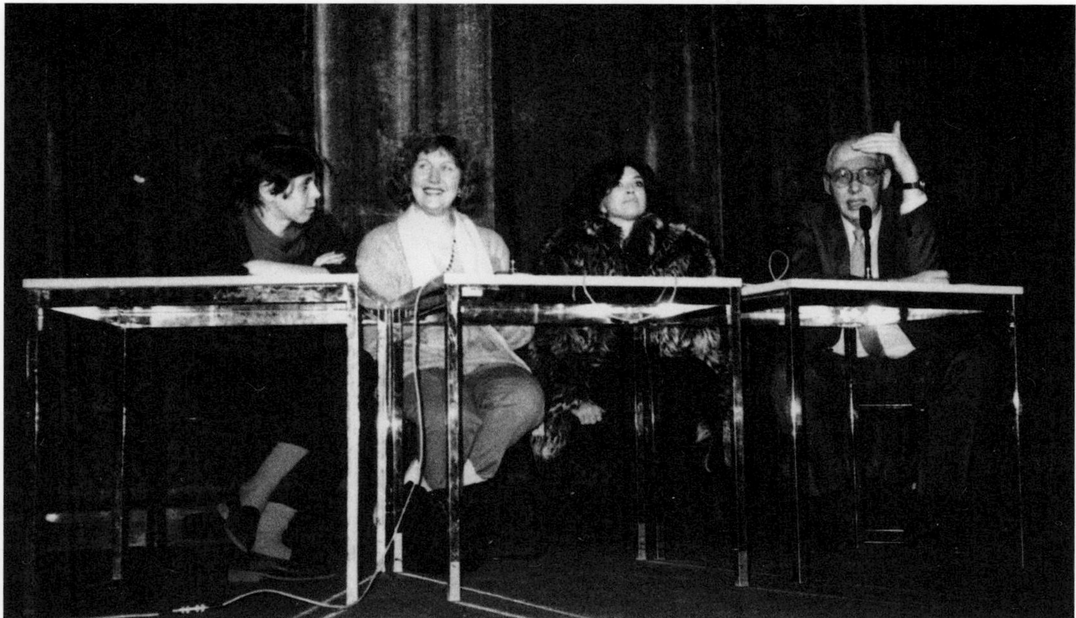

1984, eines der legendären Filmgespräche während des Forums im Delphi-Kino, hier anlässlich der Premiere von SCHLAF DER VERNUNFT von Ula Stöckl. Ulrich Gregor, Ida di Benedetto, Ula Stöckl, Ulrike Herdin (v.r.n.l.)

rimentelles hatten und meist nur Spielfilme zeigten. Wir fanden, dass die bewegten Zeiten damals, diese unbändige Suche nach Neuem, in der wilden Figur des Kübelkinds sehr gut zum Ausdruck kamen.

EG Es ist mir früh aufgefallen, dass es wenige Filme von Frauen gibt und dass diese wenigen auch kaum gezeigt werden. Ich habe bei uns darauf gedrungen, dass wir so viele wie möglich zeigen und habe damit bei Ulrich offene Türen eingerannt. Es kam hinzu, dass er als Dozent an der DFFB arbeitete und ich Helke Sander gut kannte. Manchmal brauchte ich auch ihren Rat. Wir haben geredet und sie machte die Filme, die ich sehen wollte. So einfach war das.

UG Im Lauf der Jahre sind unglaublich viele Filme von Frauen in unseren Forum-Programmen hinzugekommen, Spielfilme, Dokumentarfilme und ganz eigenwillige Experimente mit neuen Erzählformen. Ich müsste in unsere Kataloge schauen, um sie alle nennen zu können. Wir hatten Filme von Ulrike Ottinger, Helma Sanders-Brahms, Helga Reidemeister, Gisela Tuchtenhagen, Valie Export, um nur ein paar aus dem deutschsprachigen Raum zu nennen.

Dore O. hatte einige ihrer experimentellen Filme bei uns im Programm. Marguerite Duras, Yvonne Rainer und Laura Mulvey haben wir in Deutschland bekannt gemacht. Und von Chantal Akerman hat-

GESCHICHTEN VOM KÜBELKIND,* Ula Stöckls mit Edgar Reitz realisierte Kurzfilmserie, entstand unmittelbar als wütende Reaktion auf das Verleih-Debakel von NEUN LEBEN HAT DIE KATZE. Die surreal improvisierten Episoden um ein naiv-anarchistisches «Kübelkind», das buchstäblich einer Mülltonne entsteigt und sich Slapstick-artig mit repressiven Frauenbildern, einer reaktionären Sexualmoral und männlicher Gewalt herumschlägt, war für Kneipen-Vorführungen konzipiert, bei denen man sich einzelne Episoden auf einer Menükarte zusammenstellen konnte. (CL)

* GESCHICHTEN VOM KÜBELKIND (Ula Stöckl, Edgar Reitz, BRD 1970). Siehe Sophie Charlotte Rieger: «Ein queer-feministischer Blick auf die GESCHICHTEN VOM KÜBELKIND», in: Ula Stöckl: *Filmkonzepte* 53, a. a. O.

ten wir den bahnbrechenden JEANNE DIELMAN[3], in dem sie unglaublich intensiv mit realer und filmischer Zeit umgeht.

EG Mit Sarah Maldorors SAMBIZANGA[4] und Safi Fayes NACHRICHTEN AUS DEM DORF[5] habe ich viel über die Folgen des Kolonialismus in Afrika gelernt, was ich ohne diese Filme nicht gewusst hätte, weil es bis dahin kein Thema war.

Was die Filmgeschichte angeht: Du hast dich immer wieder nach vergessenen Regisseurinnen umgeschaut. Maya Derens Filme haben wir im Forum wiederentdeckt, auch Filme von Germaine Dulac. MADAME BEUDETS SONNIGES LÄCHELN[6], den wir 1976 im Forum zeigten, war ein richtiges Erweckungserlebnis für mich. Von Dorothy Arzner haben wir DANCE, GIRL, DANCE[7] ausgegraben, in dem eine Tänzerin vor das Männerauditorium tritt und sich gegen das Angestarrtwerden zur Wehr setzt. Sie hält eine Philippika gegen das männliche Publikum. Das ist ein erstaunlicher Film aus den 1940er-Jahren. Es war mir wichtig zu zeigen, dass es viele Versuche gegeben hat, die von der männlich geprägten Filmindustrie abgewürgt wurden.

UG Im ersten Forum lief Helkes Sanders Film EINE PRÄMIE FÜR IRENE.[8] Wir dachten damals alle, dass sich unbedingt etwas ändern müsste, politisch. Deshalb interessierten wir uns sehr für die Filme, die man später unter dem Schlagwort Berliner Schule oder Berliner Arbeiterfilm zusammenfasste. Man verstand meist darunter Filme von Christian Ziewer und einigen anderen DFFB-Absolventen, die realistische Lehrstücke aus der Arbeitswelt erzählten, aber es gab auch erstaunliche Filme von Frauen über die Lebensbedingungen von Arbeiterinnen. EINE PRÄMIE FÜR IRENE war für uns ein gutes Beispiel. Man muss sehen,

3 JEANNE DIELMAN, 23, QUAI DU COMMERCE, 1080 BRUXELLES (JEANNE DIELMAN; Regie: Chantal Akerman, B/F 1975) schildert in einer minimalistisch entschleunigten, fast wortlosen Zeitdramaturgie den ritualisierten Alltag einer einsamen Hausfrau (Delphine Seyrig), die ihr heimliches Gewerbe als Prostituierte vor ihrem Sohn verbirgt, bis sich ihr unterdrücktes Selbst in einer eruptiven Tat entlädt.

4 SAMBIZANGA (SAMBIZANGA; Regie: Sarah Maldoror, CG/ANG/F 1972) erzählt die Geschichte militanter angolanischer Kämpfer gegen die portugiesische Kolonialarmee und deren Folterer in einem Gefängnis in Luanda namens Sambizanga.

5 KADDU BEYKAT (NACHRICHTEN AUS DEM DORF; Regie: Safi Faye, SN/F 1975) ist ein semidokumentarischer Film über die Bauern und Bäuerinnen in einem senegalesischen Dorf, deren Erlöse von dem kreditfinanzierten Saatgut europäischer Konzerne bedroht sind. Nachdem ein junger Dörfler auch in der Hauptstadt Ausbeutung erlebt, beschließt das Dorf nach seiner Rückkehr, sich selbst zu helfen.

6 LA SOURIANTE MADAME BEUDET (MADAME BEUDETS SONNIGES LÄCHELN; Regie: Germaine Dulac, F 1921/22); Tragikomödie von Germaine Dulac über den Ehekrieg zwischen einer sensiblen Frau und ihrem grobschlächtigen, zu gespielten Selbstmordszenen neigenden Gatten. Als sie seine Provokation nicht länger hinnimmt und eine Kugel in die Pistole steckt, eskaliert die Situation und löst sich in einer melancholischen Geste der Vergeblichkeit auf.

7 DANCE, GIRL, DANCE (Regie: Dorothy Arzner, USA 1940), Comedy-Drama um zwei gegensätzliche Freundinnen aus der Welt des Showgeschäfts und dessen Kehrseiten.

8 EINE PRÄMIE FÜR IRENE (Regie: Helke Sander, BRD 1971), mittellanger Spielfilm über eine Arbeiterin in einer Berliner Waschmaschinenfabrik, die sich gegen Ausbeutung und Belästigung zu wehren weiß und die Solidarität ihrer Kolleginnen erfährt.

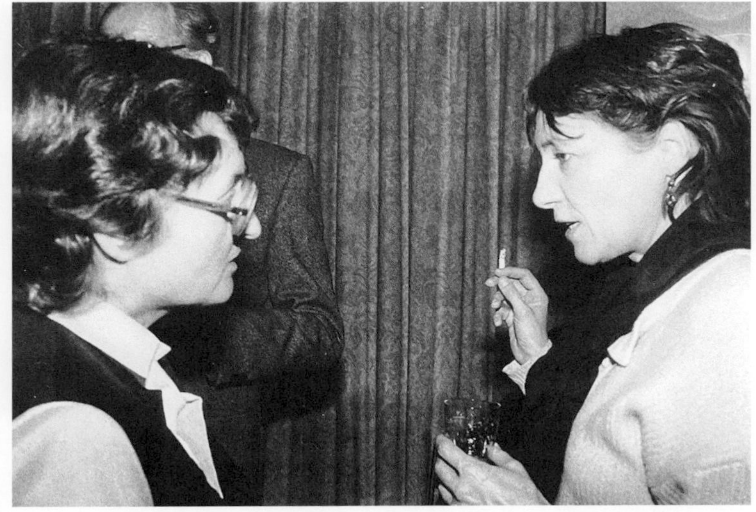

Erika Gregor und die Filmemacherin Helke Sander

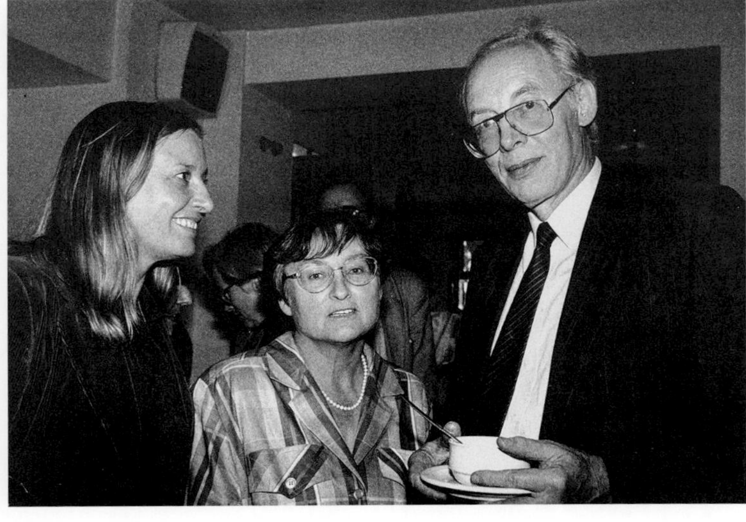

Erika und Ulrich Gregor mit Filmemacherin Helma Sanders-Brahms

dass wir das Programm damals mit einer dokumentarischen Wochenschau von einem kalifornischen Frauenkollektiv kombiniert haben.

Zwei Jahre später hatten wir ein anderes vergleichbares Beispiel im Forum, Valeska Schöttles WER BRAUCHT WEN?[9] und Claudia von Alemanns Dokumentarfilm ES KOMMT DRAUF AN, SIE ZU VERÄNDERN[10] hatten wir im Verleih. Die Filme erzählten aus ihrem Zeitgeist heraus

9 WER BRAUCHT WEN? (Regie: Valeska Schöttle, BRD 1972), Spielfilm über Berliner Industriearbeiterinnen, die sich gegen das zunehmend ausbeuterische System der Akkordlöhne wehren wollen, individuell scheitern und sich darauf selbstbewusst gemeinsam organisieren.

10 ES KOMMT DRAUF AN, SIE ZU VERÄNDERN (Regie: Claudia von Alemann, BRD 1973), eine Recherche unter hessischen Industriearbeiterinnen, die ihre Arbeits- und Lebensverhältnisse sichtbar macht.

sehr kritisch und mit gutem Glauben an das Klassenbewusstsein der Arbeiterschaft, wenn es um Lohnarbeit und Mieterprobleme ging. Erst Helga Reidemeisters Dokumentarfilm VON WEGEN SCHICKSAL[11] hat ein paar Jahre später den Finger in die Wunde gelegt. Sie machte die private Seite der Lebensverhältnisse in der Berliner Hochhaus-Siedlung Märkisches Viertel zum Hauptthema und zeigte den Zerfall einer Arbeiterfamilie.

EG Es gab Leute, die über EINE PRÄMIE FÜR IRENE sagten: «Was, ihr zeigt den Film einer Studentin? Er hat nicht mal Spielfilmlänge.» Aber ich fand, es war genau der richtige Film für uns.

UG Nicht lange nach dem ersten Forum kamen Helke Sander und Claudia von Alemann mit der Idee, ein Frauenfilmseminar zu veranstalten.

EG Eigentlich war es als Filmfestival gedacht, aber 1973 nannte man so etwas Seminar. Der Titel war *Erstes Internationales Frauenfilm-Seminar*. Die Gelder für das Seminar kamen von der Evangelischen Kirche. Es sollten möglichst viele Filme gezeigt werden. Die Filmemacherinnen sollten über ihre Lage, Verhältnisse, über ihr Schaffen und die Möglichkeiten sprechen. Damals war es Mode eine solche Veranstaltung Seminar zu nennen. Für uns war es trotzdem ein Festival.

Ich habe das Arsenal und unsere Mittel immer als eine Institution gesehen, die ermöglicht. Wir haben ihnen also nicht reingeredet, sondern sie kamen mit ihren Ideen, ihren Vorschlägen, und wir haben die Infrastruktur angeboten, das Kino und die technischen Dinge. Wir haben mit der Finow-Schule, gegenüber vom Arsenal, besprochen, ob wir vielleicht dort einen Klassenraum haben könnten. Die Direktorin sagte sofort ja und war von der Idee ganz begeistert. Helke und Claudia suchten die Filme und luden die interessanten Frauen ein. Heiner Roß hat geholfen, Material zusammenzustellen und übernahm am Ende Layout und Satz für den Abschlussbericht, damit Empfehlungen für andere Seminare verbreitet werden konnten.[12] Ulrich und Alf sind eigentlich nur in Erscheinung getreten, wenn sie bei der Technik helfen sollten. Ich habe dabei gesessen und zugehört.

Viele Filme kannte ich, denn einen Großteil hatten wir im Forum oder im Arsenal gezeigt und in Italien Dänemark, Norwegen usw. gesammelt. So wurde dieses Seminar für viele Frauen ein Ort, wo man sich traf und redete, nach den Filmen und auch abends beim Essen.

11 VON WEGEN SCHICKSAL (Regie: Helga Reidemeister, BRD 1979), Dokumentarfilm über und mit Irene Rakovitz, die sich nach 20 Jahren scheiden ließ, um mit bescheidenen Mitteln ein eigenes Leben zu führen, was in zwei beengten Wohnungen im Märkischen Viertel kaum möglich ist. Die älteren Kinder provozieren die Mutter mit heftigen Vorwürfen, die jüngeren leiden unter den Spannungen, in die die Filmemacherin selbst hineingezogen wird.

12 Claudia von Alemann / Helke Sander / Freunde der Deutschen Kinemathek (Hg.): *Zur Situation der Frau – Modellseminar*, Berlin 1974

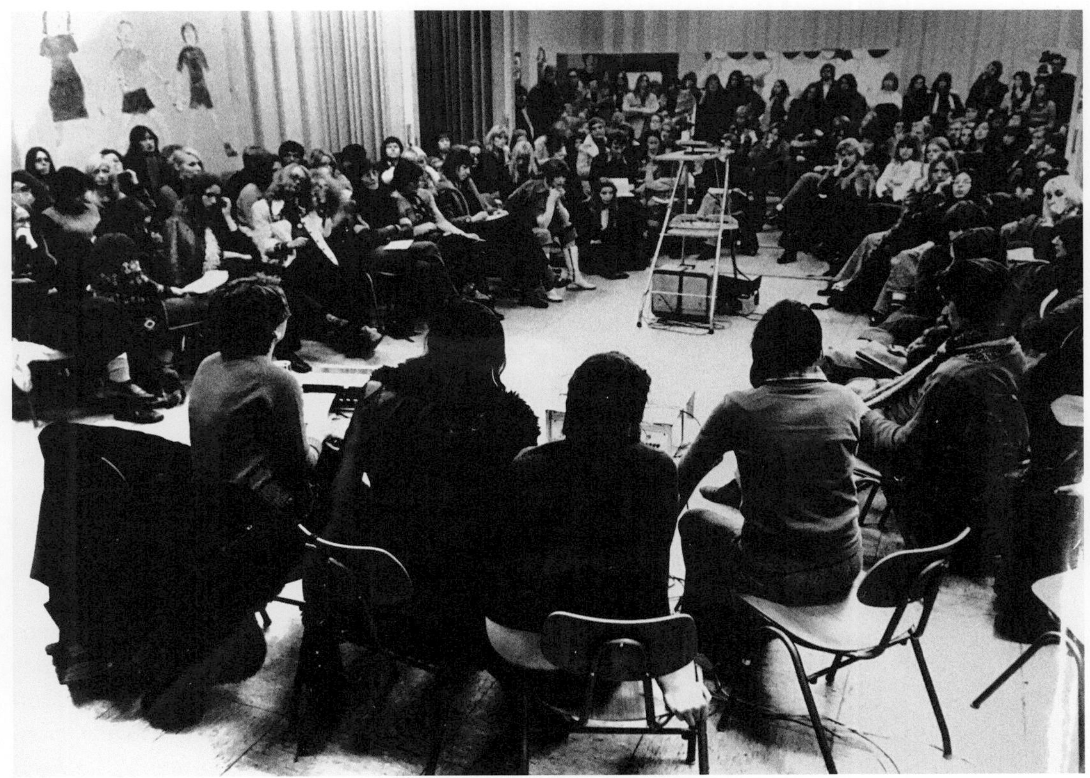

Das Erste Internationale Frauenfilmseminar, 15. bis 18. November 1973 im Kino-Arsenal

Für mich, die ich daran glaube, dass man Erkenntnisse durch Diskussionen gewinnt, war es wichtig zu sehen, dass auch Frauen, die Filme machten, aus ihrer Vereinzelung herauskamen.

Sprachen sie in erster Linie über Inhalte, Themen und politische Strategien?

EG Ich denke, es ging darum, die Positionen von Frauen zu bestimmen. Das war es, was für mich der Begriff «politisches Seminar» bedeutete. Wenn Leute sagen, sie sind unpolitisch, werde ich misstrauisch, denn das heißt meist, dass sie rechts sind. Es ging natürlich um Fragen, die uns auf den Nägeln brannten, zum Beispiel den §218, der die Abtreibung kriminalisierte. Man macht sich heute nicht mehr klar, was er für die Frauen bedeutete. Eine Frage war auch, wie gut es für Frauen ist, die Verhütungspille zu nehmen und welche Nebenwirkungen dabei entstehen. Dann ging es auch um die Frage, die immer noch nicht gelöst ist: Gleiche Rechte und gleiches Gehalt für Frauen. Frauen werden immer noch geringer bezahlt als Männer. Und es ging um die Vereinbarkeit von Arbeit und Familie. Das war auch mein Problem. Ich kann mir mein Leben ohne Arbeit nicht vorstellen, aber ich hatte auch zwei Kinder und musste mittags nach Hause rasen, um für sie nach der Schule ein warmes Essen auf den Tisch zu stellen. Besser wäre eine Ganztagsschule gewesen, aber die gab es nicht. Es waren Fragen, die alle Frauen angingen, auch mich.

Gab es die Filme, die Sie sehen wollten, oder haben Sie darüber gesprochen, welche verschollen oder nicht aufführbar sind?

EG Es gab durchaus Filme von Frauen von der DFFB und sehr politische aus Italien. Das Adjektiv Frau[13] war ganz anders gemacht, schnell geschnitten, mit zum Teil ironischen Statements, nicht so didaktisch wie die Berliner Filme. Es gab den wunderbaren Film Der Scharfrichter[14] von der deutsch-dänischen Künstlerin Ursula Reuter-Christiansen, ein sehr mythischer, versponnener Film. Dann gab es den Film Abort[15], wieder einen sehr harten nüchternen Film über Abtreibung von Vibeke Løkkeberg, den man heute noch einmal in seiner Klarheit und Schärfe sehen sollte. Und dann gab es viele militante Filme vom Women's Collective in den USA, und einen sehr witzigen von Sandra Hochman, Year of the woman[16], der beim Kongress der Demokraten 1972 entstand. Das war ein witziges Plädoyer mit phantasievollen Ideen gegen das politische Establishment in den USA. Sandra Hochman befragte berühmte Leute wie den Schauspieler Warren Beatty und die Frauenrechtlerin Bella Abzug, aber auch Stripteasetänzerinnen, wie sie ihre Rolle in der Gesellschaft sahen. Das war ein unglaublich lebendiger Film.

War es wichtiger, dass eine Frau den Film gemacht hatte? Oder suchten Sie nach besonderen «weiblichen» Ausdrucksformen?

EG Ich finde unbedingt, dass ein Film gut sein muss, dass er etwas sagen muss und formal seine Qualitäten hat. Aber es wird zu oft behauptet, dass Filme von Frauen nicht gut seien. Dass sie nicht auf der Höhe der Zeit sind, das ist ein dummes Vorurteil.

« An den vier Tagen des Seminars wurde jeweils eines der folgenden Themen behandelt: Frauen im Arbeitskampf; Frauen in der Darstellung der Medien; Frauen und der § 218, Sexualität und Rollenverhalten; Frauenbewegung in Europa und den USA.

13 L'Aggettivo Donna (Das Adjektiv Frau; Regie: Collettivo feminista di Cinema, I 1972), Collage aus Statements von Frauen über ihre Alltagserfahrungen, in denen sie als ‹Anhängsel› des Mannes definiert werden.

14 Skarpretteren (Der Scharfrichter; Regie: Ursula Reuter-Christiansen, DK 1972), ‹Assoziationen zu den Mythen über Wesen und Bestimmung der Frau als Heilige, Mutter und Hexe› (Helke Sander, Claudia von Alemann, Freunde der Deutschen Kinemathek (Hg.) *Zur Situation der Frau – Modellseminar,* a. a. O.

15 Abort (Abort; Regie: Vibeke Løkkeberg, Norwegen 1971), Dokumentarfilm über ein 16-jähriges Mädchen, das auf dem Weg zu einer möglichen Abtreibung von der Filmemacherin begleitet wird.

16 Year of the Woman (Regie: Sandra Hochman, USA 1972). Interviewfilm über Sexismus in den USA, gedreht anlässlich des Wahlkongresses der Demokraten 1972.

Einen gründlichen Überblick über die vorhandenen Filme zu verschaffen und Schwerpunkte herauszuarbeiten, erwies sich bald als schwierig, da wir uns erstens nicht auf frühere Erfahrungen, etwa vergleichbare Seminare, stützen konnten, und zweitens, weil ein Großteil der in Frage kommenden Materialien kaum zugänglich war. Das galt besonders für Filme aus anderen Ländern und für Fernsehproduktionen, die von den Sendern meist nicht für den Verleih – auch den nichtkommerziellen – freigegeben werden. [...]

Wesentliche Kriterien für die Auswahl der Filme waren: Eine grundsätzliche kritische Darstellung zu einem der genannten Punkte. Sie sollten nicht in einer statischen Beschreibung der bestehenden Situation verharren, sondern die Notwendigkeit und die Möglichkeit von Veränderung aufzeigen. »

(Claudia von Alemann / Heike Sander: Abschlussbericht/Resümee zum ersten Frauenfilmfestival)

« Gemeinsam war, dass die Frauen plötzlich Filme machen konnten. Dass es plötzlich Synchronton und 16-mm-Kameras gab, dass es nicht mehr so teuer war, Filme zu drehen. Dass Frauen über ihre Situation Filme machen wollten, das gab es schon in den 1920er-Jahren. Germaine Dulac erzählte von der Situation der Ehefrau, Olga Preobashenskaja von der rechtlosen Situation der Frauen im Patriarchat. Es waren Filme über die Situation, in der sie selbst steckten. Der neue Aufbruch hatte sicher mit der 1968er-Bewegung zu tun, denn da sahen die Frauen, dass die Bürgersöhnchen die Revolution planten, sie aber mit den Kindern zu Hause sitzen ließen. Die Weltrevolution war wichtiger, als zu überlegen, was man im kleinen Kreis ändern muss. Es gab ein aufgestautes Bedürfnis, über diese Dinge zu sprechen und dafür gab es ein Publikum. »

(Interview mit Erika Gregor für das Buch *Wie haben Sie das gemacht – Aufzeichnungen zu Frauen und Filmen*, a. a. O.)

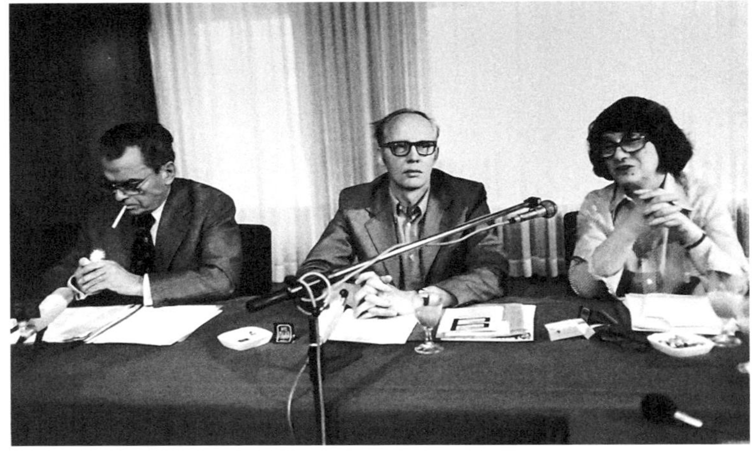

1971, Pressekonferenz mit Festivaldirektor Alfred Bauer, Ulrich Gregor und Bauers Sekretärin Frau Koch

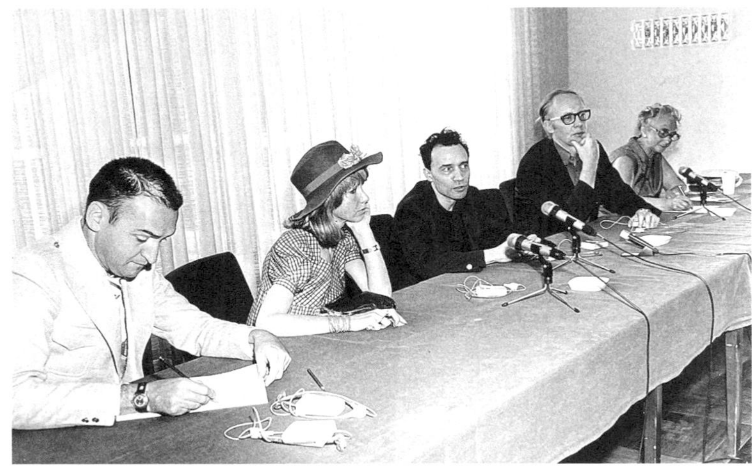

1973, Pressekonferenz zu Out 1: Spectre, Übersetzer, Schauspielerin Bulle Orgier, Regisseur Jaques Rivette, Ulrich Gregor und die Übersetzerin

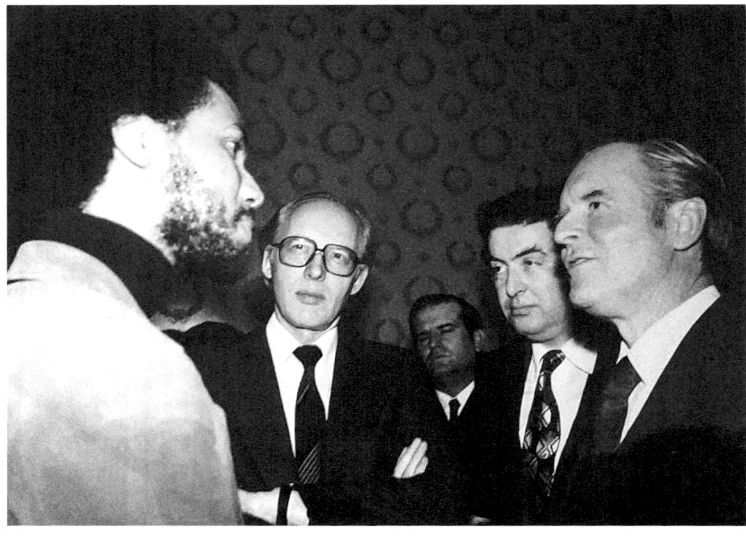

1983, Ulrich Gregor mit Bundespräsident Carstens und Haile Gerima, der seinen Film Ashes and Embers im Forum präsentiert

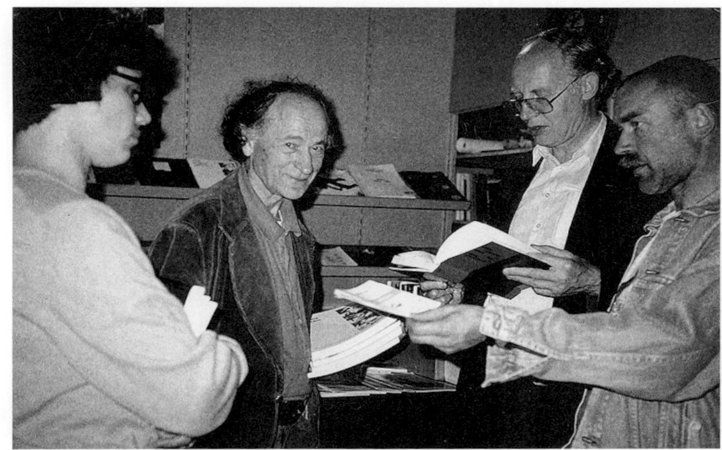
1990 im Juli im Kino-Arsenal: Jonas Mekas mit Ulrich Gregor, Alf Bold und der Filmemacherin Ute Aurand

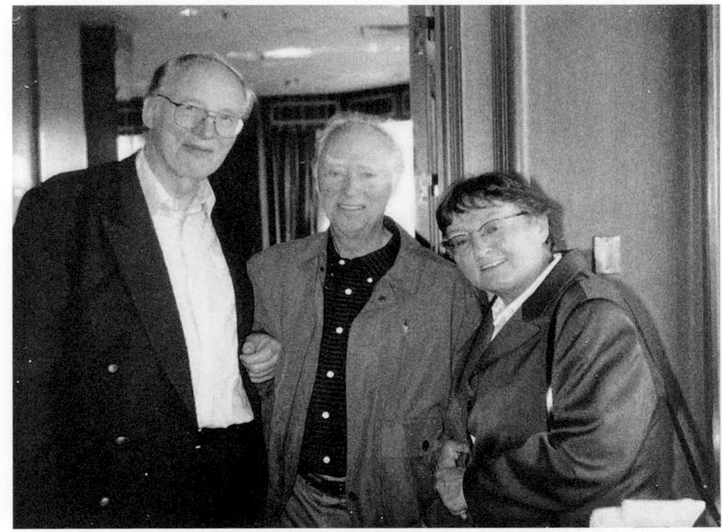
Mit Filmemacher Michael Snow

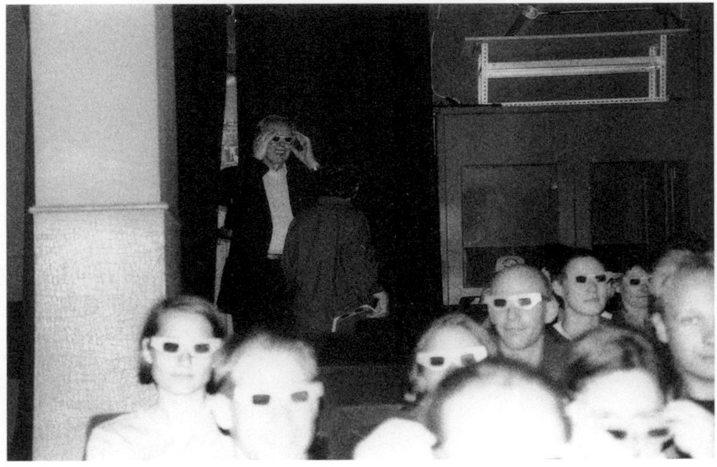
Anfang der 1990er-Jahre, Ulrich Gregor und Gäste: 3D-Vergnügen im Arsenal-Kino Welserstraße

REISE MIT REGISSEURINNEN

EG Filme programmieren bedeutet auch, dass es um das Reisen geht. Ums Wegfahren. Ums Kennenlernen. Und wir hatten unsere wunderbaren Töchter. Die waren klein und das war nicht einfach für mich. Wie sollte das gehen. Wegfahren? Und dann hatten wir unseren tollen DAAD-Gast István Szábo im Haus. Er kam auf die Idee und meinte, ich sollte unbedingt auf Reisen gehen. Er würde kochen und die Kinder betreuen. Das war 1977. Wir probierten es aus. Und so konnte ich zum Steirischen Herbst nach Graz fahren. *Frauensprache – Männersprache* war das Thema des Symposiums, zu dem ich auch eingeladen war. Alle fuhren dahin: Helke Sander, Ula Stöckl und auch Mitarbeiter aus unserem Laden. Meine Freundschaft mit Jutta Brückner hat damals begonnen.

Das Symposium fand im November statt, da wäre ich normalerweise nicht gefahren, weil die Kinder keine Ferien hatten. Aber István hatte seine Hilfe eindringlich angeboten und würde bei ihnen sein und so konnte ich mich eine Woche losmachen. Die Reise war, ganz besonders für mich, einfach wunderbar. Die Tage waren mit Gesprächsrunden gefüllt und abends saßen wir Frauen zusammen. Wir gingen gemeinsam aus und kamen abends spät ins Hotel zurück. Der Nachtportier hat jedes Mal missbilligend geschaut, wenn wir so gut gelaunt in den Erzherzog Johann zurückkamen.

Einmal war es besonders komisch. Wir kamen an und gingen durch die Halle. Der Portier hob die Hand und fragte: «Ist unter Ihnen eine Frau Gregor?» Die Runde schaute auf mich, dann auf den Portier. Er sagte extra laut und deutlich, nicht ohne vorwurfsvollen Ton: «Es gab drei Anrufe von drei Herren für Sie. Der erste, ein Herr Klagemann aus Hamburg, lässt mit schönen Grüßen ausrichten, dass Lübeck eine einzige Katastrophe war. Der zweite Anruf kam aus Paris von Ihrem Ehemann. Dort ist alles sehr gut, weshalb er noch ein paar Tage bleibt. Und der dritte Anruf kam aus Berlin. Ein Herr mit einem Akzent fragte an, wann Sie nach Hause kommen, damit er Sie abholen kann.»

Die Frauen aus Berlin brachen lachend auf der Treppe zusammen, weil ausgerechnet mir das passierte und der Portier sichtlich ungehalten war. Ich, die ich zu brav war, wie sie mir schon gesagt hatten. Naja, jetzt hatte ich drei Männer, das war absurd.

«Herr Klagemann am Telefon», das war unser Freund Bernd Plagemann aus Hamburg, von Hause aus ein Musikkritiker und Journalist, der später hauptberuflich bei der Deutschen Grammphon als Literaturproduzent arbeitete. Bernd war ab 1971 Künstlerischer Leiter der Nordischen Filmtage in Lübeck. Es gab damals Differenzen um die Filmtage – unter einem Vorwand, aber eigentlich, weil Bernd schwul war. Dass er mir in Graz mitteilte, Lübeck sei ein Reinfall gewesen, hieß im Klartext, dass sein Konkurrent das Festival nicht gut gemacht hatte. Mir bedeutete die seltsame Nachricht viel, denn er war unser Freund und wir teilten die Leidenschaft für das Kino.

UG Bernd Plagemann hat das Forum einmal sehr treffend als Veranstaltung «zwischen Barrikade und Elfenbeinturm» bezeichnet. Das ist ein Gedanke, der bis heute gilt. Wir haben ihn auch als Titel für das Buch gewählt, das wir zum 30-jährigen Jubiläum des Forums mit Nicolaus Schröder gemacht haben.

EG Das war ein toller Artikel über das Forum. Bernd arbeitete auch für die Springer-Zeitung *Die Welt.* Er erzählte einmal «unter dem Spiegel der Verstiegenheit», wie Alf Bold es ausdrückte, *Die Welt* hätte ihm verklausuliert vorgeschlagen, er solle über uns schreiben und unsere Arbeit kritisieren. Als Musikkritiker wäre er genau der Richtige, um uns negativ zu beurteilen. Darauf sah er sich bei uns um und fand die Programmarbeit, die ihm eigentlich fremd war, hochinteressant. In der *Welt* schrieb er dann, dass man beim Forum nie wisse, was man zu sehen bekommt. Da reime sich «revolutionär» auf «elitär» und neben den Barrikaden stünden die Elfenbeintürme. Das trifft es doch wunderbar – oder nicht?[1]

1 Siehe Ulrich Gregor: «Vorwort», in: *Zwischen Barrikade und Elfenbeinturm, Zur Geschichte des Unabhängigen Kinos, 30 Jahre Internationales Forum des Jungen Films*, a. a. O., S. 7.

ENTSCHEIDUNGEN

UG Konflikte über die Entscheidung für oder gegen einen Film gehören zur normalen Arbeit im Auswahlkomitee. Beim Forum waren wir uns einig, dass wir keine Entscheidung übers Knie brechen, sondern ausführlich diskutieren wollten, wenn es schwierig wurde. Manchmal haben wir lange dafür gebraucht, manchmal einen Film ein zweites Mal angeschaut, um Wege zu finden, die anderen zu überzeugen. Meist ist uns das gelungen, ohne dass Blut fließen musste. Aber manchmal gab es schon schwierige Situationen, vor allem bei Filmen aus der Nähe, aus Berlin, aus Deutschland. Unsere Lösung war, dass wir im zweiten Jahr eine spezielle Sektion gründeten, die Reihe Neue deutsche Filme.

EG Es war ein gewisses Ausweichterritorium.

UG Diejenigen, mit denen wir gut befreundet waren, machten meist Filme, die uns wirklich gefielen. Aber bei Ablehnungen wurde es gerade bei ihnen schlimm. Jemand warf mir einmal vor, ich hätte mit der Ablehnung sein Lebenswerk liquidiert – diesen Ausdruck hat er gebraucht – und deshalb müsse er uns im Gegenzug leider auch liquidieren, was ein bisschen bedrohlich klang. Ich weiß nicht mehr, ob wir Vorsichtsmaßnahmen getroffen haben, aber wie man sieht, ist der Mann nicht zur Tat geschritten.

Wenn jemand verletzt war, habe ich manchmal erklärt, dass wir mehrere hundert Filme sichten, und nicht in der Lage sind, auf Anhieb eine fundamentale Auskunft zu geben, weshalb und warum wir unter so vielen Filmen den einen abgelehnt haben. Dann bot ich an, dass wir den Film nach Ende des Festivals noch einmal ansehen und dann erläutern würden, was für uns die Ablehnungsgründe waren. Das Angebot war nützlich für die Deeskalation, aber niemand hat je darauf zugegriffen. So haben wir uns durchgeschlagen, und letztendlich ist es nicht zu furchtbaren Konflikten gekommen.

EG Umgekehrt hat sich manchmal aus einer Ablehnung auch eine Freundschaft ergeben. Johan van der Keuken schrieb zum Beispiel einen empörten Brief, als wir einen seiner Filme abgelehnt hatten. Wir waren deprimiert und fühlten uns schlecht, sind aber schließlich doch Freunde geworden.

UG Ein wiederkehrendes Thema war, ob wir bestimmten Regisseuren gegenüber treu sein müssten, auch wenn sie vielleicht einen schwächeren Film anboten. Das ist eine Prinzipienfrage, aber die Loyalität gegenüber Regisseuren, wie immer ihre Entwicklung auch verläuft, war uns wichtig, weil die persönlichen Beziehungen zu Filmemachern für uns eine entscheidende Rolle spielten. Es muss Vertrauen da sein, eine gewisse Sympathie und viel Verständnis.

EG Rainer Werner Fassbinders WARNUNG VOR EINER HEILIGEN NUTTE[1] nahmen wir beispielsweise nicht. Wir hatten den Film so verstanden, dass da ein Regisseur wie eine Führergestalt in einer desolaten Filmcrew auftritt. Wir waren absolut gegen Führergestalten und fanden, dass sich kein Regisseur als Heilsbringer darstellen kann.

UG Da waren wir dogmatisch. Heute kann ich nur den Kopf schütteln.

EG Fassbinder, der ein Freund war, kam nach der Ablehnung zu mir und sagte, dass er einen schlechten Film, nämlich WHITY[2], dem Wettbewerb angeboten hätte und uns einen sehr guten – er wusste genau, wie seine Filme waren. Und was passierte? Der schlechte Film kam in den Wettbewerb, der gute Film wurde vom Forum abgelehnt. Fassbinder drohte, dass er zwei Jahre kein Wort mehr mit mir sprechen würde. Das hat er sich anders überlegt, aber ich fühlte mich damals im Recht. Jahre später haben wir WARNUNG VOR EINER HEILIGEN NUTTE wiedergesehen und konnten unsere Entscheidung nicht begreifen.

UG Wir hatten diese vielen Gesprächsrunden, wo wir uns über Filme austauschen und frisch von der Leber weg alles sagen konnten. Wer das nicht miterlebt hat, der kennt nur die Hälfte von einem Festival.

EG Es gab Überraschungen und manchmal fast bizarre Dinge. Wir sahen DAS ANDECHSER GEFÜHL[3], den ersten Film von Herbert Achternbusch. Ich fand ihn toll, ganz großartig. Aber Wilhelm Roth[4], der ja in Regensburg geboren wurde, fühlte sich durch den Film angegriffen. Wütend sagte er, ich sei ja nur deswegen für den Film, weil ich die Bayern komisch fände. Ist überhaupt nicht wahr. Ich habe drei Semester in München studiert. Absolut wunderbar, was ich da im Theater

1 WARNUNG VOR EINER HEILIGEN NUTTE (Regie: Rainer Werner Fassbinder BRD 1971), Kammerspiel unter dem Motto «Hochmut kommt vor dem Fall» über die Dreh-Vorbereitungen einer zwischen Langeweile, intriganten Affären und Machtspielen schwankenden Filmcrew, entstanden in einem italienischen Hotel nach Erfahrungen der Fassbinder-Truppe rund um die Entstehung des Films WHITY.

2 WHITY (Regie: Rainer Werner Fassbinder, BRD 1971); Fassbinders erstes und einziges Western-Melodram in Cinemascope, entstanden 1969 mit der Truppe des Münchener antiteaters auf Sergio Leones Italo-Western-Areal in Spanien. Whity, der schwarze Diener einer machtgierigen und triebgesteuerten Familie im fiktiven Westen der USA, wird in das tödliche Drama ihrer despotischen Herrschaft verstrickt. Nach der Premiere bei der Berlinale 1971 geriet der Film als wenig überzeugendes Nebenwerk Fassbinders lange in Vergessenheit.

3 DAS ANDECHSER GEFÜHL (Regie: Herbert Achternbusch, BRD 1975); Moritat über einen bayrischen Dorflehrer (Herbert Achternbusch), der seine Melancholie im Bier zu ertränken versucht und vom Glück mit einer Münchener Schönen (Margarethe von Trotta) träumt.

4 Wilhelm Roth war von 1973 bis 1978 Programmmitarbeiter im Arsenal und im Auswahlkomitee des Forums.

und in der Oper gesehen habe und welche Menschen ich getroffen habe. Außerdem sind die interessantesten deutschen Literaten wie Bertold Brecht oder Oskar Maria Graf Bayern, Karl Valentin auch. Ich war traurig, weil Ulrich meinte, wir können den Film nicht nehmen, wenn es Wilhelm Roth kränkt. Später sind wir über unseren Schatten gesprungen und haben Achternbusch gezeigt.

TAGE IM KINO

Haben Sie sich während der Sichtung unterhalten?
UG Das kam spontan, denn wir waren ja ein kleiner persönlicher Kreis. Erika und ich sprechen auch heute noch gern miteinander im Kino. Heute meist, weil sie nicht mehr so gut sieht und ich ihr ihr die Untertitel vorlesen muss.
EG Man muss dazu sagen, dass wir damals eine besondere Situation hatten. Das Komitee fing im Oktober an und ging mit Unterbrechungen bis Anfang oder Mitte Januar an die Arbeit. Wir trafen uns jeden Tag Punkt zehn Uhr im Arsenal und sahen Filme. Mittags wurde uns Essen gebracht. Wir aßen im Vorraum des Arsenal Kinos, mit den Tellern auf den Knien, und redeten über die Filme, die wir gesehen hatten. Dann gingen wir wieder ins Kino und sahen bis um sechs Uhr abends weitere Filme. Manchmal gingen wir dann noch – nicht alle, aber die, die noch konnten – ins Arsenal 2 nebenan und schauten dann bis nachts um zehn Uhr noch mehr. Fünf Tage in der Woche saßen wir zusammen. Wir kannten unsere Vorlieben und konnten darüber Witze machen. Peter B. Schumann, der ab 1978 Empfehlungen für Lateinamerika gab, kam natürlich mit seinen Filmen an, ich mit irgendwelchen Dokumentarfilmen. Es gab da schon ein gewisses Gemeinschaftsgefühl. Und mit den Filmen, die wir annahmen, haben wir uns selten geirrt. Nur manchmal.
UG Es gibt eben nur eine begrenzte Zahl Programmplätze, wir waren aber mit interessanten Filmen in Hülle und Fülle konfrontiert. Da musste man abwägen und das war sehr schwierig.
EG Ich werde alle Filme verteidigen, die wir gezeigt haben. Manchmal gab es publizistische Gründe, in einem bestimmten Jahr einen bestimmten Film zu zeigen. Wir haben immer stark auf die politische Situation in dem Land reagiert, aus dem er kam. Das galt für sehr viele Dokumentarfilme, nehmen wir nur als Beispiel ROGER & ME[5], den

5 ROGER & ME (ROGER & ICH; Regie: Michael Moore, USA 1989); Dokumentarfilm über die Folgen der Schließung einer großen Autofabrik in Roger Moores Heimatstadt Flint und seine vergebliche Mühe, ein Interview mit Roger Smith, dem verantwortlichen CEO von General Motors zu bekommen.

ersten Film von Michael Moore. Der Film war bei uns im Forum und wurde daraufhin sehr populär. Wenn große Ungerechtigkeit in einem Land herrscht und Filme *dagegen* entstehen, hielten wir es für unsere Pflicht, sie zu zeigen. Solche Filme erstürmen vielleicht nicht die Höhen der Filmkunst, aber sie sind wichtig.

Auf der anderen Seite hatten wir eine Vorliebe für Avantgardefilme. Die Leute fragten gelegentlich: «Was soll so ein Film im Delphi-Kino?» Aber meist unterschätzten die Kritiker das Publikum. Wir fanden, dass unser Publikum durchaus willens und in der Lage war, uns zu folgen. Das Publikum ist besser als sein Ruf. Unser Vorteil war, dass wir das ganze Jahr solche Filme zeigten und ein Stammpublikum hatten.

NEUE DEUTSCHE FILME

UG Nach dem ersten Forum gründeten wir die Reihe Neue Deutsche Filme. Da waren immer gute, interessante Filme programmiert, sodass zum Beispiel ausländische Kritiker alles sehen konnten. In dieser Reihe konnten wir auch Filme unterbringen, die schon woanders ihre Premiere gehabt hatten, aber interessant waren für ausländische Besucher. Es kamen viele Leute von anderen Festivals und aus den Goethe-Instituten, die bei uns fast die gesamte deutsche Produktion sehen konnten. Nicht zu vergessen die treuen Forums-Besucher von anderen kommunalen Kinos und Programmkinos. Das Arsenal-Kino war jedes Jahr ihr Treffpunkt beim Forum.
EG Wolf Donner[6], der Vorgänger von Moritz de Hadeln, wollte selbst eine deutsche Reihe organisieren, weil er viel Interesse am Neuen deutschen Film hatte und ihn international bekannt machen wollte. Es lief zunächst parallel, bis unter Moritz de Hadeln beide Reihen zusammenkamen.
UG In der Reihe gab es Platz für dreißig deutsche Filme, davon hatten wir zehn – sagen wir – «Nischenfilme» dabei, während de Hadelns Seite die großen spektakulären Spielfilme zeigte. Mit Heinz Badewitz, dem Leiter des Festivals in Hof, der seit Wolf Donner für die andere Hälfte der Programmierung verantwortlich war, kamen wir immer gut aus. Wir haben uns zusammengerauft und daraus entwickelte sich eine Freundschaft.

6 Wolf Donner (1939–1994), Filmkritiker, Journalist u. a. bei der Wochenzeitung *Die Zeit* und beim *Spiegel*, 1977–1979 Leiter der Internationalen Filmfestspiele Berlin. Wolf Donner organisierte die Verlegung der Berlinale in den Februar.

GEGENWIND

Als Alfred Bauer 1976 aus Altersgründen ausschied und das Kuratorium der Berlinale die Stelle des Leiters der Berliner Filmfestspiele ausschrieb, war auch Ulrich Gregor ein aussichtsreicher Kandidat. Im Vorfeld der Entscheidung, die schließlich zugunsten des Filmkritikers Wolf Donner gefällt wurde, kam es zu Versuchen, Ulrich Gregor zu diskreditieren.* (CL)

* Ulrich Gregor wurde von der Springer-Presse der Vorwurf gemacht, «für Holger Meins (das 1974 in der Isolationshaft im Hungerstreik verstorbene RAF-Mitglied, CL.) eine Erklärung unterzeichnet» zu haben. Es ging um einen Protest zahlreicher filmkultureller Institutionen gegen die Herausnahme einer handschriftlichen Widmung von Jean-Marie Straub und Danièle Huillet für Holger Meins im Vorspann ihrer Verfilmung der Schönberg-Oper MOSES UND ARON. Meins war Filmstudent an der DFFB und war ohne Gerichtsverfahren gestorben. Wolfgang Jacobsen widmet den Intrigen um die Nachfolge Alfred Bauers und gegen Ulrich Gregor ein Kapitel seines Buches *50 Jahre Berlinale*, a. a. O., S. 235–244

« Besonders unrühmlich tat sich dabei die *Bild-Zeitung* hervor: Nachdem von den ursprünglichen Bewerbern fünf in die engere Auswahl genommen worden waren, [...] lancierte das Blatt eine Diffamierungskampagne gegen Ulrich Gregor, indem es ihn mehr oder weniger unverhohlen in die Nähe der RAF zu rücken versuchte. In der damaligen politischen Situation, die wenig später den Namen «Deutscher Herbst» bekommen sollte, grenzte das an Rufmord. (*berlinale.de*, https://is.gd/GWDJFO, 29.06.2022) »

EG Schon als wir anfingen, wurden wir als Kommunisten angefeindet, weil wir unsere Art von Filmen zeigten. Gerhard Schoenberner, der in den 1970er-Jahren mit im Vorstand der Freunde war und schon lange vorher einer der Freunde der Deutschen Kinemathek war, sagte einmal, dass der Berliner Verfassungsschutz mehr Interesse an unserer alternativen Filmkultur gehabt hätte als die Kulturverwaltung. Und als mit dem Abgang des alten Festivalleiters Alfred Bauer 1976 zur Debatte stand, ob Ulrich nicht den Wettbewerb übernehmen sollte, gab es starken Gegenwind von Seiten der Filmwirtschaft und der CDU. Alfred Bauer wollte seine eigenen Nachfolge-Kandidaten durchsetzen und brachte dafür Schlagzeilen unter die Leute nach dem Motto «Berlinale in Gefahr, wenn Kommunist Gregor kommt». Wir kannten natürlich ein paar Leute von der RAF, beispielsweise Holger Meins, der Student bei Ulrich an der DFFB gewesen war. Aber die RAF, das war weit, weit ab von uns.

UG Den Film – DEUTSCHLAND IM HERBST[7] – zeigte die Berlinale 1978 im Wettbewerb. Ich fand, dass er ein sehr interessanter Kommentar auf die Ereignisse im Herbst 1977 war, ein Film, der uns irgendwo auch nahestand. Aber das war kein konfliktfreier Film, überhaupt nicht.

EG Konflikt? Wir hatten ja 1968/69 reichlich davon, mit den radikalen Studenten der «ad.hoc-Gruppe», als sie die Freunde übernehmen wollten, weil sie dachten, wir hätten Geld.

UG Es gab eine Situation, da hat man mich gefragt, ob ich es machen möchte, neuer Direktor der Berlinale zu werden. Ich habe gesagt, dass

7 DEUTSCHLAND IM HERBST (Regie: Alf Brustellin, Hans Peter Cloos, Rainer Werner Fassbinder, Alexander Kluge, Beate Mainka-Jellinghaus, Maximiliane Mainka, Edgar Reitz, Katja Rupé, Volker Schlöndorff, Peter Schubert, Bernhard Sinkel; BRD 1978), Collage aus szenischen und dokumentarischen Episoden von elf Regisseuren des Neuen deutschen Films über die zum Zerreißen gespannte Stimmung in Deutschland nach dem (von den meisten nicht für möglich gehaltenen) Selbstmord der RAF-Insassen im Hochsicherheitsgefängnis Stuttgart-Stammheim im September 1977.

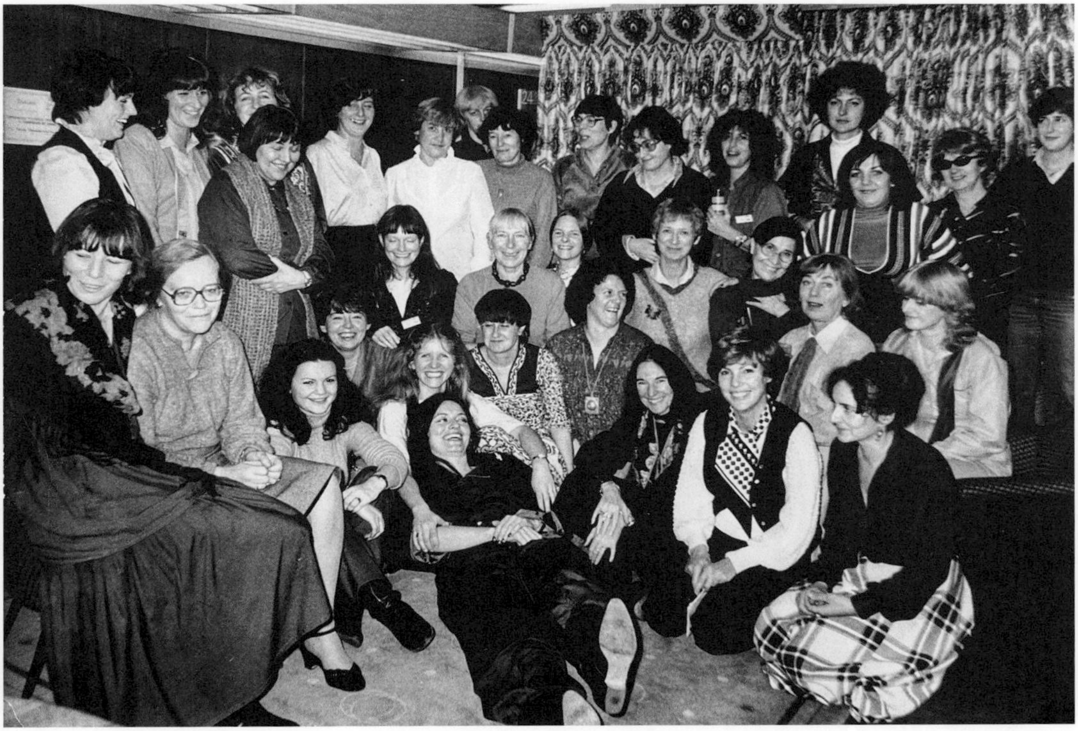

1981, XXIV. Internationale Leipziger Dokumentar- und Kurzfilmwoche, Erika Gregor (letzte Reihe, Fünfte von rechts) im Kreis von Mitarbeiterinnen und Filmemacherinnen. In der Mitte die Dokumentarfilmregisseurin Annelie Thorndike, die von 1973 bis 1989 Präsidentin des «Komitees der Internationalen Leipziger Woche für Dokumentar- und Kurzfilm» war.

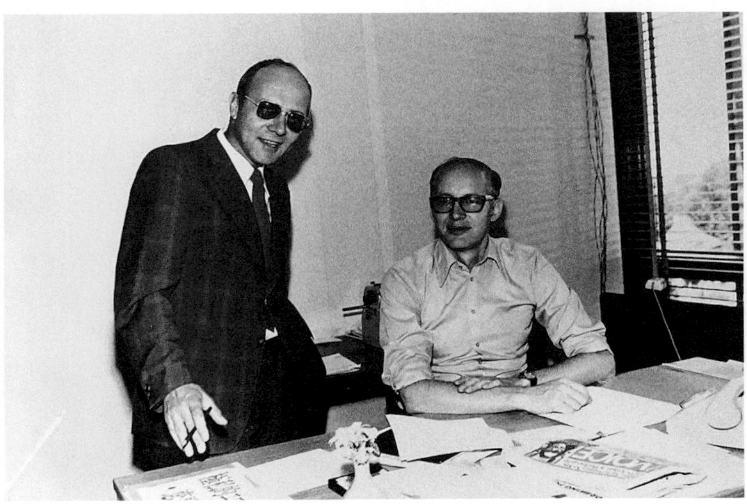

Gerhards Schoenberner, Ko-Vorstand der Freunde der deutschen Kinemathek und Mitglied der Auswahljury, mit Ulrich Gregor im Festivalbüro

ich das nicht machen kann und will. Ich fühle mich da nicht zu Hause, es ist nicht meine Welt. «Warum denn nicht, Sie können doch da viel bewegen», so ging es weiter. Wenn ich ein paar Schritte gemacht hätte, hätte es klappen können, aber mein Instinkt war, besser nicht. Mir war klar, dass ich dann mit Filmen umgehen müsste, die ich ganz scheußlich finde, die ich eigentlich gar nicht nehmen möchte, aber aus

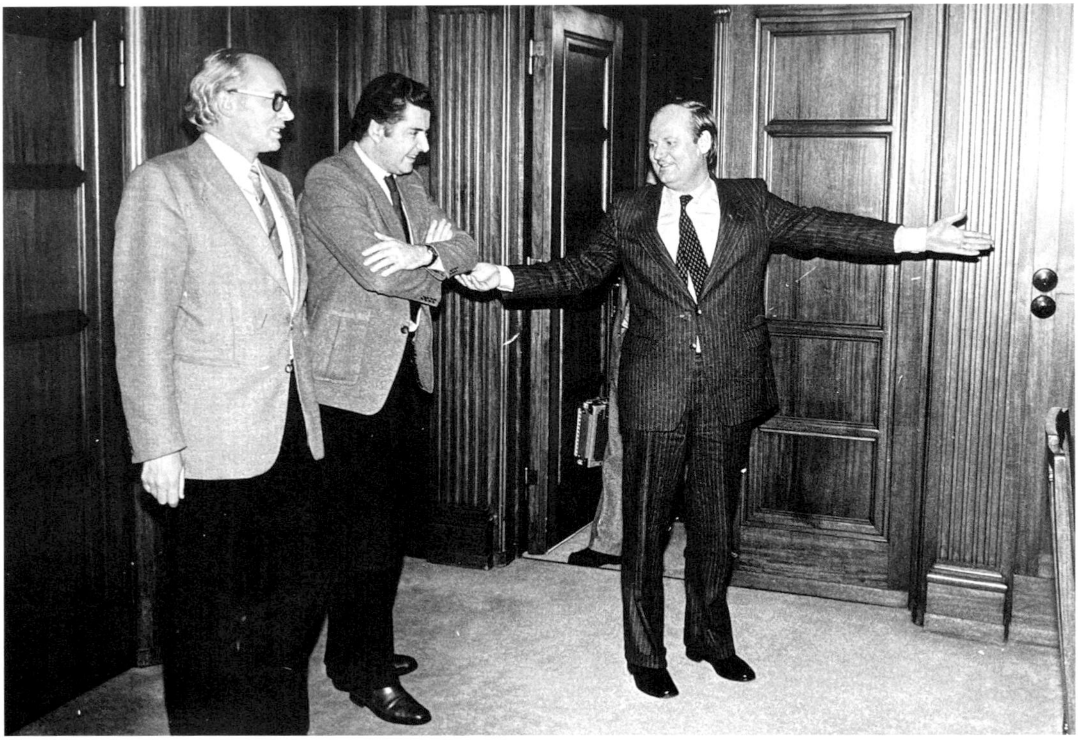

1979, Moritz de Hadeln, Leiter der Internationalen Filmfestspiele Berlin, mit Ulrich Gregor zu Gast beim Regierenden Bürgermeister Dietrich Stobbe

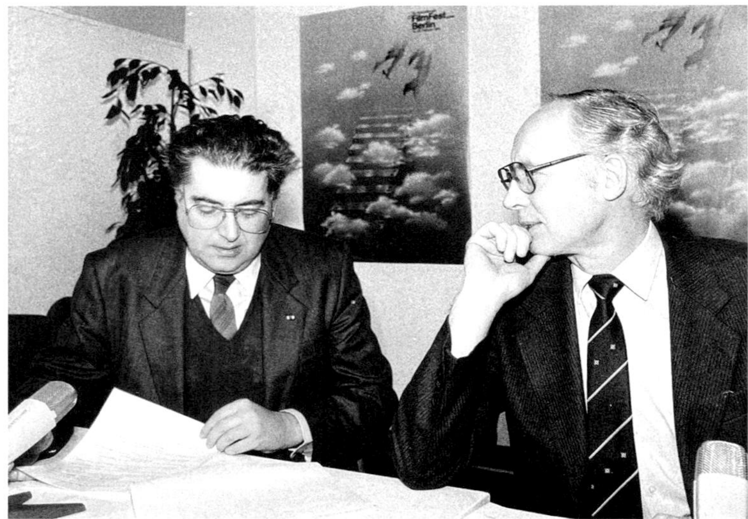

1986, Moritz de Hadeln und Ulrich Gregor vor dem Festivalplakat der Berlinale des Grafikers Volker Noth

diesem oder jenem Grund nehmen muss. In solche Situationen wollte ich um keinen Preis hinein.

EG Als Ulrich dann mit Beginn der Festivalleitung von Moritz de Hadeln endlich einen Vertrag bekam, hatten wir eine fabelhafte Situation, ein Dreiecksverhältnis, in dem Ulrich bei den Freunden angestellt war, zugleich einen Vertrag mit der Festspiele-GmbH hatte und diese wiederum einen Vertrag mit den Freunden zur Sicherung des Forums.

UG In den 1980er-Jahren wollte der Senat zeigen, dass beide Seiten gleichberechtigt sind. Das einzige, was aber wirklich zum Tragen kam, waren ungefähr 250 Einladungen an sämtliche Autoritäten, die ich unterschreiben musste. Der Stapel wurde mir gebracht und ich musste unterschreiben.

EG Moritz de Hadeln hatte es in Berlin nicht leicht. Er war ein Fremder hier. Ich meine, dass einige Fehler, die man ihm vorgehalten hat, aus diesem Fremdsein rührten. Wir wollten ausdrücklich, dass er die Leitung übernimmt. Wir kannten ihn gut aus seiner Zeit beim Festival Locarno. Ich war mit Erika de Hadeln befreundet und Ulrich war bei ihm in der Jury. Wir wollten, dass er kommt. Ulrich fand, dass Berlin provinziell ist und ein welterfahrener Mann, der Englisch und Französisch kann und Locarno geleitet hat, dem Festival gut täte. Bevor er in Berlin antrat, besuchte er uns. Wir saßen zusammen, tranken eine Flasche Whisky und besprachen, wie alles wird.

UG Aber im Lauf der Zeit blieb wenig davon übrig. Es gab diverse Manöver, über die man hier nicht berichten kann.

EG Man muss eingeführt werden an einem neuen Ort. Anfangs habe ich Moritz und Erika zum Beispiel ins Arsenal eingeladen. Nehmen wir als Beispiel, dass Christian Ziewer seinen neuen Film zeigen wollte und hinterher sollte es einen Umtrunk geben, eine der schönen kleinen Freuden in unserem Kino. Ich habe sie angerufen und gesagt, heute kommen alle Berliner Filmschaffenden, kommt doch einfach dazu. Aber sie sind nie gekommen.

Warum übergab Moritz de Hadeln die Info-Schau an Manfred Salzgeber?

UG Er wollte eine starke Persönlichkeit ans Ruder lassen, auch als eine Waffe gegen das Forum.

EG Die Geschichte erinnert mich an das Spieglein, Spieglein an der Wand im Märchen von Schneewittchen. Wer ist die Schönste im ganzen Land? Es war wohl nicht leicht, dass es damals hieß: «Ist ja ganz ordentlich, der Wettbewerb, aber das Forum ist besser.»

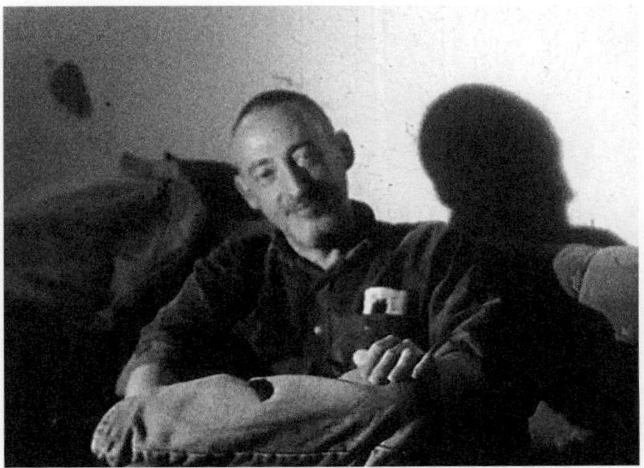

Manfred Salzgeber in Ich liebe dich, Kurzfilm von Wilhelm Hein, Aufnahme 14. Oktober 1991 zu dem gleichnamigen Lied von Jan Kiepura aus dem Jahr 1937

TRENNUNG

1978 zog Manfred Salzgeber nach Amsterdam, bis Moritz de Hadeln ihn 1980 zurückholte und ihm die Info-Schau bei der Berlinale anbot, eine seit 1965 existierende Nebensektion,* die Salzgeber ab 1986 als Panorama-Sektion mit einem Schwerpunkt auf dem queeren Kino weiterentwickelte. Im «Deutschen Herbst» 1977 soll Manfred Salzgeber in die Raster-Fahndung nach RAF-Mitgliedern geraten sein.** (CL)

* «Fürchtete man um einen Film einen Eklat, konnte man ihn aus der Schusslinie nehmen und in der Informationsschau zeigen. Und anstatt einen Film, den man nicht haben wollte, ablehnen zu müssen (und nicht zu können), konnte man dem Produzenten anbieten, ihn in der «Repräsentationsschau» zu zeigen. Diese taktischen Überlegungen führten zu einer Differenzierung des Programms und bereiteten damit die spätere inhaltliche Programmstruktur nach Sektionen vor.» *berlinale.de* (https://is.gd/D2cOWC, 29.06.22)

** Siehe *de.wikipedia.org* (https://is.gd/5n2Snf, 29.06.22)

« Stammheim hat ihn einstweilen aus Deutschland vertrieben. Manche von den RAF-Aktivisten hatten mit ihm nachts im Bali gesessen und VIVA MARIA![8] gesehen. Als er einmal mit Dreitagebart aus dem Haus getreten und von jemandem beschimpft worden war: «Dich haben sie wohl zu vergasen vergessen», zog er nach Amsterdam. »

(Mariam Lau, *sissymag.de*; https://is.gd/iCkcmN, 29.06.2022)

UG Salzgeber hat in den vielen Jahren seit unserer Zeit in der Akademie viel für die Freunde getan. Ohne ihn hätten wir den Sprung ins Arsenal nicht geschafft. Er war sehr umtriebig und wollte etwas Eigenes erreichen. 1973 übernahm er das Bali-Kino in Berlin-Zehlendorf und machte daraus sein Programmkino.[9] Sehr nah war ich an diesen Aktivitäten nicht dran, denn ich zog mich zeitweise aus der laufenden Arbeit heraus und saß an meiner *Geschichte des Films ab 1960*.

EG Es war oft nicht leicht zwischen uns. Es gibt verschiedene Wahrnehmungen der Geschichte, auch private, die ich nicht ausbreiten möchte. Festhalten kann man, dass Salzgeber Filme aus unserem Archiv für das Bali auslieh und dafür um Stundung bat, die dann später von der Buchhalterin erlassen wurde. Ulrich und ich haben uns nie um Gelddinge gekümmert, das war die Aufgabe von Heiner Roß und der Buchhalterin. Es kam zum Eklat, weil sich der innere Zirkel im Arsenal hintergangen fühlte, Sylvia zum Beispiel als rechtlich denkender Mensch und Heiner Roß war enttäuscht, weil er die Dinge nicht durchschaut hatte.

UG Es kam zu einer Abstimmung. Dir war das alles wurscht und du hast dafür gestimmt, dass er bleibt. Die Mehrheit war dagegen.

EG Es muss 1978 gewesen sein, nach dem ersten Forum mit Winter-Termin. Heiner Roß, Sylvia Andresen, Wilhelm Roth und wir hatten die Filme ausgesucht. Damals war Bernd Plagemann unser Berater für skandinavische Filme, Peter B. Schumann Berater für Lateinamerika, Salzgeber hatte die Kinoleitung in unserem Forum-Kino Atelier am

8 VIVA MARIA! (VIVA MARIA!; Regie: Louis Malle, F/I 1965), Komödie um Maria I und Maria II (Jeanne Moreau, Brigitte Bardot), eine Vaudevillesängerin und eine bombenlegende Anarchistin, die in einem fiktiven mittelamerikanischen Schurkenstaat der romantischen Liebe und pittoresken Revolution nachjagen. Der Film war Kult in der radikalen linken Szene West-Berlins.

9 Auch das Yorck-Kino und das Tali (heute Movimento) übernahm Manfred Salzgeber. (CL)

Zoo und Akademie der Künste. Margarethe von Trotta hörte damals davon, dass sich Manfred Salzgeber über unsere Entscheidung mokierte, ihren Debütfilm DAS ZWEITE ERWACHEN DER CHRISTA KLAGES ins Forum-Programm zu nehmen, und beschwerte sich darüber. Aber solche Kabale waren nicht der Grund für Salzgebers Trennung vom Arsenal. Er sah Filme oft anders.[10]

Bot Ihnen Margarethe von Trotta auch ihre folgenden Filme an?

EG Wir hätten DIE BLEIERNE ZEIT[11] sofort genommen, aber er lag uns nicht vor. Er ging 1980 gleich nach Venedig und bekam dort den Goldenen Löwen. Ab da war Margarethe etabliert. Zwei Jahre zuvor, als wir DAS ZWEITE ERWACHEN DER CHRISTA KLAGES hatten, gab es gleich mehrere interessante Filme von Regisseurinnen im Forum, zum Beispiel Helke Sanders DIE ALLSEITS REDUZIERTE PERSÖNLICHKEIT – REDUPERS[12] und SING, IRIS – SING![13] von Gisela Tuchtenhagen und Monika Held. Hinzukamen in der Reihe Neue deutsche Filme TUE RECHT UND SCHEUE NIEMAND! und EIN GANZ UND GAR VERWAHRLOSTES MÄDCHEN[14] von Jutta Brückner, MADAME X[15] von Ulrike Ottinger und ICH DENKE OFT AN HAWAII[16] von Elfi Mikesch – das war ein richtig starker Jahrgang.

10 W. Roth: «Manfred wusste oft beängstigend schnell, wie ein Film zu bewerten sei.» In: Nicolaus Schröder: *Zwischen Barrikade und Elfenbeinturm*, a.a.O., S. 16

11 DIE BLEIERNE ZEIT (Regie: Margarethe von Trotta, BRD 1981); basierend auf den Erinnerungen von Christiane Ensslin an ihre Schwester, die RAF-Terroristin Gudrun Ensslin, beschreibt von Trotta die dramatische Konfrontation der engagierten linken Journalistin mit ihrer in Isolationshaft einsitzenden Schwester und deren (fiktional aufgelösten) Todesumständen. Der Film gewann 1981 den Goldenen Löwen der Filmfestspiele in Venedig und gilt heute als Klassiker des Neuen deutschen Films.

12 DIE ALLSEITS REDUZIERTE PERSÖNLICHKEIT – REDUPERS (Regie: Helke Sander, BRD 1978); Klassiker des feministischen Films über eine alleinerziehende Mutter und Fotografin in West-Berlin, die sich mit ihrer Frauengruppe an einem Fotowettbewerb der Stadt beteiligen möchte, mit ihren Poster-Motiven zu vergleichbaren Alltagsphänomenen diesseits und jenseits der Mauer bei den männlich-chauvinistischen Strippenziehern der Kulturpolitik jedoch auf bornierte Ignoranz stößt.

13 SING, IRIS, SING! – FRAUEN LERNEN MÄNNERBERUFE (Regie: Gisela Tuchtenhagen / Monika Held, BRD 1977/78); Dokumentarfilm über den Alltag einer Gruppe Frauen, die in einem Berufsförderprogramm auf den ‹Männerberuf› Elektroniker umschulen, nicht alle jedoch bis zum Ende durchhalten. Siehe Resonanz bei der Duisburger Filmwoche: *protokult.de* (https://is.gd/7ZLtS9).

14 TUE RECHT UND SCHEUE NIEMAND!, EIN GANZ UND GAR VERWAHRLOSTES MÄDCHEN (Regie: Jutta Brückner, BRD 1975/1976); Jutta Brückners erste Filme als Autorin/Regisseurin versuchen mit unterschiedlichen Stilmitteln, in den biografischen Erfahrungen ihrer Protagonistinnen Einsichten über die tieferen Schichten der sozialpsychologischen Lebensbedingungen von Frauen aufzuspüren.

15 MADAME X – EINE ABSOLUTE HERRSCHERIN (Regie: Ulrike Ottinger, BRD 1977); eine rätselhaft stilisierte Herrscherin der chinesischen Meere sammelt Frauen um sich, um mit ihnen auf einer Dschunke eine befreiende Reise ins Ungewisse anzutreten. Ein groteskes Paralleluniversum, das eine poetisch-surreale Freiheitsmetapher entwirft.

16 ICH DENKE OFT AN HAWAII (Regie: Elfi Mikesch, BRD 1978); Elfi Mikeschs Erstling ist ein poetischer Dokumentarfilm «für jedes Wohnzimmer», das Porträt eines 16-jährigen verträumten Mädchens, das mit Mutter und Bruder in einer Berliner Wohnsiedlung lebt und den exotischen Traum einer Karriere als Tänzerin träumt.

EINMAL BEIM FORUM, NICHT IMMER BEIM FORUM

Die Berlinale feierte 1980 ihren 30. Geburtstag, das Forum seinen zehnten. (CL)

«Zum ersten Mal gab es zwei gleichberechtigte Direktoren: Moritz de Hadeln leitete seit dem 1. Mai Wettbewerb, Informationsschau, Retrospektive, Kinderfilmfest und Filmmesse, und Ulrich Gregor war wie eh und je, aber jetzt als gleichberechtigter Partner für das Internationale Forum des jungen Films verantwortlich.

Das Programm des Forums wurde auf zehn Tage ausgeweitet, bislang waren nur an acht Tagen Forums-Filme gezeigt worden. Das war wohl die wichtigste Vereinbarung in der Kooperation mit dem Wettbewerb. Organisatorische Probleme wollte man in Zukunft gemeinsam klären – Fragen der Terminierung ebenso wie die Akkreditierung von Journalisten und Gästen. Aber auch über eine Präzisierung der Inhalte der Festivalsektionen wollten die Verantwortlichen nachdenken. Das «Spannungsverhältnis» zwischen Wettbewerb und Forum sollte erhalten bleiben, denn: «Es ist durchaus ein Positivum der Berlinale, dass sie für Filmemacher und Produzenten zwei nach Aufführungssituation und Erwartungshaltung des Publikums ganz unterschiedliche Präsentationsmöglichkeiten bereithält.» (Ulrich Gregor, Abschlussbericht 1980)

(Wolfgang Jacobsen: *50 Jahre Berlinale*, a. a. O., S. 275)»

Haben Sie erwartet, dass Filmemacher:innen immer wieder zurück zum Forum kommen, wenn sie einmal dort einen Film präsentiert hatten?

EG Ich muss eine traurige Geschichte über Helma Sanders-Brahms erzählen. Wir hatten Filme von ihr gezeigt, und ich habe sie als Freundin betrachtet. DEUTSCHLAND, BLEICHE MUTTER[17] hat sie, wie alle ihre Filme, mit wenig Geld im Literarischen Colloquium produziert und dort auch geschnitten. Sie rief an und schlug eine Vorführung vor, wollte aber bewusst nicht dabei sein. Also haben wir den Film in der Bude auf dem Gelände vom Literarischen Colloquium allein angeschaut.

Mir war sofort klar, dass es im Grunde «mein Film» war, denn die Geschichte ihrer depressiven Mutter erinnerte mich an meine Mutter.

17 DEUTSCHLAND, BLEICHE MUTTER (Regie: Helma Sanders-Brahms, BRD 1981); autofiktionaler Spielfilm über die innige, das Trauma des zweiten Weltkriegs und die nachfolgende Verlorenheit spiegelnde Verbundenheit zwischen Mutter und Tochter. Siehe Birgit Roschy https://www.goethe.de/de/kul/flm/20397223.html (29.06.2022)

Wir wollten diesen großartigen Film für das Forum 1980 unbedingt haben, aber Helma bot ihn Moritz de Hadeln für den Wettbewerb an. Sie hoffte auf einen Preis, aber es kam anders. Es war schrecklich und sehr, sehr schade. Ich bin in die Wettbewerbs-Vorführung gegangen, die Leute haben getobt vor Lachen und die Kritik war vernichtend. Gegen andere Filme in dem Jahr, zum Beispiel SOLO SUNNY[18] von Konrad Wolf und PALERMO ODER WOLFSBURG[19] von Werner Schroeter hatte sie keine Chance. Irgendwann habe ich einen unserer deutschen Großkritiker, den ich gut kannte, angeschimpft: «Unerhört ist das, wie Sie diesen Film runtergemacht haben. Es ist ein großer und wichtiger Film.» Er hat mich nur angeguckt und hat gesagt: «Na ja, wenn er bei Ihnen gelaufen wäre, hätte ich vielleicht mehr Geduld gehabt.»

DEUTSCHLAND BLEICHE MUTTER wurde restauriert und in Originallänge bei der Berlinale 2014 wiederaufgeführt. Im Mai desselben Jahres starb Helma Sanders-Brahms. Ein Nachruf des Spiegel-Kritikers Lars-Olav Beier macht die veränderte Wahrnehmung mehr als dreißig Jahre später deutlich. (CL)

« Deutschland schien in den Filmen der aus Emden stammenden Regisseurin sehr wenig Muttererde zu haben, in der man Wurzeln schlagen konnte, dafür umso mehr hartes Pflaster. Und weil Sanders-Brahms eine Vorliebe für besonders empfindsame Figuren hatte, erzählte sie oft Geschichten des tragischen Scheiterns, wie die der jungen Türkin in SHIRINS HOCHZEIT (1976), die sich in ihrer kalten neuen Heimat zurechtfinden muss, oder jene über den Dichter Heinrich von Kleist, der sich in HEINRICH (1977) im eigenen Land fremd fühlt. Larmoyanz wurde ihr von Kritikern vorgeworfen, sie mache «Frauenfilme», hieß es immer wieder. Dabei war sie im Männerchor des Neuen Deutschen Films eine Stimme, die gefehlt hatte, auch wenn ihre Tonlage bisweilen sehr hoch war. Ihr erfolgreichster Film DEUTSCHLAND, BLEICHE MUTTER (1980) handelt von einer Frau, die an der Nachkriegsgesellschaft zerbricht. Sie erzählte darin ihre eigene Familiengeschichte. Subjektive Filme waren in ihren Augen ehrliche Filme. »

(Lars-Olav Beier: *spiegel.de*, https://is.gd/rmK3jf)

---

18 SOLO SUNNY (Regie: Konrad Wolf, DDR 1980) schildert nach einem Drehbuch von Wolfgang Kohlhaase den trotzigen Kampf der jungen Arbeiterin Sunny um eine Karriere als Schlagersängerin und die Anerkennung im männerdominierten Unterhaltungssektor in der DDR-Provinz.

19 PALERMO ODER WOLFSBURG (Regie: Werner Schroeter, BRD 1980); Elegie auf einen jungen sizilianischen Arbeiter, den es auf der Suche nach Arbeit in eine Barackensiedlung für «Gastarbeiter» des VW-Werks in Wolfsburg verschlägt. Als er im Streit um ein Mädchen im Affekt dessen deutschen Ex-Freund tötet, wird ihm, aber auch der heuchlerischen deutschen Gesellschaft der Prozess gemacht.

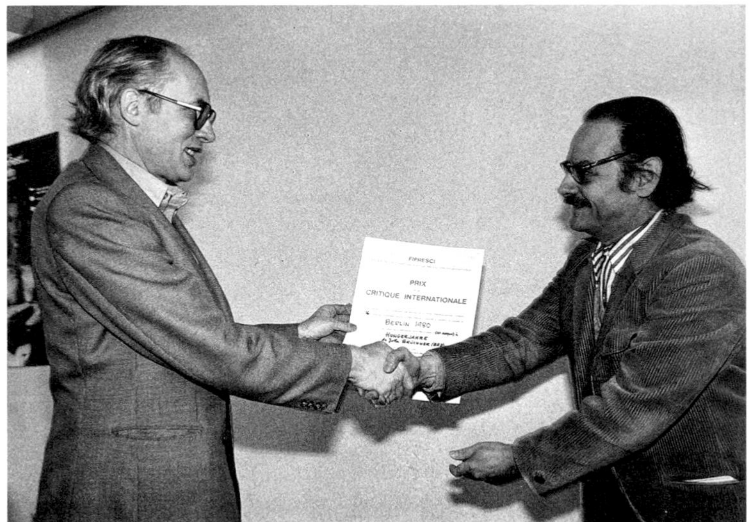

1980, Berlinale, Ulrich Gregor nimmt den Preis der FIPRESCI-Jury für Jutta Brückners Film HUNGERJAHRE – IN EINEM REICHEN LAND im Programm des Forums 1980 aus der Hand von FIPRESCI-Präsident Marcel Martin entgegen

UG Im selben Jahr 1980 hatten wir auch Jutta Brückners HUNGERJAHRE – IN EINEM REICHEN LAND.[20].

EG Helmas Film hätte wunderbar gepasst, weil er als großes Melodram gegen Juttas Strenge viel Stoff zum Nachdenken gegeben hätte. Auch HUNGERJAHRE war eigentlich «mein» Film. Jutta Brückner wollte unbedingt, dass ich nach der Vorführung mit ihr auf die Bühne gehe und mitdiskutiere. Ich hatte zuerst ein bisschen Angst, aber dann wurde es interessant, weil viele Frauen aufstanden und sagten, dass sie ihre Jugend in den 1950er-Jahren ähnlich erlebt hätten. Die Männer im Publikum waren nicht begeistert, aber Jutta reagierte sehr klar und ein bisschen scharf auf ihre Kommentare und auch auf das höhnische Lachen einiger Frauen im Publikum. Damals war es oft so, dass Frauen sich männerfeindlich äußerten.

UG Ich habe manchmal so argumentiert: Wenn eine oder einige von uns von einem Film sehr überzeugt sind, dann sollten die anderen, die nicht dafür waren, die Entscheidung nach Möglichkeit mittragen. Es ging um eine Art begründete Mehrheitsentscheidung, aus Respekt. Wenn ein Film für einige viel bedeutet, muss man versuchen, diese Haltung zu verstehen und zu respektieren.

EG Einmal haben wir einen Film nicht gezeigt, den ich unbedingt zeigen wollte: BEFREIER UND BEFREITE[21] von Helke Sander. Den fanden

20 HUNGERJAHRE – IN EINEM REICHEN LAND (Regie: Jutta Brückner, BRD 1980), autobiografisch geprägter Rückblick in die 1950er-Jahre zwischen Wirtschaftswunder und Restauration; Pubertätsdrama eines jungen Mädchens in kleinbürgerlichem Elternhaus; eingefügt in die Spielfilmepisoden sind eine Fülle von dokumentarischen Schlaglichtern auf die Nachkriegszeit.

21 BEFREIER UND BEFREITE (Helke Sander, D/UdSSR 1992), ein nach jahrelanger Recherche entstandener Dokumentarfilm in zwei Teilen, der in Interviews und historischen Doku-

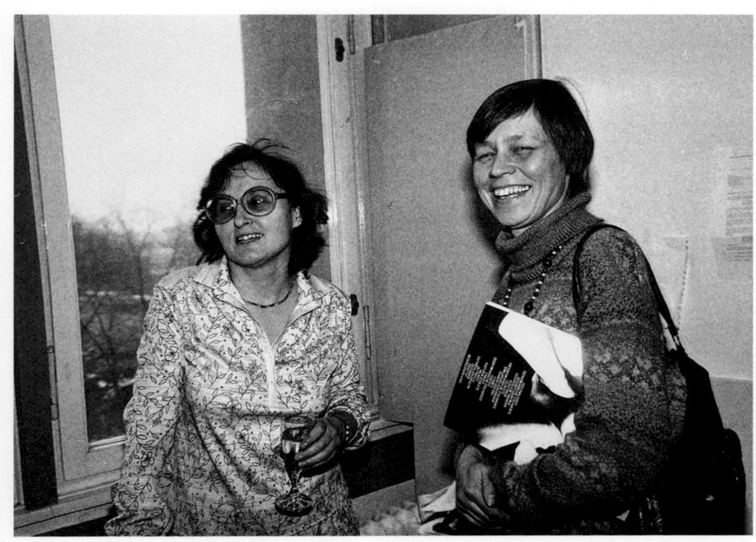

Erika Gregor und Erika Richter

wir wirklich sehr gut und sehr wichtig. Es war 1992, nach dem Fall der Mauer. Wir hatten Erika Richter im Komitee, die aus der DDR kam und eine andere Vergangenheit hatte. Sie sagte, sie könne es nicht mittragen, wenn wir diesen Film im Forum zeigen. Dann müsse sie aus dem Komitee austreten. Wir haben lange debattiert und dann auf den Film verzichtet, weil wir Erika nicht kränken wollten, was aber wiederum Helke kränkte. Da hat eine Diskussion nicht funktioniert. Erika Richter bestand darauf, dass sie den Film nicht mit ihrer Vita vereinbaren könnte, weil die Rote Armee «uns befreit hat». Die ganze DDR-Vergangenheit kam hoch. Dass es nicht nur Schwarz/Weiß gab, sondern sehr viel Grau und grauenvolle Dinge im Krieg und danach passiert sind. Das konnte sie damals nicht akzeptieren. Der Film lief dann im Panorama, aber eben nicht bei uns im Forum.

menten zum ersten Mal die Massenvergewaltigungen durch Alliierte vor allem die Rote Armee an deutschen Frauen am Ende des zweiten Weltkriegs aufarbeitet und weltweit die Forderung nach Ächtung sexualisierter Gewalt als Kriegswaffe anstieß.

ARSENAL – PROGRAMMARBEIT FAMILIÄR

Haben Sie das Kino und sein Programm als offenes System verstanden?

EG Absolut. Jeder konnte kommen und Vorschläge machen. Das nahm manchmal sogar skurrile Formen an, zum Beispiel erinnere ich mich, dass jemand anrief und fragte, ob wir nicht einen georgischen Film zeigen könnten – ich glaube, es war EINE HALSKETTE FÜR MEINE LIEBSTE[1], und was eine Sondervorführung kosten würde. Ich überschlug Kinomiete und das Honorar für unsere Vorführerin Uschi Seifried und sagte: «150 Mark.» Ich fragte: «Aber warum wollen Sie eine Sondervorführung?» „Es ist mein Lieblingsfilm, ich habe ihn bei Ihnen gesehen und will, dass meine Freunde ihn an meinem Geburtstag sehen.» Der war irgendwann im November. Wir hatten schon Oktober und ich war gerade dabei, mit Alf das Programm zusammenzustellen. Aber man konnte schieben, und so sagte ich: «An Ihrem Geburtstag könnte ich Ihnen die 18:00-Uhr-Vorstellung geben. Wie viele Freunde kommen? Fünfzehn oder zwanzig? Dann kaufen Sie einfach Eintrittskarten, es ist nie voll um 18:00 Uhr. Ich sage an der Kasse Bescheid, dass auf jeden Fall so viele Karten vorhanden sind.» Er war sehr zufrieden. Mehrere Jahre lang lief dieser Film an diesem bestimmten Tag im November, weil ihn der Mann mit einigen Freunden sehen wollte. Das ging natürlich ein bisschen weit, aber ich fand es trotzdem wunderbar. Wenn Leute mit ihren Programmideen kamen, habe ich oft überlegt, wie man sie einsetzen und mit welchen Filmen man sie kombinieren könnte.

UG Filme waren damals nicht so verfügbar wie heute. Es gab ein großes Repertoire an Filmen, die wir kannten und für wichtig hielten, die aber nicht gezeigt wurden. Wir konnten solche Filme immer wieder herauspicken und sie besorgen. Das war oft eine kleine Sensation. Heute muss man daran denken, dass fast alle Filme über das Internet und Portale zugänglich sind, aber es gibt trotzdem sehr viele vergessene Filme, die hervorgeholt werden sollten.

1 SAMKAULI SATRPOSATVIS (EINE HALSKETTE FÜR MEINE LIEBSTE; Regie: Tengis Abuladse, GE 1971); drei Brüder verlieben sich in dasselbe Mädchen. Einer Tradition folgend, müssen sie das schönste Geschenk ausfindig machen, das ihr Herz berührt.

CASA DI MADRE

» Hatte man [am Hauseingang] geklingelt, so fing oben in Alf Bolds Büro, rechter Hand neben der Etagentür, eine rote Lampe zu blinken an (oder war sie gelb?). Wie ein Schiffssignal. Drei Räume gab es zu besuchen: Alfs Werkstatt, in der die Programme entstanden, dann linker Hand ein geräumigeres Sekretariat, in dem auch Sylvia Andresen ihren Schreibtisch hatte und sich die Forumskataloge stapelten. Dahinter das Allerheiligste, Erika und Ulrich Gregors Büro. In ihm stand das legendäre Sitzensemble in abgewetztem Grün, legendär ob der unzähligen Filmemacher und Filmemacherinnen, die dort schon Platz genommen hatten. Bücher- und Papierberge türmten sich überall. Büro und Kino waren den räumlichen Gegebenheiten abgetrotzt, die Bedürfnisse der Filme, ihres Publikums und der für das Kino Arbeitenden hatten an den materiellen Widerständen eine spürbare Präsenz gewonnen. Die Beschränkung behielt nicht das letzte Wort. «

(Karola Gramann & Heide Schlüpmann, a. a. O.)

EG Mit Alf zu arbeiten, war ein Vergnügen. Wir haben viele Programmreihen zusammen entwickelt und uns über die schönsten Titel dafür gestritten. Wenn ich mit einem Vorschlag kam, hieß es oft: «Das geht nicht.» Bin ich wütend raus, kam er fünf Minuten später und hatte es sich überlegt. Manchmal ging er türenschlagend weg, dann bin ich hinterher. Es ging hin und her, bis wir gefunden hatten, was am besten klang.

Alf wohnte gegenüber vom Arsenal und war oft abends im Kino. Er wurde ein wichtiger Ansprechpartner, besonders nachdem sich Manfred Salzgeber vom Arsenal gelöst hatte und Heiner Roß 1979 ins Metropolis-Kino nach Hamburg wechselte.

Ich mochte seinen Witz. Auch Ulrich konnte mit der Komik der Sache spielen, was man vielleicht auf den ersten Blick nicht glaubt. Wenn wir im Festivalbüro arbeiteten, völlig zerstört im Stress, und das Telefon läutete, konnte Ulrich sagen: «Was jetzt noch fehlt, ist ein Anruf von Sowieso.» Schon war die Spannung weg. Mit Alf im Arsenal-Büro, das er Casa di Madre nannte, war es ähnlich. Alf war im Grunde mein bester Freund.

Einmal fuhren wir mit Anderen zum Flughafen Frankfurt. Alf und ich saßen hinten in dem Kleinwagen. Plötzlich rasten wir auf der Autobahn auf ein Stauende zu. Alf sah durch das Rückfenster ein Auto unglaublich schnell auf uns zu fahren. Ich dachte, dass ich gleich tot bin. In dem Moment warf er sich über mich, um mich zu schützen. Es

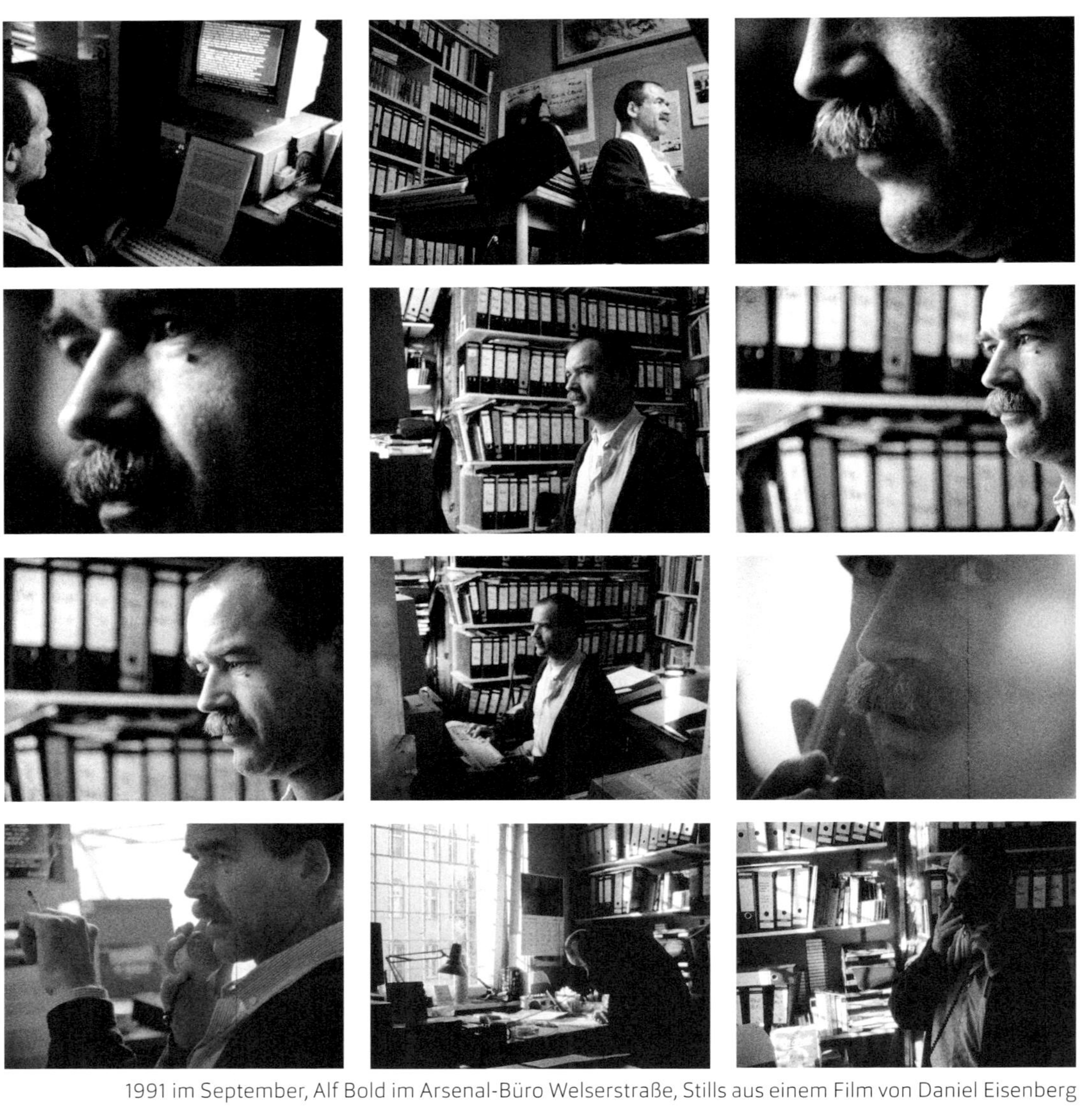

1991 im September, Alf Bold im Arsenal-Büro Welserstraße, Stills aus einem Film von Daniel Eisenberg

passierte nichts Schlimmes, wir fuhren nur ein bisschen auf, und nach zwei Stunden konnten wir weiter. Den Abend vergesse ich nie.

Als Alf kränker und kränker wurde, zog er mich ins Vertrauen. Bis zur letzten Stunde habe ich gehofft, dass ein Medikament gegen Aids gefunden wird, das ihn rettet. Alf wollte, dass ich es Ulrich und den anderen erzähle, obwohl er Angst hatte, was zum Beispiel unsere Buchhalterin Frau Müller, eine strenge ältere Dame, dazu sagen würde. Aber alle haben geholfen. Als Alf täglich zur Klinik musste, hat ihn jemand gefahren. Unsere Vorführerin Uschi hat geholfen, wie sie konnte. Frau Müller fragte, was sie tun kann. Alle waren auf seiner Seite.

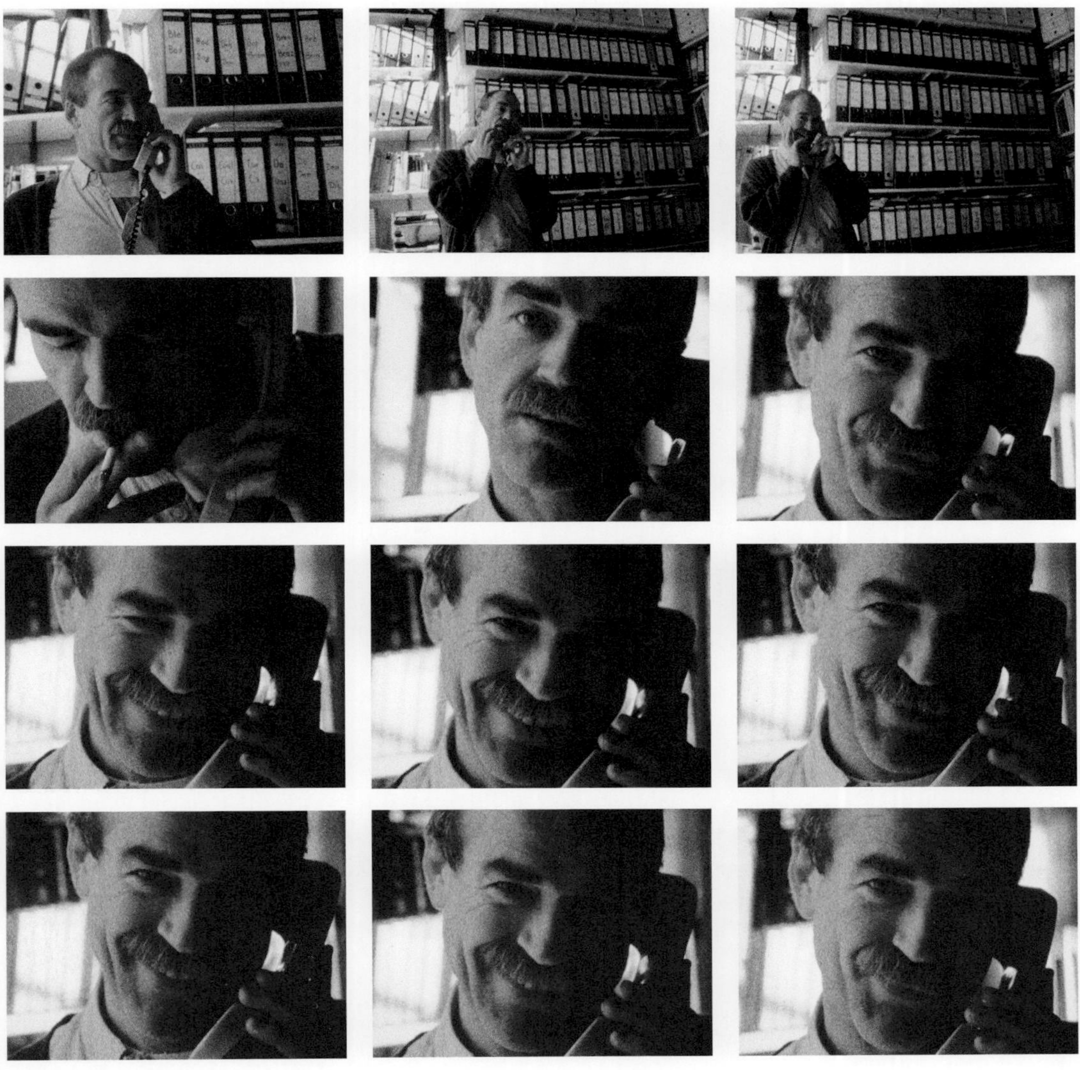

Auch wenn Alf im Krankenhaus war, konnte ich weiter mit ihm Programm machen. Er war in seiner Wohnung, als ihn seine Lieblingsschwester mit ihrer Tochter besuchen wollte. Alf fragte mich nach einer billigen Pension. Ich sagte: «Du meinst doch die Pension Gregor, oder?» Natürlich konnten sie bei mir wohnen. Mittwochs bekam er einen Rückfall und musste ins Krankenhaus. Da wollte er, dass ich seiner Schwester sage, wie es um ihn steht. Ich holte sie vom Flughafen ab und saß in der Nacht zu Karfreitag mit ihr und der Tochter in der Küche bei uns. Sie hatten Wein aus der Heimat mitgebracht. Wir brachten alles auf den Tisch, und dann musste ich sagen, dass ihr Bruder schwul ist und Aids-krank und demnächst sterben wird. Es war eine schlimme Nacht mit vielen Tränen.

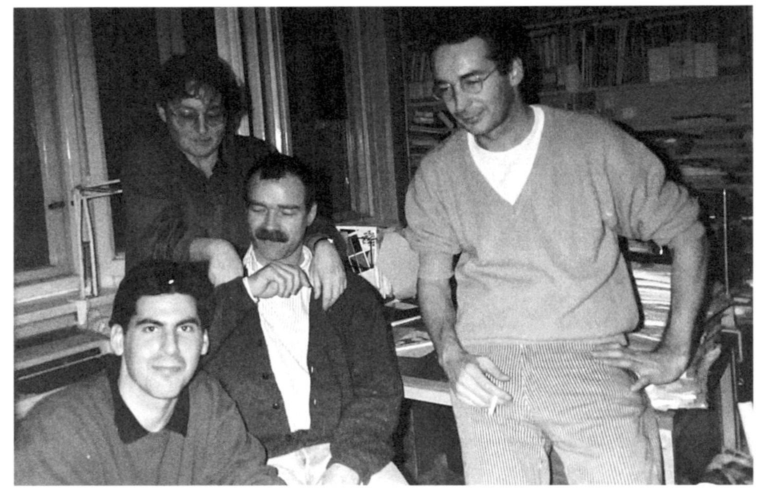

Erika Gregor mit Alf Bold, Hans Kohl und Filmemacher Daniel Eisenberg

UG Sie wussten nichts über den Bruder.
EG Die arme Schwester erzählte, dass sich die Familie Gedanken gemacht hatte und es nicht richtig fand, dass Alf eine verheiratete Freundin hatte.

« Am 18. August verstarb Alf Bold, unser lieber Freund und langjähriger Weggefährte, im Alter von 47 Jahren. Sein Tod ist ein schmerzlicher Verlust. Er hinterlässt eine Lücke, die wir nicht ausfüllen können, weil niemand anders an seine Stelle treten kann. [...]

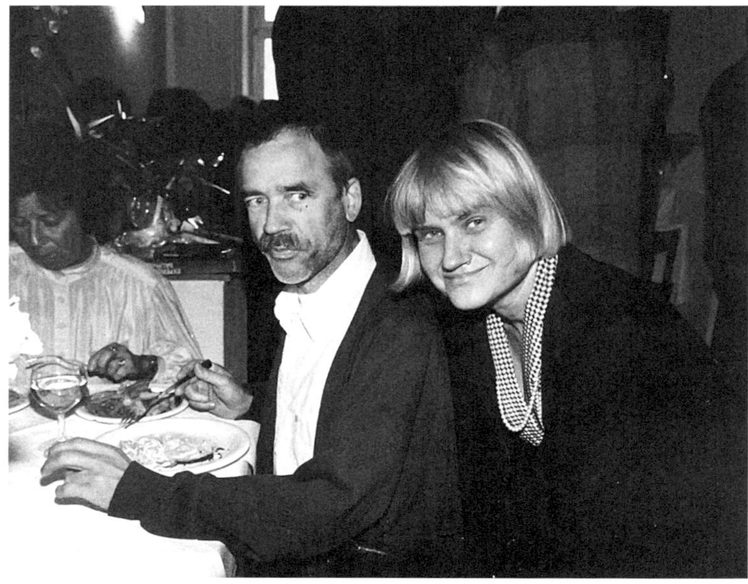

Alf Bold und Sylvia Andresen

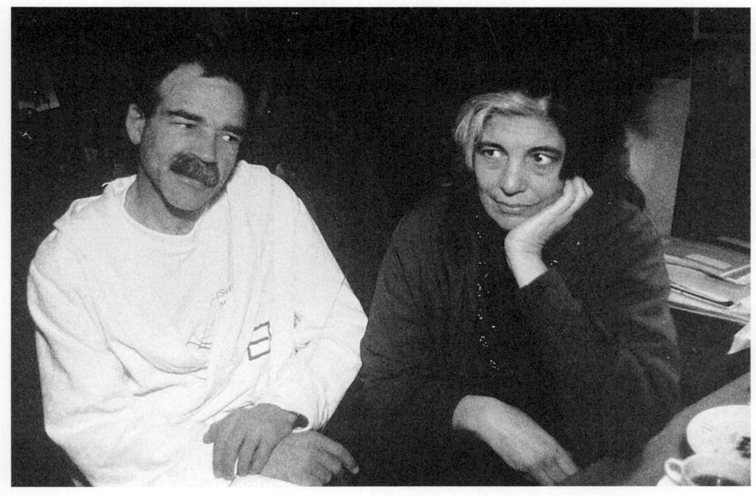

Alf Bold mit der Schriftstellerin und Filmemacherin Susan Sontag, Gast des DAAD-Künstlerprogramms in Berlin

Alf Bold kam als Autodidakt und als Enthusiast zum Film, nachdem er zunächst in verschiedenen anderen Berufen, zuletzt im Musikalienhandel gearbeitet hatte, wo er seine Passion für die Musik entwickeln und umfassende Kenntnisse auf diesem Gebiet sammeln konnte (die Leidenschaft für die Musik hat ihn bis zu seinem Tod begleitet). [...] Eine unserer frühesten gemeinsamen Erfahrungen war die große Retrospektive des japanischen Films im Arsenal 1973. Damals lokalisierten und bestellten wir die Kopien vieler japanischer Klassiker bei deutschen Fernsehanstalten, vor allem dem WDR, vielfach waren es Originalfassungen, die wir anhand von Dialog- und Untertitellisten deutsch einlesen mussten.

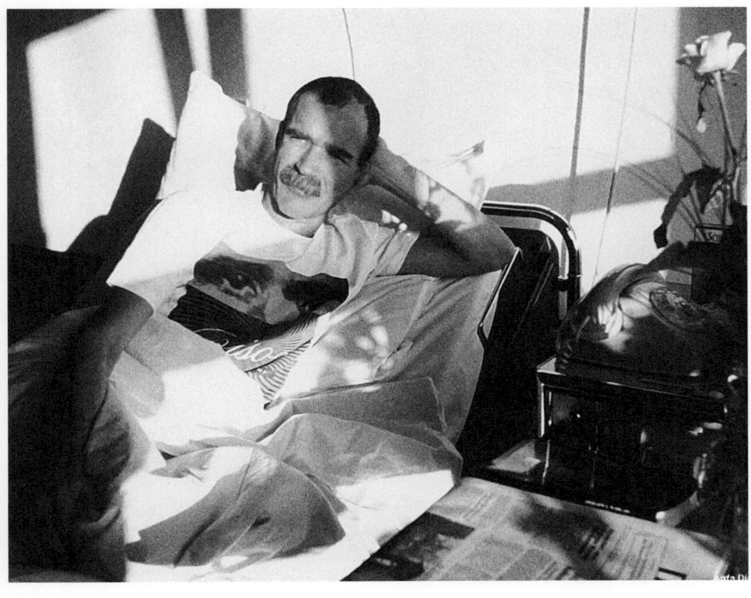

94 Alf Bold im Krankenhaus

Wir entwickelten, obwohl bar jeder Kenntnis des Japanischen, erstaunliche Fertigkeiten im Übersetzen japanischer Filme (es galt, die Synchronität beim Einlesen nicht zu verlieren und dabei auch noch das Bild zu beobachten). Alf Bold brachte es auf diesem Gebiet bald zu Spitzenleistungen. Gleichzeitig entwickelte er aber auch den Ehrgeiz, eine gute und umfassende Dokumentation zu unserem Monat des japanischen Films herauszubringen, und so schrieben und tippten wir mit vergleichsweise (von heute aus gesehen) primitiven Methoden Texte, Aufsätze und Filmografien, die hektografierten Seiten setzten wir dann zu einer Dokumentation im DIN A 4-Format zusammen.

Auf die gleiche Weise hat Alf Bold auch später immer wieder aus eigener Initiative diese und jene Druckwerke der Freunde der Deutschen Kinemathek herausgebracht, so die Tarkowski-Dokumentation, die er gern als seinen «Bestseller» bezeichnete und die zahlreiche Auflagen erlebte. Manchmal trafen wir ihn im Arsenal 2, wie er spät abends oder nachts Seiten für diese Dokumentation zusammenlegte. «Ja, irgendjemand muss diese Arbeit doch tun.» [...]

Alf Bold hat sich sehr frühzeitig für den Avantgarde- und Experimentalfilm interessiert und hier sozusagen seine primäre filmische Heimstatt gefunden. Filme, die zunächst niemand sehen wollte und die nicht einmal ernst genommen wurden, hat er von Anfang mit liebender Aufmerksamkeit und großem Enthusiasmus begleitet. [...]

Vielleicht ein Erfolg unserer Arbeit war es auch, dass schließlich Filmemacher wie Ken Jacobs, Paul Sharits, Ernie Gehr oder Dan Eisenberg vom Berliner Künstlerprogramm des DAAD nach Berlin eingeladen wurden und dass sehr enge Beziehungen zwischen Berlin und der US-Avantgardefilmszene geknüpft wurden. Diese waren primär das Werk von Alf Bold, der denn auch vom Collective for Living Cinema in New York gebeten wurde, ein Jahr lang als «guest programmer» in New York tätig zu sein – bei einer der renommiertesten Spielstellen der siebziger und achtziger Jahre.

Während des Forums war Alf Bold ein wenig von uns Übrigen abgekoppelt, weil er das Arsenal unter seine Fittiche nahm. Oft haben uns Filmemacher schwärmerisch von den Diskussionen im Arsenal berichtet, die wirklich die besten unter allen Forums-Gesprächen gewesen seien. Alf Bold konnte alle diese, teilweise empfindlichen und schwierigen Filmemacher auf die richtige Weise ansprechen und sie zum Reden bringen. Viele von ihnen sind auch später immer wieder gerne in das Arsenal zurückgekehrt.

Alf Bold war selbst unter uns Filmbesessenen der fleißigste Kinogänger. Wenn Ende Dezember/Anfang Januar beim Forum ob der Menge immer noch nicht besichtigter Filme eine Panik ausbrach, war er es, der teilweise nächtelang und unter marathonähnlichen

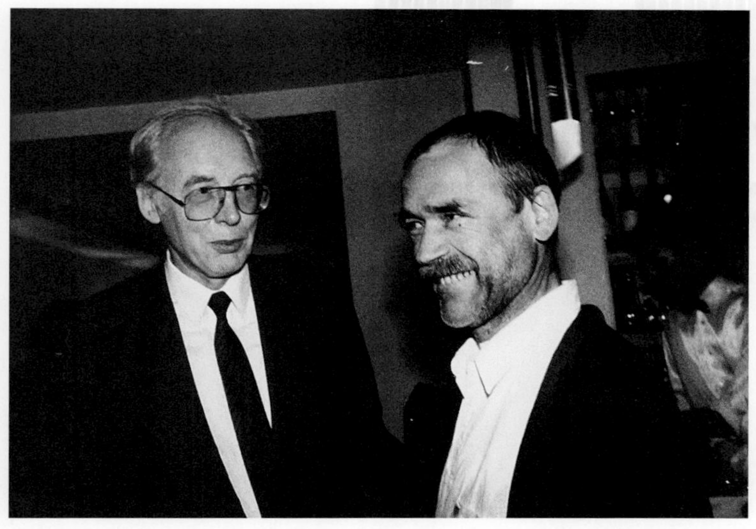

Ulrich Gregor und Alf Bold

Bedingungen Filme gesichtet hat (mit wenigen anderen oder allein). Er hinterließ dann seine Urteile oft in aphoristischer Zuspitzung.

[…] Er hat uns durch seine Insistenz, durch seinen ausgeprägten, eigenwilligen Geschmack herausgefordert und einen Weg, eine Orientierung gewiesen, die er entschieden definierte und behauptete, jenseits und unangefochten von allen Wandlungen des Zeitgeistes und auch entgegen allen immer wieder aufkommenden ökonomischen Schwierigkeiten.

(Ulrich Gregor, aus dem Nachruf im Programmblatt des Arsenal-Kinos, September 1993.) »

1992 führte Alf Bold ein Gespräch mit dem israelisch-amerikanischen DAAD-Gast Daniel Eisenberg, der seine Filme als ein «Werkzeug des Bewusstseins» sieht. (CL)

« **ALF BOLD Die Frage nach Ihrer persönlichen Geschichte ist wichtig, weil Ihr Film COOPERATION OF PARTS[2] sich damit auseinandersetzt. Ihre «Jiddischkeit» spielt hinein, die deutsche Vergangenheit, die Schrecken, die über Ihrer Vergangenheit liegen. Es geht um Ihre Reisen durch Europa, die Geschichte Ihrer Familie. Außerdem sind jüdische Sprichwörter ein Teil des Films auf der sprachlichen, aber auch auf der visuellen Ebene als Titel. Aber es gibt auch die Mehrschichtigkeit; was wie ein Sprichwort wirkt, wird manchmal zu Dialogfetzen. Der Film vermittelt sehr stark das Gefühl, dass er dem Zuschauer den sicheren Boden entziehen will. War es dadurch für Sie leichter, sicheren Boden unter die Füße zu bekommen?**

2 COOPERATION OF PARTS (Regie: Daniel Eisenberg, USA 1987); ein «stream of consciousness» der Wahrnehmungen, Assoziationen und Reflexionen über den komplexen Prozess der Erinnerung, entstanden auf Daniel Eisenbergs Reisen durch Europa an Orte, die mit der Verfolgung seiner Mutter und der Auslöschung eines Teils seiner Familie verknüpft bleiben. Siehe https://danieleisenberg.com (01.07.2022)

DANIEL EISENBERG [...] So viele aus meiner Generation haben sich entschlossen, zurückzugehen und eine Hommage auf ihre Eltern zu machen, aber ich kenne niemanden, der es gewagt hätte, den Prozess der eigenen Erfahrungen mit Geschichte zu beschreiben, und ich hatte das Gefühl, dass das eine wichtige Sache sei. Denn so etwas tut man nicht in einem Vakuum. Ich glaube, das ist ein richtig öffentlicher Prozess, in gewisser Weise ein sozialer Prozess, wie er vielen Menschen zustößt auf eine mehr formale Weise, durch Literatur, durch Bücher. Ich wollte dafür eine Form im Film finden. DISPLACED PERSON[3] versucht es mit «überliefertem Material», Dingen, die im Besitz der Öffentlichkeit sind; COOPERATION OF PARTS tut es teilweise mit schriftlichem Material, das außerhalb meiner Erfahrungen existiert, aber zum größten Teil mit Texten und Bildern, die ich selbst schuf; auch die Musik wurde speziell für den Film geschaffen. Es ist also gewissermaßen ein interner Spiegel des Prozesses, Dinge zusammenzusetzen. Ich musste mich mit den Einzelheiten beschäftigen, dem Wohnort meiner Eltern, dem Geburtsort meiner Mutter, ich gehe selbst durch Auschwitz-Birkenau und Dachau. Es ist keine einfache, sondern eine komplizierte Beschreibung meiner Erfahrungen, von Erinnerungen, von Wut, von Reflexionen, und am Ende des Films auch eine Projektion in die Zukunft.

Film ist ein Medium der Möglichkeiten. Es geht nicht darum, etwas zu machen, das man selber tun kann, das andere noch nicht gemacht haben. COOPERATION OF PARTS ist offen für die Vorstellung von Film als der generösen Kunstform, die so viel zu geben hat, sowohl mit Ton als auch mit Bildern, Struktur, Farbe, man kann alles benutzen, um zu den Dingenvorzudringen. Ich habe vor kurzem gesagt, dass ich Film als ein Werkzeug des Bewusstseins benutze. Man kann in einer Art und Weise zu den Dingen vordringen, wie es mit keinem anderen Medium möglich ist. Und das ist anders, als wenn man Film therapeutisch einsetzen würde, was nicht klappt, und was meine Filme auch nicht tun. Sie sind viel öffentlicher. Aber ich mag diese Dissoziationen, Fragmentierungen, dieses «Teppich-unter-den-Füßen-wegziehen», ein Gefühl von Dichte. Die Eitelkeit dabei ist, dass ich meine eigenen Filme gerne sehe. Oft mache ich dabei neue Erfahrungen. Auch ich muss sie oft neu zusammensetzen.

(Alf Bold und Daniel Eisenberg, *Kinemathek* 77, 29. Jahrgang, Januar 1992, S. 12 f.)

3 DISPLACED PERSON (Daniel Eisenberg, USA 1981); Found-Footage aus Wochenschauen, Dokumenten und Spielfilmen aus dem besetzten Frankreich in den 1940er-Jahren.

LESEFUTTER FÜR DAS PUBLIKUM

EG Alle Filme bekamen DIN4-Doppelseiten, manchmal zwei. Anfangs sammelten und redigierten wir die Sachen für viele Filme selbst, bis es zu viel wurde. Irgendwann kam Helma Schleif, die viele Jahre mit uns die Redaktion machte und ein Schatz war. Sie war ruhig und geduldig und konnte unermüdlich arbeiten. Später fingen wir auch damit an, den Komitee-Mitgliedern Aufträge für die Infoblätter zu Filmen zu geben, die sie gut fanden. In den 1990er-Jahren war das Erika Richter, die die DDR erlebt hatte. Peter B. Schumann schrieb seine Südamerika-Blätter, nur Alf gab die Blätter für Avantgarde-Filme an die Filmemacherin und Filmprofessorin Christine Noll-Brinckmann.

Ich liebte die Druckerei Wollandt – ein Paradies! Käthe Prippnow tippte Texte auf dem Composer. Wir schrieben, übersetzten und redigierten dort. Ich las immer Korrektur. Wir fühlten uns da wie zu Hause. Sonnabends kam Herr Wollandt mit einem riesigen Topf Suppe in die Druckerei, und im Herbst wurde eine Kiste Weißwein bestellt, damit wir ein Glas Wein zum Essen hatten.

UG Anfangs wollten wir keinen Katalog zum Forum, es gab die Infoblätter, die vor dem Kino auslagen und jeder konnte zugreifen und sie zusammenstellen. Wir bekamen hinterher Briefe von Leuten, dass sie Blatt eins bis zehn und dreizehn bis zwanzig hätten, aber elf und zwölf fehlten und ob wir das bitte nachschicken könnten.

EG Volker Baer vom *Tagesspiegel* machte sich lustig, dass unser Forum-Katalog hoffentlich in der zweiten Festivalwoche fertig sein würde. Aber es gab Situationen, wo Ulrich einen Regisseur, von dem wir kein Material hatten, am Flughafen abholte, ihn ins Hotel Savoy brachte, ein Interview machte, es aus dem Französischen schnell übersetzte und mir gab. Ich bin damit zu Wollandt, wo es getippt, gedruckt, von mir Korrektur gelesen und um fünf Minuten vor 14:00 Uhr im Delphi-Kino verteilt wurde.

Alf Bolds Büro und die Speisekammer wurden zum Zentrum der hauseigenen Druckerei (mit einer Gestetner-Druckmaschine für Matrizen). Auch Archiv-Kataloge wurden aufgelegt. (CL)

« Diese Informationsblätter, die jeweils zu Jahresbänden zusammengestellt werden, sollen auch nach dem Festival ihre Gültigkeit bzw. ihren Nutzen behalten, nicht zuletzt im Hinblick auf den Verleih der Filme. Das Forum bemüht sich, in diesen Blättern auch bisher vernachlässigte filmografische Daten zu erfassen, so das Projektionsformat der Filme (ein besonders wunder Punkt: Es wird in den meisten Kinos falsch wiedergegeben) oder die Spieldauer von Stummfilmen bei richtiger Vorführgeschwindigkeit auftauchen. »

(Ulrich Gregor: «Auf der Suche nach Alternativen», in: Hans-Günther Pflaum (Hg.): *Jahrbuch Film 1978/79*, München 1978, S. 137 f.)

8. internationales forum des jungen films

berlin 24. 2.–3. 3. 1978

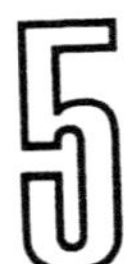

DAS ZWEITE ERWACHEN DER CHRISTA KLAGES

Land	Bundesrepublik Deutschland 1977/78
Produktion	Bioskop Film/WDR
Regie	Margarethe von Trotta
Buch	Margarethe von Trotta, Luisa Francia
Kamera	Franz Rath
Musik	Klaus Doldinger
Ausstattung	Thomas Lüdi
Kostüme	Gerlinde Gies
Ton	Vladimir Vizner
Schnitt	Annette Dorn
Dramaturgie	Gunter Witte
Regieassistenz	Alexander von Eschwege
Kameraassistenz	Thomas Schwan
Darsteller	
Christa	Tina Engel
Ingrid	Silvia Reize
Lena	Katharina Thalbach
Werner	Marius Müller-Westernhagen
Hans	Peter Schneider
Uraufführung	24. 2. 1978, Internationales Form des Jungen Films, Berlin
Format	16 mm, aufgeblasen auf 35 mm, Farbe, 1 : 1.33
Länge	88 Minuten

Anmerkung
Der Film hatte zunächst den Titel "Das zweite Erwachen"

Inhalt

Aus der Stadt sind sie raus, das Geld haben sie in der beigen Tasche bei sich. Hans, der Pfarrer, hat sie bei sich aufgenommen. Beim Abendessen hat Christa nur gesagt, daß sie Hilfe brauchen, daß der Kinderladen, den sie aufgebaut hat, in dem auch ihre Tochter Mischa ist, geschlossen werden muß, wenn nicht bald eine größere Summe Geld zur Verfügung stünde. Hans hat Hilfe zugesagt; aber am nächsten Morgen entdeckt er, daß sie das Geld bei sich tragen, daß sie eine Bank überfallen haben, um an Geld zu kommen. Und er sollte dazu benutzt werden, das Geld, als kirchliche Unterstützung getarnt, an den Kinderladen weiterzugeben. Er ist entsetzt und enttäuscht, aber er verrät Christa und Werner nicht an die Polizei. Christa ist ihm sehr nahe geworden, er hofft, daß sie auf den richtigen Weg zurückfindet.

In der Bank legt die Polizei Lena, der Bankangestellten, die Christas Geisel war, ein Foto von Christa vor: Lena ist sich nicht sicher.

Christa will nicht aufgeben. Es muß möglich sein, den Plan zu Ende zu führen, den Kinderladen zu retten.

Kann Ingrid, ihre frühere Schulfreundin, helfen?

Ingrid schlägt instinktiv die Türe zu, als sie Christa vor sich sieht. Aber sie überwindet ihre Angst, und sie will Christa helfen. Ihr Leben in der Neubau-Eigentumswohnung ist leer und eintönig, ihren Mann sieht sie nur am Wochenende. Wärme und Verständnis, wie sie es von Christa erfährt, hat sie lange vermißt. Ingrid bringt das Geld zum Kinderladen, aber die andren wollen das Geld nicht. Christa ist ratlos und sie hat Angst: Im Kinderladen war Lena. Ist sie ihr auf der Spur? Lena war auch bei Christas Mutter.

Ingrids Mann duldet die Gäste nicht mehr in seiner Wohnung. Christa und Werner sind wieder auf der Flucht irgendwohin. Unterwegs wird Werner, als er ein Auto knacken will, erschossen. Christa flüchtet zu Ingrid zurück, bricht zusammen. In der Nacht bringt sie Ingrid zu einem Versteck.

Christa bittet Hans noch einmal um Hilfe. Hans weiß eine Möglichkeit: nach Portugal. Sein Bruder ist dort Lehrer.

Christa fliegt mit Ingrids Paß. Sie arbeitet in einer landwirtschaftlichen Kooperative, die Arbeit ist schwer, und Christa kann die Sprache nicht.

Ingrid findet einen Weg, sie zu besuchen. Gemeinsam versuchen sie, durchzuhalten. Sie sind glücklich, zusammen zu sein, ihre Gemeinschaft zu fühlen.

Aber die Leute von der Kooperative wollen sie nicht länger behalten, sie haben von Christas Geschichte erfahren.

Christa und Ingrid fahren auf getrennten Wegen nach Deutschland, das Geld hat Christa zurückgelassen.

Es gelingt ihr nicht, Kontakt zu Ingrid aufzunehmen: sie ist allein, in einem leeren Appartement, verzweifelt. Sie braucht die anderen, sie braucht Mischa, den Kinderladen, Ingrid. Hans.

Sie geht zu den anderen zurück,trotz der Gefahr.

Es dauert nicht lange, man verhaftet sie. Sie wird Lena zur Identifizierung gegenübergestellt.

Produktionsmitteilung

Interview mit Margarethe von Trotta und Luisa Francia
Von Ulla Ziemann

Frage: DAS ZWEITE ERWACHEN DER CHRISTA KLAGES ist ein Film über eine Frau, die einen Bankraub gemacht hat. Wie sind Sie zu diesem Thema, dieser Geschichte gekommen? Warum haben Sie diese Geschichte ausgewählt?

Trotta/Francia: Unsere Beziehung zu diesem Thema ist mehrfach geknüpft. Einmal kennen wir seit Jahren eine Frau, die einen Bankeinbruch gemacht hat – es gibt sozusagen ein Vorbild für unsere Hauptfigur – zum anderen ist diese Geschichte beispielhaft.

Man kann in den Zeitungen in den letzten Jahren immer öfter lesen, daß Frauen Täterinnen geworden sind, früher waren es fast ausschließlich Männer. Wir haben recherchiert, aus welchen Motiven diese Frauen gehandelt haben, und haben festgestellt, daß Frauen größtenteils diese Taten begehen, weil sie anderen helfen wollen – Männer wollen meist an Geld kommen für sich selbst. Da ist die Mutter, die ihrem Sohn helfen will, da ist die Frau, die nicht von ihren Kindern weggerissen werden will, weil sie Schulden hat. Das heißt aber, es sind Motive, die auch allgemein Verhalten von Frauen kennzeichnen: wir sind erzogen worden zu helfen, zu unterstützen, eher in bezug auf andere als auf uns selbst zu handeln.

Solche Taten signalisieren aber auch Ausbrüche. Das Bewußtsein über eigene Sehnsüchte und Bedürfnisse ist gewachsen, bei Frauen z.B. im Zusammenhang mit der Frauenbewegung. Der Widerspruch zwischen dem, was die bestehenden Lebensformen und Verhältnisse (die bürgerliche Ehe, Arbeitsverhältnisse) zulassen, und dem, was man selbst als Forderungen an sein Leben hat, oder haben kann, wird in bestimmten Konstellationen unerträglich. Daraus entstehen Handlungen, entsteht eine Fähigkeit zum Handeln, die oft – wie in unserem Film – als Ausbruch gelebt wird, d.h. die Konsequenzen werden nicht oder nicht richtig eingeschätzt.

Das sind unsere eigenen Erfahrungen, das sind die Erfahrungen anderer Frauen: immer wieder gibt es Stationen auf dem Weg zu einem selbständigeren, selbstbestimmten, aktiveren Leben, in denen man alles hinter sich lassen möchte. Das sind Stationen, wie sie in unserem Film drei Frauen erleben: Christa, Ingrid und Lena.

Frage: Heißt das, daß sich diese drei Frauen auf gleichem oder ähnlichem Entwicklungsstand befinden?

Trotta/Francia: Nein. Sie befinden sich in sehr verschiedenen Situationen, in unterschiedlichen Lebenszusammenhängen: sie haben verschiedenen Erfahrungs- und Bewußtseinsstand, aber sie sind sich unter dem Aspekt ihrer Geschichtlichkeit sehr ähnlich, sie sind fast austauschbar. Christa hat sich schon aus einer bürgerlichen Ehe befreit, Ingrid tut das im Verlauf ihrer Begegnung mit Christa. Lena, die davon träumt, ein harmonisches Eheleben zu gründen, erkennt durch die Begegnung mit anderen Lebensformen, welches Leben sie eingegangen ist, welche Lähmung sie erwartet. Sie kann den ersten Schritt tun, sie verweigert zu funktionieren. Man kann die Personen nicht nur in dem sehen, daß sie jetzt aktuell sind, man muß auch sehen können, was sie hätten werden können, und was für Möglichkeiten sie haben. Im Prinzip stellen diese drei Frauen Stationen auf e i n e m Weg dar.

Frage: Ingrid und Lena brechen aus, um ihr Reduziertsein zu überwinden. Aber Christa? Christa hat doch eine freie Beziehung, sie hat es geschafft, ihre Arbeit mit ihrem Interesse und Engagement zu verbinden, sie hat sich einen eigenen Lebensbereich ausgebaut.

Trotta/Francia: Christas 'Fall' ist komplexer und komplizierter. Einmal kommt sie mit ihrem Freund Werner, der auch beim Kinderladen dabei ist, nicht mehr zurecht, sie beide zerren aneinander herum, sie wissen nicht mehr mit sich umzugehen, und Christa erhofft sich, daß durch eine gemeinsame Handlung, den Bankraub, der ja extremes Zusammenhalten erfordert, ihre Beziehung wieder neuen Boden erhält. Zum anderen wehrt sie sich gegen die Zerstörung ihres Arbeitsbereiches. Es gibt kein Geld für den Kinderladen, öffentliche Gelder werden verweigert, weil 'natürlich' diese Art der Kindererziehung, die nicht Konformität mit den bestehenden Verhältnissen, nicht Duckmäusertum erzeugen will, die bestehende Gesellschaft als feindlich empfindet. Der Kinderladen ist für Christa doppelt existentiell: Er ist der Lebensraum, den sie für ihre Tochter Mischa geschaffen hat, und es ist ihre Arbeit, die mit ihrer Überzeugung, ihrem Selbst zu tun hat. Es läßt sich kaum entscheiden, ob es eine Möglichkeit, den Kinderladen zu retten, gab, ob Christa eine legale Chance versäumt hat. Wahrscheinlich ist, daß es zu diesem Zeitpunkt keine Chance gab, aber Kinder brauchen sofort Hilfe, sonst sind sie dieser Situation entwachsen, und für viele dieser Kinder, um die sich Christa gekümmert hat, würde das heißen, daß sie in Heime gesteckt werden oder auf der Straße landen.

Christas Ausbruch, das ist auch ein Sich-zur-Wehr-Setzen, seine Bedürfnisse verteidigen. Aber sie stößt da an die Grenzen des Handlungsspielraumes, den unsere Gesellschaft dem einzelnen zugesteht. Andererseits ist sie auch an dem Punkt ihrer Entwicklung zu sich selbst, an dem sie arbeiten muß. Sie ist stark genug, zu handeln, aber sie hat ein falsches Verständnis davon, was Stärke ist, wo und wie sie notwendig ist. Sie will sich ihre Schwäche nicht zugestehen, sie zeigt anderen ihre Schwäche nicht, verstellt sich damit die Sicht auf sich selbst und ist gezwungen, in individuellen Handlungen ihre Stärke zu beweisen.

Frage: Individuelle Handlungen werden auch von Leuten gemacht, die nicht in Christas Konflikt stecken.

Trotta/Francia: Individuelle Handlungen werden sehr stark durch die gegenwärtige politische Situation in Deutschland provoziert. Es gibt bei uns kein Auffangbecken, sei es eine Gewerkschaft oder eine politische Partei, die Interessen, wie sie Christa mit ihrem Kinderladen z.B. verfolgt, majoritär und nicht nur in Vier-Prozent-Gruppen vertreten würde. Gäbe es das, hätte Christa die Möglichkeit gehabt, sich dort einzuordnen und innerhalb dieser Gemeinschaft für ihre Interessen zu kämpfen. Trotzdem: eine der wichtigsten Erkenntnisse, die Christa im Verlauf ihrer Flucht macht, ist die, daß sie die anderen braucht, daß sie nicht ohne die anderen handeln kann. Solche Taten, wie Christa sie begeht, sind durch die Situation in Deutschland bedingt: man kann sie nicht gutheißen, aber auch nicht verurteilen, man muß sie zu verstehen suchen und daraus lernen.

Frage: Sie zeigen Frauen, die aus der Verklammerung ihres bisherigen Lebens ausbrechen, aber was erwartet sie, wie können sie danach weiterleben?

Trotta/Francia: Wir bieten keine Rezepte oder Lösungen an, wir glauben auch, daß Filme so nicht funktionieren können. Wir können bestenfalls Chronisten sein, d.h. Leben schildern. Vielleicht – und das wäre natürlich zu hoffen – erkennen andere Frauen in den Sehnsüchten unserer drei Frauen ihre eigenen wieder, vielleicht fragen sie sich nach dem Film: Wie lebe ich denn eigentlich? Lebe ich so wie Lena, die einsam vor dem Fernseher sitzt, lebe ich das, was ich im Film gehaßt habe?

Konsequenzen kann man nur selbst ziehen, Erfahrungen sind nicht übertragbar, die muß man schon selber machen, aber Filme können dabei helfen, Mut zu finden.

Biofilmographien

Margarethe von Trotta, 21. 2. 1942 in Berlin geboren. Studium der Germanistik und Romanistik in München und Paris, Schauspielschule in München, Theater in Dinkelsbühl, Stuttgart und Frankfurt.

Filme (als Darstellerin): **1968** *Schräge Vögel,* Gustav Ehmk; **1969** *Brandstifter,* Klaus Lemke; *Baal,* Volker Schlöndorff; *Götter der Pest,* R.W. Fassbinder; 1970 *Der amerikanische Soldat,* R.W. Fassbinder; *Warnung vor einer heiligen Nutte,* R.W. Fassbinder; *Der plötzliche Reichtum der armen Leute von Kombach,* Volker Schlöndorff; 1971 *Die Moral der Ruth Halbfass,* Volker Schlöndorff; 1972 *Strohfeuer,* Volker Schlöndorff; *Desaster,* Reinhard Hauff; 1973 *Übernachtung in Tirol,* Volker Schlöndorff; 1974 *Einladung aufs Schloß,* Claude Chabrol; *Georginas Gründe,* Volker Schlöndorff; *Das Andechser Gefühl,* Herbert Achternbusch; 1975 *Die Atlantikschwimmer,* Herbert Achternbusch
Margarethe von Trotta arbeitete außerdem als Autorin an den Drehbüchern folgender Filme mit: 1970 *Der plötzliche Reichtum der armen Leute von Kombach;* 1972 *Strohfeuer;* **1974** *Der Fangschuß* nach dem Roman von Marguerite Yourcenar; **1975** *Die verlorene Ehre der Katharina Blum;* **1976** schrieb sie die Theaterfassung von 'Katharina Blum' und war Co-Regisseurin in der Verfilmung.
1977 DAS ZWEITE ERWACHEN DER CHRISTA KLAGES Regie

Luisa Francia. Redakteurin, Übersetzerin, Sängerin, Schwesternhelferin. 1972 Prüferin bei Siemens. Lebte mit ihrer dreijährigen Tochter in München und arbeitet als Lektorin im Verlag Frauenoffensive. Sie schreibt Gedichte, Kurzgeschichten und Artikel und arbeitet an einem Roman.

1978, Katalog-Blatt Forum: Das zweite Erwachen der Christa Klages von Margarethe von Trotta

UG Wir haben sehr viel Zeit und Energie auf die Blätter verwendet, auch unter der Belastung, dass sich die Arbeit praktisch auf einen Monat vor dem Festival konzentrierte. Es war mehr als das übliche, was sonst von Festivals herausgegeben wurde. Wir haben mit Inhaltsangaben, Stablisten, Daten, Kritiken, manchmal auch Zeittafeln informiert. Später kamen Heftchen für den schnellen Überblick dazu, da schrieben wir selbst. Es ging auch um die Originaltitel. Mitunter telefonierten wir bis nach Brasilien, um den Originaltitel eines Films herauszubekommen …
EG … oder das Uraufführungsdatum.
UG Aber was genau ist das? Es gibt keine richtige Antwort darauf.
EG Doch, es ist die erste Aufführung, zu der ein zahlendes Publikum kommt.
UG So kann man es auslegen.

KATALOGE VEREINEN, WAS SONST NICHT ZUGÄNGLICH IST

1975 legten die Freunde einen auf Schreibmaschine geschriebenen Verleihkatalog für die Filmarbeit nach dem Festival vor. (CL)

«Er umfasste 175 Seiten, war wie üblich nach Filmtiteln sortiert und enthielt Verzeichnisse von Regisseuren und Filmen nach Themengruppen. Er las sich wie das Who is Who der Filmgeschichte, der Avantgarden, Dokumentaristen und politischen Filmemacher der Länder, Nationen und Kontinente. Hier war vereint, was sonst nicht zugänglich war. […]

Auch 1977 und 1978/79 folgten Kataloge. Letzterer hatte schon 305 Seiten, inzwischen längst auch Fotos zur grafischen Auflockerung. Jeder Text war sorgfältig redigiert, Literaturhinweise ergänzten häufig die Angaben. Der Katalog war zu einem Handbuch geworden, aktueller und moderner als alle Verlagserzeugnisse, ein Standardwerk, und trotzdem, dank mancher Mitarbeiter/innen aus dem Umfeld, hausgemacht. Der Katalog von 1982, inzwischen auf 389 Seiten angewachsen, verzeichnete bereits 645 Filme.»
(nach Heiner Roß, a. a. O., S. 30)

DER ERSTE COMPUTER

UG Ich habe mich von vornherein für Computer interessiert. Ich weiß noch, wie wir den ersten PC im Festivalbüro in der Budapester Straße stehen hatten. Moritz de Hadeln kam herein und sagte: «Ach, ist das

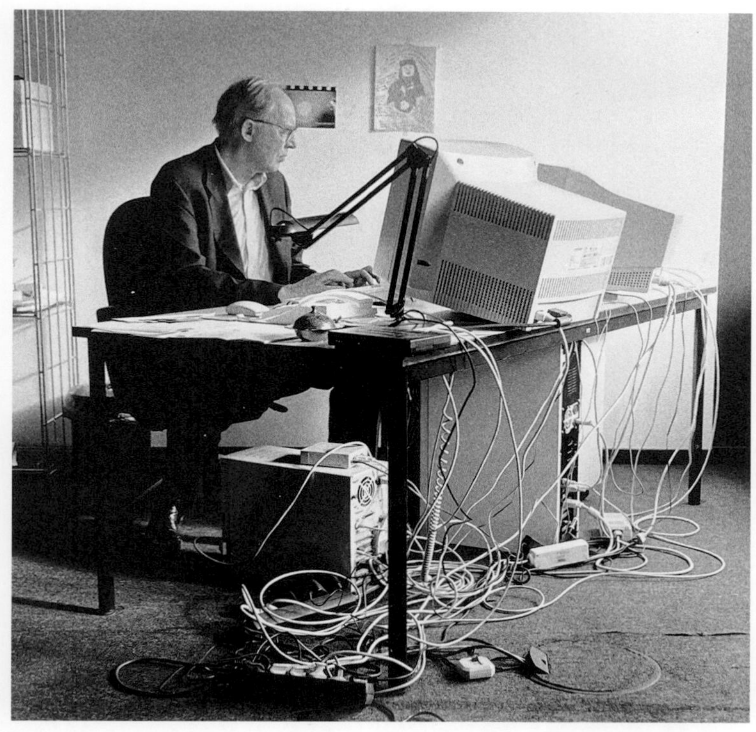

2000 im Januar, Ulrich Gregor nach dem Umzug in die neuen Räume des Arsenal-Kinos am Potsdamer Platz

euer neues Spielzeug? Wir brauchen so etwas nicht.» Es kann sein, dass er sich insgeheim ärgerte, dass wir solch ein modernes Ding besaßen und er noch nicht, aber kurz danach hatte sein Büro auch einen PC. Ich weiß nur nicht, ob er mit dem Programm zurechtkam.

EG Computer waren damals wahnsinnig teuer, ungefähr 10.000 Mark.

UG Als erstes habe ich eine Datenbank für alle Filme eingerichtet. Neben Länge, Format und Regie haben wir auch unsere Einschätzungen in dem Datensatz dokumentiert. Das war wichtig, weil wir uns zwar oft an den Film erinnerten, aber nicht mehr, was wir dazu gesagt hatten – ab da war es nur zwei Klicks entfernt. Ich greife noch heute oft auf die Daten zurück, weil wir mitunter wieder auf Filme zu sprechen kommen und uns fragen, wie wir sie damals gesehen haben. Ab Mitte der 1980er-Jahre habe ich unsere Kommentare meist selbst notiert und direkt in den PC eingegeben. Meine hauseigene Datenbank habe ich so programmiert, dass wir sie auch für die Arbeit mit Kopien und dem Verleih nutzen konnten. Das wurde kompliziert, weil der Ausleihprozess automatisch mit Geld verbunden ist. Das Geld musste verzeichnet und nach prozentualer Aufteilung weitergeleitet werden. Lange habe ich über ein System nachgegrübelt und dann eine Lösung für die jährliche Verleihabrechnung gefunden.

Unser Prinzip war, dass wir die Filme verleihen und das eingenommene Geld zu fünfzig Prozent an die Filmemacher und Filmemache-

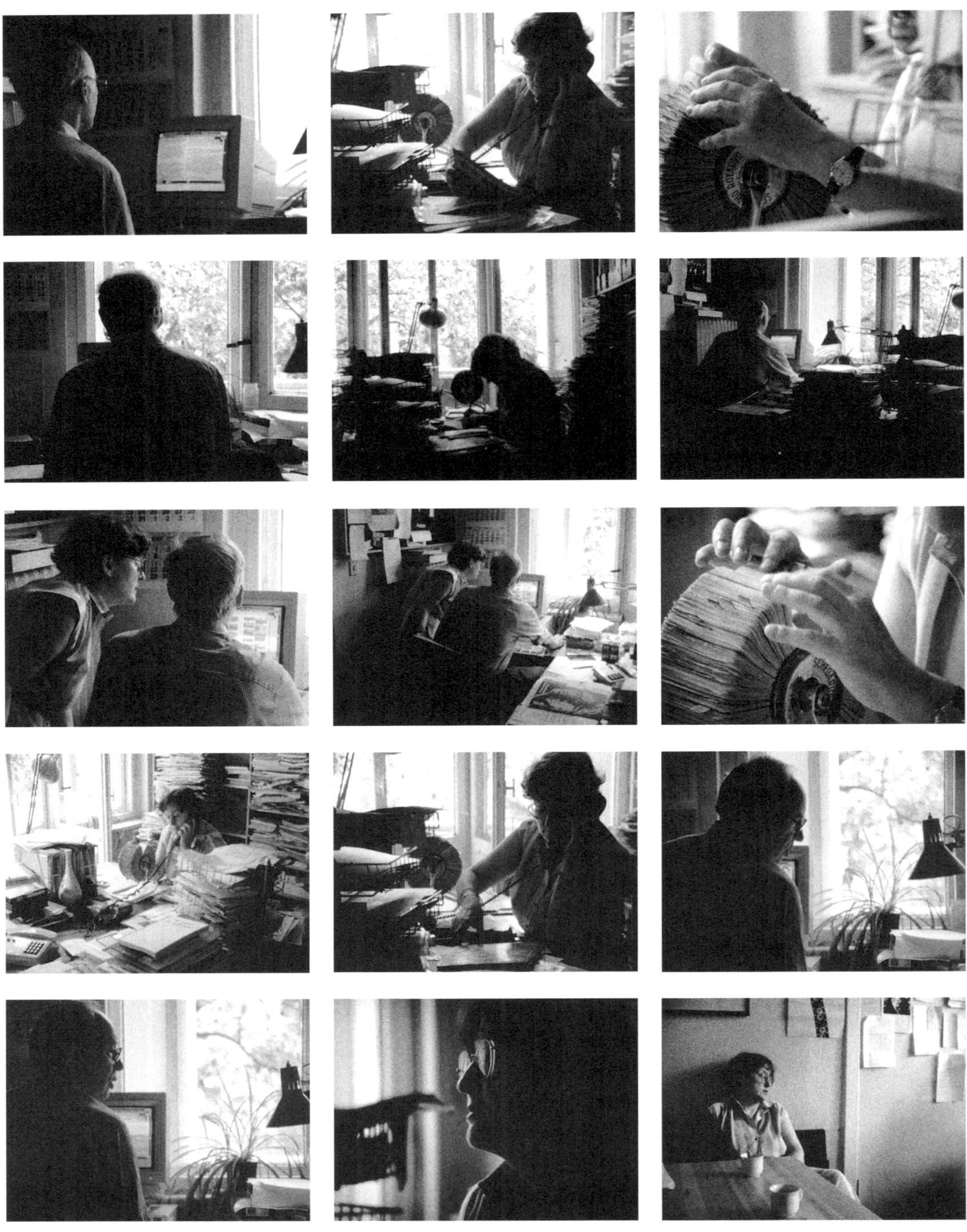

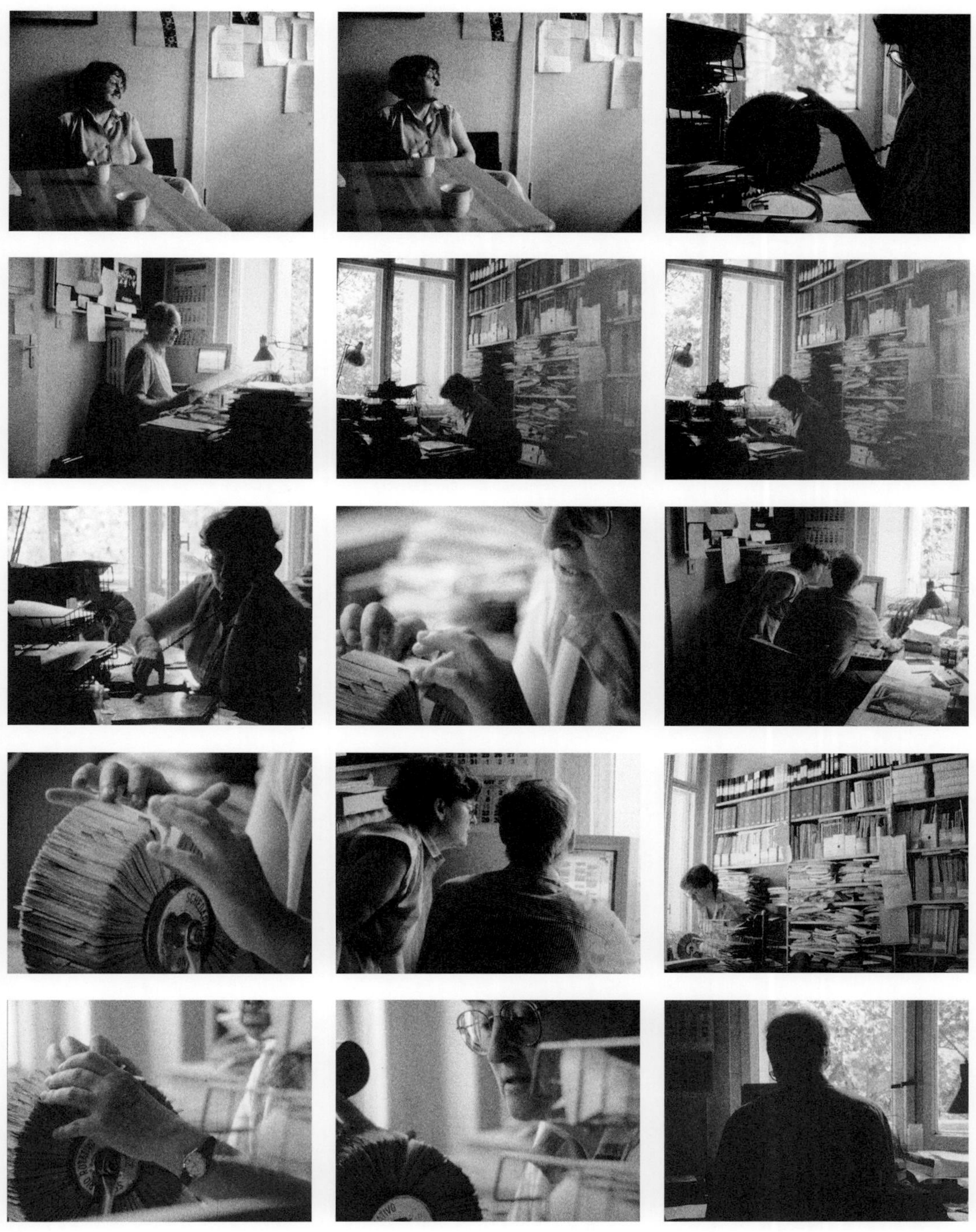

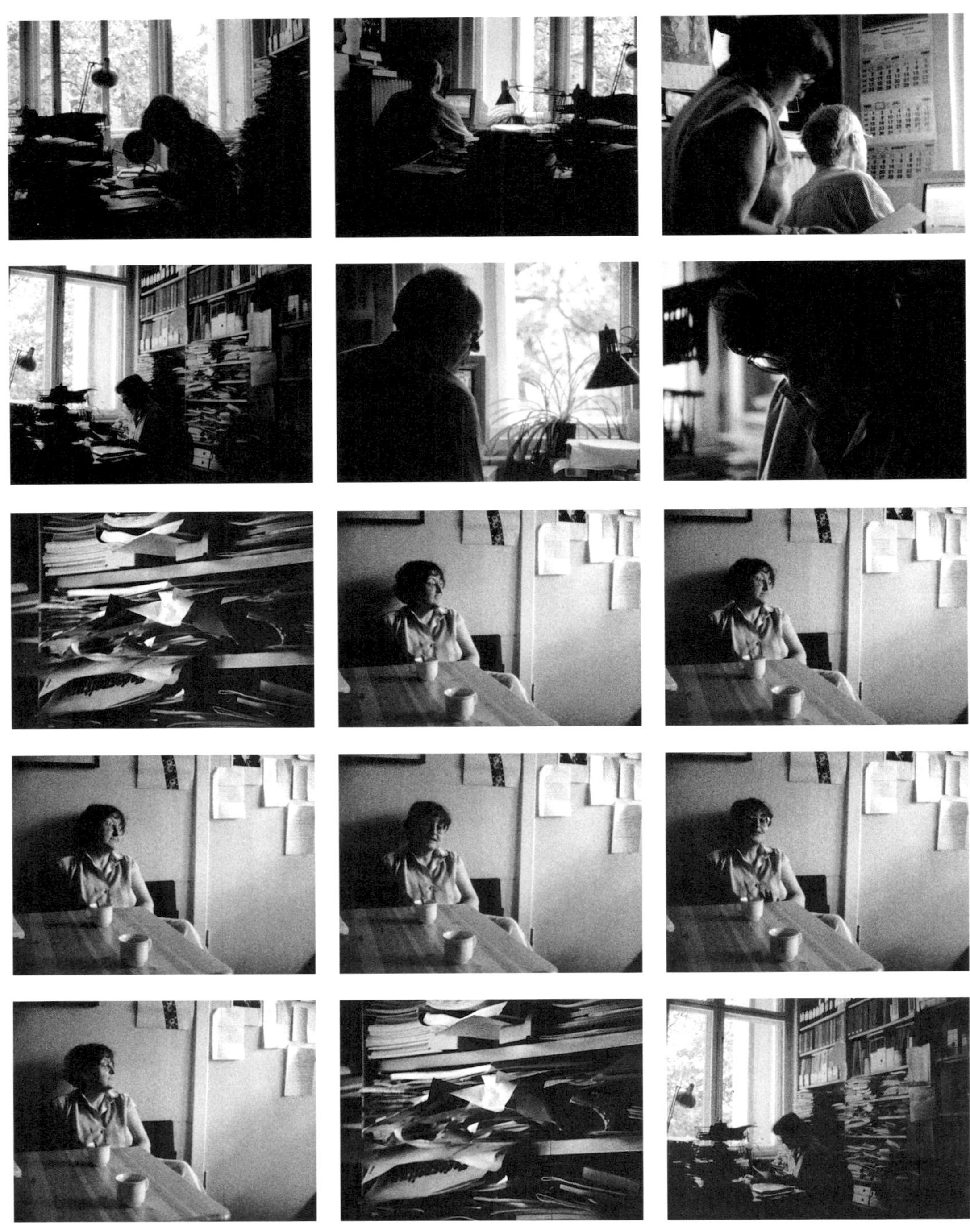

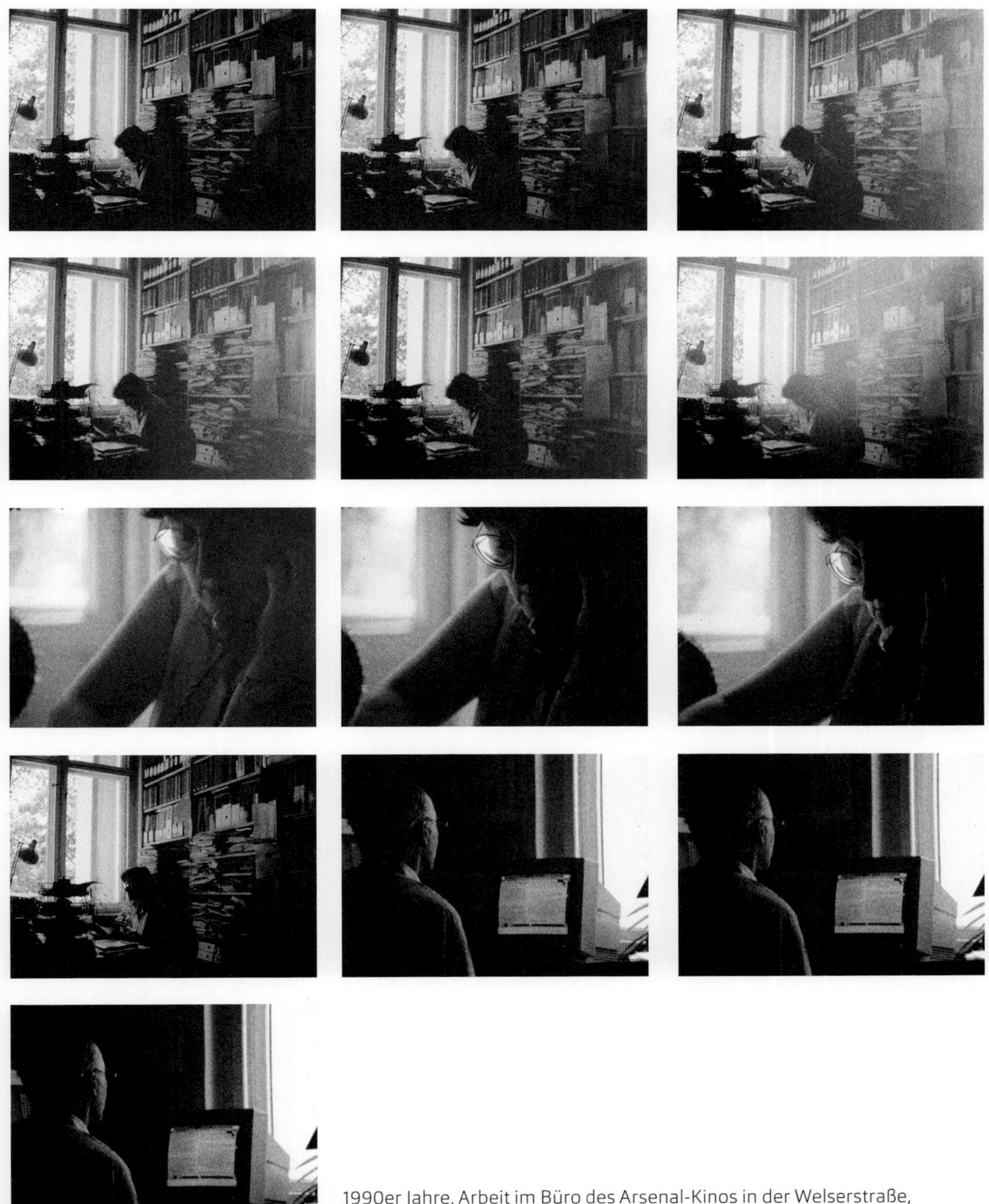

1990er Jahre, Arbeit im Büro des Arsenal-Kinos in der Welserstraße, Filmstills von Daniel Eisenberg

rinnen weitergeben. Diese Abrechnungsarbeit wäre auf jeden Fall ein eindrückliches Kinobild, denn anfangs entstand ein ungeheurer Papierwust. Das ganze Büro wurde mit irgendwelchen Rechnungen und Quittungen ausgelegt. Später konnten wir den mühsamen Vorgang leichter mit dem Computerprogramm erledigen. Man sah dann zwar die Arbeit und das Geld nicht mehr unmittelbar vor sich, aber es machte Menschen glücklich. Die Filmemacher bekamen einen Ausdruck, auf dem genau vermerkt war, was mit dem Film geschehen war, welche Vorführungen es an welchen Orten gegeben hatte, wie viele Zuschauer und wie viel Geld er eingenommen hatte. Ich bekam manchmal schöne Reaktionen, wenn sich jemand darüber freute, dass sein Film, sagen wir, in Oberursel vor 60 Zuschauern gelaufen war. Das hat mir viel Spaß gemacht. Mein Programm wurde übrigens nach unserem Weggang aus dem Forum bis ungefähr 2010 weiterverwendet.

ABENDS IM KINO

Die praktische Arbeit stellte den 1973 neu hinzugekommenen Wilhelm Roth vor Herausforderungen, auch im direkten Kontakt mit dem Publikum. (CL)

« Was ist ein gutes Plakat, was soll in einem Programmheft stehen, wie programmiert man überhaupt, wie stellt man Filme zu Reihen zusammen, wie kriegt man die Leute ins Kino? Warum ist (im Arsenal) LA STRADA[4] immer ausverkauft und warum kommt zu einem in Berlin nie vorher gezeigten Ozu, den man mühsam besorgt hat, außer einigen Schaubühnen-Leuten so gut wie niemand?

Weil das Team so klein war und die Räume im Arsenal trotzdem zu klein […], brodelte es dauernd, ich habe die Erinnerung an permanente Hektik, an Überdruck, und deswegen freute ich mich, wenn man auswärts arbeiten konnte. Einmal im Monat in der Hochschule der Künste, wo Herr Regel (in den 1970er-Jahren, CL) das Monatsprogramm des Arsenals setzte, noch in Blei, da habe ich gelernt, Spiegelschrift zu lesen. […]

Ich liebte auch die Montag-Abende, wo reihum die Arsenal-Mitarbeiter die Kasse machten, um den Bezug zur Basis, dem Publikum, nicht zu verlieren. Mein Ehrgeiz war es immer, 1.000 DM einzunehmen, was mir nur selten gelang, denn auch im Arsenal sind natürlich die attraktivsten Filme am Wochenende gelaufen.

Gelegentlich habe ich auch Filme eingelesen, manchmal sogar japanische, mit Untertitellisten des Fernsehens, da kam ich

4 LA STRADA (LA STRADA – DAS LIED DER STRASSE; Regie: Federico Fellini, I 1954), melodramatischer Kultklassiker um die naive Gelsomina (Giulietta Masina) und den grobschlächtigen Straßenartisten Zampano (Anthony Quinn)

ganz schön ins Schwitzen und Schwimmen, das Arsenal-Publikum nahm's trotzdem gelassen. Andere konnten es besser als ich. »

(Wilhelm Roth: «Meine Berliner Jahre», in: *Zwischen Barrikade und Elfenbeinturm*, a. a. O., S. 16)

ÜBERSETZEN UND UNTERTITELN

EG Unsere Mühe mit den Untertiteln hat uns oft erfinderisch gemacht. Einmal hatten wir NEL NOME DEL PADRE von Marco Bellocchio eingeladen, aber die Kopie kam nicht an. Da elefonierte ich mit Annemarie Zaschke, einer Romanistin, in München, die eine gute Freundin war und Untertitel für uns gemacht hat. Sie war verheiratet mit dem Regisseur Theodor Kotulla. Wir kannten uns seit Ulrichs Zeit bei der *Filmkritik*. Ich fragte, ob sie nicht übers Wochenende auf unsere Kosten nach Rom fahren könnte, wir würden den Film nicht aus der ANICA, dem italienischen Dachverband der Filmwirtschaft, herauskriegen.
Sie fuhr mit dem billigen Ticket und mit einem großen Koffer (es gab noch Zollformalitäten) nach Rom, rief mich dann an und sagte: «Der Film liegt hier in meinem Hotelzimmer. Ich schaue mir inzwischen noch Rom an.» Sie hatte zuerst in der ANICA herumgefragt, aber niemand wusste Genaues. Verschiedene Büros waren auch leer, und so sah sie sich um. In einem Büro lagen Filmrollen in der Ecke, das war der Film. Sie nahm ihn mit, hielt draußen ein Taxi an und so kam der Film zu uns. Bis heute hat niemand in Rom bemerkt, dass der Film verschwunden war.

« Das Mikrofon in der Linken, die gedimmte Leselampe in der Rechten, die Liste auf den Knien, den Kopf zum Text gesenkt aber auch auf die Leinwand gerichtet und den Originalton im Ohr, wurde der Text als Overvoice eingesprochen. Besucher, die das Original bevorzugten, saßen in den vorderen Reihen, die anderen hinten. Später wurde in die linke Eingangstür eine Übersetzungskabine mit Tisch, Leselampe und Tonregler eingepasst. Jetzt war das Einlesen professioneller. Diese Arbeit musste nicht selten ohne Kenntnis des Films übernommen werden. Experten dafür: Alf Bold, Heiner Roß, Wilhelm Roth, Manfred Salzgeber. Ganz besonders waren die simultanen Übersetzungen von Ulrich Gregor. »

(Heiner Roß, a. a. O., S. 31)

Übersetzungslisten und Untertitellisten halfen anfangs, Filme in Originalsprache zu zeigen und die deutschen Texte parallel zum Originalton über eine zweite Lautsprecheranlage einzulesen.
(CL)

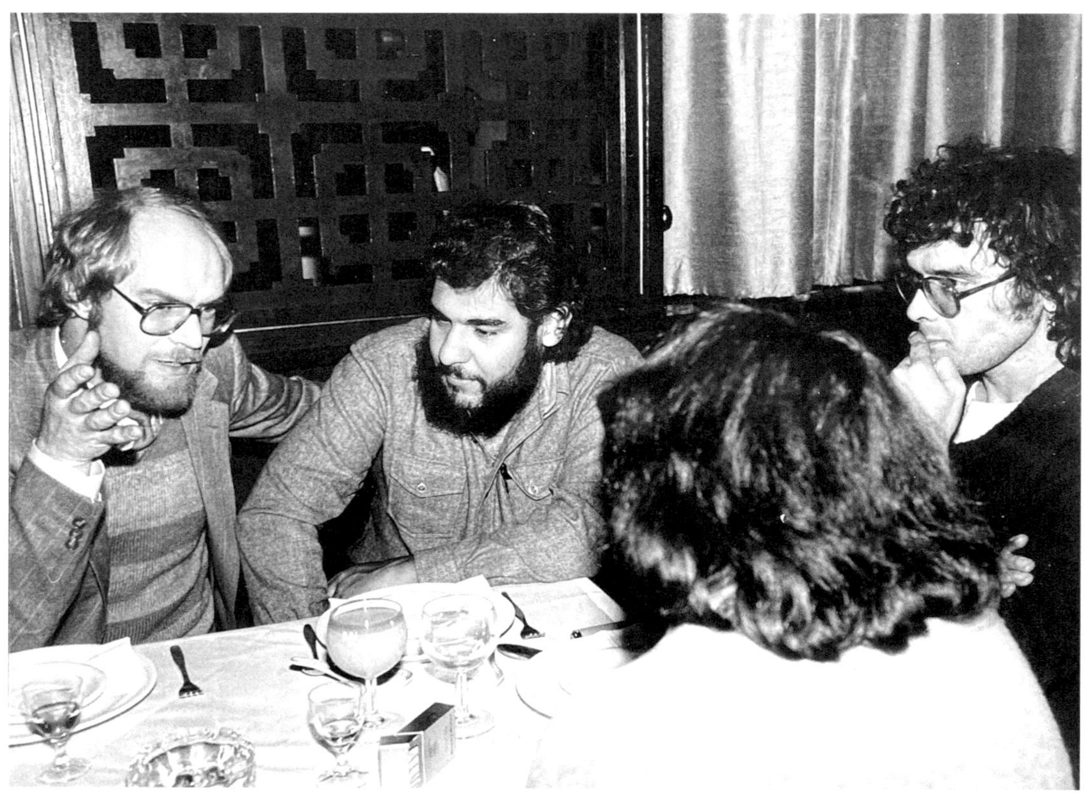

Heiner Roß mit Filmemacher Harun Farocki und einem weiteren Gast

UG In der Welserstraße hatten wir unsere Infrastruktur. Im Verleih mussten immer mehr Kopien geprüft, zum Transport fertig gemacht oder abgerechnet werden. Wenn Sylvia Andresen und ich im Berlinale-Büro arbeiteten, waren Erika und Alf im Arsenal-Büro, um sie herum das Team. Ulrike Herdin war im Verleih tätig, die Buchhaltung lief weiter und Heiner Roß war neben der laufenden Arbeit ein Spezialist für Lateinamerika und besonders für Chile geworden.

EG Wir hatten viele zehn Minuten lange Filme aus Chile. Die chilenischen Regisseure wollten für das Geld, was ihnen durch unseren Verleih zustand, Volkswagen-Busse kaufen, um über Land zu fahren und das Volk aufzuklären. Als der sozialistische Präsident Salvador Allende 1973 gestürzt wurde, kamen chilenische Exilanten auch nach Berlin. Sie bekamen dann das Geld, um in Berlin davon leben zu können.

ERIKA & ULRICH GREGOR, IN REFLECTION

EIN ESSAY VON DANIEL EISENBERG

Perhaps it was the way Erika held her purse ... close to her body, handles mid-arm, my aunt Rose held it the same way. Or perhaps it was the way one would get into a conversation with Ulrich, who knew every reference you would make, and then lead you to new ones. There are people who you meet for the very first time and have the sense that you've known them all your life. A sense of trust. I met Erika and Ulrich for the first time in 1988, in Mannheim. Alf Bold had invited me to the film festival there, advocating for me and my work. Erika would say repeatedly, long after Alf had died, that she asked him why hadn't he saved the films for Berlin? I can imagine his eyes rolling, tacitly understanding that he was even more keenly strategic in his decision. Perhaps so. In the end I would spend close to a year in Berlin in 1991, the year of German Unification. Perhaps he understood that meeting in Mannheim instead of Berlin would move Erika to more forcefully advocate for me on the DAAD Künstlerprogramm selection committee. Or maybe he was just used to it, the second guessing of his choices. Like brothers and sisters, they were forever pushing and pulling.

Erika would say to me at Mannheim: «Don't talk to those two ... they're Stasi.» I was too green to know all that was going on around me; years later I looked back on those first encounters in Mannheim and sensed my extreme naiveté. Not that I wasn't aware of a nuanced history. By then I had done years of personal research trying to understand how my mother ended up in the DP camp in Dachau, how she managed to survive the entire KZ system from Radom to Auschwitz to Gepartsdorf and Georgenthal; how my father eluded the Nazi machine in the Soviet Union and found his way back to his older sister, my aunt Rose, in Dachau. You have to trust someone when it comes down to it ... Who's that going to be?

Ulrich always asked questions about the work, about process and motivations. And then, the details of technique, choices, states of mind. Erika would instead tell you what you were thinking, and why. One an archaeologist, the other a psychologist. Together they were formidable. You watched and listened closely, learned by catching the direction of their conversation, both unspoken and spoken. They had much to teach you about your own work.

I asked myself, what was it that motivated *their* work, their advocacy and politics, their passion for cinema? And for all those things you could never understand or know, there were those that were intensely present: the work of repair, mourning, and restitution; the defense of the underdog, the political refugee, the exile, and survivor; the space of amnesty, refuge, and asylum to be created by a forceful and persuasive advocacy; the embrace of the individual, of independence and experimentation; the universality of the darkened room and its language; the ways our humanity were expressed in the formal play of image and sound; the poetics of time and space, unique to our own passage through time.

Yes, there were those talks late at night about our parents, about the war, and the many states of guilt, privilege, and victimhood we would try to parse and clarify. But also, arguments about film, politics, and yes … gossip.

I arrived in Berlin for my DAAD Künstlerprogramm residency on May Day, 1991. I was expecting parades and banners, but the streets were sleepy and mostly empty; families out for their strolls. The next day, a snowy May 2, after sleeping off the jet lag, I found my way to Welserstraße 25, Kino Arsenal. I had been there before in 1983, and later in 1988, when the Wall still stood. The mixed rain and snow chilled me deeply, and I rang the bell to the offices. The buzzer rang, and before I could make my way up the stairs Erika was already on her way down.

«We're going on an adventure.»

Dietmar Hochmuth was already in the driver's seat of a gray van parked outside Arsenal, I was quickly instructed to get into the back of the van, no seats of course. As we pulled away in the snowy rain, I asked «where are we going?»

«We're going to a Soviet Army base in the east. They're selling us their prints of these great films they used to show the soldiers on all the bases in the area … they're making some money before they pack up and leave.»

An adventure. We arrive at the base, Dietmar speaks to the soldiers at the gate in Russian; we're instructed to drive to the storage area for the films. As we enter the building, the smell of pine cleanser and vinegar, the rolled out, shiny patterned linoleum, the fluorescent lights, printed pictures of cities in the Soviet Union, faded aerials, framed in regular intervals down the hall, the young soldier stationed in the hallway. Erika asks him …»Moscow? Leningrad?» He replies «Odessa». She looks at me and says, «Boston» then him, «meet Odessa». We shake hands.

We pile the van up with about a hundred 35 MM cans of film, then head over to the PX, where we take a shopping cart and fill it with Russian Vodka. Since they're so cheap on the base, we take as many as we can carry. I'm in the back of the van slipping around with a hundred cans of film and the clanking bottles of vodka, and I look out the window at the snowy east. Not bad, for a first day in Berlin.

That first day at Arsenal, I didn't even make it past the front door. Soon I'd be there many times a week, either to see films I'd wanted to see for years but never had a chance to see, or just to be in the dark, looking at something I hadn't ever before encountered. That would be easy ... my half-year at Arsenal was itself a film education, and I learned by looking. For someone who thought I knew a lot about film, I soon learned just how little I knew. The Gregors and their team of programmers were master teachers. Erika would often come in to the theater as well, to relax or take her mind off things, and her favorite spot was in the back near the door, a few seats in. I learned to sit near there, so I'd have a viewing partner every now and again.

Several weeks into my stay in Berlin, after a long evening at the Arsenal, Erika says we're going to Savignyplatz for a drink. We enter an unfamiliar bar ... no, not the Paris Bar, something further up Knesebeckstraße closer to Goethestraße. We get up to the bar and order our drinks. Erika spies Wim Wenders a few stools away, sitting next to Otto Sander. She grabs my hand and says, «Ah, Dan, come with me ...» Pulling me along she walks up to Wenders and Sander, interrupting their conversation, and speaks for a brief moment, then turns to me and says to them both «This is Dan Eisenberg from Boston, you *really* need to see his films.» They both look at me with weak smiles. We understand each other.

During the festival Erika and Ulrich would stay at the Savoy on Fasanenstraße, where they reserved rooms for invited filmmakers as well. As we gathered for breakfast, soon enough it would morph into a party, though sometimes more business than party. The morning highlight would be the entrance of Erika and Ulrich, who most everyone knew personally. Erika would introduce filmmakers to each other, to producers, curators, and programmers; a catalyst for every connection, every new direction taken. One time, I was in a cluster of curators and filmmakers and Erika introduces one of the filmmakers to a curator saying «... and this is my *favorite* filmmaker ... you *must* see his film tomorrow.» Later as we were walking upstairs, after an uncomfortable moment of embarrassment, I took Erika aside and asked why she'd said that with me right there? She replied quite directly «He needs me more than you do.»

It took about twenty-five years to fully understand that response ... not the second part of it, the response after my question, which I immediately understood as her concept of duty, but the first part. I began to understand that this particular person might actually be her favorite filmmaker *precisely* because he needed her more than I did. For those of us brought up in the shadow and ruin of war, those of us who took care of our broken parents and others close to us in post-traumatic need, we learned early to supply whatever we could. Our own happiness and sense of accomplishment depended on a symbiotic relationship with those that needed us, and who in return, gave us everything they could. Our unique solidarity

came to me much later when, as a teacher, a couple of years after my mother had died, I understood this as a deeply felt condition; irrational, confusing, irrepressible. In our political commitments, the same principles apply. Where one is needed most and where one can be effective, is where one receives the most happiness, the most satisfaction ... and so this tendency becomes essential to who we are.

Ulrich's office at home was much like his office at Arsenal ... skyscrapers of books, folios of papers, newspapers, and the computer. There was always something in the middle of being written or researched, always a meeting that had to be prepared. Home. One brilliant, warm summer evening in the garden of Eichkatzweg, Ellen and I were invited to a dinner with the family; to another evening of conversation and stories. Ellen had mentioned how she saw on the Arsenal program that a selection of the work of Marcel Broodthaers was playing that very evening. Ulrich began to talk about the program and the films, abruptly stopped, looked at his watch to say. «But we have time to drive down and see the films. Let's go.» We all had a small laugh, but he was quite serious, and Ellen and he climbed into the Volvo wagon, hurried down to Potsdamerplatz, while Erika, Milena and I carried on in the garden. An hour later they returned, and after a brief report about the films, we resumed where we'd left off.

Another story, ... perhaps my favorite. We often spent our summers in Berlin with students from the School of the Art Institute of Chicago, and we always brought our son Jesse with us. Jesse has known the Gregors since he was 3 years old, and he's become part of their enormous extended family. When Jesse was 13 years old, he had an obsession with the Warner Brothers' cartoons LOONEY TUNES AND MERRIE MELODIES. I relayed this passion to Ulrich and Milena, and the two immediately suggested that Jesse present a program of these remarkable cartoons at Arsenal when we arrived that summer in June. Ulrich invited Jesse into the archive and along with him, discussed the many possible programs that Jesse could select. With Ulrich, it mattered little that Jesse was 13. It was his passion and knowledge that he responded to, and soon they were deep in conversation on what to select, which artist had produced them, their style, and significance. I remember Jesse sitting at a Steenbeck in the archive, excitedly looking at some LOONEY TUNES he had never seen, the censored wartime productions. On the night of June 17, 2007, with his name up on the marquee, Jesse was introduced by Ulrich with the respect and deference that he gives to *everyone*, and Jesse delivered an impressive prepared introduction to the program. All of us in the room were touched by the evening, a generous example of that passion and respect we have come to love in the Gregor family ... Ulrich, Erika and Milena.

It would be impossible to enumerate the many ways the Gregors changed the course of film culture internationally. Instead, it should be known that for each film and each filmmaker, there was a kind of attention, no, a kind of *faith*, a commitment to each individual exploration whether it was a unique personal perspective, a marginal political one, an exploratory formal one, or a socially risky one ... overlooked histories, and voices from beyond conventional colonial perspectives. Women in particular were given a space where elsewhere there were so few.

The commitment to the *unknown* that was given such support and freedom is almost unheard of today, when success is measured more by the number of seats filled or newspaper column inches printed, a measure more of predictable results than of chances taken. But their commitment to all of that accompanied the commitments of all the filmmakers themselves, who urgently had something to say and had to figure out how to get it done. In the last decades of the 20th century, being able to make a film independently was *already* a kind of success; each effort came tangled up in its own set of commitments, requiring a lot of money, a lot of time, a lot of friends, or a lot of technical expertise. For those with that sense of urgency to make a film, it was *will* that was required most of all ...

Perhaps it was the times as well, when many of us never expected careers rewarded with financial success. If now the moving image is more aptly characterized by its polyphonic democratic breadth, it often lacks that depth of commitment, the extended time it takes to make, and then reflect and consider; which more clearly characterized the earlier period.

We come to understand that times change in both simple and complex ways. It makes little sense to be nostalgic for the past, except to appreciate those things that are worth remembering ..., those things we've learned from our most cherished mentors and teachers; the things we ourselves commit to passing on to another generation of makers, cultural workers, and thinkers. The Gregors taught us to be open to change, to celebrate independence and difference, to defend individuals and experimenters. But they also taught us to value our community, to lift those that draw our attention, and to fight hard for the ideas and principles we believe in.

If we're lucky, we too will be able to articulate those values in our own work as clearly and effectively as they have, and in doing so, their work will have been passed through us to the next generation as well.

February, 2022

CINEMA (CRITICAL) COMES
EIN ESSAY VON CYNTHIA BEATT

Die britische Regisseurin und Schauspielerin Cynthia Beatt arbeitete in den 1970er- und 1980er-Jahren im Arsenal-Team. (CL)

In the mid-70s I arrived in Berlin to meet up with my colleague Peter Bloch of 24 Frames, London, an experimental film distribution company, to attend the Berlin Film Festival. He named some interesting people he'd already met: Alf Bold, Ulrich and Erika Gregor. We saw MADE IN GERMANY AND USA[1] and it was through Rudolf Thome that I moved to Berlin a year later and eventually got a job working in the Arsenal cinema, where I got to know these passionate cineastes better.

I travelled to Berlin via Hamburg, where I had been visiting Heinz Emigholz, Klaus Wyborny and Silke Grossmann. Wyborny's and Emigholz' films had been shown at the 1973 Festival of Avantgarde Film in the National Film Theatre in London – an extraordinary event that lasted two weeks. Their films, as well as those of Birgit and Wilhelm Hein and others, caused a mild sensation because the experimental film world was not yet aware of this radical body of German work.

Experimental film in London was alive with screenings and events. At 24 Frames we had our own projection room, where we, together with visiting filmmakers, watched the American, Canadian and international filmmakers' works that we distributed. There was the legendary London Film-Makers' Co-op, Derek Jarman was making his first S-8 films and he, Kenneth Anger and directors like Donald Cammell moved easily between cinema and the vibrant British music scene.

Thus, it was a pleasure to meet three people in Berlin who knew the films I had spent years watching, and who introduced me to the great classics and through the International Forum, where I also worked, the international independents. Such a wide appreciation of cinema (and in Alf Bold's case, encyclopedic knowledge of classical music) was rare, but the international family of cineastes, at the time smaller than today, in France, Italy, the Soviet Union and USA, all knew Alf, Ulrich and Erika Gregor.

1 MADE IN GERMANY AND USA (Regie: Rudolf Thome, BRD 1974); mit einem Minibudget realisierter semibiografischer Film über das Ende einer Ehe.

The Arsenal job was right up my street. I was crazy about cinema and couldn't get enough. As soon as the tickets were sold and the movie started I would stand inside the door to the cinema and watch one film after the other. There were many special events and occasions over the years organised by this team, to which I gradually belonged, where I met filmmakers and critics, writers and film historians. There was always something going on in the tiny offices filled with books above the cinema, visited by filmmakers from out of town.

The greatest lesson for me was to see each film valued – a super-8 structural scratch film and politically critical documentaries were appreciated as much as a Louis Malle- or Andrej Tarkowskij-film. Form was always a decisive factor. A truly democratic approach, enhanced by the abilities of all three to recall huge amounts of data on directors and titles, cinematographers, lighting technicians, composers and actors.

Ulrich and Erika were open to my frequent suggestions. I became increasingly involved in the cinema, and eventually they suggested I should be officially employed (something I failed to sufficiently appreciate at the time). I collected material about the films being screened each day and when I suggested the first of the extensive, month-long retrospectives I curated of Fritz Lang, Roberto Rossellini, Powell and Pressburger, Max Ophüls, *Ecstasy in Film*, or Jean Rouch (together with Silvia Voser), the depiction of aboriginals in Australian Cinema and others, they said, go ahead. I also became involved in publicising the programs, and on occasion was given the front page of *Tip* or *Zitty*[2] for the retrospectives.

In my memory the most difficult experience was during Moritz de Hadeln's directorship of the Berlinale. I witnessed his attempts to edge the Forum out and favour Panorama as its replacement and I heard him speak before assembled coordinators of the festival in ways designed to humiliate Ulrich Gregor. The upset and anger I felt was offset by the dignity with which Ulrich withstood these painful affronts.

I admired the Gregors' seriousness and unpretentiousness, yet found them to be unconventional, passionate, ironic and witty, as well as extraordinarily generous and tolerant of my rather unorthodox ways of going about things. Probably the most delightful and hilarious story I heard from Ulrich was when he realised I ride a scooter. He related a journey that he had taken by scooter (one of several?) from Hamburg to Paris to watch a particular film and, exhausted, fell asleep and fell off into a field, where he continued

2 Stadtmagazine, die zwischen 1970 und 2000 die Kinoszene West-Berlins mitprägten.

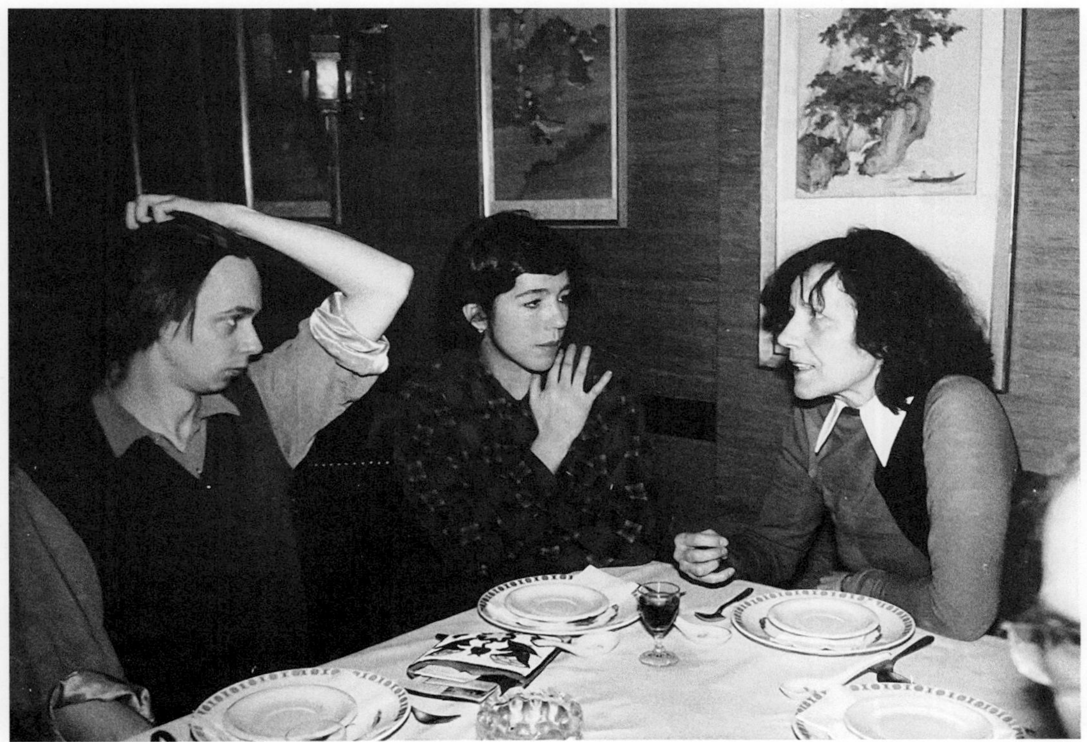

Heinz Emigholz und Cynthia Beatt im Gespräch mit einem weiteren Gast

sleeping. Both Ulrich and Erika are famous for their stories, some quite astonishing and entertaining, some historical landmarks.

Two of many examples of their special generosity to me remain: Erika stating that they «gave me my head» – the comparison to loosening the reins of a horse delighted me. And, when I later apologised for calling them «Du» when I began to speak German, although people who'd worked with them for years, including Alf, still used the formal «Sie», they graciously replied that they realised it was «just me» and hadn't taken offense.

A great gift for me was their presence at the premiere of my film A House in Berlin[3] at the Arsenal on November 9th 2014, instead of attending the occasion, to which they had been invited to join Michael Gorbatschov at the Brandenburg Gate for the 25th anniversary celebration of the fall of the Berlin Wall. Cinema (critical) comes first.

Alf, until his much too early death, Erika and Ulrich's appreciation and critiques of my films, were and are very important. Alf and

3 A House in Berlin (Regie: Cynthia Beatt, GB 2014); eine Frau aus Glasgow, Alleinerbin eines Hauses ihres jüdischen Großonkels, zieht voller Skepsis und Neugier in das Berliner Miethaus, um ihrer Familiengeschichte und dem Umgang der Deutschen mit dem Nationalsozialismus auf die Spur zu kommen.

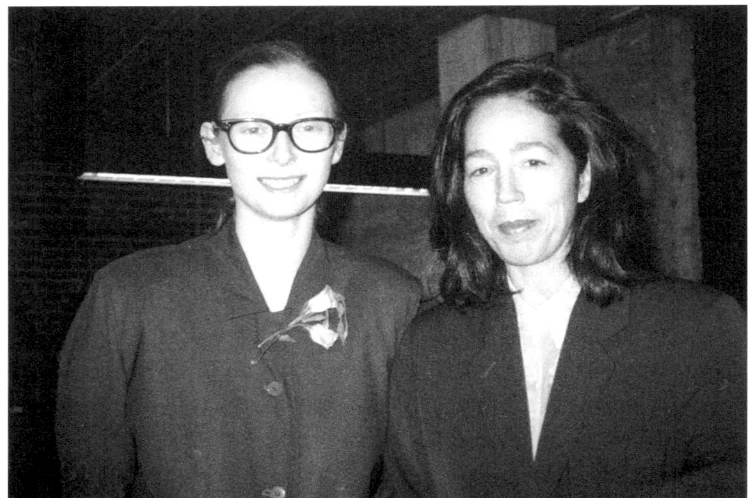

1988, Tilda Swinton und Cynthia Beatt anlässlich der Premiere des Dokumentarfilms CYCLING THE FRAME

I occasionally had a rather turbulent relationship, but his support of my work was constant and he deeply appreciated BÖSE ZU SEIN IST AUCH EIN BEWEIS VON GEFÜHL[4] and THE PARTY – NATURE MORTE[5].

Ulrich and Erika's daughter, Milena Gregor, whom I first met when she was very young in the office above the Arsenal, later worked as personal assistant on my film THE PARTY – NATURE MORTE with Tilda Swinton, who had also become part of the extensive «Arsenal family». Milena's work, together with Birgit Kohler and Stefanie Schulte Strathaus's custodianship of the Arsenal in the years after Ulrich and Erika retired from that position has remained strong and innovative.

In 1984/5 I ended my official employment at the Arsenal. I had decided to return to the Fiji islands, where I had lived during my youth, to begin research for the film I will finally make this year, HEART OF LIGHT. My affection and respect for Ulrich and Erika remain as strong as ever and they will be among the first I screen my film for.

4 BÖSE ZU SEIN IST AUCH EIN BEWEIS VON GEFÜHL (Regie: Cynthia Beatt, BRD 1983); ein visuell-akustischer Essay über das Gefühl des Fremdseins in der dystopischen Architektur Berlins.

5 THE PARTY – NATURE MORTE (Regie: Cynthia Beatt, BRD 1991); Drama über den bei einer Party eskalierenden Ehekrieg eines wohlsituierten Paares, aufgelöst in fließende Kamerabewegungen, die eine Atmosphäre leidenschaftlicher Anspannung schaffen.

ALLE ENERGIE HINEINWERFEN ODER: NETZWERKE UND KONKURRENZEN

EG Ein Beispiel: Wir hatten die ersten Filme von Marco Bellocchio im Forum. 1997 wollte er mit seiner Verfilmung des Prinzen von Homburg in den Wettbewerb. Es ist eins der größten Stücke von meinem Lieblingsdichter Heinrich von Kleist. Ich hätte den Film sofort in den Wettbewerb genommen, denn du kannst den Regisseur an Kleists Grab bringen, du kriegst fabelhafte hochklassige Publicity. Aber Moritz de Hadeln lehnte ab. Der Film lief dann in Cannes und erhielt dort den Regiepreis.
UG Haben wir den Film je gesehen?
EG Ich habe ihn gesehen und fand ihn hinreißend, etwas opernhaft. Aber trotzdem …
UG Auch Aki Kaurismäki ist ein gutes Beispiel. Es gibt manchmal Situationen, wo man sofort entscheiden muss und nicht warten und im Komitee diskutieren kann. Das war so, wenn Regisseure einem gegenüberstanden und fragten: «Nehmt ihr den Film?» So war es bei Aki Kaurismäki. Wir sind nach Helsinki gefahren, haben die Filme gesehen und wurden gleich gefragt. Ja, natürlich, haben wir gesagt, mit großer Freude nehmen wir sie. Bitte, kommt nach Berlin. So war es. Und wir haben die Filme dann auch bekommen.
EG Wir hatten magische Abende mit Akis Das Mädchen aus der Streichholzfabrik[1] im Forum. Das Publikum war richtig mit im Film. Da habe ich gespürt, dass es auch auf die richtige Zeit und den richtigen Ort für einen Film ankommt. Später fragte unsere Freundin Kirsi Tykkyläinen von der finnischen Filmstiftung an, ob wir es übelnehmen würden, wenn Aki mit seinem nächsten Film in den Wettbewerb gehen würde. Wir sagten nein, es war an der Zeit für ihn.
UG Wir waren immer stolz, die ersten Filme gezeigt zu haben, und dann sollten die Regisseure weiterziehen.
EG Wir wollten den Film gern sehen, weil wir neugierig waren. Kirsi gab also Anweisung, dass der Film nach Berlin geht. Wenn die Wett-

1 Tulitikkutehtaan tyttö (Das Mädchen aus der Streichholzfabrik; Regie: Aki Kaurismäki, FIN/S 1990); ein düsteres unsentimentales Märchen über eine verlorene junge Frau aus dem finnischen Arbeitermilieu, die sich mit drastischen Mitteln von ihrem Los zu befreien versucht.

bewerbs-Jury ihn gesehen hat, wollte sie zu uns kommen, dass wir ihn ansehen. Ein paar Tage später rief sie an und fragte, wie wir den Film fanden. Ich sagte: «Ganz großartig, wir würden ihn sofort nehmen.» Als sie aber Tage später ansagte, dass der Wettbewerb ihn nimmt, dachte ich, das war's. Trotzdem behielt ich den Film auf meiner geheimen Liste. Dann gingen die Monate hin, und Mitte Januar – wir waren schon in der Endkurve – rief mich Kirsi wütend an. Jemand vom Festival hatte mitgeteilt, dass Akis Film nicht mehr im Wettbewerb sei, sondern eine Extra-Vorführung bekommen sollte. Sie war außer sich und Aki auch. Da habe ich mich schnell mit Ulrich besprochen und Akis Film war im Forum. Das ist der Hintergrund, dass Aki erklärte, dass er uns treu bleibt.

Erst als wir das Forum nicht mehr machten, fragte er uns, ob er mit Der Mann ohne Vergangenheit[2] in den Wettbewerb gehen könnte. Das war 2002, im ersten Jahr von Dieter Kosslick. Leider ist er nicht selbst nach Helsinki gefahren, sondern hat jemanden geschickt, der dann sagte, die Entscheidung müsste in Berlin erst noch besprochen werden.

UG Aki Kaurismäki brauchte immer ein direktes Gegenüber.

EG Das Ende der Geschichte war, dass zwei Tage später die Entscheidung fiel, dass der Film in den Wettbewerb von Cannes kommen sollte. Aki gewann den großen Preis der Jury und war für Berlin verloren.

NETZWERKE UND PARTNERSCHAFTEN

UG Ich muss sagen, dass solche Schaltstellen wie die Finnische Filmstiftung sehr wichtig waren. Wir verdanken unserer Freundin Kirsi viel, denn sie wusste immer, was gerade im Werden begriffen war. Wir hatten noch andere Schaltstellen, in Japan etwa, wo unsere Freundin Kanako Hayashi lebt. Sie hat viele Filme gefunden, die wir selber nie hätten entdecken können. Sie arbeitete lange Jahre bei der Kawakita Memorial Foundation, leitete dann von 2000 bis 2018 ihr eigenes Festival «Tokyo FilmEx», zu dem wir jedes Jahr nach Tokyo gefahren sind. Sie kam auch immer nach Berlin. Sie hat unsere Arbeit über Jahrzehnte sehr intensiv begleitet. Es gab Jahre mit fünf oder sechs japanischen Filmen im Forum, dank ihr.

---

2 Mies vailla menneisyyttä (Der Mann ohne Vergangenheit; Regie: Aki Kaurismäki, FIN/D/F 2002); ein Mann, der nach einem Überfall sein Gedächtnis verloren hat, ist der Willkür des Staates ausgesetzt, erfährt jedoch in einer notdürftigen Bleibe die Hilfe anderer Außenseiter und findet eine Freundin.

« Since I met Erika and Ulrich 36 years ago in Tokyo, I've luckily had many chances to spend festival days of the world like Cannes, Locarno, Venice, Moscow, Hawaii, etc., with them. Also not during festivals period, I'm so lucky having many chances to watch films, drink, eat, and even swim together. These experiences are truly my fortune. I remember when master filmmaker Mr. Aki Kaurismaki was in Berlinale, he introduced Erika and Ulrich as «the essence of Berlinale». I was so touched to hear the words at that time, since I think they are true.

Their tastes are different, but are looking at the same goal. In Ozu films for example, Erika loves BANSHUN / LATE SPRING[3] and Ulrich prefers TOKYO MONOGATARI / TOKYO STORY[4]. Erika likes white wine and Ulrich usually takes red wine. I'm happy they both like SAKE (Japanese rice wine).

As a coordinator of Japanese and Asian cinema, as a festival director, as member of festivals jury, or having lectures at an University, yes, just as a human being whatever I do, I'm learning a lot from Erika and Ulrich, about how to live with cinema, how to think and talk about cinema. They're always trying their best to help, support and encourage new talented people. I totally admire their sacred spirits for loving cinema

(Hayashi Kanako, E-Mail an Autorinnen, April 2022) »

UG Auch Hongkong war einige Jahrzehnte wie ein Zuhause für uns. Seit 1979 gab es das Hong Kong International Filmfestival, zu dem wir jedes Jahr fuhren. Dort hörte man alles über Filme aus der Region und sah auch alles, was geplant und gemacht wurde. Wir hörten in Hongkong zum ersten Mal von der Neuen Welle in Taiwan, von neuen Entwicklungen in Indonesien, von interessanten Regisseuren wie Lav Diaz und Wong Kar Wai. Ihre Filme sahen wir zum ersten Mal in Hong Kong.

Wir gingen nicht nur in die Festival-Kinos und den Vorführsaal im Science Museum, sondern wanderten auch in entfernte Vororte zu Screenings in kleinen Vorführräumen oder zusammen mit Li Cheuk-to, dem Festivalleiter, nachts um 23:00 Uhr zu Press Previews.

Wir hatten gute Freunde in Hongkong, Roger Garcia und Nora Leung, Jacob Wong, Yuen Ling und Li Cheuk-to. Wir fühlten uns dort

3 BANSHUN (SPÄTER FRÜHLING; Regie: Yasujiro Ozu, JP 1949); ein verwitweter Professor suggeriert seiner Tochter eine Beziehung zu einer Frau, um der heiratsfähigen Tochter die Trennung vom Vater zu erleichtern.

4 TOKYO MONOGATARI (DIE REISE NACH TOKYO; Regie: Yasujioro Ozu, JP 1953); ein pensioniertes Elternpaar macht sich auf den heiklen Weg nach Tokyo zu seinen in widersprüchliche Gefühle verstrickten Kindern.

wie zu Hause. Wir liebten auch das Publikum, das neugierig und aufgeschlossen war. Ich erinnere mich, wie die Pianistin und Komponistin Eunice Martins, die oft Stummfilme im Arsenal Kino begleitet, nach einer ihrer Vorführungen in Hongkong von neugierigen Zuschauern umlagert war und erklären musste, was und wie sie ihre Musik zu Filmen improvisiert.

Eines Tages sagten die Freunde: «Heute Abend läuft im Koh Shan Theatre ein alter chinesischer Film für das örtliche Publikum. Er ist gut, aber er war lange Jahre verboten, weil er als formalistisch galt.» Natürlich fuhren wir dahin, mit dem Taxi, weil das Ko Shan Theatre ziemlich weit weg war, ein Freiluftkino, terrassenförmig angeordnet. Es gab Bänke, es waren sehr viele Leute da, man aß und trank, es war sehr laut, aber als der Film begann, wurde es muxsmäuschenstill und blieb auch so.

Der Film ist einfach erzählt: Der Krieg ist vorbei, aber die Schrecken des Krieges sind spürbar und die Menschen leben in zerfallenen Gemäuern. Ein Freund des Hausherrn kommt für einige Tage und geht dann wieder fort. Ein Film der Gesten, der Blicke. Wir fragten die Freunde nach den Koordinaten und erfuhren, dass die Kopie kam aus dem nationalen Filmarchiv in Peking kam. Wir schrieben dorthin und ich bekam zur Antwort, wir könnten eine Kopie bekommen. Das Archiv wollte kein Geld sondern im Austausch einen interessanten Film aus Deutschland. Wir baten Alexander Kluge um eine Kopie von ABSCHIED VON GESTERN[5] und so lief FRÜHLING IN EINER KLEINEN STADT[6] bei uns im Forum. Dank an Fei Mu, der Film ist uns sehr nah. Und bitte, liebes Publikum, seht ihn an!

EG In Italien half unser guter Freund Giovanni Spagnoletti, der eigentlich Professor für Filmgeschichte und Germanistik an der Universität in Rom war. Jedes Jahr einmal fuhren wir zu ihm, immer donnerstags mit dem sparsamen Wochenendticket. Freitags sahen wir bei der ANICA die offiziellen italienischen Filme, sonnabends landeten wir bei Giovanni. Er hatte Beziehungen zu unabhängigen Filmemachern überallhin. Bis abends sahen wir bei ihm in der Wohnung auf dem Video neue italienische Filme. Zwischendurch gab es jede Menge Espresso und abends zwischen neun und zehn gingen wir dann mit ihm essen, um

5 ABSCHIED VON GESTERN (Regie: Alexander Kluge, BRD 1966). Anita G., dargestellt von Alexandra Kluge, der Schwester des Regisseurs, geht im bornierten westdeutschen Wirtschaftswunder verloren. Als Kind von Holocaust-Überlebenden in Leipzig geboren, gelingt es ihr nach der Flucht in den Westen nicht, Fuß zu fassen. Als Diebin verfolgt, auf der Suche nach Arbeit und Bildung ausgegrenzt, geht sie schließlich schwanger ins Gefängnis. Ausgezeichnet beim Filmfestival in Venedig, gilt Alexander Kluges Spielfilmdebüt als Klassiker des Neuen deutschen Films.

6 XIAO CHENG ZHI CHUN (FRÜHLING IN EINER KLEINEN STADT; Regie: Fei Mu, CHN 1948). Das gleichförmige, von Kriegsfolgen gezeichnete Leben einer Hausfrau ändert sich für kurze Zeit, als ihre Jugendliebe zurückkehrt.

alles durchzusprechen. Sonntagmorgen atmeten wir durch und fuhren dann zurück nach Berlin. Da hatten wir dann das italienische Programm zusammen.

UG Wir hatten die jungen italienischen Autorenfilmer, zum Beispiel den ersten Film von Nanni Moretti ICH BIN EIN AUTARKIST[7], ein wunderbarer Film.

EG Oder auch den witzigen DIE SCHWARZEN LÖCHER[8] von Pappi Corsicato aus Neapel. Es ging immer um Leute, die normalerweise nicht ans Licht kommen. Solche Filme fand Giovanni.

UG Durch Laura Betti, die eine Freundin und Schauspielerin von Pier Paolo Pasolini war, bekamen wir seine Dokumentarfilme, die noch nicht ans Licht der Öffentlichkeit gedrungen waren. Wir nahmen Kontakt zu den Leuten auf, die seine Dokumentarfilme im 16-mm-Format besaßen. Die haben wir alle gezeigt, auch die Meisterwerke GASTMAHL DER LIEBE[9] und DER ZORN[10]. Wir haben die Freundschaften zu Leuten in den Metropolen der Kinemathografie Schritt für Schritt entwickelt. Sie gaben uns Tipps, aber sie waren nicht von uns entsandt.

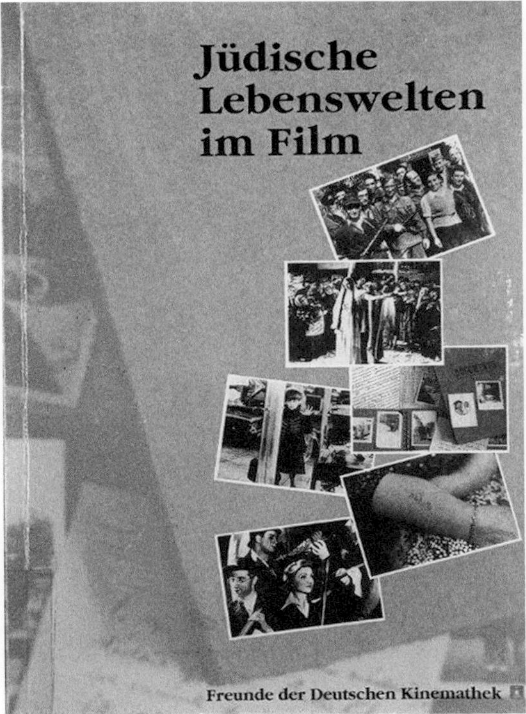

1992, Katalog zur Retrospektive anlässlich der Ausstellung Jüdische Lebenswelten

EG Mir war wichtig, bei der Programmgestaltung möglichst viele Leute einzubeziehen. Wir haben versucht, mit allen Berliner Kulturinstitutionen zusammenzuarbeiten. Zu den großen Ausstellungen der Festspiele GmbH, ob es Japan war, Afrika, Amerika in den 1930er-Jahren oder Jüdische Lebenswelten, sogar Preußen haben wir Filmprogramme gemacht und riesige Kataloge erstellt. Und natürlich haben wir den Stipendiaten des DAAD-Künstlerprogramms in Berlin jeweils eine Carte blanche gegeben, damit sie ein Programm ihrer Wahl

7 IO SONO UN AUTARCHICO (ICH BIN EIN AUTARKIST; Regie: Nanni Moretti, Italien 1976); auf 8-mm-Material gedrehte, autobiografisch gefärbte Komödie von Nanni Moretti um einen verbummelten Studenten, der nach der Trennung seiner Freundin sein Kleinkind aufzuziehen versucht, ein schwieriges Theaterstück schreibt und sich mit seiner Clique in die Probleme von Theorie und Praxis linken Weltverständnisses verstrickt.

8 I BUCHI NERI (DIE SCHWARZEN LÖCHER; Regie: Pappi Corsicato, Italien 1995); Liebesgeschichte zwischen einer Prostituierten und einem schwulen Voyeur, die sich ohne unmittelbar sexuellen Kontakt in Wärme begegnen.

9 COMIZI D'AMORE (GASTMAHL DER LIEBE; Regie: Pier Paolo Pasolini, Italien 1964), Dokumentarfilm, basierend auf einer Reise Pasolinis durch Italien, auf der er Menschen aller Schichten und Altersgruppen über Liebe und Sexualität befragte.

10 LA RABBIA (DER ZORN; Regie: Pier Paolo Pasolini, Italien 1963); Filmessay aus Wochenschau-Material der 1950er- und 1960er-Jahre zu einem furiosen Porträt der chaotischen Weltlage montiert und im Kommentar gegen den darin zutage tretenden Hass auf das «Andere» plädiert.

machen konnten, manchmal sogar eine Retrospektive ihrer eigenen Filme. Nur ein wunderbares Beispiel: Als der russische Regisseur Alexander Mitta in Berlin war, stellten wir mit ihm zusammen eine Retrospektive über russische Komödien zusammen. Ich erinnere mich noch sehr gut an das schöne Plakat mit zwei Männern, die in einen Eimer ohne Boden starren.

REPRÄSENTIEREN

Wie vertrug sich Ihr Interesse an Filmkunst, Kultur und kreativen Partnerschaften mit dem Bedürfnis der öffentlichen Geldgeber zu repräsentieren?

EG Bei meinen Budget-Berechnungen musste ich mir anfangs oft anhören: «Geben Sie 10.000 Mark für einen Empfang aus.» «Bin ich denn wahnsinnig?», war mein Gedanke, «Mit diesem Geld können wir drei Filme untertiteln und zwei Filme kaufen.» Trotzdem hatten wir öfter Streit, als deutlich wurde, dass «unsere» Regisseure auf die Empfänge des Berlinale-Wettbewerbs gehen wollten und wir ihnen sagen mussten, dass wir dafür keine Karten bekommen. Aber als Volker Hassemer 1983 Kultursenator in Berlin wurde, kam eine gute Zeit für uns. Ich erzählte ihm von meinen Diskussionen über die Empfänge und er

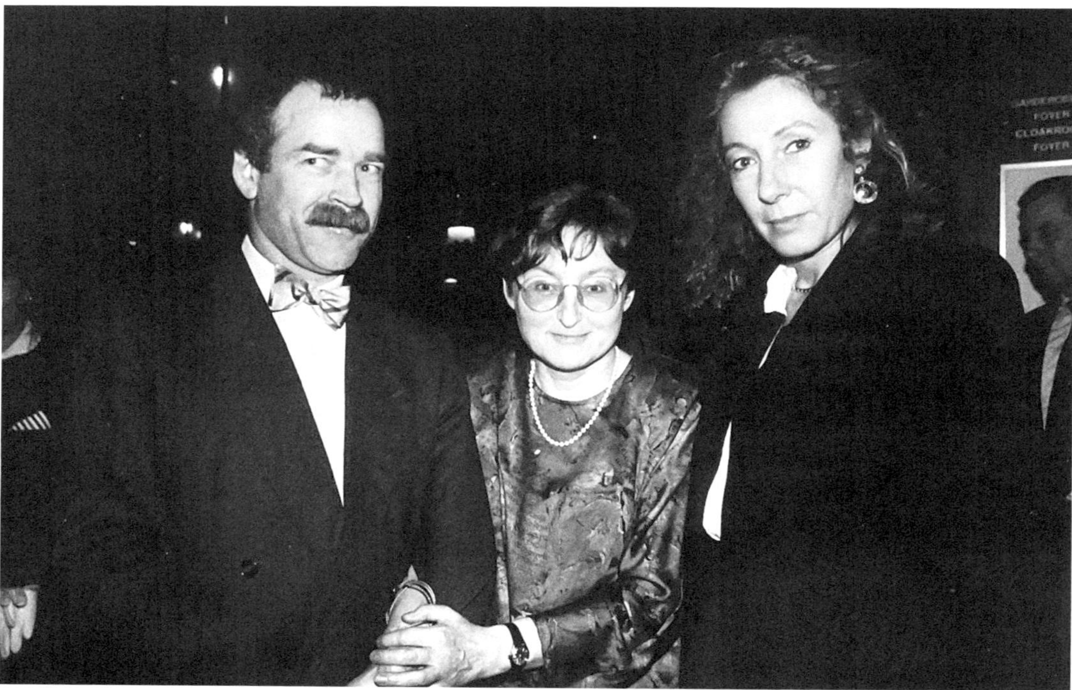

Alf Bold und Erika Gregor mit der Filmemacherin Jeanine Meerapfel

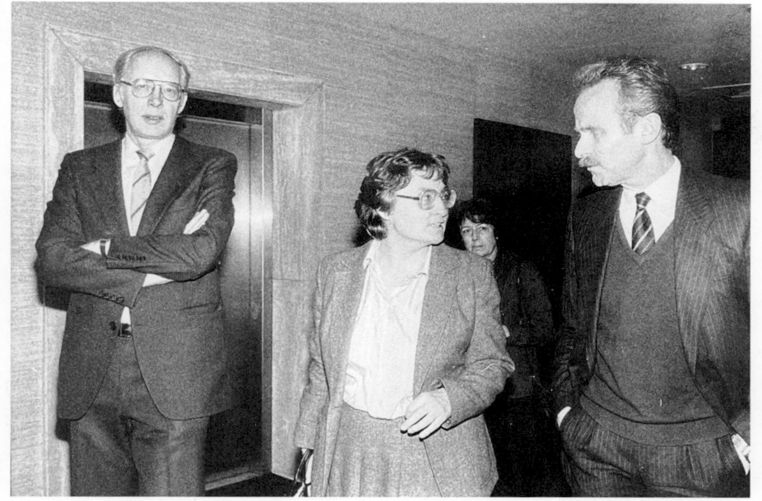

Die Gregors mit Volker Hassemer, 1983 bis 1989 Senator für kulturelle Angelegenheiten in Berlin

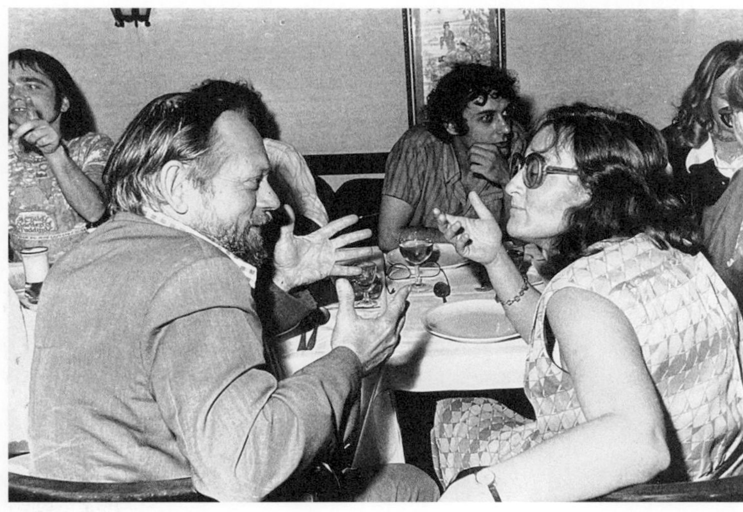

1975, Erika Gregor mit Amos Vogel, am Tisch der Filmemacher Alberto Grifi, der seinen Film ANNA im Forum vorstellte.

fragte: «Warum machen Sie eigentlich keinen eigenen Empfang?» Ich sagte: «Herr Hassemer, wie kann ich unser kostbares Geld für Essen und Trinken ausgeben? Ich brauche es für Wichtigeres.» Er darauf: «Sie könnten mich ja fragen, ob ich Ihnen einen Empfang bezahle. Schreiben Sie doch einen freundlichen Brief.» Da schrieb ich – per Hand, glaube ich – einen Brief und es gab einen großen Empfang für uns. Das war der Beginn der Forums-Empfänge …

UG … feierlich im Hotel Esplanade.

EG Volker Hassemer sagte auch: «Ich würde gern auch Ihre Gäste kennenlernen. Der Wettbewerb veranstaltet ein Mittagessen mit dem Kultursenator. Warum machen Sie das nicht auch?» Aber das war dasselbe Geldproblem. Er darauf: «Ich bezahle für fünfzehn bis zwanzig

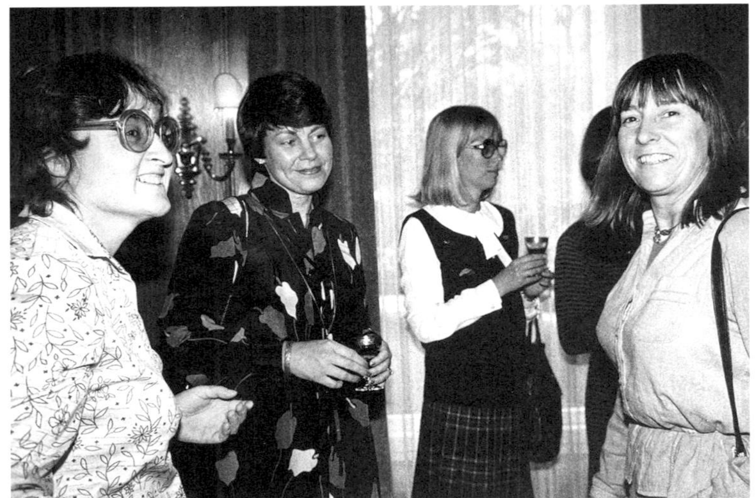

1978, Erika Gregor mit Aina Bellis, von 1980–1987 Leiterin der Filmmesse der Berlinale1978. Aufnahme vom «Damenausflug» der Berlinale

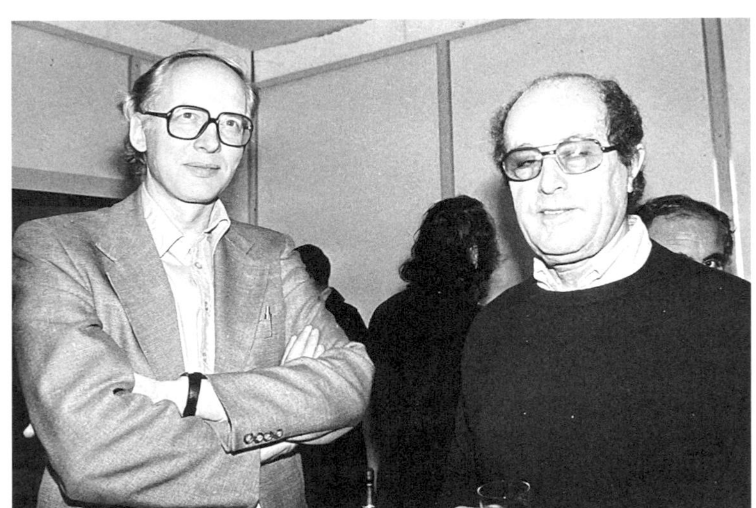

1980, Ulrich Gregor mit Manoel de Oliveira, der seinen Film AMOR DE PERDIÇAO (DAS VERHÄNGNIS DER LIEBE) im Forum präsentierte

Personen.» So bekamen wir plötzlich ein Mittagessen mit dem Kultursenator im Hotel Kempinski und danach reihum immer in einem anderen Hotel.

Die Tischordnung war harte Arbeit, mit Sylvia habe ich lange darüber gebrütet. In der Mitte musste Ulrich sitzen, ihm gegenüber der Kultursenator. Der wollte natürlich Regisseurinnen neben sich haben. Ich platzierte mich ans letzte Ende des Tisches. Leider gab es dann Regisseure, die nicht mit dem Senator plauderten. Sie setzten wir neben den Kultursenator. Ich saß neben meinem absoluten Lieblingsregisseur und Freund Youssef Chahine, dem Ägypter, der wunderbare Filme gemacht hat.

UG Volker Hassemer gab uns nützliche Tipps.

EG Der Empfang in der damaligen Hotelruine Esplanade, die später zum Teil in das Sony Center am Potsdamer Platz integriert wurde, begann um 22:30 Uhr. Ulrich und ich hetzten hin und kamen vielleicht drei Minuten vorher an. Hassemer stand im Eingang, schüttelte Hände und sagte in strengem Ton: «Also wirklich, wenn ich Ihnen schon einen Empfang ausrichte, könnten Sie wenigstens pünktlich sein.» Ich antwortete: «Es ist halb elf.» Er darauf: «Der Gastgeber muss mindestens eine Viertelstunde vorher da sein. Wenn es umsonst Essen und Trinken gibt, kommen die Leute immer zu früh. Ich stehe hier schon eine Viertelstunde und schüttle die Hände Ihrer Leute, die ich gar nicht kenne. Sie müssen hier neben mir stehen und mir sagen, mit wem ich es zu tun habe.» Solche Dinge musste ich nach und nach lernen.

DER OSTEN LEUCHTET

EG 1970, das erste Jahr Arsenal. Der beste Monat für uns war der Juni, und das kam so: Ulrich hatte 1957 Naum Kleiman kennengelernt – aber das ist eine eigene Geschichte –, ich lernte ihn 1965 kennen, als wir das erste Mal die Filmfestspiele in Moskau besuchten. Sofort wussten wir, dass wir zusammengehören, Naum war wie ein Bruder zu Ulrich, wir trafen uns, gingen zusammen aus, besuchten seine Familie und hatten den Wunsch, dass er auch einmal nach Berlin kommen sollte, was damals natürlich unmöglich war. 1967 sahen wir uns bei den Filmfestspielen in Moskau wieder. Wir versuchten, Naum zu einem Programm zum Sowjetischen Kino einzuladen, das Fee Vaillant in Bad Ems veranstaltete, aber auch dorthin konnte er nicht kommen. 1968 gelang es uns, dass Hilmar Hoffmann, damals der Leiter der Oberhausener Kurzfilmtage, Naum mit dem Fragment von Sergei Eisensteins Film DIE BESHIN-WIESE[1] nach Oberhausen einlud.

Aber wir wollten natürlich auch, dass er uns in Berlin besucht, und so fragte Ulrich 1969 in Moskau beim Verband der Filmschaffenden nach der Ausstellung mit Zeichnungen Eisensteins, die es schon gab. Beim Filmverband nickte man positiv, machte aber noch keine klare Zusage, und so dachten wir, das Projekt sei in Vergessenheit geraten. Aber Anfang Mai 1970 klingelte plötzlich das Telefon, und es meldete sich eine freundliche Stimme vom Verband der Filmschaffenden in Moskau, die fragte, ob wir noch Interesse an der Eisenstein-Ausstellung hätten. Ich sagte: «Ja natürlich, wir haben weiterhin Interesse!» Sie meinte, dass wir die Ausstellung im nächsten Monat bekommen könnten. Wie das? Die Stimme sagte: «Wir würden sie mit Herrn Kleiman senden, er ist Eisenstein-Experte und spricht Deutsch.» Ich sagte: «Ja, gern!» «Gut», sagte die Stimme, «also nächsten Monat!» Ich legte den Hörer auf und erschrak. Ulrich war bei den Filmfestspielen in Cannes, Gero machte Urlaub in Rimini, und ich hatte, ohne den Vorstand zu fragen, eine Ausstellung akzeptiert. Was sollte nun werden?

Ich rief Professor Walter Huder an, den Direktor des Archivs der Akademie der Künste, ein Alliierter. Ich fragte, ob es in der Akademie

1 BESCHIN LUG (DIE BESHIN-WIESE; Regie: Sergei Eisenstein, UdSSR 1935–1937), Drama um einen Vater/Sohn-Konflikt, basierend auf Iwan Turgenjews Roman *Väter und Söhne*. Eisensteins Bearbeitung fiel der stalinistischen Zensur zum Opfer. Eisenstein musste Abbitte leisten, die Dreharbeiten wurden 1937 abgebrochen. Naum Kleiman und Sergei Jutkewitsch rekonstruierten den halbstündigen Film aus Standfotos.

möglich wäre, die Ausstellung zu zeigen, denn mir war klar, dass das Foyer im Arsenal-Kino zu wenig Platz hatte und außerdem dort immerzu Publikumsverkehr herrschte, viel zu gefährlich für die kostbaren Zeichnungen. Walter Huder meinte, die Akademie hätte im nächsten Jahr Kapazitäten frei, aber es ging um den nächsten Monat. Er darauf: «Unmöglich!» Ich fragte, was mit dem großen schönen Foyer sei: Stellwände mit Zeichnungen und Fotos, das müsste doch gehen! Er überlegte: «Ja, das würde tatsächlich gehen, außerdem haben wir die Glasgalerie für die Zeichnungen von Eisenstein. Wenn Sie die Akademie als Mitveranstalter nehmen, können wir Ihnen die Örtlichkeit mietfrei überlassen.» Ich darauf: «Natürlich freue ich mich, wenn Sie unser Mitveranstalter sind!» Er darauf: «Gut, aber sie brauchen etwa 3.000 DM für den Aufbau. Ich habe leider überhaupt keine Möglichkeit, die Handwerker aus meinem Etat zu bezahlen.»

Als nächstes rief ich Walter Schmieding an, den Intendanten der Berliner Festspiele GmbH. Walter Schmieding war ein Freund, er hatte uns schon mehrmals geholfen, wenn wir in Schwierigkeiten waren. Ich trug ihm meine Bitte um Geld für die Ausstellung vor. Der Ort war da, aber ich brauchte Geld für den Aufbau. Er sagte: «Liebes Kind, nächstes Jahr könnte ich Ihnen Geld geben, aber nächsten Monat, das geht überhaupt nicht!» Dann fragte er, ob ich ein «Kleines Schwarzes» besitze, ich antwortete: «Meine Freundin in Delmenhorst hat mir gerade eines geschickt, das sie nicht mehr braucht.» Er seufzte und sagte: «Ziehen Sie es morgen an, ich schicke Ihnen eine Einladung zu dem Empfang, den ich morgen um 23:00 Uhr im Foyer der Freien Volksbühne gebe. Da wird auch Kultursenator Stein anwesend sein. Er verfügt über einen Reptilienfonds, ich werde Sie mit ihm bekannt machen.»

Gut, aber nun hatte ich an diesem Abend Karten für die Schaubühne am Halleschen Ufer, für *Torquato Tasso*. Es war eine großartige Aufführung mit Jutta Lampe, Edith Clever und Bruno Ganz. Das Stück war natürlich grandios, aber ich wurde zornig, denn ich sah, wie Torquato Tasso ein wunderbares Werk schafft, aber von den Hofschranzen niedergemacht wird und daran zugrunde geht. Ich sah mich plötzlich in der Situation eines Torquato Tasso, und als ich von der Schaubühne zur Volksbühne fuhr, wurde ich zorniger und zorniger, weil ich dachte, hier bringe ich eine großartige Ausstellung nach Berlin, und wie werde ich behandelt? Meine Bitte wird natürlich abgeschlagen werden, weil es um Filme geht und niemand eine Ahnung davon hat.

Ich ging also zornig in das Foyer, wo Walter Schmieding mit der Grazie eines etwas schwerfälligen Schmetterlings auf mich zukam und sagte: «Kommen Sie bitte mit.» Da stand Senator Werner Stein[2],

2 Werner Stein (1913–1993) war 1964 bis 1975 Senator für Wissenschaft und Kunst in Berlin.

umringt von irgendwelchen Männern. Ich war so böse und überzeugt, dass ich das Geld niemals bekommen würde. Schmieding stellte mich vor und sagte etwas Lobendes über unsere Institution. Herr Stein sah mich an, ich dachte, es ist sowieso vergebens, und begann: «Der Name Sergei Eisenstein sagt ihnen vermutlich auch gar nichts!» Er sah mich an und antwortete: «Doch! Eisenstein ist vermutlich der wichtigste Filmregisseur der Filmgeschichte.» Ich darauf: «Wenn Sie das denken, können Sie mir auch 3.000 Mark für eine Ausstellung seiner Zeichnungen geben!» Stein antwortete: «Ja, das kann ich! Schreiben Sie einen Brief mit der Anmerkung, dass meine Zusage sicher ist.» Sprach's, wandte sich ab und ging mit seinen Leuten davon. Ich stand da, nahm mir ein Glas Sekt und dachte: «Also so geht das!»

Dann kam jedoch einer seiner Mitarbeiter zurück und sagte, es sei unerhört, dass ich den Senator auf einem Empfang in eine Ecke dränge und Geld aus ihm herauspresse. Ich wurde noch böser, weil ich mich ja immer noch in der Rolle von Torquato Tasso sah, und entgegnete: «Wo ist der Senator? Ich gehe ihm hinterher und sage ihm, dass Sie mir das Geld nicht geben wollen. Wie ist überhaupt Ihr Name?» Er darauf, so habe er das nicht gemeint, nur mein Stil sei nicht der richtige. Aber das war mir in diesem Moment egal.

Als Ulrich aus Cannes zurück war, hatte er eine Ausstellung, einen Ort dafür und die Finanzierung. Naum war schon in Ost-Berlin, saß dort aber einige Tage fest, weil irgendein Stempel für das Visum nach West-Berlin fehlte. Da half uns natürlich Konrad Wolf. Am 26. Mai kam Naum das erste Mal in unser Haus in Eichkamp. Das war mein schönstes Geburtstagsgeschenk in jenem Jahr. Am nächsten Tag begannen Ulrich und Naum sofort, die Ausstellung aufzubauen, denn am 3. Juni 1970 sollte die Eröffnung sein. Die beiden arbeiteten jeden Tag daran, alles aufzustellen, Texte zu schreiben und an den Stellwänden zu befestigen. Karsten Krüger vergrößerte einige Fotos von Eisenstein, die Naum für die Ausstellung mitgebracht hatte, in Lebensgröße. Ich weiß noch: Ein Eisenstein-Foto war wunderbar, er stand da unter einem Baum. Es wurde neben die großen Glasscheiben zum Innenhof der Akademie platziert, sodass von draußen die Natur hereinsah. Diese Ausstellung war wirklich sehr schön.

Walter Schmieding kam natürlich zur Presse-Vorbesichtigung und sprach zur Eröffnung. Nach der Begrüßung charmierte er die sechs Menschen, die von der sowjetischen Botschaft gekommen waren und etwas misstrauisch und ratlos herumstanden. Friedrich Luft sprach in seiner Sonntagssendung *Stimme der Kritik* im RIAS eine fulminante Lobrede auf die Ausstellung. Die folgenden Wochen waren damit ausgefüllt, dass wir tagsüber in die Aufstellung gingen, jeden Tag etwas verbesserten und Texte dazu schrieben. Naum machte Führungen. Am Tag vor dem Ende war die Ausstellung, glaube ich, vollkommen.

Naum wohnte bei uns. Die Botschaft der UdSSR hatte darauf bestanden, dass er in einem Hotel wohnen sollte, und in der ersten Woche war er in der Akademie der Künste untergebracht. Die aber brauchte ihre Apartments für eine Mitgliederversammlung. Daher wohnte er die übrige Zeit bei uns, und niemand sagte etwas dazu.

Es gab damals keine Telefonverbindungen zwischen Ost- und West-Berlin. Ich bekam eine Nummer der sowjetischen Botschaft für den Fall, dass etwas passiere, die habe ich aber nur ein- oder zweimal für die Botschaft gebraucht und nie für Privates verwendet. Es war nämlich merkwürdig, dass man eine Nummer anrief, worauf sich ein «English Exchange» meldete. Wenn man sagte: «Sowjetische Botschaft», wurde man verbunden.

Die Tage waren ausgefüllt mit der Ausstellung und auch mit Ausflügen. Wir fuhren nach Reinickendorf zum Russischen Friedhof, suchten und fanden das Grab von Eisensteins Vater, der emigriert war und in Berlin in den 20er Jahren verstorben war. Er hatte zuletzt in einer Pension in der Kantstraße gewohnt, aber die Pension gab es nicht mehr. Abends wurden im Arsenal die Filme von Eisenstein vorgeführt. Es war immer voll, auch um Mitternacht, alles sehr schön! Die Leute waren begeistert und Naum sagte, es sei eine vorrevolutionäre Stimmung im Raum. Ich machte die Kasse, er riss die Karten ab. Als alle drin waren, zog ich den Schlüssel von der Kasse ab und ging vor die Leinwand, ich wies die Leute auf die Ausstellung hin, führte Naum ein, und dann hielt er einen Vortrag über den jeweiligen Film. Er sprach frei und die Leute hörten gebannt zu. Nach einer Vorstellung sagte jemand zu mir, er kenne kein Kino in der Welt, wo die Kassenfrau eine Einführung hält und der Kartenabreißer einen wissenschaftlichen Vortrag.

So war es im Juni 1970. Die Ausstellung konnte bleiben, Naum konnte auch bleiben, obwohl die Botschaft sagte, er müsse zwischendurch nach Moskau zurück. Ich verhandelte mit der Botschaft, dass Herr Senator Stein die Absicht geäußert hätte, die Ausstellung zu besichtigen und ich nicht wüsste, ob ich es allein schaffen würde, gebührend durch die Ausstellung zu führen, da mein Mann gerade wieder verreist war. Darauf stimmte die Botschaft zu, dass Herr Kleiman noch bleiben sollte. Senator Werner Stein äußerte übrigens nie die Absicht, die Ausstellung zu besuchen. Das war sicher ein Fehler meinerseits, ich hätte in seinem Büro anrufen und fragen sollen, ob er nicht kommen wolle. Vermutlich wäre er sogar gekommen, aber so weit ging meine Zuneigung oder mein Wunsch nicht, mit der Obrigkeit in Kontakt zu treten. Es war auch vielleicht einfach Ungeschicklichkeit, man hat eben alles erst langsam gelernt.

Am Abschlusstag packte Naum zuhause seinen Koffer, wir fuhren in die Ausstellung, nahmen vorsichtig die Zeichnungen und Fotos ab und stellten alles zum Abtransport bereit. Am Abend kam der Wagen der Botschaft, Naum stieg ein und fuhr ab, und dann sahen wir uns erst 1971 bei den nächsten Filmfestspielen in Moskau wieder wieder. So blieb es bis zum Ende der Sowjetunion, wir konnten uns immer nur zu den Filmfestspielen sehen oder aber später, wenn wir im Winter für das Internationale Forum nach Moskau kamen, um Filme auszusuchen.

Einmal wohnten wir in einem Hotel in der Nähe des Dynamo-Stadions in Moskau, wo in den 1920er-Jahren die Filmhochschule gewesen war. Ich ging die breite Treppe hinauf und dachte mir: «Hier ist Eisenstein gegangen, hier ist Kuleschow gegangen – unglaublich!» Wir hatten den Fahrer weggeschickt, weil wir der irrigen Auffassung waren, dass es niemand mitkriegen würde, wenn wir Naum in der Smolenskaja besuchen würden. Es war minus 16 Grad kalt und wir schleppten schwere Sachen – Bücher sind bekanntlich sehr schwer. Wir nahmen zuerst den Bus, dann die Metro und mussten dann noch zu Fuß gehen. Unterwegs kam mir der Gedanke, dass nur Männer oder Idioten ein Land überfallen können, wo die Winter so kalt werden. Aber bei Naum in der Smolenskaja war es warm und wir tranken Tee und hatten es gut.

«Das Wunderbare des alten Arsenals war, dass in der Enge der Räume nicht nur ihre Bewohner, sondern mit ihnen die weite Welt gegenwärtig war – Welt, die dort ein- und ausging in Personen, Filmen, Schriften. Über Telefon, Postkarten, Briefe. In Alfs Büro stand ein überdimensional großes Rolodex, das für jede Adresse ein Einzelkärtchen enthielt, prall gefüllt, und immer noch nahm es zu. Der Ort, die Dinge bezeugten die Internationale des Kinos und der Kinomacher, fern der Globalisierung mit ihren architektonischen und designerischen Manifestationen des einfallslos Immergleichen wie des zwanghaft Neuen.»

(Karola Gramann / Heide Schlüpmann, a. a. O.)

Zur weiten Welt, die Sie ins Arsenal und Forum holten, gehörten von Beginn an Filme aus der DDR, Polen, Ungarn, Georgien, der Sowjetunion und anderen Ländern des «Ostblocks». Hat Ihre Arbeit mitgeholfen, das «Mauerdenken» in Ost und West aufzulösen?

EG Ich glaube, dass Willy Brandts Ostpolitik ein Umdenken bewirkte, aber wir waren unabhängig davon schon früher gegen das «Mauerdenken». Ulrich und ich haben die Mauer in Berlin, wenn man sie als Metapher versteht, gar nicht gesehen. Wir lebten in West-Berlin, aber zum Glück waren wir als Studenten mit westdeutschen Pässen nach Berlin gekommen. Wir konnten jederzeit nach Ost-Berlin reisen.

UG Wir waren von Anfang an der Meinung, dass wir für Filme kämpfen sollten, die schwer zu bekommen waren, weil es Vorurteile, Beschränkungen und politische Tabus gab. Wir waren aus Prinzip gegen politische Tabus und für den Film. Es ging darum, Fenster zu öffnen.

EG Eine meiner zwei besten Freundinnen lebte in Ost-Berlin. Ich war Studentin an der FU, sie an der Humboldt Universität. Unsere Freundschaft begann vor dem Mauerbau, überdauerte 28 Jahre und blieb auch danach bestehen. István Szabó und Naum Kleiman, die besten Freunde von Ulrich und mir, die wir durch Filme kennengelernt haben, leben in Budapest und Moskau. In diesem Sinne hat es für mich die Mauer nie gegeben. Es war eine grauenvolle Grenze, ich habe sie so gut wie möglich ignoriert.

UG DEFA-Filme waren natürlich ein besonderes Anliegen, weil dieses staatliche Studio in unmittelbarer Nähe war, aber man interessierte sich im Westen nicht sehr dafür und hatte kaum Kenntnisse darüber. Wir versuchten, den Weg dahin zu finden, und dasselbe galt im weiteren Sinne auch für Osteuropa, für die unterschiedlichen Länder des realen Sozialismus. Wir hatten als Deutsche das Gefühl, dass wir etwas wiedergutmachen müssten, zeigen müssten, dass es ein anderes Deutschland gibt, dass wir ein Interesse daran haben, die Vergangenheit aufzudecken. Wir wollten wissen, was im Krieg vorgegangen war. Das hat uns getrieben, überall hinzufahren und zu forschen, was in der Filmlandschaft dort los ist.

EG Wenn es um Filme aus der UdSSR ging und wir mit den offiziellen Goskino-Vertretern verhandelten, konnten wir wunderbar streiten. Die für uns zuständigen Leute in Moskau haben sich vor uns gefürchtet: Die Gregors!? Er ist wie Jesus Christus und sie sagt unbarmherzig, was sie denkt. Gambaroff war immer vergnügt und wollte gern dabei sein, wenn wir verhandelten. Es traute sich niemand, so mit ihnen zu sprechen wie wir.

EG Heute kann sich niemand mehr vorstellen, welche Schwierigkeiten Tarkowskij mit den Offiziellen in der Sowjetunion hatte. Wir fragten immer nach einem neuen Film von ihm, aber es wurde immer abgelehnt. Eines Tages fragte Ulrich verzweifelt: warum lehnen Sie immer unsere Wünsche nach Filmen von Tarkowski ab? Darauf antwortete Herr Schkalikow (er war der Leiter der Auslandsabteilung bei Goskino): «Tarkowski repräsentiert nicht die sowjetische Kinematografie.» Darauf sagte ich wütend: «Da haben sie ausnahmsweise recht, er steht 10.000 Meilen darüber.» Auf meine Worte folgte eine wütende Kaskade in Russisch, die Übersetzung lautete: «Frau Gregor, wir lieben sie nicht, wir lieben ihren Mann, aber Sie nicht, wir respektieren Sie.» Daraufhin habe ich nur gesagt, ich möchte, dass mein Mann mich liebt, meine Kinder und einige Freunde, der Rest der Welt soll mich respektieren.

UG Einmal traf ich vor dem Hotel Rossija in Moskau Hans Joachim Schlegel, der gerade eben im Auftrag der Berlinale Besprechungen mit der Vertretung von Goskino, wahrscheinlich mit Herrn Schkalikow, geführt hatte. Er sagte: «Ich verstehe jetzt, wie man Terrorist werden kann.»

Die Goskino-Leute waren davon überzeugt, dass eine mächtige Organisation hinter uns stehen müsste, weil wir sonst nicht so auftreten könnten. Oder jemand in der Regierung – das wurde kolportiert.

EG Das war typisch für die sozialistischen Gesellschaften. Aber tatsächlich stand ich hinter Ulrich und er hinter mir. Wir waren der Überzeugung, dass die sozialistischen Länder ein Korrektiv darstellen, damit der Kapitalismus sich nicht ruchlos ausbreiten konnte. Man hat nach dem Fall der Mauer gesehen, was gekommen ist, der entfesselte Kapitalismus breitete sich aus. Nur noch das Geld zählt seither. Dass Geld keine Rolle spielt, war die Grundlage, die unsere Arbeit bestimmt hat. Im Übrigen spielte es auch keine Rolle, welchen Glauben du hattest. Freunde von uns in Algerien liebten die gleichen Filme wie wir, wir sprachen die gleiche Sprache. Wir haben nicht gefragt, an was oder wen sie glauben. Es gab keine religiöse Ideologie.

ENTDECKUNGEN

UG Unser großes Interesse für Filme aus dem Ostblock löste Erstaunen aus. DIE NICHTPROFESSIONELLEN[3] von Sergej Bodrow war solch ein wunderbarer Film, der uns erhebliche Kämpfe in Moskau beschert hat.

« Man glaubt, seinen Augen und Ohren nicht zu trauen: Ein Road-Movie aus der UdSSR. Die Geschichte der Reise einer Amateurband durch das öde Kasachstan. Was sie erleben, wie sie auftreten, was um sie herum beobachtet, aufgelistet und geschildert wird, ist so, als hätte Roger Corman, der amerikanische Experte in Sachen ungehobelter B-Movies, plötzlich Arbeitsmöglichkeiten inmitten der russischen Seele und Wüste bekommen. »

(Hans-Ulrich Pönack: *poenack.de*, https://is.gd/4W5X8i, 30.06.2022)

3 NEPROFESSIONALY (DIE NICHTPROFESSIONELLEN; Regie: Sergei Bodrow, UdSSR 1987)

EG Bodrow hatte eine Ausbildung als Drehbuchautor. Ähnlich wie in der DDR sollte er, wenn der Staat das Studium bezahlt hatte, sein Leben lang nichts anderes machen. Viele der besten Leute sind an diesen starren Regeln zugrunde gegangen oder haben versucht, rauszukommen. Der Film ist entstanden, weil bei einem anderen Film Rohmaterial übrigblieb. Mit diesen Resten hat er DIE NICHTPROFESSIONELLEN gedreht, in Schwarzweiß. Durch Zufall zeigten sie uns diesen Film im Haus des Filmverbandes. Institution. Wir waren begeistert, die Leute bei Goskino waren entsetzt über unseren Wunsch, den Film im Ausland zu zeigen. Ein «armer Film in Schwarzweiß» – das war das Allerletzte. Wir bekamen ihn schließlich doch. Sergej Bodrow hatte gute Kritiken und konnte weiter Filme machen.
UG Bei östlichen Festivals, insbesondere in Moskau, gab es die «kleine» offizielle Ebene. Was da gezeigt wurde, guckten wir uns an. Aber dann traf sich die Film-Community, wo man auch von Filmen hörte, die Schwierigkeiten hatten, aber existierten. Man konnte nach ihnen fragen. Auf diesem Weg haben wir manch einen Film gesehen.
EG Es gab in der Sowjetunion ein ausgeklügeltes Genehmigungssystem: Wenn ein Film bei der ersten Sichtung im Studio nicht durchkam, galt er als nicht gedreht. Wenn ja, ging es eine Stufe weiter, ob er in den Inlandsverleih kommt. Wenn das nicht durchkam, hieß es, der Regisseur sieht, dass er künstlerische Schwierigkeiten hat und wird den Film umarbeiten. Dann gab es noch eine Stufe, ob er ins Ausland darf, und noch eine Stufe, dass er auf Festivals darf. Ulrich fragte einmal nach einem Film, den Naum in einer Studiovorführung gesehen hatte. Ich dachte, ich falle in Ohnmacht. Die Goskino-Leute wurden aufmerksam: «Wieso wissen Sie von diesem Film?» Aber Gottseidank hatten wir die offizielle Filmzeitschrift *Iskusstwo kino* bei uns.
UG Die Zeitschrift war linientreu, hatte aber trotzdem Niveau.
EG Hinten hatte sie eine Rubrik in Englisch mit den Inhaltsangaben neuer Filme. Ulrich las sie immer und sagte deshalb geistesgegenwärtig: «Das Drehbuch des Films ist doch abgedruckt.» Die Offiziellen waren beruhigt.
UG Das Filmwesen war strikt organisiert, aber nicht so perfekt, dass es in den Sowjetrepubliken an den Rändern nicht doch ausfranste. Da kamen immer wieder Filme zustande, die im System eigentlich nicht geplant waren, zum Teil großartige Filme aus Georgien oder der Ukraine und anderen Republiken. Einen der schönsten georgischen Filme, PASTORALE von Otar Iosseliani, sahen wir in einer geheimen Vorführung in einem entfernten Kulturhaus, während das offizielle Festival auf einer Dampferfahrt war.
EG FARUCH, MEIN BRUDER[4] von Bachtiar Chudojnasarow, ein Film aus

4 BRATAN (FARUCH, MEIN BRUDER; Regie: Bachtiar Chudojnasarow, TJ 1991); zwei Brüder fahren durch die Steppe zum Vater der geschiedenen Eltern, weil der ältere erreichen will, dass

Tadschikistan, ist so ein Beispiel. Oder HANDFLÄCHEN[5], ein Dokumentarfilm von Artur Artistakisyan, den ich sehr mochte.

UG Ohne unsere privaten Kontakte neben den offiziellen hätten wir sicher nie so viele interessante Filme finden können. Es gab den Verband der Filmschaffenden der Sowjetunion, auch regionale Abteilungen davon, sie hatten ein eigenes Haus, eigene Büros, eigene Leute und Vorführungen. Im internen Vorführstudio des Filmverbandes, dem «Dom Kino», einem alten Gebäude in der Wassiliewskaja ulica 13, haben wir viele Filme gesehen.

EG Eine wunderbare Freundin, Bela Epstein, arbeitete dort. Sie sprach Englisch, Französisch und Deutsch. Über die vielen Jahre freundeten wir uns mit ihr an, und da hörten wir auch ab und an Neues. Sie rief zum Beispiel an und sagte: «Morgen Nachmittag um drei läuft hier bei uns im Weißen Saal ein neuer russischer Film.» Weiter nichts. Aber dann waren wir natürlich am nächsten Tag um drei Uhr da.

UG Der Chef war natürlich ein Mann. Dann gab es aber Frauen, die die Zügel in der Hand hatten und über alles Bescheid wussten. Sie haben uns gesagt, was geht und was nicht. Oder: «Ich sage Bescheid, wenn es geht.»

EG Wir wurden angefeindet, weil wir früh schon Filme aus den sozialistischen Ländern zeigten und – ja, – oft nach Moskau reisten. Die Mauer und damit die Teilung in Ost und West war in der Bundesrepublik deutlich zu spüren. Wir wollten aber keine Mauern akzeptieren, wir wollten, dass die Menschen gemeinsam in dieser Welt leben. Das ist naiv, das weiß ich auch. Aber trotzdem hat es uns getrieben. Wir haben dadurch viele Freunde gewonnen und es hat uns Zugänge erlaubt, durch die wir Filme fanden, die sonst nie nach Berlin gekommen wären. Dafür bin ich dankbar.

Zu den schönen Dingen des Lebens gehört es, wenn man ein Kino hat, das man selbst programmieren kann. Als István Szabó uns erzählte, dass er daran denke, den Roman von Klaus Mann *Mephisto* zu verfilmen, waren wir zuerst skeptisch, weil ich den Roman nicht besonders schätzte. Nun fragten wir ihn, ob er Filme von Gründgens gesehen habe. Er sagte, «ich habe alles über ihn gelesen, aber noch keinen Film mit ihm gesehen.» Daraufhin beschlossen wir, eine Retrospektive der Filme von und mit Gustaf Gründgens zu veranstalten, von TANZ AUF DEM VULKAN bis zu DAS GLAS WASSER. Als ich die Ufa-Filme beim Staatlichen Filmarchiv in Ost-Berlin bestellte, sagte Manfred Lichtenstein zu mir:

sein «Brüderchen» nicht länger von der Großmutter im Dorf erzogen wird. Es kommt anders. Ein Railroadmovie mit einem bummeligen Güterzug, begleitet von Steppentrommeln.

5 LADONI (HÄNDFLÄCHEN; Regie: Artur Artistakisyan, Moldauische SSR 1993); ein experimenteller Dokumentarfilm in Schwarzweiß, der den Ärmsten der Armen und Behinderten in Chişinău ein Gesicht gibt und zugleich eine Botschaft des Filmemachers an seinen ungeborenen Sohn ist, in der er ihm Glück wünscht – jenseits des herrschenden Systems. Siehe *youtube.com* (https://is.gd/JY3WjB, 20.07.2022)

«Frau Gregor, was ist los bei Ihnen, so viele Filme von vor 1945?» Ich sagte, es ist ein Freundschaftsdienst, ich erkläre Ihnen alles in Leipzig.

Dank an Istvan Dosai, Claire Christoph und Magda Szalai von Hungarofilm, sie haben uns zu vielen ungarischen Filmen verholfen; sie wussten, dass wir mit Istvan Szabó befreundet sind und erlaubten István immer, wenn wir darum baten, eine Ausreise aus Ungarn.

Auch unsere Beziehungen zu Film Polski waren mannigfach und vielfältig, und hier gehört ein besonderer Dank an Frau Maikowska, die uns in der Mazowiecka Straße abends alle Filme zeigte, die verboten waren. Sie sprach deutsch, weil sie während des Krieges Zwangsarbeiterin in Deutschland war, in unserer Nähe, in einem Moorlager in der Nähe von Oldenburg. Dank auch an Jerzy Bossak, ohne dessen Hilfe wir niemals GEFÄHRLICHE RUHE[6] von Krzysztof Kieslowski bekommen hätten.

Erika Gregor interessierte sich insbesondere für die Filme von osteuropäischen Regisseurinnen. (CL)

EG Es gab für mich einige «Erweckungserlebnisse», zum Beispiel 1966 auf den Filmfestspielen in Venedig FLÜGEL[7] von Larissa Schepitko. Solch ein Film und dazu noch aus der Sowjetunion!!! – Dann die Filme von Márta Mészáros: Wir konnten DAS MÄDCHEN[8] und ENTGLEISTES LEBEN[9] zeigen und waren fasziniert. So kamen (auch) Esfir Schubs Filme oder die von Olga Preobraschenskaja und Margarita Barskaja ins Forum, und das heißt auch in den Verleih des Arsenals.

[...] Das Festival in Mannheim war wegen seiner Leiterin Fee Vaillant unglaublich wichtig. Fee hatte keine Berührungsängste. Unablässig suchte sie in West und Ost interessante Filme. Auch die Bekanntschaft, vielleicht Annäherung an Larissa Schepitko geschah in Mannheim. [...] Das Arsenal besitzt zahlreiche Kopien von Filmen aus der UdSSR, insgesamt über 600. Einige haben wir vom russischen Filmarchiv Gosfilmofond geschenkt bekommen (Dank an Herrn Privato, den damaligen Leiter, und Natascha Jegorowa, verantwortlich für die deutsche Abteilung!); einige Kopien haben wir (Dank an Sergio Gambaroff/Pegasusfilm!) von Mosfilm gekauft, z. B. Filme von Tarkowski, der damals in der Sowjetunion von den Offiziellen nicht geschätzt wurde; einige kamen von Sovexport Film. Und eine nicht geringe

6 SPOKÓJ (GEFÄHRLICHE RUHE; Regie: Krzysztof Kieslowski, PL 1975/1980); ein aus dem Gefängnis entlassener Arbeiter gerät in einen tödlichen Konflikt zwischen streikenden Arbeitern und der Bauleitung, die ihn zum Denunzianten machen will.

7 KRYLJA (FLÜGEL; Regie: Larissa Schepitko, UdSSR 1966); Nadezhda Stepanovna, eine Schuldirektorin und ehemalige Pilotin der Roten Armee, erlebt wie eine Übriggebliebene aus heroischen Zeiten, wie ihre strenge Autorität ins Wanken gerät.

8 ELTÁVOZOTT NAP (DAS MÄDCHEN; Regie: Márta Mészáros, HU 1968); eine junge Arbeiterin, die im Waisenhaus aufwuchs, versucht vergeblich eine Annäherung an ihre Mutter, nachdem diese ihr einen Brief schrieb.

9 HOLDUDVAR (ENTGLEISTES LEBEN; Regie: Márta Mészáros, HU 1969). «Für Edit ist der Tod des ungeliebten Gatten eine Wende. Sie verabschiedet sich von den Erinnerungsstücken, verzichtet auf Haus und Rente, sucht einen Weg in die Selbstbestimmtheit. Doch der ältere Sohn will sie an das Leben in Privilegien, an das »Gesetz des Vaters« binden ... (Frieda Grafe/Enno Patalas, zit. nach *filmarchiv.at* (https://is.gd/x1bYQF, 22.07.2022).

Zahl kam von der Roten Armee, als sie 1994 aus Deutschland abzog und Vieles zu Geld machte (Dank an Oksana Bulgakowa und Dietmar Hochmuth!).[10]

Sie kannten Larissa Schepitko persönlich und haben sie immer wieder auf Festivals getroffen. Was können Sie von ihr erzählen?

EG Larissa Schepitko war eine strahlende Erscheinung, immer voller Elan und Hoffnung. Wenn ich sagte, dass ich etwas für sie tun wollte, sagte sie: «Nein, tue etwas für Elem, er hat es viel nötiger als ich, er ist so traurig» [...] Elem Klimow war ihr Mann. Er war ebenfalls Regisseur und hatte Schwierigkeiten mit den Behörden. Seine Filme waren zum Teil auch Verbotsfilme. [...] Als wir ein anderes Mal in Mannheim spazieren gingen, hörte man plötzlich ein Flugzeug, und ich rannte, ohne zu überlegen, in den nächsten Hauseingang. «Was ist los?», fragte sie. Und ich sagte: «Weißt du, 1944, die Tiefflieger, sie schossen auf alles, was sich bewegte.» Sie sah mich an und sagte: «Auch du!» Sie selbst war in der heutigen Ostukraine geboren und hatte den Krieg ebenfalls erlebt. Sie erzählte, dass sie ihren nächsten Film über Kinder im Krieg machen wolle und kündigte an, mich in Moskau bei den nächsten Filmfestspielen zu interviewen. Wenige Wochen vor diesem Festival starb sie mit ihrem ganzen Team bei einem Autounfall.

[...] Als ich FLÜGEL 1966 beim Festival in Venedig gesehen habe, war das für mich wie ein Donnerschlag. Der Film war ganz anders als die Filme, die normalerweise aus der Sowjetunion kamen. Kein heroisches Bild, keine Verklärung der Kriegszeiten, sondern das Porträt einer Frau, die in der neuen Zeit nicht mehr angekommen ist.[11]

SCHWIERIGKEITEN MIT DER DEFA

UG Die Bedenken des Studios oder vielmehr der Partei waren unendlich. Mit dem staatlichen Filmarchiv der DDR konnten wir schon früh gut zusammenarbeiten, bei der DEFA mussten wir immer wieder neu ansetzen. Wir haben bestimmten Regisseuren die Treue gehalten oder sie uns. Barbara und Winfried Junge sind der bekannteste Fall. Ich weiß nicht, wie viele Filme ihrer Serie über DIE KINDER VON GOLZOW[12] wir gezeigt haben.

10 Siehe auch in diesem Band Daniel Eisenberg: «Erika and Ulrich in Reflection»

11 Erika Gregor im Gespräch mit Sabine Schöbel: «KRYLYA von Larissa Schepitko war für mich wie ein Donnerschlag», in: Sabine Schöbel (Hg.): *Aufbruch – Regisseurinnen der 60er Jahre*. In: *Frauen und Film*, Heft 68, Frankfurt a.M. 2016, S. 139ff.

12 DIE KINDER VON GOLZOW (Winfried und Barbara Junge, DDR/D 1961–2007; Langzeitdokumentation über die Lebenswege der Kinder einer Schulklasse in Golzow, einem Dorf im brandenburgischen Oderbruch.

EG Ohne uns hätten sie nach dem Ende der DDR keine Filme mehr machen können. Einige sagten in der Umbruchstimmung: «Jetzt reicht es mit GOLZOW». Wir nahmen aber ihren Folgefilm, und das bedeutete, auf einem internationalen Filmfestival zu laufen, worauf das Fernsehen Geld für den nächsten Film locker machte.

Ich muss sagen, ich halte diese Filme für unglaublich wichtig. In hundert Jahren will man wissen, wie es in der DDR war. Das sind einzigartige Dokumente. Mir soll niemand erzählen, dass sie nichts für das Publikum sind. Die GOLZOW-Filme sind bis nach Japan gekommen und haben Preise gewonnen.

MENTALITÄTEN

UG Die Filmleute aus Osteuropa hatten ein bestimmtes Sendungsbewusstsein. Vor 1990 kämpften sie um ihre Filme, aber sie waren jemand: Die Staatsmacht musste sich mit ihnen auseinandersetzen. Das gab den Künstlern und Künstlerinnen ein unglaubliches Ego – mit Folgen beim Festival. Wenn ein amerikanischer Regisseur kam, konntest du sagen: «Um zehn, elf, zwölf Uhr kommt die Presse und will Interviews machen» Selbst wenn sie todmüde waren, sagten sie «Okay, wir stehen da.» Wenn ein Mensch aus östlichen Gefilden kam und du sagtest: «Würden Sie bitte zum Pressetermin kommen?», gab es Reaktionen wie: «Nein, ich habe alles in meinem Kopf, ich kann das nicht weitergeben.» Das Gefühl, dass sie Bedeutung haben, hing von der Staatsmacht ab, nicht von der Presse.

EG Sie glaubten zu wissen, dass die Presse nur schreibt, was ihr erlaubt ist. Es war ein komplett anderes Verhältnis zu den Spielregeln der Öffentlichkeit. Bei Andrej Tarkowski erlebten wir in der Hinsicht kuriose Geschichten. Er war vom DAAD-Künstlerprogramm in Berlin eingeladen. Eine gemeinsame Freundin rief damals an und beschwerte sich, dass Tarkowski nicht zur Eröffnung der Berlinale eingeladen wurde. Ich sagte: «Die Eröffnung der Berlinale ist nicht unser Revier. Aber ich werde mich erkundigen.» Bei Erika de Hadeln gab ich die Beschwerde weiter. Sie zeigte mir am Computer, dass die Einladung rausgegangen war. Was war passiert? Tarkowski wohnte als DAAD-Gast in einer Seitenstraße vom Kurfürstendamm. Der 19er-Bus fuhr 1977 für eine Mark, man musste nur zum Kudamm gehen, einsteigen und an der Gedächtniskirche aussteigen, um zum Zoopalast zu kommen. Oder man nahm ein Taxi. Als DAAD-Fellow bekam man seinerzeit 3.500 DM im Monat und Taxis waren billig. Aber es lief anders. Tarkowski und seine Frau bekamen die Einladung, bestätigten sie, zogen sich fein an und warteten in ihrer Wohnung, dass das Auto des Festivals kommt und sie abholt. Und weil das Auto nicht kam, waren sie nicht bei der Eröffnung.

UG Leute aus der Sowjetunion erwarteten, dass alles für sie erledigt wurde – verständlich in ihrem Umfeld. Wenn du nach Moskau kamst, kriegtest du ein Programm. Jeder Tag war durchgeplant, es war alles genau eingetaktet.

EG Als wir das erste Mal Gäste aus der Sowjetunion hatten, ist mir das klar geworden. Sie blieben acht Tage bei uns, und am ersten Vormittag standen sie vor meinem Schreibtisch und fragten: «Was passiert heute?» Ich brauchte ein Programm. Um Gottes Willen, was mache ich?» Damals war die Berlinale im Sommer. Mein Bruder, der Lehrer war, kam in den großen Ferien und half mir. Er las Korrektur, fuhr herum und war Mädchen für alles. Ich rief ihn an: «Du musst sofort herkommen.» Meine Idee war, dass ich den Gästen sage, mein Bruder sei ihr Fahrer. Er fuhr sogar einen Mercedes. Er zeigte ihnen die ganze Woche Berlin, ging mit ins Museum, redete mit ihnen über Filme, kurzum: Es lief fabelhaft.

UG Man hat von uns erwartet, dass wir ein touristisches Programm anbieten. Das war sogar eins der Argumente, das Festival vom Sommer auf den Februar zu verlegen, dass gesagt wurde, die Festivalgäste wollen auch gern die Oper oder die Theater in Berlin kennenlernen.

ARCHIVERZÄHLUNGEN

Glauben Sie, dass noch unentdeckte Filmklassiker in den Archiven der ehemaligen Sowjetunion liegen?

UG Während der Perestroika vor über dreißig Jahren wurde viel aufgearbeitet und entdeckt. In der leitenden Kommission saßen sehr gute Leute, zu einigen haben wir bis heute Kontakt. Es war ähnlich wie mit den Verbotsfilmen der DDR. Man kann sagen, dass die Archive glücklicherweise auch die Kopien der verbotenen Filme aufbewahrt haben.

EG Daher sind Archive so unendlich wichtig. Um solche Filme ranken sich Legenden. Sie haben eine Geschichte.

UG Jede einzelne Kopie hat eine Geschichte. Wenn man in unser jetziges Archiv geht, sieht man viele Kopien noch in ihrer Originalverpackung. Dann denke ich, mein Gott, das war doch dieser Film, ja natürlich, mit dem haben wir so viel erlebt! Man könnte fast zu jedem Paket eine kleine Geschichte erzählen. In den offiziellen Archiven sind alle Filme in gleichen Büchsen und haben zur Unterscheidung eine fünfstellige Nummer, weiter nichts. Dann guckt man in einem Verzeichnis nach, was der Inhalt der Büchsen ist. Manches spricht für diese Methode, auch wir haben Standardbüchsen, aber es gibt noch viele uralte Verpackungen, und die erzählen interessante Geschichten, wenn man sie entschlüsseln kann.

KOMMERZIALISIERUNG?

Im Lauf der Zeit gab es im System Berlinale eine zunehmende Kommerzialisierung. Viel roter Teppich, viel Blink-Blink. Was war dahinter? Betrafen die Auseinandersetzungen darüber, welche Sponsoren dabei waren, ob sie überhaupt dabei sein sollten, auch das Forum? Entstand ein Druck Richtung Kommerzialisierung, selbst wenn Ihre persönliche Haltung dieselbe blieb?
UG Es kam in der Tat in den neunziger Jahren auf uns zu. Wir mussten immer wieder hören, unser Programm sei ja gut und schön, aber so esoterisch, dass es nur ein kleines Publikum ansprechen würde. Vom Kommerziellen her gesehen, sei unsere Plattform nicht so einträglich und interessant im Hinblick auf die spätere Verwertung der Filme. Diese Kritik kam aber stärker von außen.
EG Es war ein anderes gesellschaftliches Klima, eine andere Einstellung ...
UG ... die dazu führte, dass manche Filme nicht mehr zu uns kamen, weil man meinte, dass sie im Panorama größere kommerzielle Chancen hätten. Das Panorama war sicher offener gegenüber breitenwirksamen Filmen. Wir hatten auch breitenwirksame Filme, stellten sie aber nicht aus.
EG Es war eine gewisse Tendenz, die nach dem Mauerfall deutlich spürbar grassierte.
UG Auch Leute aus den Filminstitutionen meinten plötzlich: «Euer Programm ist wunderbar, aber könnte es nicht ein bisschen kommerzieller werden?» Was wir natürlich ablehnten.
Vertrauen in die Filmemacher und Filmemacherinnen war Ihnen wichtiger als Geld und Sie haben Kontakte und Freundschaften zu vielen Menschen gepflegt, die sich in erster Linie für gute, nicht unbedingt kommerzielle Filme einsetzten. Woher kommt Ihre persönliche Haltung?
EG Natürlich sind wir geprägt durch die Erziehung. Wir haben zwar die Institution Kirche nie für uns in Gebrauch genommen, aber Ulrichs Vorfahren waren protestantische Pfarrer im Baltikum und auch in meiner Familie gab es eine protestantische Erziehung, wenn auch eine starre. Ich konnte die halbe Bibel auswendig und viele, viele Gesangbuchverse. Dieses Fundament hat letztlich schon eine gewisse Rolle in unseren Lebensentscheidungen gespielt.

VOM ZEIGEN DER FILME ZUM SAMMELN DER FILME. VON DER LEINWAND INS ARCHIV. VOM ARCHIV IN DIE WELT UND AUF DIE LEINWAND. VON FILMFESTIVALS, FILMARCHIVEN UND NATÜRLICH DER ZUKUNFT.

EIN ESSAY VON MAIKE MIA HÖHNE

ARCHIV
ARCHVIEREN
LAGERN
ZUGANG LEGEN
SAMMELN
RAUSHOLEN
PUTZEN
PFLEGEN
VERWALTEN
ZEIGEN
WIEDER EINLAGERN
VERGESSEN
LÄNGER NOCH VERGESSEN
ENTDECKEN
WIEDERENTDECKEN
FREUDE
KAPUTTGEHEN
RESTAURIEREN
WEGSCHMEISSEN
WER MACHT ES
FINDEN
HINZUTUN
KÄMPFEN FÜR
PROMOTEN
ANTRÄGE
AKQUISE

Filme ohne Label zu sehen – das ist für mich die Essenz des Forums. Keinen vorgefassten Begriff von dem zu haben, was einen erwartet. So habe ich das Forum schon in den 1980ern als Kinogänger erlebt. Es verstand sich, dass man das Forumsblatt erst hinterher liest und völlig offen ins Kino geht.

(Christoph Terhechte, 2001 bis 2018 Leiter des Internationalen Forums des Jungen Films der Berlinale)

Das Experiment dort zu finden, wo es nicht schon gut sichtbar als Etikett draufklebt, das ist ein Ehrgeiz des Forums. (Birgit Kohler)

Ich sehe das alles als ein Forschungsprojekt, getragen von einem Verständnis unseres kulturellen Auftrags, an öffentlichen Diskursen teilzuhaben, sie mit zu initiieren und vor allem selber zu lernen. Bei den Ausstellungen im Rahmen von Forum Expanded ging es auch darum, das Kino von außen zu betrachten, und institutionelle Grenzen in ihrer Unveränderbarkeit zu hinterfragen.

(Stefanie Schulte Strathaus)

Kino ist ein Prozess. Kino ist Leben. Kino ist Vieler Leben. Kino macht, dass viele mitmachen können. Kino ist Spiegel von Gesellschaft und Geldmaschine, Liebe und Hingabe, Kommerz und Kult. Kino trifft Dich in Deinem Innersten und lässt Dich nicht mehr los. Ab da sind die Wege vielfältig und so ist die Suche. (Ruby Pink)

DEN FILMEN EINE HEIMAT

Die Gregors sind Mitbegründer der Freunde der Deutschen Kinemathek, heute Arsenal- Institut für Film und Videokunst e. V., und des Internationalen Forums des jungen Films. Durch ihre Arbeit haben sie den Grundstock für eine bis heute und weit darüber hinaus reichende nachhaltige Arbeit mit Film und Kino gelegt. Kino als Möglichkeitsraum zum Verständnis der Anderen, das Festival als unbedingte Ergänzung des jährlichen Programms, als Begegnungsraum. «Ich habe meinen Blick auf die Filme als einen Blick verstanden, der alle Menschen befreien will – nicht nur Frauen», sagt Erika Gregor.

Dank der Freunde der Deutschen Kinemathek gibt es in der Bundesrepublik Deutschland heute eine filmische Sammlung, ein filmisches Archiv, das jenseits von nationalen Grenzen und Zuschreibungen eine Vielzahl an Filmen gesammelt hat, die verbindet, dass sie sich für die Form als solches interessieren, dass sie sich jenseits der konventionellen Erzählformate bewegen, dass sie Film immer als Möglichkeit verstanden haben, einer Gegenöffentlichkeit ein Forum zu geben. Im im Internationalen Forum des jungen Films sind diese Filme gezeigt worden. Filme, die zumeist ohne große öffentliche Filmförderung entstanden sind. Filme, die denen ohne Stimme – Stimme geben. Durch diese Auswahl hat das Forum ein klares Profil.

Das Forum wurde 1971 gegründet. Gegründet in einer anderen Zeit, als Film und seine Wirkmacht noch eine andere Geschichte hatten. In den 1960er-Jahren war Film der Weg, die Welt zu verändern. Deswegen haben sich 1968 nicht wenige entschlossen, statt der Waffen Kameras in die Hand zu nehmen. Filme zu machen, statt Anwalt zu werden oder zu bleiben, wie z. B. der junge serbische Filmemacher Želimir Žilnik, der 1969 mit FRÜHE WERKE[1] den Goldenen Bären in Berlin gewann. Ein Jahrzehnt später mit dem Einzug der Videokameras veränderte sich dieses Engagement noch einmal deutlich: die Reduktion der Produktionskosten ermöglichte eine Demokratisierung im Zugang zu der Erzählung. Medienzentren entstanden, und so eine direkte Form der Auseinandersetzung mit Gegenwart und akuten Fragen und Problemen. Das Unmittelbare des Videobildes ist später der Erkenntnis gewichen, dass ein kultureller Wandel Zeit braucht, Inklusion, Teilhabe von Vielen.

Welche Möglichkeiten der Teilhabe kann ein Festival generieren? Die Teilnahme an einem Festival mit dem eigenen Film ist sicherlich wichtig. An einem internationalen Wettbewerb eines A-Filmfestivals teilzunehmen, bedeutet in gewisser Weise angekommen zu sein in einer allgemein akzeptierten Verabredung der Erzählung. Deswegen ist die Auswahl des eigenen Films für das Forum so wichtig, wenn es für die Filmemacher:in interessant ist, Teil dieser besonderen Familie zu werden. Im Forum werden filmische Sprachen gezeigt, die noch in der Entwicklung sind, oder Filmsprachen, die sich grundlegend unterscheiden von der allgemeinen Verabredung. Im Forum zu laufen bedeutet, verstanden worden zu sein in der Eigenheit. Das Forum versteht sich als eben jene Plattform, die Raum gibt für andere künstlerische Sprachen, Formate, Ideen und Ansätze. Die Möglichkeit sowohl einem sehr offenen lokalem Publikum die Filme zu zeigen und gleichzeitig zu wissen, dass Kurator:innen und Programmer:innen aus der ganzen Welt im Kino sitzen, macht es spannend und einfach zugleich. Bis heute und durch alle Krisen hindurch ist die Lust, im Forum Filme zu entdecken, geblieben und wird, auch gerade in den Krisen, deutlich eingefordert.

Bei der Gründung des Forums wurde mit dem Filme-Zeigen sogleich die Praxis des Sprechens etabliert. Neben ausführlichen

1 RANI RADOVI (FRÜHE WERKE; Regie: Želimir Žilnik, YU, 1969) ist bitter und hysterisch, ein Abgesang auf das Scheitern der linken Utopie.

Filmblättern, die bis heute als PDFs über die Archivseite des Arsenal-Instituts für Film und Videokunst zugänglich sind, sind es diese Gespräche, die das Besondere der Sektion ausmachen. Wenn man als Zuschauer:in etwas erleben will – dann hier. Das mag heute als Allgemeinplatz anmuten, aber das war keiner in der Gründungszeit. Die Filmemacherin Monika Treut beschreibt das Forum der 1970er-Jahre als ihre Filmbildungsstätte. Die Akademie der Künste verlässt sie nie vor Mitternacht. Film ist alles – Kunst, Multiplikator, Veränderung! Hier werden Entdeckungen gemacht, hier trifft man sich, wenn man was erleben will – engagierte Diskussionen und Reibungen. Filme, die Erwartungen lange hinter sich lassen. Und mit diesen Forumserfahrungen ist sie nicht allein.

Die Auswahl ins Forum bedeutet auch – seit den Anfängen des Forums bis heute – dass der Film in den Verleih und das Archiv des Arsenals aufgenommen wird, wenn die Filmemacher:in das wünscht. Dadurch war und ist eine weitere Auswertung der Filme gegeben. Damals noch ohne ein eigenes Kino und nicht mit der Absicht ein Archiv zu gründen – es ging primär darum, Filmen ein Zuhause zu geben, einen Regalplatz in Berlin. Es gäbe heute keinen Zugriff mehr auf die Filme der Unidad Popular aus Chile, die die politische, soziale und ökonomische Situation in Chile bis 1973 dokumentiert haben, wenn die Freunde sie nach ihrer Vorführung nicht in Berlin behalten hätten. Augusto Pinochet, damaliger Präsident von Chile, hat nach dem Putsch alle Filme in Chile vernichten lassen, derer man habhaft werden konnte.

Film hat ein ideelles und ein sehr konkretes Gewicht. Für das konkrete Gewicht muss unbedingt ein konkreter Ort gefunden oder geschaffen werden. Für das ideelle Gewicht braucht es ein Interesse. In den 1960er-Jahren wuchs in Europa eine kritische Gegenöffentlichkeit an, die sehr interessiert daran war, mehr von den politischen und sozialen Umständen in Südafrika, Afrika, Lateinamerika zu verstehen. Zeitgleich gründeten sich immer mehr Studierenden-Filmclubs, sodass es neben der Nachfrage und dem Interesse auch Abspielorte für die Filme gab. Der Grundstein der Archiv- und Verleihtätigkeiten der Freunde wurde tatsächlich mit einem Film gelegt, der dringend eine Heimat brauchte: COME BACK, AFRICA von Lionel Rogosin, aus dem Jahr 1959. Eine südafrikanische, US-amerikanische Koproduktion. Heute ist dieser Film über die Apartheid in Südafrika ein Klassiker. COME BACK, AFRICA wurde viel nachgefragt und verliehen. Exemplarisch ist an diesem Film die Zusammenarbeit von Archiv, Verleih und Kinoarbeit abzulesen. Zu COME BACK, AFRICA kamen über die folgenden Jahre viele weitere Filme hinzu, die ebenfalls eine Heimat brauchten. Damit wurde auch einer internationalen Gegenöffentlichkeit ein gemeinsamer Raum gegeben.

DIGITALISIERUNG ODER FRAGEN AN DIE PRAXIS

Gesellschaft und Konflikte, Verhältnisse und Bedeutungen entwickeln sich nicht linear, solitär und nach Fahnen, Ländern und Nationen geordnet.

Erika Gregor hat zu der Frage nach der Nation und Fahne, als sie eingeladen wurden zum ersten Internationalen Forum des jungen Films den Fahnenschmuck analog den eingeladenen Nationen bei der Geschäftsführung der Berliner Festspiele zu bestimmen gesagt: «Bei uns wird es keinen Flaggenschmuck geben, weil keine Ländervertretungen am Forum teilnehmen werden.» ...–«Ihr Programm heißt doch Internationales Forum und Sie wollen nur deutsche Filme zeigen?» ... «Im Gegenteil. Wir haben Filme von Regisseuren aus 18 Ländern, aber ich glaube nicht, dass die Regisseure die Fahnen ihres Landes sehen möchten. Mir geht es übrigens genauso.»

Ein Archiv ist ein Ort, an dem systematisch Dinge erfasst werden, die von kultureller, historischer oder politischer Bedeutung sind. Aufgrund der Bedeutung von Filmarchiven als Speicher von Kulturerbe mit den darin eingeschriebenen Narrativen, beziehen sich die meisten Archive auf den Rahmen des Nationalstaates. Das Arsenal ist ein internationales Archiv. Diese Tatsache verweist auf die Haltung und das Selbstverständnis der Institution allen Filmen eine Heimat zu geben, jenseits einer nationalen Zuordnung. Das Arsenal beherbergt damit eine weltweit singuläre Sammlung von internationalen Gegenöffentlichkeiten, dokumentierten Umbrüchen und aktivistischen Kinematografien. Viele der Filme sind mit einem geringen Produktionsbudget entstanden und oft jenseits großer Aufmerksamkeiten gezeigt worden. Nach einer Aufführung im Forum sind sie vielleicht noch auf einigen anderen Festivals gezeigt worden, manchmal mit einer sogenannten Kinotournee. Oft nicht. Das bedeutet, dass diese Filme sehr oft nicht in nationalen Filmkanons aufgeführt werden, oft auch nicht weiter besprochen wurden und deswegen nicht so leicht zu finden sind. Vor allem wenn auch die Namen der Filmemacher:innen und Künstler:innen nicht weiter bekannt oder nur einem sehr engen Kreis bekannt sind.

Anfang des 21. Jahrhunderts wurde im Arsenal deutlich, dass der bisherige Schwerpunkt der Arbeit sich verschieben, besser erweitern muss, um in der Zukunft noch weiter Filme zeigen zu können. Zum einen musste die Digitalisierung der Filme beginnen, zum anderen galt es, die Bedeutungsebenen der Sammlung im Kontext der Gegenwart zu reflektieren, um das Archiv nicht an die Geschichte allein zu verlieren.

Damit einher ging eine Neuausrichtung und Erweiterung des Profils des Arsenals.

Filme müssen aus verschiedenen Gründen digitalisiert werden: die oft entscheidende Frage – wer darf zuerst, wer kommt als nächstes und warum? Wer zahlt und was passiert im Anschluss mit den Digitalisaten und Kopien? Erst wenn diese Fragen geklärt sind, werden in enger Zusammenarbeit mit den Lizenzgeber:innen Digitalisierungen oder digitale Restaurierungen in Angriff genommen. Diese Zusammenarbeit verweist erneut auf die Anfänge der Kino- und Verleiharbeit – auf die Wahlfamilie, die sich über die Welt verteilt und im Archiv des Arsenals zusammenläuft. Wie kann eine zukunftsgerichtete, inklusive Archivarbeit aussehen, die nachhaltig Zugänge zur Geschichte legt und gleichzeitig mit dem zeitgenössischen Wissenstand arbeitet?

2011 initiiert die heutige künstlerische Leiterin des Arsenals Stefanie Schulte Strathaus das Projekt LIVING ARCHIVE. «Die Grundidee des LIVING ARCHIVE ist es, Filmgeschichte aus dem eng gefassten Konzept des nationalen Kulturerbes heraus zu lösen und sie aus einer transnationalen, multiperspektivischen und offenen Archivpraxis heraus neu zu erzählen.» Für das LIVING ARCHIVE hat Stefanie Schulte Strathaus Filmemacher:innen, Kurator:innen, Forscher:innen eingeladen, sich des Archivs des Arsenals anzunehmen. Filme ans Licht zu bringen und sie in einen zeitgenössischen Kontext mit aktuellen Fragen zu stellen. Das Arsenal ermöglicht so einen Zugang zu den Filmen, für die es die Verantwortung trägt, um neue, zeitgenössische Ansätze als Grundlage für dringende gesellschaftliche Fragen zu entwickeln. Dieses Projekt markiert eine Zäsur im Selbstverständnis und im Zugriff auf Geschichte, auch auf manifeste Kopien, die in Regalen gelagert sind. Das Projekt war zukunftsweisend und ist es bis heute. Über die Verquickung von gestern und heute wird eine neue Perspektive auf Geschichte möglich. Anhand dieser Projekte wurden Fragestellungen entwickelt, die zu Entscheidungen darüber führten, welche Filme wann und warum digitalisiert wurden. Grundsätzlich geht es immer darum, die Bedeutung der Filme aus der Quelle zu erfassen. Der Prozess der digitalen Restaurierung und die anschließende Verfügbarkeit bieten die Möglichkeit, Zuschreibungen zu hinterfragen und Erzählungen neu zu schreiben. Die Peripherie ist das Zentrum und der Zugang zum Zentrum versteht sich aus einer Vielstimmigkeit, Multiperspektivität und Vernetzung. Es geht darum, das Schauen selber immer wieder neu zu lernen. Es ist dieses Schauen, das wichtig ist, um ein unabhängiges Selbstverständnis und Bewusstsein, eine Bewusstheit des Eigenen zu konstruieren, zu fühlen, zu ermöglichen.

Aus dem LIVING ARCHIVE haben sich Folgeprojekte entwickelt. Aktuell ist das Arsenal eingebunden in eine Vielzahl unterschiedlichster Projekte, die auf sehr eigenwillige Arten und Weisen erlauben, Zusammenhänge neu zu verstehen. Kollaboration ist dabei ein wichtiges Werkzeug. Das Archiv ist in Bewegung – ein wachsendes Rhizom.

Wichtig ist, dass es in der Archivarbeit nie nur um die konkrete Filmkopie geht, die, wie eingangs beschrieben, einen Regalplatz braucht, sondern immer auch um den ideellen Wert. Filmkopien als Trägermaterial eines kulturellen Gedächtnisses. Deswegen sind die Ansätze, wie Filme rekonstruiert werden können, vielfältig – alles hat eine Berechtigung.

Mit einem lebendigen Archiv lassen sich Fragen nach kulturellem Erbe, kolonialer Geschichte und den Auswirkungen neu beantworten und verorten, visuell erfahren. Manchmal ist es das erste Mal, dass die Filme des Arsenals, zurück in den Ursprungsländern, dort projiziert, etwas auslösen bei den Betrachtern, das nicht in Worte zu fassen ist. Einblick in die eigene Geschichte, Konstruktion eines postkolonialen Bewusstseins. Selbstermächtigung.

##

AUF DIE ZUKUNFT DER ARCHIVE AlS GRUNDLAGE FÜR EIN ANDERES SELBSTVERSTÄNDNIS IN DER PRODUKTION VON UNABHÄNGIGEM KINO. AUF EIN ARSENAL DER ZUKUNFT!

NACHWORT

Dieses Buch versammelt Zeugnisse aus unserem Leben und unserer Geschichte, aus dem Entwicklungsweg unserer Arbeit, gesehen aus verschiedenen Perspektiven, von innen und von außen. Es vermittelt ein komplexes Bild anhand vieler Dokumente und Zitate, am Leitfaden unserer Erzählungen und Erinnerungen. Dank den Herausgeberinnen für das akribische Aufspüren und Einarbeiten so vieler Dokumente und Zeitzeugnisse!

Aber so komplex das entstehende Bild auch ist, es kann (und sollte) noch ergänzt werden. Denn unsere Arbeit für das Arsenal und das Forum der Berlinale durchlief, nach der Etablierung des Forums, bis 2000 und später eine Reihe von Etappen, die das Bild unserer Arbeit verändert und bereichert haben. Das betrifft die Begegnung mit Persönlichkeiten, Filmen, Filmströmungen, mit den Filmwelten Asiens, Afrikas, Australiens und Lateinamerikas, die aus unserer Geschichte nicht wegzudenken sind.

Der Versuch aber, diese späteren Phasen unserer Arbeit nachzuzeichnen und sie diesem Buch hinzuzufügen, erwies sich als nicht praktikabel.

Wir blicken zurück auf die jahrzehntelange Zusammenarbeit und Unterstützung durch Gefährten, Freunde und Mitstreiter, die teilweise in diesem Buch vorkommen, aber nicht alle genannt werden können. Unsere Arbeit verlief nie als Solitär, sondern war immer eingebettet in ein Kollektiv von Freunden und Mitstreitern.

Den wichtigsten Vermittlern und Weggefährten unserer Arbeit über Jahrzehnte beim Aufspüren, Zusammensetzen und Kuratieren von Filmen und Filmreihen möchten wir an dieser Stelle noch einmal unseren Dank aussprechen:

Gero Gandert, Mitgründer, **Heiner Roß**, unserem wichtigsten Mitarbeiter in der Anfangszeit.

Sylvia Andresen, die uns von den Anfängen bis heute immer zur Seite stand.

Alf Bold, dessen Liebe zur Musik und zum Film uns inspirierte, dessen Mitarbeit und Einfluss auf die Programmgestaltung des Arsenals eine große Rolle spielte, und der zu früh von uns gegangen ist.

Kanako Hayashi, für die Vermittlung asiatischer und speziell japanischer Filme, ihr Festival TOKYO FILMeX gestaltete sie nach dem Vorbild des Forums.

Rolf und Erika Richter, richtungsweisend für den Umgang mit den DDR-Verbotsfilmen, Seismographen für filmische Entwicklungen bei der DEFA und im Ostblock

Dorothee Wenner hat uns die Augen geöffnet für viele Strömungen des indischen Kinos, sie vermittelte Filme von anderen Horizonten und drehte info-Filme für das Arsenal.

Gerhard Schoenberner, wir danken ihm für die Vermittlung von Filmen, für Kontakte zu den wichtigsten Filmemachern Afrikas und für unablässiges Erinnern an diesen Kontinent.

Peter B. Schumann, für nie versiegende Informationen, Herstellung von Beziehungen und Vermittlung von Filmen aus allen Ländern Lateinamerikas, von mexikanischen Melodramen bis zu Revolutionsaufrufen.

Gaga Tschcheidse, vielseitiger Vermittler, Kontaktperson und Beschaffer von georgischen Filmen. Durch Gaga wurde Tbilisi für uns zu vertrautem Gelände.

Naum Kleiman für Beratung zu allen Aspekten von Kultur, Geschichte und Gegenwart sowjetischer und russischer Kinematographie. Er führte uns zu alten und neuen Meisterwerken.

Und **Milena Gregor**, **Birgit Kohler** und **Stefanie Schulte Strathaus** für umfassende Arbeit in allen Bereichen für das Arsenal und das Forum. Ein besonderer Dank gilt unseren Töchtern Christine und Milena.

Unsere Freude und Dankbarkeit gilt dem Umstand, dass die Arbeit von Arsenal und Forum eine Fortsetzung in Gegenwart und Zukunft finden kann. Dass das Arsenal auch nach seiner vieljährigen Geschichte noch heute blüht und gedeiht.

Ulrich und Erika Gregor

DANKSAGUNG

Dieses Buch hätte ohne das Interesse, die vielen praktischen Hinweise und Hilfen sowie die Bereitschaft vieler Menschen, mit persönlichen Grußworten und Essays, eigenen Memoiren, Texten sowie Bildern und Audiomaterial indirekt mitzuwirken, ein weniger ausdrucksstarkes Gesicht bekommen.

Unser Dank gilt zuerst und insbesondere Erika und Ulrich Gregor für unsere gemeinsamen Gespräche, die großzügige Öffnung ihres privaten Bilderschatzes und ihren nachhaltigen Überblick über den Fortgang der Arbeit am Manuskript.

Wir danken Dieter Kosslick, Tilda Swinton, Naum Kleiman, Cynthia Beatt, Daniel Eisenberg, Kanako Hayashi und István Szabó für ihre Grußworte und Essays. Ralph Eue, Wolfgang Jacobsen, Heiner Roß, Sabine Schöbel, Karola Gramann, Heide Schlüpmann, Bert Rebhandl, Christel Drawer (für Heinz Kersten), Rolf Aurich, Michael Wedel, Sylvia Andresen, Wilhelm Roth, Christiane Schleindl, Nicolaus Schröder, Gerhard Midding, Klaus Weber, Plutonia Plarre und Jörg Friess für Texte und Textausschnitte, Daniel Eisenberg für seine Fotografien, Julia Riedel und Birgit Umathum für Bilder aus dem Archiv der Kinemathek, Jürgen Stieghorst, Brigitte und Hans-Jürgen Tast, Wilhelm Hein, Eva Orbanz und der Rimbaud Verlag für ihre Fotografien, Wilhelm Faber für Rat und Rückblick in die Geschichte. Besonderer Dank gilt Stefanie Schulte Strathaus für ihre Diskursbereitschaft zum Thema Archiv.

Gabriele Treige sei Dank für ihre Transkriptionen. Britta Klöpfer und die Stiftung Kulturwerk der VG- Bild Kunst unterstützten die Arbeit am Buch sowie die Drucklegung großzügig – auch ihnen unser herzlicher Dank. Ohne die langjährige Unterstützung von Annette Schüren und die engagierte Arbeit am Satz von Erik Schüßler wäre das Buch jetzt nicht in unseren Händen. Unser privater Dank geht an Matthias Braun, Noem Harders, Derek Richards.

ABBILDUNGSNACHWEIS

Wolfgang Albrecht, Landesarchiv Berlin, F Rep. 290 (07) Nr. 0214789 (S. 172 oben); Arsenal- Institut für Film & Videokunst (S. 79, 130–133, 190, 191, 215); dffb-alumni.de (S. 41); dffb Archiv (S. 86); Daniel Eisenberg (Filmstills) (S. 182/183, 194–197); Wilhelm Hein (Filmstill) (S. 173); Maike Mia Höhne / Quelle: Cinematographic Cluster Universe (S. 9); Nina von Jaanson (S. 60); Carsten Krüger (S. 116 oben); Fumiko Matsuyama / Quelle: Deutsche Kinemathek (S. 118, 121–123, 155, 163 unten, 210); Eva Orbanz (S. 47); Podezuweit-Kempe-Sperber (S. 171 oben); Privat (12, 13, 19, 21, 25, 31, 36, 39, 45, 49, 104, 110, 113, 116 unten, 117, 163 Mitte, 184 oben, 185 oben/unten); Erika Rabau / Quelle: Deutsche Kinemathek (S. 129, 142 rechts/links, 144, 157 oben/unten, 162 oben/Mitte/unten, 163 oben, 171 unten, 172 unten, 179, 184 unten, 187, 200, 209, 216, 217 oben/unten, 218 oben/unten); Rimbaud Verlag (S. 43); Ekko von Schwichow (S. 14); Brigitte Tast (S. 193); Abisag Tüllmann - Quelle: bpk (S. 159); unbekannt (S. 65, 125,178)

Sollten trotz aller Bemühungen, die aktuellen Copyright-Inhaber herauszufinden, andere Personen und Formen zu diesem Kreis gehören, werden sie gebeten, sich beim Verlag zu melden, damit sie in künftigen Auflagen des Buches berücksichtigt werden können.

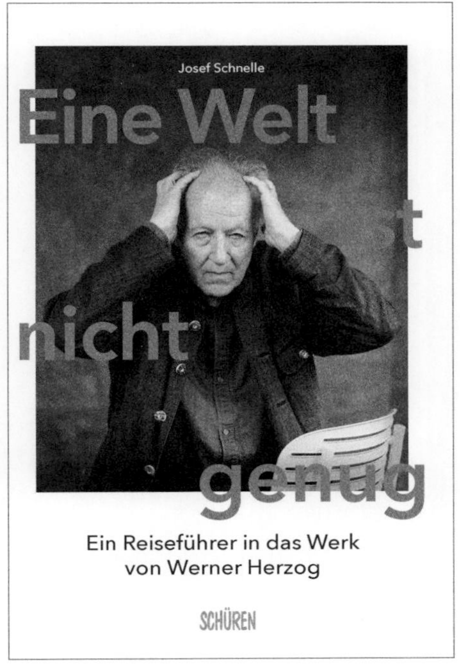

Josef Schnelle
Eine Welt ist nicht genug
Ein Reiseführer in das Werk von Werner Herzog

192 Seiten
Paperback
150 Abbildungen
25,00 €
ISBN 978-3-7410-0372-1

Eine Welt ist nicht genug für Werner Herzog, einen der profiliertesten deutschen Filmkünstler, der den deutschen Nachkriegsfilm seit 1968 mit fast 60 Filmen (u. a. AGUIRRE, DER ZORN GOTTES und FITZCARRALDO) stark geprägt hat. In Analysen, Filmbeschreibungen und einem längeren Gespräch nimmt der Autor uns mit auf eine Reise durch Herzogs Film- und Gedankenwelten.

Herzogs «Gefühlskino», seinen Ausflügen in die Unterwelt der Seele, den Grenzüberschreitungen, die er begeht, und seiner Ausrufung des ‹Homo spiritualis› als filmisches Thema folgt diese sehr persönliche Auseinandersetzung mit dem in seinen Dokumentar- und Spielfilmen oft provozierenden Kinophilosophen.

Schnelle beleuchtet Leben und Werk des außergewöhnlichen Filmkünstlers: die Dokumentar- und Spielfilme, die Arbeit mit Kameraleuten, Begegnungen mit Künstlern und Politikern, von Konflikten und großen Erfolgen.

«Filmkritik voller Neugier, Sorgfalt, Analyse und Spannung. Ein lesenswerter Trip, der die eigene Sehnsucht nach Kino verstärkt.»
– Wolfgang Frömberg, *ARTHAUS Magazin*, 4.11.2021

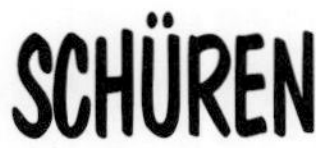

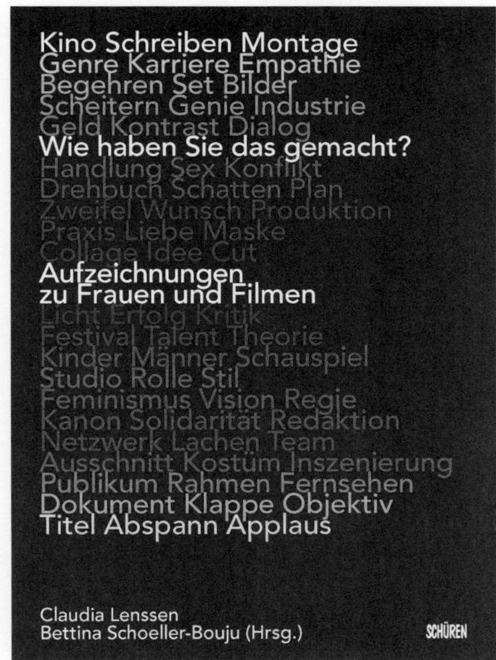

Claudia Lenssen / Bettina Schoeller-Bouju (Hg.)
Wie haben Sie das gemacht?
Aufzeichnungen zu Frauen und Filmen

500 Seiten
Paperback
177 Abbildungen
€ 29,90
ISBN 978-3-89472-881-6

Frauen sind heute überall präsent, wo Filme geschaffen, verbreitet und vermittelt werden. Regisseurinnen, Kamerafrauen, Produzentinnen, Schauspielerinnen, Cutterinnen, Redakteurinnen und Festivalmacherinnen erzählen in diesem Buch, wie sie «zum Film» kamen, welche Wünsche und Visionen sie damit verbinden und wie sie die herausfordernden Seiten ihrer Arbeit erleben. Achtzig Stimmen vom historischen Aufbruch 1968 bis zum Stand der Dinge 2014 sind von den Herausgeberinnen zu einer Collage deutscher Film- und Frauengeschichte zusammen geführt worden.

«Frauen unterschiedlichster Generationen aus Ost und West kommen in diesem im besten Sinne ausufernden 500-seitigen Kompendium zu Wort und verdeutlichen nicht nur die Vielfalt der Berufsbilder, sondern auch eine beeindruckende Bandbreite an Denkansätzen und Lebensentwürfen. [...] Die Antworten der befragten Frauen sind ganz unterschiedlich, haben aber alle eines gemeinsam: Sie machen Lust auf mehr Filme von und mit Frauen. Ein [...] sehr unterhaltsames und ungeheuer spannend zu lesendes Nachschlagewerk, das jede filminteressierte Frau im Regal stehen haben sollte.»

– Aviva/Virginia #56, März 2015

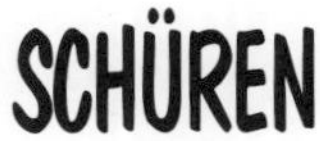